KB212673

새로 보는
# 천로역정 52계단

새로 보는

# 천로역정 52계단

초판 1쇄 | 2009년  9월 15일
초판 2쇄 | 2016년 10월 15일

지 은 이 | 김순남
펴 낸 이 | 채주희
펴 낸 곳 | 엘맨

등     록 | 제10-1562호 (1985.10.29)
주     소 | 서울특별시 마포구 망원동 379-41
전     화 | 02-323-4060, 322-4477
팩     스 | 02-323-6416, 080-088-7004
메     일 | elman1985@hanmail.net

ⓒ김순남  2009

편     집 | 김재원
마 케 팅 | 김연범(010.3767.5616)
디 자 인 | 인쇄학교      마케팅지원 | 정수복

정     가 15,000원
I S B N 978-89-5515-296-8   03230

잘못된 책은 바꿔 드립니다.
이 출판물은 저작권법에 의해 보호를 받는 저작물이므로 무단 전재와 무단 복제를 할 수 없습니다.

새로 보는

인생은 잠시 잠깐의 꿈과 같다.
이 세상은 우리가 영원히 머물 곳이 아니고, 다만 나그네 길이다(벧전 2:11)

# 천로역정 52계단

김순남 지음

하나님은 당신을 사랑하신다.
그리고 믿음의 싸움에서 끝까지 분투하며
최후 승리를 얻기 바라신다.
그러나 이 싸움은 당신 혼자 하는 싸움이 아니라,
주님이 함께 하시는 싸움이다.
그러므로 주 예수 그리스도를 믿고 의지하라.
당신은 최후 승리를 얻게 될 것이다.

엘맨

# Contents

# >>> 머리말

우연한 기회에 중고등학생들에게 존 버니언의 천로역정을 강해하게 되었는데, 이 강해를 듣는 학생들의 변화에 놀랐고, 그 효과에 또 놀랐습니다. 물론 원작이 갖는 풍부한 성경성과 그 내용을 사용하시는 성령의 역사 때문이라고 생각이 됩니다. 그래서 '천로역정 성경공부' 라는 책을 썼습니다.

그 후 이 교재를 가지고 집회를 했는데, 집회를 시작할 때와 끝날 때 성도들 얼굴에 나타나는 즉각적 변화와 확신은 실로 놀라웠습니다. 긴 고난의 여정을 마치고 마침내 천국에 입성한 기독도의 기쁨을 그들이 맛보고 있었기 때문입니다. 집회가 끝나면 구원의 확신을 가지게 되었고 신앙생활에 큰 도움이 될 것이라고 이구동성으로 감사했습니다.

후에 저는 선교사가 되어 목회자들을 가르쳤는데, 첫 수업으로 항상 천로역정을 강해했습니다. 수업을 시작할 때, 그들은 기존에 가지고 있던 율법적 신앙과 상호 조화되지 못한 교리로 얼굴이 어두웠습니다. 그러나 강해가 진행되는 동안 어두운 기운은 점점 사라지고, 자유함과 성령과 진리가 충만해가는 모습을 보면서 하나님 은혜에 감격하여 영광을 돌렸습니다. 그후 그들의 생활과 목회 현장에서 영적으로, 수적으로 부흥을 이루어가는 것을 볼 수 있었습니다. 그리고 복음을 전파하는 데 아주 귀하게 사용되고 있습니다.

안타깝게도 한국 교회에서 이 내용을 전해볼 기회가 없었습니다. 때로 한국 교회의 현실을 보며 옛날 신앙과 다르다고 탄식하면서, 때로는 세상 사람들이 교회를 비난하는 것을 들으면서, 때로는 이단의 무리들이 교인들을 도적질해

가는 것을 보면서, 또 성도의 감소 현상을 접하면서 한국 교회도 다시 개혁이 필요하지 않은가 하는 생각으로 이 책, 「새로 보는 천로역정 52계단」을 한국 교회에 전하고 싶었습니다.

이 책은 참 신앙과 진리가 무엇인지를 분명히 해 주고, 믿기 이전 신자의 상태부터 성령의 역사, 믿음과 변화, 신자가 가지고 있어야 할 기본 지식, 교회와 사회생활에서 겪는 많은 시험과 해결방법, 신자 자신이 지금 어떤 상태에 있고 부족한 점은 무엇인가 등을 해부해서 스스로 회개할 수 있는 마음을 가져다줄 것이라 기대합니다.

끝으로 바쁘신 중에도 이 책의 추천사를 써 주신 존경하는 할렐루야교회 김상복 목사님, 한국중앙교회 임석순 목사님, 저에게 신학의 기초를 제공해 주신 은사 성수교회 김재규 목사님께 심심한 감사를 드립니다.

삽화를 그려준 딸 하나에게 그리고 선교와 고난의 동역자인 아내 이선희에게, 이 책을 출판해 주신 엘맨출판사 이규종 장로님께 진심으로 감사를 드립니다.

특별히 지난 10년 동안 눈물어린 기도와 지원으로 오늘의 선교를 있게 하신 김원일·계명재·천재익 장로님과 성원제·임창빈 집사님, 박기태 교수님, 임희자·허순욱·김정인 권사님, 권미자·김종배·문화재·이정희·김선미·박순자 집사님께, 또 기도와 선교 후원을 해 주신 저의 모교인 송정제일교회와 높은뜻교회, 성수교회, 당진동일교회, 염천교회, 한국중앙교회, 양천

중앙교회, 교주한인교회, 열린문한인교회, 푸른초장공동체의 목사님과 성도님들 그리고 그 외 일일이 이름을 적지 못한 기도의 동역자 여러분에게 갚을 길 없는 사랑을 받은 부족한 종이 머리 숙여 감사드리며, 이 책을 교회와 그분들에게 헌정합니다.

마지막으로 이 책의 각 장 앞부분에 실린 소설의 줄거리는 존 버니언(John Bunyan)의 「천로역정」을 요약해서 실은 것임을 밝힙니다. 이 책이 유용하다면 그것은 순전히 원저자인 존 버니언의 공입니다. 이 책을 읽는 모든 분에게 하나님의 성령이 친히 역사하셔서 천국 가는 길에 유용한 지식과 하나님 나라를 위한 역량 주실 것을 기도합니다.

2009년 9월

**김 순 남** 목사

# 추천의 글 <<<

　존 버니언의 「천로역정」은 영문학의 대표 저작입니다. 한국에서도 기독교 문헌으로는 가장 먼저 번역된 저서 가운데 하나입니다.

　한국의 저명한 부흥사 가운데 한 분이신 이성봉 목사님은 「천로역정」으로 부흥회를 인도하신 것으로 유명합니다. 기독교 문헌 가운데 가장 많이 읽혀졌고 큰 영향을 끼친 책 중 하나이기도 합니다. 내용의 알레고리들로 인해 신앙 생활의 모든 여정을 재미있게 전개해 나가면서도 때로는 난해한 부분이 없지 않습니다.

　이 책은 어느 시대를 막론하고 읽혀져야 할 가치가 있습니다. 「천로역정」을 성경 공부로 읽기 쉽고 흥미롭게 만들어 내셨던 김순남 목사님이 이번에는 난해한 이야기를 쉽게 풀어냄으로써 모두가 「천로역정」을 쉽게 이해하고 영적으로 큰 도움을 받을 수 있게 되었습니다. 김 목사님의 수고가 많았습니다. 이 강해서를 통해 존 버니언이 이야기해 주려고 했던 신앙의 여정을 독자마다 잘 깨닫고 독자들의 영혼에 큰 유익을 주리라 기대합니다.

**김 상 복** 목사
세계복음주의연맹(WEA) 회장
횃불트리니티신대원대학교 명예총장, 할렐루야교회 담임

# 〉〉〉 추천의 글

저자인 김순남 목사님은 한국에서도 많은 목회 경험이 있고 현재 해외 선교사로서 여러 곳에 신학교를 세워 신학 강좌를 계속하며 교육사역을 하고 있습니다. 또 젊은 시절에는 크리스천 신춘문예에 입상도 하여 장편소설을 쓰는 등 문재에 탁월함이 있는 기독교 교육자로서 귀한 하나님의 일꾼으로 사역하고 계신 분입니다.

김 목사님이 천로역정을 교재로 목회 현장에서 가르치며 교육의 효율성과 삶의 변화를 직접 목격한 경험을 바탕으로 「새로 보는 천로역정 52계단」을 출간하게 된 것을 하나님 나라 확장을 위한 동역자로서 먼저 축하를 드립니다.

존 버니언이 쓴 원작 「천로역정」은 300여 년간 그리스도인에게 성경 다음으로 사랑받아온 고전 중의 고전으로 많은 사람들이 읽는 책입니다. 지금도 널리 읽히지만, 내용이 짧지 않고 외국인이 쓴 소설이기 때문에 그 내용을 성경적 관점에서 올바로 이해하여 독자 자신의 것으로 만들기는 쉽지 않은 것이 사실입니다. 저자는 목회자로서 복음주의적 관점에서 기독교의 기본 진리를 올바로 이해시키고, 기독도(Christian)가 겪어야 할 순례자의 다양한 삶의 문제와 도전들을 성경적으로 극복하는 방법을 설명했습니다. 그리고 천성을 향해 나아가는 여정이 진전되면서 천로역정을 활용하여 단계별로 52가지 주제로 나누어 재구성하고 목회, 선교 현장에서 겪은 생동감 있는 예화, 그리고 삽화와 토의 주제를 곁들이므로 흥미를 잃지 않도록 하며 누구나 이해하기 쉽게 해설했습니다.

따라서 이 책은 기독교 교리를 바로 세워가기 위한 성경공부 교재로는 물론, 초보 신자부터 신앙 생활을 오래 한 신자와 신학도에 이르기까지 교육 자료뿐만 아니라 설교 자료로도 사용하기에 손색이 없는 내용입니다. 거짓 진리가 양의 탈을 쓰고 횡행하고 있는 이 세대에 기독교 진리를 올바로 해설하고 가르치기 위해 진력하고 있는 동역자가 있는 것만으로도 행복을 느낍니다. 아무쪼록 이 책이 성도들의 신앙을 올바른 교훈으로 깨우치기를 바라는 여러분들에 의해 널리 읽혀지고 사용되어서 주님의 뜻을 이루는 선한 도구가 되기를 간절히 소망합니다.

**임 석 순** 목사
대신총회신학교 대신총회신학연구원장
한국중앙교회 담임

# >>> 추천의 글

성경 다음으로 많이 읽혔던 「천로역정」은 토마스 아켐피스의 「그리스도를 본받아」와 함께 오랜 세월 전 세계 그리스도인들에게 영적 영향력이 큰 책으로 자리매김해 왔습니다. 성도의 신앙생활을 구원론적 관점에서, 그리고 영성의 깊은 훈련과 성화에 이르는 과정을 쉽고도 간결하게 표현한 천로역정 소설을 오늘의 신앙 생활에 접목시켜 탄생한 「새로 보는 천로역정 52계단」은 하나님의 은혜요 축복입니다.

한국 교회 부흥 역사에 한 획을 그었던 고 이성봉 목사님의 성회 주제가 「천로역정」이었습니다. 그 말씀을 듣고 또 들어도 한결같이 성령의 감동을 끊임없이 주던 「천로역정」이 강해로 엮어져 나오게 된 것은 한국 교회와 이 책을 읽거나 교재로 삼는 성도들에게 하나님의 큰 선물이요 축복이라고 할 수 있습니다.

원작 소설 내용으로 오늘을 사는 신앙인의 삶에 적용하도록 쉽고도 간결하게 그리고 김 목사님의 일평생 목회와 선교 현장 체험들이 고스란히 녹아 있는 현장감과 예화, 분명한 교리적 내용이 각 장마다 펼쳐져 진리와 비진리, 정통과 이단의 분별은 물론, 변화를 가져오게 하였던 생생한 성령의 역사로 가득 차 있어, 개인은 물론 교회에서 52주 학습 교재로 사용하면 더 효과적이라고 봅니다. 설교자들에게는 풍성한 자료가 되고, 평신도들에게는 바른 신앙관 확립과 새 생명의 활력을 주며, 교회에서는 신앙 성장의 교재로 사용되어 잔잔한 감동과 희망을 계속 주리라 확신합니다.

신학생 시절부터 군 장교 출신답게 리더십과 분명한 소명감 그리고 소설 집필의 저술력과 수없는 영혼들을 신학 교육과 선교 열정으로 일깨운 정성이 이 한 권의 책에 담겨 있어, 필독은 물론 장서 가치가 높은 책임을 의심치 않으며, 이 책을 통한 성령님의 생명 구령 역사가 온누리와 선교 현장에 끊임없이 이어질 것을 기대합니다.

**김 재 규** 목사
안양대학교 신학대학원 교수
성수교회 담임목사

제 1 부
신자 개인의 신앙생활

::  제1계단  ::
# 죄인임을 인식함

　나는 길을 가다 피곤하여, 길옆 한 동굴에서 잠이 들었는데 꿈속에서 한 사내를 보았다. 그 사내는 다 해진 누더기 옷을 입고, 등에는 무거운 짐을 지고, 얼굴은 두려움에 가득 차서, 책을 읽으며 "어쩌면 좋아. 어쩌면 좋아."라고 탄식하며, 거친 들판을 배회하고 있었다. 그 사람의 이름은 기독도(CHRISTIAN)라는 사람이었다.

인간은 어쩔 수 없는 죄인인가?

인터넷 뉴스에서 외국이나, 국내에서 일어난 지진, 해일, 폭풍 등 재난을 당한 기사를 보게 된다. 그 기사 아래 달린 댓글을 보면서, 인간들이 얼마나 사악한지 두려움을 금할 수 없다. 자신들과 아무 원한도 없는 사람들이 당한 불행에 대하여 별의별 악한 말과 심한 욕설, 저주를 퍼붓는다.

어디 그뿐인가! 서로 한 번 마주친 일도 없는 사람들끼리, 인터넷상에서 주고받는 대화의 내용은 감히 얼굴을 대하고는 할 수 없는 잔인하고 모욕적인 내용들이다. 자기와 다른 생각을 인터넷상에 올렸다는 이유에서이다.

사람들은 왜 그렇게 악한 말을 거침없이 내뱉는 걸까? 바로 사람 내면에 잠재된 악성 때문이다. 사람들은 평소에 선한 것 같아 보이지만, 죄를 범해도 안심할 수 있는 환경이 되면 여지없이 그의 악성을 드러낸다. 인터넷의 익명성과 서로를 직접 볼 수 없어서 보복당할 염려가 없기에, 마음 놓고 자기 속에 숨은 악성(惡性)을 발휘하면서, 오히려 악행을 즐기는 것이다.

만약 우리가 이런 사람을 직접 만나게 된다면 또 한 번 놀라게 될 것이다. 왜냐하면, 그런 글을 쓴 사람이 평소에는 예의와 분수를 아는 아주 보통의 사람이기 때문이다. 이것은 인간이 악하다는 하나의 예일 뿐이다. 크고 작은 차이가 있지만, 모든 인간 내면에 죄악성이 잠복하고 있다는 많은 심리학적 증거를 아무도 부인할 수 없다.

## 1. 기독도의 누더기 옷은 인간이 불의(不義)한 존재인 것을 나타낸다

존 버니언(John Bunyan)의 인간에 대한 묘사는 인간은 완전 타락한 죄인이며, 자기 의(義)가 없고, 오염되어 스스로는 죄의 오염과 책임을 벗어날 수 없는 선(善)에 대하여 무능한 존재라는 것이다. 이는 성경의 선언을 따른 것인데, 성경은 인간을 불의(不義)하고, 자기 죄와 허물로 죽은 존재라고 선고하고 있다(엡 2:1).

### (1) 인간이 어떻게 해서 불의하고 죽은 존재가 되었는가?

하나님은 인간을 창조하시고, 인간의 시조 아담과 한 계약을 맺으셨다. "여호와 하나님이 그 사람에게 명하여 가라사대 동산 각종 나무의 실과는 네가 임의로 먹되 선악을 알게 하는 나무의 실과는 먹지 말라. 네가 먹는 날에는 정녕 죽으리라"(창 2:16,17).

기독교 신학에서는 이 계약을 '행위계약(언약)'이라 부른다. 이 언약을 '행위계약(行爲契約)'이라고 부르는 이유는 인간이 하나님이 금지한 행동을 준수하는가, 거역하는가의 결과로 그가 악한지, 선한지 결정되기 때문이다.

또한, 이 계약은 '생명계약(生命契約)'이라고 부르는데, 이 시험의 결과로 인간이 영생을 얻게 될 것인지, 사망에 이르게 될 것인지가 정해지기 때문이다. 만약 아담이 선악과를 먹지 않는다면 당연히 영생을 보장받게 된다. 그러나 인류의 대표인 아담은 이 시험에서 하나님이 그에게 주신 자유의지를 잘못 사용하여 먹는 것을 결정했고, 따라서 악인으로 선고되었으며 그 결과 영적, 육체적 죽음을 맞게 되었다. "먹는 날에는 정녕 죽으리라"고 하신 하나님의 선고가 인간에게 적용된 것이다(창 3:19).

### (2) 아담뿐만 아니라, 아담의 후손인 전 인류는 죄인이 되었다

불행하게도 이 계약은 아담이 전 인류의 대표가 되어 맺은 계약이었기에 아담의 후손인 전 인류에게도 같은 선고가 내려졌다. 따라서 모든 인류는 죄인이 되었고, 사람들 모두가 스스로의 범죄 없이도 죽게 되는 운명을 갖고 태어나게 된 것이다(롬 5:14).

### (3) 전 인류가 죄인인 이유

온 인류가 죄인으로 정죄된 데 대하여 억울하다고 항변할지 몰라도 세상에는 '대표성 원리'로 사람의 운명이 결정되는 것은 부인할 수 없는 사실이다.

예를 들자면, 한 국가의 왕이 전쟁에 져 포로가 되면 그 국가는 그 전쟁에서 패전국이 된다. 사장 한 사람이 부도나면, 그 회사의 종업원도 그들 책임과 상관없이 직장을 잃게 되고 그에 따른 고통을 받게 된다. 한 가정의 가장이 사업에 실패하면, 가족 모두는 자기 의도와 관계없이 가장의 실패 영향을 받는다. 즉 국가, 사회, 가정은 대표성 원리에 의하여 운명이 결정된다. 마치 아브라함의 후손이 복을 받은 것과 같은 것이다(창 26:4).

하나님의 말씀인 성경은 아담 한 사람의 범죄로 모든 인류가 죄인이 되었고, 따라서 모든 인류는 그 죄에 대한 책임도 져야 한다고 선언하고 있다(롬 5:19).

### (4) 인간은 완전 타락한 존재이다

더욱 불행한 것은 인간은 아담의 범죄로 죄인이라 정죄되었을 뿐만 아니라, 아담과 같은 악성도 가지고 태어나서 그 악을 스스로 저지할 수 없고, 선행에 무능하게 되었다. 인간 본질이 선한지, 악한지, 철학자들 간에 여러 주장이 있지만 성경은 "인간은 악하다"고 확고하게 선언한다. "의인은 없나니 하나도 없으며 깨닫는 자도 없고 하나님을 찾는 자도 없고 다 치우쳐 한 가지로 무익하게 되고, 선을 행하는 자는 없나니 하나도 없도다"(롬 3:10-12).

성경이 선언하지 않아도 인간 자신을 관찰하면, 자신 내부에 끊임없는 죄의 욕망과 활동이 있는 것을 어렵지 않게 알 수 있다. 그리고 인간 스스로 많은 노력과 수양에도 불구하고 그 악성은 결코 사라지지 않는다는 사실도 인정하게 될 것이다.

### (5) 모든 인류가 가지고 있는 죄의 종류

우리는 시조 아담으로 인해 죄인이 되었고, 양심이 오염되어 완전 부패해 버렸다. 이 오염을 우리는 원죄(原罪)라고 부른다. 원죄는 우리 인간이 짓는 모든 죄의 근원이 된다.

원죄성은 인간의 욕망과 합하여 크고 작은 범죄를 생산하며, 원죄성에 의해 저지른 후천적 범죄를 자범죄(自犯罪), 혹은 본죄(本罪)라 부른다. 그래서 모든 인류는 원죄와 자범죄를 가지고 있는 죄인이다.

### (6) 인간은 죄 해결에 무능한 영적 사망자다

우리 인류는 자신의 능력으로 죄 문제를 해결할 수 없다. 인간은 비록 육신은 살아 있지만, 영적 사망 상태이기 때문에(엡 2:1) 선악을 분별할 수 없고, 선을 결정할 올바른 의지가 없다. 왜냐하면 죽은 자는 무능하기 때문이다. 영적 사망자는 보아도 알지 못하고, 들어도 깨닫지 못한다(사 6:9, 마 13:14). 그러므로 당연히 선(善)에 대한 지식이 없고, 올바른 감정이 없으며, 행동으로 옮길 의지도 없다. 그러므로 자신의 죄 문제 해결에 무능한 것이다.

자신들의 범죄를 없애기 위한 아담과 하와의 노력

아담과 하와는 범죄 후 하나님 앞에 자신의 범죄를 숨기고 싶었다. 그래서 무화과 잎으로 옷을 만들어 입었다. 그러나 그 옷은 범죄를 숨겨주지 못했고, 스스로도 자부심을 갖지 못했다. 하나님이 그들을 찾았을 때 그들은 오히려 나무 밑으로 숨었다(창 3:7,8). 이는 자신들의 노력으로 범죄가 해결되지 않았다는 것을 알았기 때문이다.

아담과 하와가 만든 무화과 잎 치마는 인간이 자기 의(義)를 얻기 위한 여러 노력을 상징한다. 인간들은 자신의 힘으로 구원을 얻기 위해 도덕, 선행, 수행, 참선, 교육, 공덕 등등의 노력을 경주한다. 그러나 인간의 노력에도 불구하고, 하나님이 요구하는 수준에 이르지 못하는 것은 그들이 영적으로 사망한 존재이기 때문이다.

죽은 자에게서 나오는 행동은 죽은 행실뿐이다(롬 1:21-32). 마치 고장 나고 오염된 기계에서 생산되는 제품이 모두 불량품인 것과 같다. 바로 인간의 모든 행위가 하나님 앞에서 불량품인 것이다. 그러므로 버니언은 인간이 자랑하는 의는 하나님 앞에 누더기 옷과 같다고 묘사했다(사 64:6).

## 2. 기독도 등에 메고 있는 무거운 짐

죄인은 죄에 대한 책임을 져야 한다. 하나님은 단호하게 "정녕 죽으리라" 하셨고, 그들이 살아 있는 날 동안 당할 형벌도 말씀해 주셨다(창 3:16-19). 바울 사도는 이를 "죄의 값은 사망이다"(롬 6:23)라고 요약했다. 그 판결에 따라 모든 인류가 예외 없이 사망의 심판을 받았다(창 5장).

인간 범죄에 대한 책임은 영적 죽음과 육체적 죽음을 포함한다. 영적 죽음은 인간이 완전 부패하여 하나님과 교제관계가 끊어진 것이고 빛보다 어두움을 더 좋아하는 것이며(요 3:19), 육체적 죽음은 인간의 육체가 사망하는 것과 결국 지옥으로 가야 하는 운명을 말하는 것이다(창 3:19). 이것이 바로 인간이 담당해야 할 무거운 짐이다.

## 3. 그의 손에 든 책

존 버니언이 묘사한 자연인, 기독도는 어떻게 자신이 죄인인 것과 죄의 값은 사망이라는 사실을 알았을까? 그는 손에 든 책을 읽고 알았다고 한다.

죄인이란 선고는 단지 자신이나 타인의 선고로만 결정되는 것은 아니다. 어떤 행위를 "범죄"라고 선고할 때, 그것은 반드시 법조문에 의해서 결정되어진다(罪刑法定主義). 사람이 범죄했을 때, 법정은 법률조문에 의해서 그가 무슨 죄를 지었는지, 그 대가가 무엇인지를 결정하는 것이다.

기독도가 손에 든 책은 바로 구약성경이다. 구약성경은 인간이 죄인이라는 사실을 알려주는 판결문 역할을 한다. 하나님은 이스라엘 백성에게 십계명(율법)을 주셔서 무엇이 죄인지, 죄의 값이 어떤 것인지 깨닫도록 하셨다.

## 4. 기독도가 슬퍼 탄식하는 이유는 무엇 때문인가?

그는 인생이 허무함을 인식했기 때문이다. 인간이 죄인이라면 결국 죽음으로 끝맺게 되는 운명이다. 세상을 사는 날 동안은 수고와 슬픔뿐이고, 아무리 노력하고 고통을 겪어도 결국 죽음과 지옥의 심판이 기다리고 있는 외길 인생일 뿐이다(전 1:2,3).

시편 기자는 인간의 운명에 대해서 이렇게 진술했다. "주께서 우리의 죄악을 주의 앞에 놓으시며, 우리의 은밀한 죄를 주의 얼굴 빛 가운데 두셨사오니, 우리의 모든 날이 주의 분노 중에 지나가며, 우리의 평생이 일식 간에 다하였나이다. 우리의 연수가 칠십이요, 강건하면 팔십이라도 그 연수의 자랑은 수고와 슬픔뿐이요 신속히 가니 우리가 날아가나이다"(시 90:8-10).

존 버니언은 왜, 천로역정 첫 장에서 인간이 비참한 존재라는 것을 묘사했을까? 인간이 처한 불행한 운명에서 빠져나와 약속된 복을 받으려면 먼저 자신의 처지를 정확히 인식하는 것이 중요하기 때문이다. 구원의 첫 조건은 자신이 죄인임을 인식하는 것이다. 왜냐하면 예수께서 죄인을 구하러 세상에 오셨기 때문이다. 주님은 "나는 의인을 부르러 온 것이 아니요 죄인을 부르러 왔노라"(막 2:17)고 하셨다. 병이 있는 사람이 자신이 건강하다고 생각한다면 그는 의사의 도움을 받으려 하지 않는다(막 2:17). 자신이 의인이라고 생각하는 사람은 죄에서 우리를 구하신 예수 그리스도를 필요로 하지 않을 것이다.

### 갓난아이라도 악성을 가지고 있다

유치원을 경영한 적이 있었다. 한번은 조립 완구인 블럭 한 박스를 사서 40명의 아이들에게 주었다. 아이들은 각각 자기가 만들고 싶어하는 것들을 조립해갔다. 그러나 블럭의 갯수가 부족하여 아이들 모두 자기의 작품을 완성할 수 없었다. 그러자 그 중 힘이 센 아이가 가장 작은 아이에게로 가더니 냅다 그 아이의 작품을 낚아챘다. 큰 아이는 "내놔!" 하며 작은 아이의 것을 잡아 당겼는데, 만들고 있던 비행기 동체가 절반으로 부서졌다. 아이는 "앙" 하고 울면서 손에 남은 반쪽으로 큰 아이의 머리를 쳤다. 큰 아이도 울면서 작은 아이를 밀어뜨렸다. 이 아이들의 나이는 불과 4, 5세였다. 이런 일은 어디서나 누구나 쉽게 목격하는 일이다. 나는 이 일을 예로 인간 본성이 악한 이유 몇 가지를 제시하고자 한다.

첫째, 큰 아이가 어떻게, 내 것이 부족하면 남의 것이라도 빼앗아서 자신의 것을 완성시켜야 한다고 생각하게 되었을까? 그런 것을 누가 가르쳤을까? 아무도 아이에게 그런 것을 가르치지 않았다는 것은 너무도 자명한 일이다. 그럼에도 불구하고 그런 행동이 나온 것은 그 아이의 본성 안에 내재된 악성이 발동했기 때문이다.

둘째, 큰 아이는 왜, 가장 작은 아이를 골랐을까? 그것은 그 아이의 것을 뺏었을 때 그 아이가 대항해도 이길 수 있다는 판단이 섰기 때문이다. 그런 판단력은 아무도 그 아이에게 가르쳐 주지 않았다. 그러나 그 아이는 스스로 안다. 간교함이 아이 심령에 내재되어 있기 때문이다.

셋째, 작은 아이는 자신의 작품에 피해를 입힌 아이에게 가차 없이 보복을 했는데, 블럭을 사용하여 때렸다. 그 아이의 손에 있던 것이 블럭이 아니라 칼이었으면 어쩔 뻔했는가? 누가 그 아이에게 자신이 피해를 보면 보복하라고 가르쳤는가? 역시 아무도 가르치지 않았다. 아이는 본능적으로 아는 것이고 무의식 속에서 보복하는 것이다. 이 아이들이 몸이 자라고, 지식이 자라고, 기술을 갖게 되면 그것들을 응용하여 지능적이고 기술적으로 범죄하게 되는 것이다.

결론적으로, 사람은 나면서부터 악성을 가진 선천적 죄인이며 따라서 저주와 사망이 약속되어 있는 절망적 존재라는 사실이다.

| 토의 |

1. 인간이 어떻게 해서 하나님 앞에 죄인이 되었습니까?


2. 자신이 용서받을 수 없을 것이라고 생각되는 죄들을 써 보십시오.


3. 죄의 결과는 무엇입니까?

# 무지한 가족들

　기독도는 집으로 돌아오자마자 가족들에게 자신과 가족뿐만 아니라, 그들이 살고 있는 도시가 멸망할 것이라고 말해 주었다. 그의 말에 가족들은 한편으로 놀라면서 조금 안정을 취하면 괜찮아질 거라고 생각했다. 그러나 시간이 지나도 같은 소리를 반복하자 무관심하고, 나중에는 그런 소리 하지 말라고 윽박지르기 시작했다.

두 종류의 인간

1. 기독도가 느끼는 것들을 가족들은 왜 느끼지 못하는가?

세상에는 두 종류의 인간이 있다. 즉 자신을 죄인이라고 인식하는 사람과 자신을 의인이라고 여기는 사람이다. 자신이 죄인이라는 사실을 인식하지 못하는 이유는 앞에서 말한 대로 영적 사망 상태에 있기 때문이다. 기독도의 가족들이 바로 그렇다.

이 원리를 살펴보자. 하나님은 사람을 창조하실 때에 흙으로 육체를 지으시고, 그 코에 생기를 불어 넣어 산 사람(생령)이 되게 하셨다(창 2:7). 이것을 수식으로 표현하면,

창조된 인간 : 육체(흙) + 생기(영혼) = 영이 있는 산 사람

이 수식에서 몇 가지를 정리하면, 사람은 육체와 생기(生氣)의 조합체이다. 생기는 생명의 기운인 영혼을 말하는데, 즉 마음이라고도 한다. 생기는 외부로부터 지식(정보)을 받아 분석하며, 받은 정보에 따라 희노애락의 감정을 갖게 한다. 그리고 어떻게 할 것인지 행동을 결정하는 인간의 가장 중심 기관이다. 결론적으로 생기는 사람의 마음속에 지·정·의(知情意)를 담당하고, 인간의 생명력을 유지하며, 하나님과 교통하는 기관이 된다.

처음 창조된 인간은 지·정·의의 기능이 온전하고, 하나님과 아무 문제없이 교통할 수 있었다. 그러나 아담의 범죄는 인간 영혼에 심각한 타격을 주었다. 그 후 사람은 지·정·의가 바르게 기능하지 못했고, 동시에 하나님과 교제가 단절되었다. 그 결과 아담은 하나님을 의지하지 않았고, 하나님이 그를 찾자 오히려 도망쳐 숨는다. 이것이 바로 영적 사망인 표이다. 수식으로 표현하면,

범죄한 인간 : 육체(흙)+ 생기(영혼) 손상 = 영적 사망자

따라서 사람은 영적으로 죽은 자가 되었다. 죽은 자의 특징은 지적, 감정적, 의지적 기능을 상실하여 하나님과 교제가 단절됐으며, 하나님을 대적하는 원수가 되었다. 그는 영적인 일을 배척하고, 육체를 위한 일만 한다(갈 5:19-21). 영적 사망이라고 해서 일반적 도덕 기능이 완전히 없어졌다는 것은 아니다. 다만 하나님이 요구하는 만큼의 선을 결정할 능력이 없다는 것이다.

영적 사망자의 특징은 다음과 같다.

**첫째,** 지식이 없다. 따라서 죄가 무엇인지를 모른다. 그러므로 자신이 죄인이라는 사실을 모른다(요 9:41).

**둘째,** 죽은 자는 감정이 없다. 그는 자신이 죄인이라는 사실에 동의하지 않는다. 그는 죄를 슬퍼하거나 미워하지 않는다. 주님은 애통하는 자가 복이 있다고 하셨다(마 5:4). 애통하는 자는 자신이 죄인임과 죄의 결과가 사망인 것을 알지만 자신의 힘으로 해결할 방법이 없음을 알고 슬퍼하는 것이다.

영적 사망자들은 자신이 죄인이란 것을 인정하지 않을 뿐만 아니라 오히려 그의 행위가 정당하다고 생각하고, 심지어 자기의 범죄를 자랑하기까지 한다. 이는 그의 감정기관이 잘못되어 있기 때문이다(마 11:17).

**셋째,** 영적 사망자는 의지가 없다. 즉, 자신의 행위가 죄인 줄 안다고 해도 적극적으로 죄악을 떠나 선을 결정할 능력이 없는 것이다(롬 7:22-24). 기독도의 가족들은 기독도가 깨달은 바를 이해할 수 없었는데 실제로는 이해할 능력 자체를 갖지 못했기 때문이다.

2. 기독도의 가족들은 중생(重生)되지 않았기 때문에 구원의 심각성을 모르는 것이다

예수님은 니고데모에게 "네가 거듭나야 되겠다."라고 하셨다. "진실로 진실로 네게 이르노니 사람이 거듭나지 아니하면 하나님 나라를 볼 수 없느니라"

(요 3:3). 즉, 사람이 자신이 죄인인 것과 하나님 나라가 필요함을 인식하려면 반드시 먼저 거듭남이 있어야 한다고 하신 것이다.

거듭남(重生)이란, 성령께서 영적 사망자인 우리에게 새 생명(영)을 주어 새 사람으로 변화시키는 과정을 말한다. 영에 속한 것을 알고, 믿고, 결정하려면 반드시 먼저 성령으로 거듭나야 한다(요 3:5). 거듭남의 원리를 수식으로 나타내면,

거듭난 사람 : 육체 + 하나님께로 온 새 영 = 새로운 피조물(고전 2:12)

우리는 이 사건을 중생 혹은 재창조, 또는 새 생명을 얻었다고 한다(고후 5:17). 중생된 사람은 지·정·의가 회복되어 자신이 죄인이며, 구원이 필요함을 인식하게 되고 하나님의 도움을 바라는 마음이 생기게 된다.

### 3. 거듭남 없이는 누구든지 구원을 갈망하지 않는다

우리는 예수님 공생애 당시 놀라운 기적을 목격하고, 그의 복음을 들은 사람들이 두 부류로 나뉘는 것을 보게 된다. 한쪽은 나사렛 예수가 하나님이 약속한 구주라는 것을 믿는 것이고, 다른 한쪽은 예수의 기적들이 사기라고 폄하하며, 배척하고, 대적하려는 사람들이다. 거듭나지 못한 사람들은 보기는 보아도 알지 못하고, 듣기는 들어도 깨닫지 못한다(마 13:14). 그러므로 진리를 왜곡하고 대항하는 것이다.

| 토의 |
1. 자신이 죄인인 것을 인식하기 위한 선행조건은 무엇입니까?

2. 거듭남은 어떻게 이루어집니까? (나의 노력 혹은 성령의 역사)

# 장망성을 떠남

기독도가 살고 있는 곳은 장망성(將亡城)이라는 곳이었는데, 그 성 사람들은 먹고, 마시고, 시집가고, 장가가고, 팔고, 사고, 보기에는 아무 문제가 없는 평온한 곳이었다. 그러나 실상은 무서운 재앙과 멸망이 경고되어 있었는데, 소수의 사람을 제외하고는 이 사실을 주의하고 있지 않았다.

우리가 사는 이 세계는 영원한 곳인가?

장망성(將亡城)은 어디인가? 소돔과 고모라, 애굽, 니느웨, 바벨론 같이 심판받아 멸망할 수밖에 없는 곳, 곧 우리가 사는 이 지구이다. 우리가 살고 있는 세상은 주님이 계시하신 대로 멸망이 약속되어 있다(마 24장).

세계 역사는 한때, 이성주의의 영향이 확대되면서 인간은 지상에 이상세계를 건설하게 될 것이라고 주장한 때가 있었다. 그리고 예수님의 종말 계시를 터무니없는 것으로 치부해 버렸다. 그러나 현대를 살고 있는 우리는 지구가 종말을 향해 나가고 있는 것을 심각하게 목격하고 있다.

기독도는 자신이 살고 있는 곳이 장망성이라는 사실을 알게 되었다. 사람이 구원으로 나가는 두 번째 걸음은 바로, 자신이 살고 있는 이 세상이 영원한 곳이 아님을 알아야 하는 것이다. 출애굽 전에 이스라엘은 애굽 고센 땅을 자신들이 거주할 영원한 곳으로 알았다. 그들은 그곳 생활에 만족하였다. 그러나 그곳은 하나님과 아브라함이 약속했던 땅이 아니라, 잠시 머무르는 곳이었다.

하나님은 애굽이 그들이 영원히 거주할 곳이 아님을 알려주시기 위하여 바로 왕을 사용하셨다. 바로의 잔인한 핍박은 이스라엘로 하여금 애굽 땅이 바로 장망성이라는 것을 깨닫게 해주었다. 그 결과, 그들은 구원을 사모하게 되었고, 하나님의 구원을 기다리게 되었던 것이다(출 2:23). 즉 그들의 심령이 가난하게 되었던 것이다(마 5:3). 그렇지 않았더라면 모세가 왔을 때, 예수 그리스도를 거부하듯 역시 모세를 대항했을 것은 자명한 일이다. 바로의 핍박은 그들의 심령을 가난하게 만들고, 애굽을 싫어하게 하며, 가나안 땅을 사모하게 하려는 하나님의 섭리였던 것이다.


멸망의 징조들

세상을 보라! 멸망의 징조가 곳곳에서 나타나고 있다. 기상이변, 지진, 해일, 환경오염, 생물의 멸종이 급속히 진행되고 있다. 타락한 문화, 도덕감 없는 인간 양심, 사악해지는 심성, 음란은 도처에서 난무한다. 서로 속이고, 탈취하고, 방탕하여 도무지 무엇이 옳고, 그른지 도덕 표준마저 모호한 세상이되었다. 개인의 행복 추구를 핑계로 과거에 심히 부도덕한 일이 마치 보호받아야 할 권리처럼 여기는 것이 현실이다.

각종 범죄는 지능화, 과학화, 집단화되고 있다. 인간을 살상할 무기는 이미가공할 만한 위력을 가지고 있는데도 여전히 대량살상무기는 여러 나라 정부주도로 연구, 개발되고 있다. 세상은 테러집단의 활동으로 언제, 어디서, 어떻게 당할지 마음 놓을 수 없는 세계가 되고 있다. 나라와 나라 간, 민족과 민족이 전쟁을 그치지 않고, 물과 양식은 이미 고갈되기 시작했다. 버지니아 공대사건에서 보듯이 불특정 다수를 공격 대상으로 삼는 범죄사건이 세계 도처에서 일어난다.

하나님의 창조 질서를 범하는 각종 생물학적 실험으로 인하여 종국에는 인간이 감당하지 못할 종(種)을 만들어 내어 대재앙을 스스로 자초하게 될 것이다. 그동안 장담하던 미국 월가의 경제신화도 깨지면서 전 세계의 경제 붕괴가 시작되었고, 어떻게 회복할 수 있을지 알 수 없다. 어찌하랴! 도처에 종말의 징조가 보이건만 인간은 스스로 부요하여, 여전히 주님의 종말 경고에 관심이 없다.

1. 세상은 장차 불로 멸망된다고 계시되어 있다

"첫째 천사가 나팔을 부니 피 섞인 우박과 불이 나서 땅에 쏟아지매 땅의 삼분의 일이 타서 사위고 수목의 삼분의 일도 타서 사위고 각종 푸른 풀도 타서사위더라"(계 8:7)라고 대재앙이 성경에 계시되었다.

2. 세상 끝에는 무슨 일이 일어나는가?

"그 날 환난 후에 즉시 해가 어두워지며, 달이 빛을 내지 아니하며, 별들이 하늘에서 떨어지며, 하늘의 권능들이 흔들리리라"(마 24:29-31)라고 하셨다. 천체가 크게 요동을 치고 세상이 끝날 것이라고 주님은 말씀하셨다.

3. 그때에 장망성 사람들은 어떤 정황인가?

말세 때, 세상 사람들은 노아와 롯의 때 같이 종말 경고에 대하여 관심이 없다. 주님은 그 시대 사람들의 정황에 대하여 "홍수 전에 노아가 방주에 들어가던 날까지 사람들이 먹고, 마시고, 장가들고, 시집가고 있으면서 홍수가 나서 저희를 다 멸하기까지 깨닫지 못하였으니"(마 24:38-39)라고 하시며, 말세를 사는 사람들도 그럴 것이라고 말씀하셨다. 즉 세상 사람들이 스스로 만족하여 종말의 위험을 인식하지 못한다는 것이다.

| 토의 |

1. 세상의 종말에 대하여 이야기해 봅시다(마 24장).

2. 예수 재림 직전의 세상에 대해서 이야기해 봅시다.

3. 당신은 세상 심판을 믿습니까?

:: **제4계단** ::
# 전도자를 만나다

　기독도는 마냥 기다리다 죽을 수 없어서 살 길을 찾아 광야를 헤매다 지쳐 쉬고 있을 때, 전도자라는 사람이 찾아왔다. 전도자는 살려거든 즉시 장망성을 떠나라고 말했다. 전도자가 가르쳐준 길은 좁고, 험했기에 앞이 보이지 않았지만, 손가락으로 가르친 그 방향의 먼 곳에서 빛이 희미하게 보이고 있었다.

우리의 구원은 어떻게 시작되는가?

## 1. 하나님은 자신의 백성을 구원하기 위하여 전도자를 준비하신다

주님도 제자들을 세상(장망성)에 보내셨다. 그리고 구원받을 자를 초대하신다(마 28:19-20). 세상에는 많은 종교가 있고, 신(神)이라고 칭하는 것들이 있다. 그러나 세상의 종교는 다만 두 종류가 있을 뿐이다. 하나는 인간 스스로 신을 찾아가는 종교요, 다른 하나는 신이 인간을 찾아와 주는 종교이다. 신은 무한한 존재이다. 유한한 인간이 어떻게 능히 신을 찾아갈 수 있겠는가? 그러므로 자기의 노력으로 신을 찾아오라든가, 또 인간이 신을 찾아가는 종교에서는 구원을 기대할 수 없다. 왜냐하면 인간이 신을 찾아갈 능력이 없기 때문이다.

인간이 구원받기에 가장 합당한 방법은 신이 인간을 찾아와 주는 것이다. 신이 정말 존재하고, 그 성품이 자비하다면, 길을 찾지 못하는 무능한 인간에게 자기를 찾아오라는 가능성 없는 요구를 할 것이 아니라, 자신이 인간을 찾아 주어야 하지 않겠는가?

### 아이는 자력으로 강을 건널 수 없다

급물살이 흐르는 강 건너편에 아이가 있다. 부모가 강 저쪽에서 아이에게 건너오라고 부른다. 얼마나 위험한 일인가? 상식이 있는 부모라면 자신이 건너가서 아이를 데려올 것임을 의심할 필요가 없다. 세상에 있는 모든 종교는 인간들에게 신을 찾아와 구원받으라는 교리는 가지고 있어도, 신이 인간을 찾아 구원한다는 교리를 가지고 있지 않다. 유일하게 기독교만이 하나님이 사람을 직접 찾으러 오셨다고 진술하고 있다(빌 2:6-8).

성부 하나님은 자기 백성을 찾기 위해서 먼저 성자 하나님을 세상에 보내셨다. 그리고 우리가 주님을 믿도록 도와주시기 위해 성령 하나님을 보내시고, 뿐만 아니라 우리와 눈높이를 맞추시기 위해 인간 전도자를 보내 우리를 찾으신다.

## 그 신은 오대산 밖으로 나올 수 없다

산동성 위해(爲海)라는 곳에서 규모가 큰 건설회사 중국인 사장 한 사람을 처음 만나 식사를 하게 되었다. 식사 전에 묵상기도를 했더니 나에게 무슨 종교를 믿느냐고 물었다. 기독교인이라고 말해 주자 자기는 불교인이라면서 산서성(山西省) 오대산에 있는 절에서 예불을 드리고 어제 돌아왔다고 했다. 그는 어려서 부친에게 이 신앙을 물려받았고, 매년 한 번씩 그곳에 가서 예불을 드린다고 진지하게 말했다. 위해에서 오대산은 얼마나 먼 곳인지 그 거리는 우리 상상을 초월한다. 나는 그의 신앙심이 대단하다고 칭찬하면서 그에게 이런 질문을 했다.

"당신은 왜 매년 꼭 당신이 찾아가야만 만나는 신을 믿느냐?" 그는 안색이 변하여 나를 쳐다봤다. 나는 즉시 "당신은 어려서부터 매년, 당신의 신을 만나기 위해서 오대산으로 간다. 그런데 그 신은 당신을 만나러 단 한 번도 위해로 오지 않는다. 뭔가 잘못되지 않았는가? 네가 예배하는 신은 한 걸음도 자기 위치에서 떠날 수 없는 신이다. 그렇다면 그 신이 참신이며, 그가 당신을 위하여 할 수 있는 일이 무엇이냐?"라고 물었다. 그러자 그는 잠시 생각하더니 "생각해보니 그렇다."라고 대답했다. 나는 즉시 "당신이 찾아가지 않고도 당신을 찾아오는 신, 어디서나 당신이 만나기 원하면 만날 수 있는 신을 소개하겠다."며 전도를 했다.

그는 예수님을 믿기 원했지만 어려서부터 믿어온 신을 배반하면 해(害)가 없겠느냐고 물었다. 나는 "염려하지 마시오. 그는 절대로 오대산 밖으로 나오지 못합니다."라고 말해 주었다. 그는 예수님을 영접했고, 기도하는 법을 가르쳐 주었을 때 눈물을 글썽거리며 내게 어쩌면 그렇게 중국어를 잘하냐고 칭찬을 했다. 내가 생각하기에도 그처럼 중국어를 멋지게 한 것은 그때가 처음이었다. 바로 성령 하나님이 나를 도우신 것이며, 우리 하나님은 바로 그 자리에 찾아와 주셔서 그와 나를 감동하게 하신 것이다.

2. 하나님이 자기 백성을 부르시는 방법은 먼저 전도자를 보내서 복음을 전하게 하시고, 그것을 들을 때에 성령의 역사로 믿음이 생기게 하시고, 듣는 자가 스스로 신앙을 고백하게 하시므로 구원을 이루신다(롬 10:13,14)

그러므로 전도(傳道)는 구원의 첫 걸음이 된다. 하나님은 전도자와 선교사를 온 세계에 보내셔서 구원받을 자들을 초청하시는 것이다.

3. 전도는 인생을 구원하기 위한 하나님의 지혜의 표현이다(고전 1:21)

전도는 사람들 눈에 미련하고 성가신 것으로 보이지만, 실제로는 하나님의 지혜에서 나온 것이다. 왜냐하면 인간 스스로 하나님을 찾아오라면 이미 설명한 대로 사람이 자기 능력으로 올 수 없기 때문이다.

구원의 진리는 학문을 배우고, 도를 닦아 수양을 하고, 덕을 쌓고, 노력해서 얻어질 차원의 진리가 아니다. 그렇기에 하나님은 우리가 구원받기 쉽도록 전도라는 아주 단순한 방법을 사용하시는 것이다. 바울 사도는 "이 세상이 자기 지혜로 하나님을 알지 못하는 고로, 하나님께서 전도의 미련한 것으로, 믿는 자들을 구원하시기를 기뻐하셨다"(고전 1:21)고 전도 이유를 설명했다.

4. 세상이 장망성이라면 사람들은 어떻게 해야 하는가?

그 결과를 인식한 사람이라면 당연히 장망성을 떠나야 한다(마 24:16). 장망성을 떠난다는 것은 지구를 떠난다는 말이 아니다. 이 세상에 살면서 세상 종말의 심각성을 인식하고 우리에게 구원을 주시는 예수 그리스도를 구주로 믿어야 함을 말한다. 그리하면 심판의 재앙을 면하게 되는 것이다(요 3:16, 행 16:31).

전도란, 복음(福音)을 전하는 것이다. 듣는 사람이 복음에 동의하고, 믿기를 결단하면 그것이 바로 구원을 얻는 길이며, 또한 장망성을 떠나는 것이 된다.

5. 장망성을 떠나 천국으로 가는 길을 아는 것은 처음 믿는 자에게는 쉬운 일이 아니다

그래서 전도자는 그 방법을 기독도에게 가르쳐 주었다. 우리가 천국을 가려면 두 가지 표준을 따라야 한다.

첫째, 좁은 문으로 들어가라는 것이다. 좁은 문은 무엇인가?

그것은 그 길은 좁고 협착하여 가는 사람이 적고 힘이 드는 길이다. 즉, 그 길은 세상 것을 포기하게 되므로 손해를 보아야 하고, 방해하는 사람도 많아 고난을 감수해야 한다는 것이다.

둘째, 빛을 따라가야 한다는 것이다. 기독교인의 빛은 오직 하나님의 말씀인 성경이다. 시편의 저자는 "주의 말씀은 내 발에 등이요, 내 길에 빛이니이다(시 119:105)"라고 고백했다. 신자는 성경의 가르침을 따라가면 천국에 도달하게 된다. "성경은 능히 너로 하여금, 그리스도 예수 안에 있는 믿음으로 말미암아 구원에 이르는 지혜가 있게 하느니라"(딤후 3:15)라고 가르치고 있다. 성경은 신자에게 천국 길의 지도요, 항해도이며 안내서이다.

일반적으로 사람들이 처음 교회에 오면 감정을 믿음의 기준으로 삼으려 하나 지식이 없는 믿음은 미신과 다름없다. 지식 없는 믿음은 곁길로 가기 쉽고, 갈팡질팡 안정감이 없어 위험하다(호 4:6). 그러므로 신자는 신앙생활을 반드시 성경으로 시작하고, 성경으로 판단하며, 성경에서 결론을 얻어야 한다. 왜냐하면 성경은 우리 구원을 위하여 계시된 하나님의 약속이기 때문이다(요 20:31).

**| 토의 |**

1. 세상에 존재하는 두 가지 종류의 종교에 대하여 자신의 생각을 말해봅시다.

2. 하나님께서 죄인을 찾는 방법은 무엇입니까?

3. 천국길에 표준 삼을 두 가지는 무엇입니까?

# 장망성을 떠나다

기독도는 집에 돌아와 살 길을 찾아 떠날 것을 선언했다. 가족들은 가지 말라고 울고불고, 윽박지르고, 매어 달렸다. 그러나 기독도는 가족들의 극심한 만류에도 불구하고 두 귀를 막고 "생명! 생명! 영원한 생명!"을 외치며 쏜살같이 장망성을 빠져 나갔다.

어떤 사람이 예수를 믿기로 결단하면, 그때부터 여러 방식으로 방해가 시작된다. 그 이유는 마귀가 그동안 자기에게 속해 있던 백성을 놓치지 않으려고 발악하기 때문이다(계 2:10, 12:12).

1. 우리가 수없이 경험하는 것은 가족 중에 누가 예수를 믿으려 하면, 온 가족이 적극적으로 반대하는 것을 본다

그 이유는 가족을 이용하여 방해할 때 효과가 크기 때문에 마귀는 가족을 이용한다. 가족은 세상에서 가장 밀접한 단위이므로 관계에 문제가 생겼을 때 의리상, 감정상, 생활상 여러 가지 불편한 일이 생기므로 믿기를 단념하라는 그들의 요구를 물리치기 쉽지 않다. 가족들은 자기 가족의 믿음을 포기하게 하는 것이 당연한 요구요, 마치 그를 무지몽매함에서 구해내는 사명인 것처럼 생각한다.

그래서 예수께서는 가족의 방해로 갈등하는 사람들에게 "내가 온 것은 사람이 그 아비와 딸이 어미와, 며느리가 시어미와 불화하게 하려 함이니, 사람의 원수가 자기 집안 식구리라"(마 10:35,36)라고 결단을 요구하셨다. 이 말씀은 신자들이 가족을 원수처럼 대하라는 것이 아니라 오히려 가족들의 반대가 믿기로 결단한 자기 가족을 향하여 원수처럼 대할 것이라 말씀하시며, 십자가를 지는 각오가 아니면 이겨내기 어렵다고 하신 것이다.

2. 우리는 가족들의 방해를 받을 때 꼭 생각해야 할 것은 가족 구원을 위해서라도 자신의 신앙을 굳게 유지해야 한다는 사실이다

가족들은 지금 영적 소경 상태이다. 건강한 눈을 가진 자가 왜 소경을 따라가야 하는가? 그들은 인생의 종국을 알지 못하기에 영생의 길을 막으려 하고, 또 자신들의 무지를 고집하는 것이다. 반대하는 가족들의 뜻을 따르는 것은

마치 물에 빠져 허우적거리는 자에게 끌려 들어가는 것과 같다(마 15:14).

사람이 죽은 후에는 반드시 심판이 있다(히 9:27). 우리가 잠시 겪는 세상 고난보다 영육이 함께 고통당하는 영원한 지옥의 형벌을 더 두려워해야 한다. 하나님은 자기 자녀를 보호하여 세상의 방해로부터도 능히 이기게 하신다(시 23:4).

## 십자가는 든든히 서 있다

중국 백두산으로 가는 길의 어느 마을에 아담한 교회당이 하나 있다. 이 교회당은 지하교회의 예배당이다. 나는 10년 전 그곳에 갔었는데, 그 예배당 꼭대기에 십자가가 있었다. 당시 지하교회에 십자가가 세워져 있다는 것은 상상하기 힘든 일이었다. 나는 이 십자가가 어떻게 서 있게 되었는가를 들었다. 이 지하교회 지도자(집사)는 예배당을 짓고 담대히 십자가를 세웠다. 그러나 누군가의 고발에 의하여 십자가는 철거되고, 지도자는 체포되어 3년간 감옥살이를 하게 되었다. 3년이 지나서 그는 석방되었는데, 돌아온 날 즉시 십자가를 다시 세웠다. 그는 다시 고발당하고 십자가는 또 철거되었다. 그는 또 몇 개월의 감옥살이를 마치고 돌아오게 되었다. 그가 돌아와서 맨 먼저 한 일은 십자가를 다시 세운 일이었다. 역시 지난번 고발한 사람에 의해서 그 집사는 또 고발되었다. 그러자 공안(公安: 경찰)은 그 고발자에게 이렇게 말했다고 한다.

"당신은 할 일이 그렇게도 없소? 그 사람이 그 많은 날을 감옥살이하고도 그것이 옳다고 다시 세웠는데, 우리더러 그 사람을 죽이기라도 하라는 말이오? 당신, 이웃 간에 너무 지나친 것 아니오?" 하고 불쾌한 듯 말했다. 고발자는 멋쩍게 돌아오고 말았다. 그 후로 지금까지 십자가는 든든히 서 있다.

주님은 "무릇 죽고자 하는 자는 살 것이오, 살고자 하는 자는 죽으리라"(눅 17:33) 하셨고 "나를 인하여 너희를 욕하고 핍박하고, 거짓으로 너희를 거슬려, 모든 악한 말을 할 때에는 너희에게 복이 있나니 기뻐하고 즐거워하라, 하늘에서 너희의 상이 큼이라. 너희 전에 있던 선지자들을 이같이 핍박하였느니라"(마 5:11-12)라고 하시며 장망성을 떠날 때의 각오를 일러주셨다.

| 토의 |

1. 믿음 생활을 시작할 때 첫번째 당한 방해는 무엇이며, 방해자는 누구였습니까?

2. 그 방해를 어떻게 극복했습니까?

3. 당신이 온갖 방해에도 견디고 승리해야 하는 이유는 무엇 때문입니까?

:: 제6계단 ::

# 회유와 핍박을 받다

　　기독도가 장망성을 빠져 나와 얼마를 갔을 때, 장망성으로부터 두 사람이 기다려 달
라고 소리 지르며 따라왔다. 그 두 사람의 이름은 '고집'과 '연약'이었는데 연약은 인
정에 호소했고, 고집은 우격다짐으로 전통관습과 인간관계를 내세우며, 기독도를 장
망성으로 데려가려 했다. 기독도는 오히려 연약을 설득하여 천성 길에 동행하였다. 고
집은 화가 나서 "에이, 미친놈들! 잘 가버려." 하고 욕하고 돌아가버렸다. 두 사람은 천

국에 관한 유익한 이야기를 나누며 기쁨에 들떠 천성 길을 향해 걸음을 재촉했다.

결신자를 향한 방해의 두 가지 형태는 어떻게 나타나는가?

정말 믿기로 결심하면 가족의 방해뿐만 아니라 지역사회와 문화, 풍습, 직장, 기존 이익으로부터도 배척당하는 경우가 허다하다. 기독교인을 향한 방해의 두 가지 형태는 "회유(回遊)"와 "핍박(逼迫)"이다. 우리가 흔히 듣는 말로 당근과 채찍을 이용하는 것이다.

1. 먼저 찾아오는 방해의 형태는 달래서 돌이키려 하는 것이다

방해꾼들은 거절치 못할 인정에 호소하고, 또 포기하면 무엇을 잘해 주겠다고 조건을 제시하며 회유하려 든다. 이상하게도 핍박하면 강해지는 사람도 회유하면 맥없이 무너지는 경우가 적지 않다.

### 간교한 방해

나는 개척을 하고 나서 바로 한 가정의 새 신자를 얻었다. 그는 교회가 있는 건물 관리인이었는데, 믿자마자 여러 공장 기숙사의 청년들을 교회로 데려왔기 때문에 내게는 큰 힘이 되었다. 또 그의 믿음 성장은 개척의 큰 보람이 되기도 했다. 그런 그와 그의 처가 갑자기 교회에 오지 않았다. 그래서 심방을 갔더니 다음 주일에는 오겠다고 했다. 그러나 그 다음 주일도 오지 않았다. 나는 불안한 생각이 들어서 예배를 마치고 그를 찾아갔다.

"전도사님! 미안합니다. 당분간 교회를 못나갈 것 같습니다."라고 말하며, 난처한 표정을 지었다.

"아니 왜요?"

"예, 저에게 계모가 계시는데 열렬한 불교인입니다. 제가 예수 믿기로 한 것을 말씀드렸더니 펄쩍 뛰며 반대를 하시는 거예요. 한 집에 두 신을

섬기면 집안에 좋지 않은 일이 일어난다고요. 그래도 믿겠다고 했더니 저를 달래는데 저에게 슈퍼를 할 수 있는 재산을 주겠다고 합니다. 전도사님도 아시다시피 저는 옥탑방에서 난방도 없이 가난하게 살고 있는데, 정말 슈퍼는 꼭 해보고 싶습니다. 그래서 말인데 우리 어머니가 사시면 얼마나 오래 사시겠습니까? 돌아가시면 즉시 교회에 나가겠습니다. 꼭 약속합니다. 조금만 기다려 주십시오."라고 말했다.

나는 황당했지만 달리 어찌해 볼 길이 없었다. 그는 그렇게 해서 교회를 떠났다. 그는 회유를 당한 것이다. 그 가정은 십수 년이 지난 오늘날에는 다시 주님께 돌아와 아주 열심 있는 하나님의 사람으로 봉사하고 있다. 어쨌건 회유는 신자를 나약하게 만든다.

## 2. 방해의 두 번째 형태는 핍박이다

대부분 달래다 안 되면 핍박을 가하게 되는데, 신체적, 경제적으로 협박하고 최후에는 목숨을 위협하기도 한다. 몸의 위협을 예감한 예수님의 제자들은 도망쳤고, 심지어 베드로조차도 세 번이나 주님을 모른다고 부인하였다. 복음이 처음 전파되는 여러 나라에서 기독교인에 대한 살인적 핍박은 다반사고, 그런 실례는 기독교 역사에 수없이 되풀이되었다.

우리는 특정 종교, 특정 사상을 가진 국가와 사회에서 예수를 믿고자 할 때 어떤 고난을 당하는지를 보아왔다. 이슬람 국가에서는 목숨을 내놓아야 하고, 불교 국가인 미얀마에서는 3년을 감옥살이 한 후 자유롭게 믿을 수 있다. 인도네시아에서는 이슬람집단이 교회를 총으로 공격하고 예배당을 폭파하는 일이 적지 않고 중국에서는 감옥살이와 공산당이나 공직에서 축출되기도 했다.

어떤 사람은 취업과 승진에 불이익을 당하기도 하고, 어떤 아내는 이혼을 당하기도 한다. 어떤 처녀들은 다른 종교를 믿는 집에 시집가서 그 집 풍속과 다퉈야 하고, 제사를 강요당하며, 신앙적 핍박으로 믿음을 포기하기도 한다.

주님은 그 심각성에 대하여 "사람들이 너희를 출회할 뿐 아니라 때가 이르면 무릇 너희를 죽이는 자가 생각하기를 이것이 하나님을 섬기는 예라 하리라" (요 16:2)라고 미리 말씀하신 바 있다.

그리스도를 구주로 영접하는 일은 때로 본토, 친척, 아비의 집을 떠나야 하고(창 12:1), 세상에서 얻을 수 있는 재물과 명예와 권력 등 살아가는 데 매우 유익한 것들을 포기해야 할 경우도 적지 않다. 그러나 베드로, 안드레, 야고보와 요한은 주님의 부름을 받자 모든 것을 버려두고 예수님을 좇았다(눅 5:11).

우리는 회유가 되었든 핍박이 되었든 세상의 것은 영원하지 않으며 죽음은 모든 인간에게 찾아오는 것이고, 그 결과는 무서운 심판이라는 것을 알고, 찾아오는 여러 형태의 시험을 인내로 견디어 내야 한다(히 9:27). 그러므로 우리는 영생을 위하여 믿음을 택해야 하고, 또 포기하지 말아야 한다(마 10:28).

다니엘과 그의 세 친구는 막강한 권력을 가진 환관장의 회유를 거절했고(단 1:7-15), 다니엘은 사자 굴에 던지겠다는 왕의 위협을 믿음으로 이겨냈다(단 6:16). 그 결과 그들은 오히려 왕으로부터 귀중히 여김을 받았다(단 3:29).

### 목숨을 버릴 결심을 해야

나는 신강 위구르 자치주의 한 회족(回族) 소녀에게 신학을 가르친 적이 있었다. 그 아이는 일 년 전 졸업을 하고 고향으로 돌아갔다. 어떤 경위인지 알 수 없으나 이 소녀가 기독교를 받아들였다는 것이 발각이 되었다. 이 소녀의 오빠는 다른 지역에서 회교도들에게 복음을 전하는 전도자로 활동하고 있었다. 이 사실 역시 그곳 고향 회교 자치 정부에 알려졌다. 그들은 이 소녀를 볼모로 삼아 그 오빠를 고향에 돌아오라고 했다. 만약에 그가 오지 않으면 그 여동생을 처형하겠다고 협박했다. 결국 오빠와 그와 함께한 한 회족 전도자가 신강으로 돌아가게 되었는데, 둘은 체포되어 한 사람에게는 사형선고가 내려졌고, 그 소녀의 오빠는 2년형을 언도받아 지금 감옥에 있다. 외국의 항의로 아직 사형이 집행되지 않고 있지만 언제 어떻게 될지 모르는 상황이다.

중국은 종교의 자유가 있으므로 예수를 믿는 것이 헌법에 위배되는 것은 아니다. 그럼에도 불구하고 정부가 관여하지 못하는 것은 지방정부의 자치법 때문이고, 정부가 그들 회교도 지역의 민심 이반을 두려워하기 때문이다.

정말 회교도 지역에서 기독교로 개종하려면 목숨을 버릴 각오를 하지 않으면 안 된다. 그러므로 주님께서는 죽을 각오를 하고 따르라고 하신 것이다. "무릇 내게 오는 자가 자기 부모와 처자와 형제와 자매와 및 자기 목숨까지 미워하지 아니하면 능히 나의 제자가 되지 못하고, 누구든지 자기 십자가를 지고 나를 좇지 않는 자도 능히 나의 제자가 되지 못하리라"(눅 14:26,27)라고 하셨다.

| 토의 |

1. 주님을 믿고자 할 때 회유의 경험은 없습니까? 있다면 어떻게 이겨냈습니까?

2. 핍박과 손해를 경험한 일은 없습니까? 있다면 어떻게 이겨냈습니까?

# 낙심의 늪에 빠지다

두 사람은 천국에 관하여 즐거운 상상으로 걸음을 재촉하다가 그만 낙심의 늪이라는 커다란 수렁에 빠져버렸다. 연약은 화가 나서 소리쳤다. "당신이 말하는 천국이 이런 것이요? 시작부터 이러니 끝은 알 만 하겠소. 나는 돌아갈 테니 당신이나 그 좋은 데 잘 가시오." 하고 쉽게 늪에서 빠져나가 장망성으로 되돌아갔다. 그러나 기독도는 쉽게 빠져 나오지도 못했고, 노력하면 할수록 더 깊은 곳으로 빠졌다. 결코 돌아가지

않겠다는 굳은 결심으로 장망성에서 가능한 반대편, 먼 곳으로 나가려고 애썼다.


예수를 믿으면 세상 모든 일이 형통한가?

1. 대부분 신자들은 신앙생활 초기에 기대가 많다

그 기대는 예수를 믿으면 모든 일이 잘될 것이고, 겪고 있는 인생 난제들이 일시에 다 해결될 것이라는 바람이다. 사람이 예수를 처음 믿을 당시에는 자신이나 가정에 어려운 일이 많은 경우가 대부분이다. 그들은 기독교를 믿으면 문제가 해결되지 않을까 하여 기독교로 개종한 경우도 많다.

예수를 믿으면 모든 문제가 일시에 해결될 줄 알았는데 변화가 없거나 더욱 좋지 않은 일이 생기면 곧 예수를 믿어서 그런가 하고 회의를 갖게 된다. 그러나 우리가 믿음을 갖는 것은 현세의 고통이나 질병, 경제적인 문제를 해결 받으려 함이 아니라 죄 사함을 받고, 영혼이 구원받기 위해서라는 사실을 알아야 한다. 어떤 사람이 주님을 찾아와서 자기 형님이 아버지 재산을 독차지했으니 자기 형님을 권면해서 재산을 자기와 나누게 하라고 부탁했다(눅 12:14-15). 이 청년이 예수님을 찾은 이유는 형과 재산분할 문제를 해결하기 위해서였다. 주님은 그 역할을 단호히 거절하셨다.

예수를 믿는 목적이 육신의 문제를 해결받는 것이라면, 기독도나 연약처럼 낙심의 늪에 빠지기 십상이다. 실제로 얼마나 많은 신자가 그런 목적으로 교회에 나오는지 모른다. 우리는 세상에서 빨리, 그리고 모든 것을 다 얻으려는 조급증을 버려야 한다. 천국은 그렇게 가까운 데 있지 않고 우리 인생 여정을 다 마쳐야 가는 곳이다.


2. 또 낙심의 늪에 빠지는 다른 부류는 나 같은 사람도 구원받을 수 있을까? 내가 지은 죄가 얼마인데? 하고 회의가 생기는 경우이다

어려운 일이 많아지면 신자는 과거 잘못을 생각하게 되고, 그런 일들이 자

신의 양심을 짓누른다. 그래서 그런 죄 때문에 자신은 구원 받을 수 없을 것이라고 낙심하게 되는 것이다. 그러나 우리가 구원을 받는 것은 자신의 의(義) 때문이 아니라 순전히 하나님의 은혜요, 예수 그리스도의 공로 때문이라는 사실을 믿고 약해지지 말아야 한다.

### 3. 연약이란 사람은 낙심의 늪을 쉽게 빠져나와 장망성으로 돌아갈 수 있었다

그는 왜 낙심의 늪에서 신속하게 빠져나올 수 있었는가? 그의 신앙생활 목적은 단지 천국 가는 것이지, 죄 사함과는 관계가 없었다. 연약은 예수를 믿어 이 세상의 근심고초를 해결하기 위해서 신앙생활을 시작했다. 그의 신앙은 죄 사함과도 상관없고, 구원과도 상관이 없기에 세상 축복에 대한 기대가 깨지자 쉽게 돌아갈 수 있었다. 연약은 자신의 죄의 무게를 인식하지 못한 것이다.

그러나 기독도는 그의 등에 짊어진 죄 문제를 해결 받지 못하면, 자신의 인생이 아무 희망이 없다고 생각되었기에 죄 사함 받기 전에는 돌아갈 수 없었다. 누구든지 자신의 죄 속함을 위해 시작한 신앙생활이 아니라면 그는 결코 천국에 이를 수 없으며, 여러 시험을 당하여 도중하차하게 될 것이다.

### 예수 믿으면 닭이 알을 잘 낳습니까?

할렐루야 아줌마라고 불렸던 최자실 전도사님이 순복음 서대문교회에서 사역을 하고 있을 때 홍제동 산골짜기로 전도를 하러 갔다. 거기에는 많은 양계장이 있었는데, 한 주인이 양계장 입구 의자에 앉아 시름에 잠겨 있었다. 최 전도사님은 그에게 전도지를 주고 예수를 믿으라고 했다. 그랬더니 그 사람이 심각하게 "예수를 믿으면 닭이 알을 잘 낳습니까?" 하고 물었다. 최 전도사님은 그 사람의 반응에 반가운 나머지 엉겁결에 "예, 예수를 믿으면 닭이 알을 잘 낳고 말고요. 뿐만 아니라, 병도 안 들고 건강하답니다."라고 대답했다.

"아, 그런 좋은 예수를 내가 왜 안 믿겠습니까? 믿지요, 믿고 말고요."

그 양계장 주인은 그 후로 교회에 열심히 출석을 했다. 정말 닭이 건강하고 알도 많이 낳았다. 그래서 예수 믿기를 정말 잘했다고 생각했다.

얼마 후 장마가 시작되어 홍제동 골짜기에 비가 엄청나게 내렸다. 물이 불어 그만 양계장이 급류에 휩쓸려 가버린 것이다. 주인은 분노해서 최 전도사님을 찾아왔다. 그리고 자기를 속였다고 항의를 하며, 그런 하나님을 당신이나 잘 믿으라고 욕하고 돌아가서 다시는 교회에 오지 않았다. 그때부터 전도사님은 전도자는 땅 위의 천국을 전하는 자가 아니라, 하늘의 천국을 전하는 자라고 깨닫고 전도할 때에 하늘의 천국을 전했다고 한다.

당신이 그리스도를 찾은 것은 자신이 세상에서 겪고 있는 곤란한 문제를 해결하기 위한 것은 아닌가? 죄 문제의 해결 없이 땅 위에서 주어지는 복들은 진정한 복이 아니며, 결국 사람을 해롭게 만드는 요소가 될 것이다(마 6:33).

사단은 우리의 믿음을 시기한다. 믿음 생활의 초기에 어려움이 계속되어도 실망하지 말아야 한다. 하나님이 무익하게 우리를 고난 가운데만 두시지는 않을 것이다. 참고 인내하면 반드시 하나님은 더 큰 상을 주실 것인데, 저세상에서 주시고 이 세상에서도 방관하지 않으신다.

"내가 진실로 너희에게 이르노니 나와 및 복음을 위하여 집이나 형제나 자매나 어미나 아비나 자식이나 전토를 버린 자는 금세에 있어 집과 형제와 자매와 모친과 자식과 전토를 백 배나 받되 핍박을 겸하여 받고 내세에 영생을 받지 못할 자가 없느니라(막 10:29,30)"고 하셨다. 신앙의 요소에는 인내가 있다(롬 8:25). 인내를 통하여 우리의 신앙은 더욱 성숙하게 된다. 오늘 당신의 기원이 응답되지 않더라도 낙심하지 마시라. 하나님은 당신의 필요를 아시며 결국 당신의 문제를 해결해 주실 것이다(마 6:32,33).

1. 당신은 처음 교회에 출석할 때 어떤 생각으로 나왔습니까?


2. 지금 당신은 어떤 목적으로 신앙생활을 하고 있습니까?


3. 믿음생활 초기의 생각이 어떤 경험을 통하여 바뀌었습니까?

# 은조의 도움을 얻다

기독도가 심히 고통 받고 있을 때, 은조라는 사람이 가까이 왔다. 낙심의 늪에 허우적거리는 기독도를 보고 "당신은 거기서 무얼 하는 거요?" 하고 물었다. "난 천성에 가는 길인데 그만 웅덩이에 빠지고 말았습니다. 등에 매고 있는 짐 때문에 도저히 밖으로 나갈 수가 없습니다." 하고 도움을 청했다. 은조라는 사람은 왜 징검다리를 찾지 않았느냐고 말하면서 기독도를 끌어내어 단단한 길에 세웠다.

하나님은 자기 백성을 천국 가는 길에서 내버려두시는가?

1. 기독도가 낙심의 늪에서 빠져 나오지 못한 이유는 징검다리를 찾지 않았기 때문이다

즉 그는 복음을 의지하지 않고 자신의 노력으로 빠져 나오려 했기 때문이다. 징검다리란? 복음을 말한다. 그 내용은 요한복음 3장 16절이다. "하나님이 세상을 이처럼 사랑하사 독생자를 주셨으니 이는 저를 믿는 자마다 멸망치 않고 영생을 얻게 하려 하심이니라." 우리가 이 말씀을 믿는다면 천국 길을 방해하는 여러 난제들을 극복할 수 있을 것이다.

2, 설교자(전도자)들이 강단에서 아무리 하늘에 속한 복을 강론해도 신자들은 곧 땅 위의 복으로 바꿔 듣는다

물론 육신을 가지고 현세를 사는 사람들이니 땅 위의 필요를 무시할 수는 없다. 그러나 주님은 "너희는 먼저 그의 나라와 그의 의를 구하라"고 하신다. 그리하면 이 모든 것, 즉 땅에 속한 것은 당연히 주시겠다는 것이다(마 6:33).

우리가 믿는다고 하면서 영에 속한 것과 세상에 속한 것의 우선순위를 바꿈으로서 낙심의 진창에서 헤어나지 못하는 경우가 많다.

3. 우리가 구원을 얻는 것은 인간 개인의 노력으로 이루어지는 일이 아니다

기독도는 자기 힘으로 진창을 빠져나오려 했기에 더욱 깊이 빠지게 되었던 것이다. 하나님은 믿는 자들을 인도하기 위하여 사자를 예비해둔다. 이것 또한 은혜이다. 하나님은 우리 구원을 이루시기 위하여 먼저 성자 예수님을 보내시고, 성령님을 보내시며, 교회를 주시고 그리고 목사나 전도사, 구역 인도자를 주셔서 천국 가는 길에 도움을 주시는 것이다. 주님은 우리를 고아와 같이 버려두지 않으시겠다고 약속하셨다(요 14:18). 그러므로 우리는 낙심될 때 혹은 회의가 생길 때 혼자 결론을 내리지 말고 하나님이 성도를 위하여 준비

해두신 은혜로운 방편, 즉 교회의 목회자들을 찾아 상담하고 도움을 받아야 한다. 하나님은 결코 우리를 포기하지 않을 것이다.

## 목사 집에도 불이 나나요?

한번은 노회에서 주관하는 부부 세미나에 참여한 적이 있었는데 그때 우리 집이 불타버렸다는 소식을 듣게 되었다. 그때는 얼마나 가난했던지 가지고 있던 돈이 단지 9,000원뿐이었다. 우리 부부는 돌아갈 차비도 없었다. 참으로 참담했다. 그때 우리는 설악산에 도착했었는데, 나는 광장 한가운데 서서 "하나님, 돌아갈 차비가 없습니다. 누가 내게 차비가 있느냐고 묻게 해 주십시오." 하고 간절히 기도했다. 그러자 사모님 한 분이 아내의 주머니에 차비 하라고 돈을 넣어주었다. 또 두 분의 목사님이 위로와 함께 돈을 주셨다.

버스에 오르고 나서 정신을 차리니 앞으로 목회를 어떻게 해야 할지 막막하기만 했다. 더군다나 불타버린 그 집은 세를 얻은 집이었다. 배상할 길도 막막하고 성도들이 어떻게 생각할까 걱정도 되며, 성도들 앞에 뭐라고 설교를 하며, 전도의 길도 다 막힌 것 같아 앞으로 어떻게 목회해야 할지 궁리가 서지 않았다.

아내는 몹시 괴로워하며 하나님에 대한 섭섭함으로 내게 말도 붙이지 못하게 했다. 욥의 아내가 된 심정이라며 이를 악물고 불평이 터져 나오는 것을 참고 있는 것이다. 영동고속도로를 달리던 차가 문막에 도달했을 때, 나는 버스 안에 황홀한 빛이 충만한 것을 보았다. 그러면서 내 속에서 신음 같은 소리가 흘러 나왔다.

"나는 아무것도 없다. 완전한 거지다. 그러므로 아무것도 두렵지 않다. 나는 그 누구의 비난도 감내할 수 있다. 그것이 하나님이 내게 주신 것이라면 나는 감당해야 한다. 그러나 하나님은 나를 이기도록 하실 것이다."

그때 갑자기 말할 수 없는 평화가 임하는 것을 느꼈다. 그리고 세상을 능히 이길 것 같은 용기가 생기는 것이다. 그 순간 고개를 돌려 아내의 얼굴을 쳐다 보았다. 아내는 눈을 뜨며 나를 보더니 "집이 다 탔다는데 이렇게 마음이 평안해지나." 하고 내게 말했다. 성령께서 같은 시간에 아내에게도 평화를 주셨던 것이다.

그때부터 우리는 조금도 근심하지 않았고 주 안에서 지내온 지난날을 회상하며 편안한 마음으로 돌아와 다 타버린 집을 무덤덤하게 볼 수 있었다. 우리는 울지 않았고, 슬퍼하는 기색도 없었다. 물론, 그 후 이 모든 사건은 기적적으로 회복되었음은 말할 필요도 없다. 하나님은 결코 우리를 고아와 같이 버려두지 않으셨다.

## 목사 집에도 불이 난답니다

오랜 훗날, 우리는 북경에서 돌아오는 길에 공항 카운터에서 한 여인을 만났는데 내게 가방 하나를 대신 부쳐달라고 간청했다. 나는 처음에 거절했다가 마음이 편치 않아 부쳐주었다. 탑승시간이 많이 남아 공항 대합실에서 그녀에게 말을 걸었다.

"혹시 집사님이 아니세요?" 그 여인은 정색을 하며 "나는 하나님을 믿지 않습니다."라고 강한 어조로 대답했다.

"글쎄요, 아주머니 얼굴을 보니 꼭 집사님 같다고 느껴집니다만."

그녀는 강하게 고개를 저으며 자기는 하나님의 존재를 믿지 않는다고 말했다. 그러나 이야기가 길어지자 사실은 집사였고, 여전도회 회장을 지냈다고 했다. IMF 때 남편이 경영하는 회사가 부도났고, 집에 불이 나서 하나님이 계신다면 이럴 수가 있는가 회의가 들어 그때부터 하나님을 믿지 않기로 결단 했다는 것이다.

나는 우리 집에 불난 이야기를 들려주었고, 그리고 집사 집에 불이 나서

신앙을 포기했으면 목사 집에 불이 났을때 목사는 어떡하느냐고 묻고 하나
님이 우리를 어떻게 위로해 주었으며, 어떻게 회복시키셨는가를 말해주며
하나님이 오늘 당신을 찾고 계신다고 말해주었다. 그러자 그 자리에서 통
곡하며 자신의 잘못을 회개했다. 그녀는 하나님이 나를 통하여 자기를 찾
고 있다는 사실을 알게 되었다고 했고, 다음 주일에 바로 교회에 나가 믿음
생활을 다시 시작하였다. 어떤 경우라도 우리가 스스로 낙심해서는 안 된
다. 우리가 하나님을 버린 것이지 하나님이 우리를 버리시는 일은 없다.

4. 우리는 다 알고 믿을 수는 없다. 잠시 시간을 두고, 참고 기다리자

믿음은 보이지 않는 약속을 믿는 것이다. 그러므로 현재 당한 고난에 대하
여 낙심하지 말아야 한다(롬 8:18). 하나님이 우리를 인도하시는 방법을 우리
가 다 짐작하고, 해석할 수 있는 것이 아니다. 하나님은 하나님만 아시는 오묘
한 방법으로 우리를 인도하신다(신 29:29).

그렇게 하심으로 우리가 다만 인생인 것을 알게 하시고, 겸손히 하나님을
의지하게 하시는 것이다. 분명한 것은 우리의 부족함에도 불구하고 결코 하나
님은 우리를 버리지 않는다는 사실이다. 잃어버린 한 마리 양을 구하기 위하
여 아흔아홉 마리 양을 버려두고 산을 넘고 강을 건너시는 분이 왜 우리를 포
기하시겠는가? (눅 15:4)

| 토의 |

1. 신앙생활 도중 낙심에 빠졌다가 설교나 성경말씀을 통하여 회복한 경
   험이 있습니까?

2. 당할 때는 힘든 일이었으나 후일 그 사건이 크게 유익했던 적은 없었습
   니까?

# 되돌아간 연약자

연약은 장망성으로 되돌아갔는데 여러 사람들이 그의 의지가 빈약함을 비웃었다. 또 다른 사람은 그의 실패를 오히려 기뻐하며 잘 돌아왔다고 환영해 주었다. 연약은 얼마 동안 부끄러워하며 조용히 있더니 시간이 경과하자 기독도와 교회를 격렬히 비난하고 다녔다.

믿다가 낙심하여 돌아가면 어떻게 되는가?

## 1. 죄 해결은 인생들의 가장 중요한 문제이다

죄는 모든 불행의 기초가 되고, 반대로 죄 해결은 모든 행복의 기초가 된다. 그러나 사람들은 죄 회개에는 관심이 없고 오직 세상 복에만 관심이 있다. 죄 문제 해결 없이 받은 모든 복은 실상 복이 아니라, 이후에 올 불행의 시초가 되는 것이다(렘 17:11).

세상 사람들은 연약이 돌아온 것을 환영하였다. 그 후, 그는 불신앙인들의 동지가 되었는데, 술 취하고 방탕한 사람들, 도박하는 사람들, 부정을 저지르는 사람들, 각양 취미 활동에 마음 빼앗긴 사람들, 부도덕을 행하는 사람들로부터 대환영을 받았던 것이다. 한 영혼이 구원받으면 천국에서 잔치하고, 한 영혼이 타락하면 사단이 잔치를 한다. 주님을 떠나는 것은 곧 불행의 시작이고 동시에 사단에게 속하는 것이라는 것을 알아야 한다.

## 2. 교회를 떠난 사람이 교회와 교인들을 비방하고 진리를 훼방하는 경우가 많다

왜냐하면 자신의 신앙생활 도중하차에 대하여 정당성을 확보해야 하기 때문이다. 그들은 잠시 교회를 출석하며 얻은 신앙지식이나 교회 정보를 가지고 신자들을 비방하고 교회를 공격한다. 우리는 여러 인터넷 통신매체에서 기독교 안티들의 지독스런 기독교 반대활동을 본다.

나는 그들이 교회에 다녀본 경험이 없다고 생각하지 않는다. 아마 그들은 교회에 나와서 여러 모양으로 시험을 당했을 것이고, 그러한 시험들을 이겨내지 못했을 것이라 사료된다. 그들은 교회에 대하여, 신앙내용에 대하여 마치 모든 것을 다 아는 것처럼 떠들어 댄다. 나는 그들을 실족하게 한 교회의 여러 잘못들에 대하여 슬퍼한다. 그리고 교회가 스스로를 반성하고, 고칠 것을 고쳐야 한다고 권면한다. 그러나 교회를 떠난 자들이 더 이상 하나님께 범죄하지 말아야 한다. 교회는 죄인들의 모임이고 학교와 기능이 같으며 지상의 교회나 성도는 학교의 학생처럼 성장하고 있는 중이다. 완성된 자들로 구성된 단체가 아니라는 것이다. 교회에는 일등 신자도 있지만, 성적이 그다지 좋지 않은 신자도 있다. 그리고 거듭나지 못한 신자도 있다. 그들을 보고 낙심하여 믿음을 배반한다는 것은 문제아가 있기 때문에 학교를 자퇴하는 것과 다름없다. 그 손해는 고스란히 자기 것이다.

교회에 대한 비난은 하나님을 대적하는 것이고, 그리스도의 몸을 해치는 행위로 자신의 영혼에 큰 해가 됨을 알아야 한다. 예수께서는 믿다가 타락한 자의 마음 상태에 대하여 말씀하셨다.

"더러운 귀신이 사람에게서 나갔을 때에 물 없는 곳으로 다니며 쉬기를 구하되 얻지 못하고 이에 가로되 내가 나온 내 집으로 돌아가리라 하고 와보니 그 집이 비고, 소제되고, 수리되었거늘 이에 가서 저보다 더 악한 귀신, 일곱을 데리고 들어가서 거하니 그 사람의 나중 형편이 전보다 더욱 심하게 되느니라"(마 12:43-45).

베드로 사도는 다음과 같이 표현하고 있다. "만일 저희가 우리 주되신 구주 예수 그리스도를 앎으로 세상의 더러움을 피한 후에 다시 그 중에 얽매이고 지면 그 나중 형편이 처음보다 더 심하리니, 의의 도를 안 후에 받은 거룩한 명령을 저버리는 것보다 알지 못하는 것이 도리어 저희에게 나으니라 참 속담에 이르기를 개가 그 토하였던 것에 돌아가고, 돼지가 씻었다가 더러운 구덩이에 도로 누웠다 하는 말이 저희에게 응하였도다"(벧후 2:20-22).

결국 그리스도를 떠난 사람은 이전보다 더 악하게 된다. 그 이유는 본래 그 영혼을 지배하고 있던 귀신이 그 사람이 교회에 나옴으로 잠시 떠났다가 그가 교회로부터 멀어지자 다시 들어가려고 하는데, 이후에 쫓겨나지 않기 위하여 자기보다 악한 귀신 일곱을 데리고 들어갔기 때문이다. 당연히 그의 행실은 이전보다 팔 배나 미쳐 악한 생활을 하게 될 것은 의심의 여지가 없다.

## 3. 이전보다 더 악해진다

어떤 사람이 결심하고 술을 끊었다가 반년 후 결심이 변하여 다시 술을 마시게 되었다. 그가 이전보다 술을 적게 마시겠는가? 아니면 더 마시겠는가? 아마 훨씬 더 마시게 될 것이다. 왜냐하면 그동안 먹고 싶은 것을 심하게 참았던 것이어서 이전에 못 마셨던 것을 한꺼번에 보충하려는 욕구가 있기 때문이다. 담배나 도박이나 이성편력도 마찬가지이다. 안 하다 다시 하면 이전보다 훨씬 악한 상태가 되는 것이다. 우리가 과거로 돌아간다면 이와 같을 것은 자명한 일이다.

---

**|토의|**

1. 믿다가 낙심하여 세상으로 돌아가는 이유가 무엇입니까?

2. 믿다가 실족한 사람을 본 일이 있습니까? 그 사람의 지금 생활은 어떻습니까?

3. 실족한 사람이 더 악해지는 이유를 설명해 보시오.

# 도덕촌으로 가다

기독도가 연약의 돌아감을 아쉬워하며 길을 재촉하는데, 두 갈래 길이 나왔다. 한 길은 좁은 길이었고, 한 길은 넓은 길이었는데 넓은 길 입구에 '도덕촌'이라는 팻말이 있었다. 기독도가 어디로 갈까 고민하고 있을 때, 세지(世知)라는 신사가 기독도를 발견하고 "당신은 어디로 가오?" 하고 물었다. "예, 나는 전도자의 전도를 받고 장망성을 떠나 천성으로 갑니다."

그러자 세지가 깔깔거리며 웃더니, "에이, 여보시오. 그런 곳이 어디 있소? 나는 지금까지 이 길에서 전도자란 놈에게 속아 고생하고 있는 사람들을 수없이 보아왔소. 당신도 행색을 보니, 벌써 진창에 빠져 고생한 것 아니오? 근데 당신은 왜 혼자요? 가족들은 어쨌소?" 하고 세지가 힐난하듯 물었다. "천성에 같이 가자고 했는데 아무도 따라오지 않았습니다."라고 대답하자 "아니 뭐요? 그러면 자기만 살겠다고 가족들을 버려두고 왔단 말이오? 이런 몰인정한 일이 어디 있소. 내가 가족들과 함께 갈 수 있는 영생의 길을 가르쳐 줄 터이니 그리로 가시오." 하고 친절하게 도덕촌길을 알려주었다. 기독도는 세지에게 감사하며 전도자의 가르침을 버리고 길이 넓고 좋게 보이는 도덕촌길로 나가버렸다.

기독도가 도덕촌을 향하여 가는데, 처음에는 길이 넓고 좋았다. 도덕촌이 점차 가까워지면서 길은 좁아지고 가팔라지기 시작했다. 천신만고 끝에 도덕 절벽에 다다라 거의 죽을 힘을 다해 절벽을 기어오르는데, 위로부터 돌멩이들이 마구 날아와 다치고 무서운 화염이 머리 위에 타고 있어서 도저히 도덕촌에 접근할 수 없었다. 그는 붙잡고 있던 돌이 떨어지는 바람에 마침내 절벽 아래로 굴러 떨어져 일어나질 못하고 부상으로 인해 신음하고 있었다.

### 양심을 따라 살면 천국에 갈 수 있지 않는가?

기독교를 떠나는 또 다른 이유는 도덕과 선행이 구원을 가져다 줄 수 있다고 생각하는 것이다. 세상에는 양심과 교육, 도덕, 수양, 선행, 공덕으로 천국에 갈 수 있다고 믿는 사람도 적지 않다. 도덕이나 세상 모든 종교는 하나같이 "무엇 무엇을 하라. 그리하면 영생을 얻으리라."라고 가르친다. 그러나 우리는 이런 말에 속지 말아야 한다. 인간의 도덕 실행이 과연 하나님 앞에서도 합격점을 받을 수 있는가 하는 점이다. 성경은 인간이 완전 부패하여 인간의 노력으로 하나님이 요구하는 의(義)에 이를 수 없음을 선언한다(롬 3:10-15).

우리가 죄가 무엇인지 모를 때는 자신이 상당히 선하게 살고 있다고 자부하지만, 영안(靈眼)이 열려 자신의 모습을 자세히 관찰하면 실상은 더럽고, 사악하여 스스로의 생각과 행실을 부끄럽게 여길 것이다. 우리는 어떤 사람을 보고 법 없이도 살 사람이라고 말한다. 이런 평가는 다만, 다른 사람들과 비교해서 비교적 마음이 좋은 사람이라는 뜻이지 결코 그가 하나님의 공의 앞에서 완벽하다는 말이 아니다.

우리는 남의 잘못을 비판하면서 자신이 그것을 행할 때는 정당한 것처럼 여기고 죄를 죄로 여기지 않는 경향이 있다(롬 2:1). 즉 남의 눈에 티끌을 보면서 자기 눈에 들보를 보지 못하고 자부심을 갖는 것이다(마 7:3). 그러므로 "도덕을 행하면 영생을 얻으리라!"라는 말은 듣기에는 그럴듯하지만 실상은 도달하기는 불가능한 목표이다. 그렇기에 인간이 어떤 존재인가를 잘 아시는 하나님은 우리에게 "선행을 하면 영생을 얻게 되리라."는 조건을 주시지 않고, "믿으면 구원 얻으리라."고 하신 것이다.

## 이성철학의 허구

세계 역사의 한때, 이성철학(理性哲學)과 이성신학(理性神學)이 유럽 세계를 지배하던 때가 있었다. 그들은 하나님의 계시와 초자연적인 기적들을 부인하고, 하나님이 인간에게 준 도덕 성격, 즉 이성과 양심을 가지고 도덕 실천을 통하여 지상천국을 만들 수 있다고 주장하며 그런 노력을 시작했다. 학자들은 누가 더 도덕적이며 이성적인가를 시합하며 인간 이성과 도덕 양심을 찬양하고 주 예수를 믿음으로 얻는 구원의 은총을 미개한 사람들의 생각으로 몰아갔다. 그들은 그야말로 도덕이상세계 건설의 미몽으로 가득했던 것이다. 그러나 세상은 과연 그들의 말대로 유토피아가 이루어졌을까? 유럽은 정말 행복한 곳이 되었을까?

도덕실천이성을 앞세우며 철학의 꽃을 피웠던 칸트와 저명한 철학자들의 독일은 제1, 2차 세계대전을 일으켜 세계인들에게 말할 수 없는 고통을 안겨주었고, 전쟁 기간 중 히틀러와 그 일당이 행한 잔인한 만행은 인간이 얼마나 사악할 수 있는가를 명확하게 증명해 주는 것들뿐이었다.

나치독일이나 일본 731부대의 생체실험, 위안부 정책 등등 사악한 계획들이 많은 학식을 가진 의학자들에 의해 국가지도자들에 의해, 국가정책으로 실행된 것을 보면 인간은 결코 선한 존재가 아니며 철학자나 이성주의 신학자들이 그토록 찬양했던 인간의 양심과 이성은 인간을 구원하지 못한다는 것을 역사는 확실하게 증거해 주었다.

그럼에도 불구하고 사람들은 이런 허구를 여전히 주장하며, 이성과 양심으로 구원 얻으리라는 미몽에서 아직도 깨어나지 못하고 있는 것이다.

사람들 중에 전도하기 힘든 사람들이 있는데, 바로 도덕주의적 성격이 강한 사람들이다. 그들은 타인에게 해를 끼치지도 않고, 어떤 부정에도 가담하지 않는다. 국가나 사회적 의무도 솔선수범하여 행하고, 자원하여 다른 사람을 도와준다. 그는 흠잡을 데 없는 모범적 도덕군자이다. 이런 사람에게 전도를 하면 그는 속으로 비웃는다. "내가 천국을 가지 못한다면 누가 천국에 갈 수 있으랴! 바르게 살면 천국은 자연히 주어지는 것이다."라고.

그러나 사람들의 도덕, 사람들의 선행이란, 그저 자신이 감당할 수 있을 만큼만 선하고 도덕적이다. 그의 도덕과 선행의 범위가 무한한 것이 아니다. 아무리 도덕적 인격을 지녔다 할지라도 그는 사랑하고, 위하는 사람이 있는 동시에 극도로 싫어하고 증오하는 사람도 있다. 사람의 양심을 통찰하시는 하나님 앞에서도 깨끗하다 자부할 수는 없을 것이다(욥 25:4). 인간은 어느 누구라도 자기만 아는 숨은 죄를 가지고 있지 않은 자는 없다.

그러므로 우리는 분명히 알고 또한 인정해야 한다. 인간은 완전 타락한 존재이며, 본성이 부패한 존재이기에 그로부터 나오는 모든 생각과 행동이 다악이고, 하나님 앞에 인정받지 못한다는 사실을 말이다.

## 악성의 예술화

세상에 유행하는 영상물을 보라. 누가 더 교묘하고, 더 사악하고, 더 잔인하며, 더 음란한 것인지를 경쟁하는 것 같지 않는가? 그런 것들도 따지고 보면 인간 내부에 존재하는 악한 욕망을 표현하는 다른 방법에 불과한 것이다. 작가 내부에 감춰진 악을 작품화하는 것이고, 그 작품을 감상하는 사람들도 내부적으로 그런 악에 동조하고 있기에 그런 영상물이 환영받고 있는 것이다. 이런 사악한 영상물이 청소년의 심성을 피폐하게 만들고, 음란하게 하며, 폭력적으로 변하게 만들어 크나 큰 사회 문제로 대가를 치루고 있지만 표현의 자유, 예술이라는 이름으로 포장되어 전혀 규제가 되지 않을 뿐만 아니라, 오히려 상을 주고 부러움의 대상이 되고 있다. 특히 소위 개화되고 문명 선진국이라고 자처하는 나라의 작품들일수록 그 사악한 정도가 더 심하다.

우리가 분명히 알아야 할 것은 이 세계가 조금이나마 도덕적이고, 양심적으로 유지되고 있는 것도 실상 인간의 노력이 아닌 성령의 도덕적 은사가 세계에 공급되어, 인간의 극단적 죄악성이 발휘되는 것을 어느 정도 통제하고 있기 때문이다. 만일 하나님께서 세상 사람들에게 주신 성령의 일반적 도덕 은사마저 거두어버린다면 세상은 사람 살기 힘든 사악한 세계로 금세 변하고 말 것이다. 거듭나지 못한 인간들의 추구는 언제나 악을 향하는 경향이 있다. 그러므로 도덕을 실천함으로 구원을 얻으려는 사상은 다만 공허한 구호일 뿐이다.

### | 토의 |

1. 세상 형법의 죄와 기독교에서 말하는 죄의 차이를 비교해 봅시다.

2. 평소에는 천사같은 사람이 큰 악을 행한 것을 본 일은 없습니까?

# 좁은 문으로 들어가다

기독도가 도덕절벽에서 떨어져 쓰러져 있을 때, 전도자가 그를 발견하고 그가 길에서 벗어났음을 책망했다. 전도자는 기독도를 다시 천성 길로 데리고 나와서 저기 저 좁은 문이 보이느냐고 물었다. 기독도가 보이지 않는다고 말하자, 저 불빛이 보이느냐고 물었다. 보인다고 하자, 저 불빛만 보고 길을 가라고 말했다. 기독도는 다시 바른 길로 가게 됨을 하나님께 감사하며 길을 재촉했다.

한참 길을 가다 보니 좁은 문이 보여 두드렸더니 문지기가 나와서 누구시며, 어디로 가느냐고 물었다. 기독도가 전도자의 전도를 받고 천국 길을 가는 순례자라고 말하자, 이 문지기는 문을 열고, 기독도를 와락 끌어 당겼다. 그리고 재빨리 문을 닫자, 좁은 문에서 조금 떨어진 바알세불의 성으로부터 불화살이 날아왔다.

## 구원은 결코 복잡해야 이루어지는 것이 아니다
### 1. 전도자는 기독도의 이탈을 책망했다

정말 믿음으로만 구원받을 수 있을까, 믿음만 가지고는 부족하지 않을까, 믿음에다 다른 정성도 있어야 구원이 안전하지 않을까 하는 회의는 어느 시대나 생겨나는 것 같다.

사도시대에 유대인들은 노골적으로 믿음으로 얻는 구원을 반대했고, 심지어 교회 내에서도 믿음으로만 아니라 율법도 함께 지킴으로 구원이 안전해진다고 말한 사람들도 많았다. 율법주의 기독교인들과 바울, 바나바 간에 큰 쟁론이 생기기까지 해서 교회는 혼란에 빠졌다. 결국 예루살렘공회에서 "오직 믿음으로 구원을 얻는다"는 교리를 최종 확인하여 선포하게 된다(행 15:11).

서신서 곳곳에서도 교회의 율법주의적 경향을 경계하는 말씀을 많이 보게된다. 초대교회는 믿음으로 의롭게 된다는 교리를 확정했지만 중세시대에 로마 가톨릭은 순수 복음을 버리고 다시 경건주의와 율법주의, 공덕(功德)주의로 회귀해 버렸다. 종교개혁자들이 '오직 믿음'으로라고 하자, 이에 대항하여 그들은 이렇게 칭의(稱義)에 대하여 결론을 내린다.

"죄인이 단지 믿음으로 의롭게 된다고 말하는 자나, 본인의 합작(노력)이 필요 없이 칭의의 은혜를 얻기 위하여, 결심을 예비할 필요 없다고 주장하는 자는 반드시 저주를 받는다"(교법 제9조 제16장)

"칭의(의롭다 하심)는 선행으로 말미암아 하나님 앞에서 유지 혹은, 증가되는 것을 부인하고 또 선행은 다만 칭의의 열매이고, 증가하는 원인이라고 말

하는 자마다 반드시 저주받을 것이다"(제24조)

천주교의 이 선언은 믿음으로 의롭게 된다는 사도 바울의 가르침을 정면으로 부정하는 것이다. 그들의 교리는 믿음은 사람의 원죄만 사해 주고, 의롭다 하심을 얻으려면 계속 공덕을 쌓아가야 한다는 것이다. 성경에 없는 말이다. 사람이 공덕을 얼마를 쌓아야 하나님 앞에 의롭다 함을 얻을 수 있을까? 그 표준을 아무도 제시하지 못한다.

출애굽 당시, 이스라엘 사람들은 모두 율법 아래서 살면서 광야에서 죽었다. 심지어 그 율법을 수여받은 모세조차도 가나안에 들어가지 못했다. 오직 하나님의 약속을 믿은 여호수아와 갈렙만이 가나안 땅에 들어갈 수 있었던 것이다. 여호수아는 예수의 히브리식 이름이다. 이 사건은 오늘날, 예수를 믿는 우리에게 교훈을 주기 위한 것인데, 즉 율법을 행함으로 구원에 이를 수 없다는 것을 보여준다.

누가 하나님의 요구를 완전하게 순종할 수 있겠는가?

우리보다 완전했던 인류의 조상 아담도 지키지 못했다면, 타락하여 이미 원죄성을 가진 인간들이야 더욱 불가능한 것이다. 그러므로 도덕을 행함으로 구원을 얻겠다는 사상은 다만 죄가 무엇인지, 하나님의 거룩함이 어느 정도인지 모르는 무지와 인간 스스로 하나님의 의에 이를 수 있다는 교만에서 나온 것이다.

2. 신자에게 회개가 늦은 때는 없다. 돌아오면 다시 용서를 받는다

기독도가 비록 천성 길을 버리고 도덕촌으로 갔지만, 하나님은 또 전도자를 보내셔서 그를 찾고 그를 치유하시며 바른 길로 가게 했다. 그 이유는 그가 아직 어리기 때문이고, 여전히 하나님의 택한 자녀이기 때문이다. 하나님께서는 우리가 하나님을 모르는 죄인일 때 찾으셨다(롬 5:6). 하물며 우리가 그리스도

를 안 후에는 이전보다 더욱 관심 갖지 않으시겠는가?

### 3. 구원의 길은 오직 성경 안에 있다. 그것이 바로 좁은 길이다

이 길, 저 길이 아닌 오직 하나님이 정하신 한 길, 그것이 바로 믿음의 길이다. 우리는 구원의 지식을 세상 사람들의 교훈에서 찾으려 할 것이 아니라, 성경에서 찾아야 한다(요 3:16). 사도 바울은 디모데에게 천국 가는 모든 길에서 오직 성경을 표준삼으라고 권하고 있다(딤후 3:15-17). 또한 좁은 문은 어떤 어려움과 방해가 있더라도 주님을 따르겠다는 결단을 말한다.

### 4. 좁은 문의 특징은 "좁고 길이 협착하여 찾는 사람이 적다"(마 7:14)고 주님은 가르쳐 주셨다

좁다는 말은 많은 사람이 함께 가지 못한다는 것이다. 믿음의 길은 쉽기는 하지만, 많은 사람의 것은 아니다. 이는 특별한 은총을 입은 사람들의 것이다. 어떤 제자가 "주여, 구원을 얻는 자가 적습니까?" 하고 물었다. 주님은 "좁은 문으로 들어가기를 힘쓰라. 내가 너희에게 이르노니 들어가기를 구하여도 못 가는 자가 많으리라."라고 하셨다.

믿음을 갖는 것은 어려운 일이 아니지만, 누구나 가질 수 있는 것은 아니다. 사도 바울도 이 점을 분명히 했다(살후 3:2). 이 길은 고난을 각오해야 갈 수 있는 길이다. 역사적으로 또는 개인의 경험에 비추어 볼 때, 예수를 믿는 데는 수많은 방해가 따른다.

여러분이 무슨 이상스런 종교를 믿는다 하면, 여러분의 가족이나 친척들이 다만 비웃을 것이다. 그러나 얼굴이 파래져서 천륜을 끊겠다고 반대하지는 않는다. 그러나 예수 그리스도를 믿는다면, 가족과 친척들은 마치 사악한 죄인을 대하는 것처럼 각양 십자가를 그에게 더해 준다.

## 농부만 알고 있다

예수께서 한 비유로 말씀하셨다. 어떤 소작농이 남의 밭에 가서 일을 하였다. 그는 일을 하다가 그 밭에 묻혀 있는 보물 상자를 발견하였다. 농부는 그 보물 상자 위에 흙을 다시 덮고 집으로 돌아와 자기 가진 모든 것을 팔았다. 자신의 재산 하나하나에는 추억과 애환과 보존해야 할 가치가 있었지만, 그는 그 모든 것을 아낌없이 팔았다. 그리고 보화가 들어 있는 그 밭을 아주 비싼 값에 샀다(마 13:44).

동네 사람들은 그가 미친 짓을 했다고 비웃으며 말렸다. 그 밭의 숨겨진 보화를 그들은 알지 못했기 때문이다. 그 농부는 그 밭의 주인이 되었고, 동시에 그 보물의 정당한 주인이 된 것이다. 그가 가진 이전의 좋은 것과는 비교할 수 없는 가치 있는 것을 소유하게 된 것이다. 그가 만약 다른 재산들을 포기하지 못했다면 그 밭 살 돈을 마련하지 못했을 것이다. 그가 그렇게 그 밭을 살려고 했던 이유는, 발견한 보물이 가진 모든 것과 비교할 수 없는 가치가 있었기 때문이다. 이것이 바로 좁은 문으로 들어가는 것이다.

우리가 많은 십자가 고통을 지며, 믿음을 택하는 이유는 예수 그리스도를 믿는 믿음 안에 인생 최고의 가치가 있기 때문이다(빌 3:8). 이 기쁨은 결코 세상이 주는 것과 같지 않다(시 4:7, 요 7:38). 우리가 좁은 문으로 들어가려면, 천국 문에 들어가는 데 방해가 되는 모든 욕망을 버려야 들어갈 수 있다. 즉 신앙을 방해하는 모든 것을 영생과 바꿔야 한다는 것이다(히 12:1-2).

5. 우리가 천국 길을 가고자 할 때 방해하는 다른 영이 있는데, 바로 바알세불이라고 불리는 사단 마귀이다(벧전 5:8)

그놈은 에덴에서 아담과 하와를 유혹하여 범죄하게 만들고, 인간으로 하여

금 에덴을 잃게 만들었다. 그는 하나님과 인간 사이를 끊임없이 이간하여, 불화하게 하려고 시도한다(욥 1:8-11). 사단은 때때로 세상에서 권세 잡은 자들을 이용해서 성도를 핍박함으로 믿음에서 떠나게 하고, 어떤 때는 이단을, 어떤 때는 세상 쾌락을 사용하여 성도를 유혹하여 딴 길로 가게 만든다.

그놈은 우리가 믿기로 결심하는 것을 가장 싫어한다. 그래서 신자가 좁은 문 앞에 서면 불화살을 날리는 것이다. 의심의 불화살 핍박과 공포의 불화살, 세상 재미와 재리의 유혹, 권세 명예의 불화살을 날려 좁은 문으로 들어가는 것을 방해하는 것이다. 그러나 두려워하지 말아야 한다. 주님은 선언하신다. "저희를 주신 내 아버지는 만유보다 크시매 아무도 아버지 손에서 빼앗을 수 없느니라"(요 10:29). 그놈들은 우리에게 잠시 동안 고난을 줄 수 있지만, 우리가 주님을 따르기로 결단하면 공격을 포기하게 된다(계 2:10).

여러분은 좁은 문 앞에서 우유부단하게 서성거리지 말라. 당신의 결단은 하나님을 기쁘시게 하고 영생을 보장받게 할 것이다(사 26:3).

| 토의 |

1. 당신은 율법주의적 신앙에 빠져본 일은 없습니까?

2. 하나님이 요구하시는 믿음의 조건은 무엇입니까?

3. 신앙을 잃을 뻔한 가장 큰 사단의 공격을 받아본 일이 없습니까? 어떻게 극복했나요?

# 바른 목사를 만나는 것

좁은 문의 문지기는 기독도를 반가이 맞아준 후, 기독도를 설명자의 집으로 데리고 가서 설명자를 만나게 했다. 설명자는 기독도를 그 집에 있는 각 방으로 데리고 다니 며 천국 가는 길에 주의사항을 가르쳐 주는데, 첫 번째 방에서 세상을 등지고 머리에 면류관을 쓰고, 눈은 하늘을 주시하며, 손에는 최선의 책을 잡고, 입은 쉴 새 없이 무 엇을 외치고 있는 한 남자의 초상화를 보았다.

"이 사람은 누구 입니까?" 하고 기독도가 묻자 "이 사람은 목사인데 당신을 천국으로 인도할 사람입니다."라고 했다. 기독도는 그 방에서 목사의 임무와 그 식별법을 배우게 되었다. 설명자는 "내가 이 초상화를 보여 주는 것은 순례 길에서 가짜들이 당신을 사망의 길로 인도할지 모르기 때문입니다."라고 말했다.

목사란 무엇인가?

기독도는 좁은 문을 통과함으로 이제 믿기로 결단하게 되었다. 믿음생활을 시작할 때 꼭 가지고 있어야 할 지식이 있다. 앞에서도 말했듯이 지식 없는 믿음은 맹신이며, 또 미신이다. 기독교는 사람의 고안이나 영력 있는 사람의 묵상의 결과로 생겨난 종교가 아니라, 하나님께서 직접 계시한 지식을 따라 믿는 종교이다.

하나님의 계시는 바로 성경 66권에 기록되어 있다. 신자는 오직 하나님의 말씀인 성경의 가르침을 따라 믿을 때 바르게 천국 길을 갈 수 있다. 기독교인이 꼭 알고 있어야 할 중요한 믿음의 내용이 있는데, 존 버니언은 설명자의 집을 통하여 일곱 가지의 지식을 우리에게 소개하고 있다.

교회에서 설명자 역할을 하는 직분을 맡은 사람이 있는데, 그가 바로 '목사(牧師)'이다(엡 4:11). 그를 또한 말씀을 가르치는 장로(長老)라고도 한다(딤전 5:17). 설명자는 설명자의 집 첫째 방에서 벽에 걸린 한 남자의 초상화를 보여준다. 바로 목사의 초상화였다. 설명자의 집, 첫째 방에서 목사의 초상화를 보여주는 것은 성도의 신앙생활에서 목사의 역할이 얼마나 중요한지를 말해주는 것이다.

1. 목사란 어떤 일을 하는가?

목사란 신자의 천국길 안내자이다. 그의 가르침은 아주 중요하여 성도의 천국 길에 큰 도움을 주지만, 잘못된 목사는 큰 해를 주기도 한다. 그러므로 목사에 대한 분별은 매우 중요하며, 분별이 어렵긴 하지만 성도의 몫이기도 하다. 마치 환자가 좋은 의사를 찾아 진료를 받을 권리가 있는 것처럼 성도는 바른 목사의 안내를 받을 권리가 있다. 바른 목사의 지도를 받는다는 것은 성도에게 있어서 큰 복이 된다.

### (1) 성경에 의하면 목사란 성도의 영적 부모이다

그는 복음을 전하여 성도를 낳는다. 그래서 사도 바울은 "그리스도 안에서 일만 스승이 있으되 아비는 많지 아니하니, 그리스도 예수 안에서 복음으로써 내가 너희를 낳았음이라"(고전 4:15)라고 고린도 교회 성도들에게 자신이 영적 부모가 됨을 말했다.

사람이 신자가 되는 것은 하나님의 부르심(전도)에 의해서이다. 부르심의 내용은 복음을 전하는 것인데, 부르심을 들을 때 성도의 거듭남이 이루어지며, 그리하여 하나님의 자녀가 된다. 목사는 거룩한 말씀(道)을 전함으로 성도를 낳는다. 물론 낳는다는 것은 성령 하나님께서 하시는 사역이나, 이때에 인간 목사가 은혜의 매개로 사용되는 것이다(요 3:8).

### (2) 신자를 낳을 뿐만 아니라, 어머니처럼 신자를 기르는 역할을 한다

그는 성도들의 믿음이 자라도록 영양가 있는 말씀을 계속 공급하여 가르치며, 그들을 보살피며 위하여 기도한다. 또한 어머니가 자녀를 양육하는 것처럼 온갖 정성을 다하고, 성도들의 신앙 성장을 위하여 수고를 마다하지 않는다(갈 4:19).

### (3) 낙심한 성도를 위로하고, 잘못된 길을 가고 있는 성도를 권면하며, 때로는 징계를 해서라도 바른 길로 돌아서게 해야 할 책임이 있다(살전 2:11-12)

잘못된 길을 가고 있는 성도를 책망하지 못하는 목사는 자신의 사명을 저버리고 있는 사람이다. 그는 파수꾼처럼 세상의 유혹과 이단의 잘못된 교리를 경고하고, 악한 것들의 활동으로부터 성도를 지켜내야 한다. 성도가 잘못되었을 때, 그는 자신이 회계할 자로 알아 모든 방법을 다하여 그를 바른 길로 돌아오게 해야 할 책임이 있다(요 10:11).

2. 성도에게 목사가 중요한 이유는 잘못된 목자는 양을 멸망으로 인도하기 때문이다

주님께서 "만일 소경이 소경을 인도하면 둘이 다 구덩이에 빠지리라"(마 15:14)고 그 위험성을 말씀하신 바 있다. 실제로 이단 목사들은 사악한 교리를 가르치고 있으며, 자기 생각을 하나님의 말씀으로 가장한다(겔 13:19). 이런 거짓 목자들을 양의 탈을 쓴 이리라고 주님이 말씀하신 바 있다(마 7:15).

그렇다면 좋은 목사는 어떤 사람인가?
1. 소망의 눈을 가진 사람이라야 한다

좋은 목사는 지금 당장 눈앞에 있는 것을 보는 사람이 아니라 영원한 것을 보며, 먼 훗날을 기다리고, 장차 올 천국의 소망으로 가득한 사람이다. 그는 지상에 있으나 이미 천국에서 사는 사람이다. 이는 목사의 마음에 이미 천국이 이뤄줘야 한다는 말이다. 목사 자신이 먼저 마음의 천국이 이루어지지 못했다면 어떻게 천국을 제대로 소개할 수 있을까? 또 누구에게 그 길을 가라고 권할 수 있겠는가?

천국의 소망이 부족한 목회자들은 땅 위의 것을 소망하며, 온갖 탐심에 미혹될 것이다. 바울 사도는 "오직 우리의 시민권은 하늘에 있는지라, 거기로서 구원하는 자 곧 주 예수 그리스도를 기다리노니"(빌 3:20)라고 소망을 말했다. 그는 일찍이 천국 깊은 곳을 경험한 일이 있다고 말한다(고후 12:2-4). 그러므로 그의 목회는 극한 환란에도 흔들림이 없었다.

## 2. 하늘의 상을 기대하는 목사이다

좋은 목사는 목회에 정확한 목표를 세우고, 그 길로 달려가며 하나님이 위에서 부르신 부름의 상을 위하여 좇아가는 사람이다(빌 3:14). 그는 위의 것을 생각하며, 세상 사람들이 복이라고 말하는 것들을 귀하게 생각하지 않는다(골 3:1,2). 그의 소망은 하늘에 있고, 그의 상 역시 하늘에 있다. 세상의 것을 부러워하지도 않으며, 자기가 한 수고에 대하여 세상에서 보상 받으려 하지 않는다. 아무 보상이 없고, 누가 알아주지 않아도 하나님이 자기에게 부여하신 목표를 달성하기 위하여 노력하기를 항상 주님이 위에서 자신을 보고 있다고 확신하면서 날마다 자신의 일에 하나님으로부터 칭찬을 받고 있는 자처럼 사는 것이다(빌 3:14).

## 3. 성경의 전문가여야 한다

세 번째, 목사의 손에 성경이 들려 있는 것은 목사는 성경에 박식한 사람이라야 하기 때문이다. 천국 가는 길에 관한 지식은 성경 외에는 없어서 목사는 성경의 내용을 정확히 사용하여 성도를 인도해야 한다. 그는 성경의 기능을 이해하고, 믿고, 그 교리에 박식하여, 성도들의 물음에 거칠 것 없이 정확한 대답을 해줄 능력이 있어야 한다.

목사는 도덕 면에서도 모범이 되어야 하겠지만 그에 못지않게 성경의 전문가가 되어야 한다. 성경은 목사의 교과서이며 무기 중의 무기다. 그는 옛것(구약)과 새것(신약)을 적절히 사용하여 하나님의 뜻을 분명하게 그리고 알기 쉽도록 성도에게 증거해야 한다(마 13:52, 딤후 3:15-17).

## 4. 성경 내용을 선포하고 가르치는 데 중단 없는 열정을 가지고 외쳐야 한다(딤후 4:2)

그는 하나님의 비밀을 사람들에게 전하는 일꾼으로 선택함을 받은 자이다

(고전 4:1). 그러므로 말씀의 전파와 가르침이 목사의 최고 중요한 임무임은 두말할 필요가 없다. 주님께서 제자들을 불러 3년을 가르치고 난 후 그들에게 "그러므로 너희는 가서 모든 족속으로 제자를 삼아 아버지와 아들과 성령의 이름으로 세례를 주고, 내가 너희에게 분부한 모든 것을 가르쳐 지키게 하라" (마 28:19,20)는 대사명을 주셨다.

목사의 마음은 영혼을 불쌍히 여기고 구원하려는 열정으로 가득해야 한다. 목사는 금과 은을 사용하여 성도를 돕는 자가 아니다(행 3:6). 그런 도움은 얼마 가지 못한다. 하나님의 말씀으로 성도를 도와야 한다. 하나님의 말씀을 은혜롭게 전할 때 성령은 그 말씀을 사용하여 성도의 심령을 부흥시키는 것이다. 신자들의 심령 부흥이 교회와 연결될 때 교회의 부흥이 오며, 하나님 나라의 부흥이 오는 것이다.

### 5. 목사는 세상에 살지만 세상을 등지고 살아야 한다

참으로 쉽지 않는 일이다. 목사 역시 가족이 있다. 그리고 그가 감당해야 할 세상 사람으로서 책임도 있다. 그러나 가족이나 그의 세상살이에 얽매여서는 자신의 임무를 잘 수행할 수 없다. 그래서 사도 바울은 제자 디모데에게 "군사된 자는 자기의 생활에 얽매이지 아니하나니, 이는 모집한 자를 기쁘시게 하기 위해서"(딤후 2:3,4)라고 가르치고 있다.

### 이 집사는 참 좋겠다

나는 교회 개척 초기에 어려운 재정 형편으로 교회 운영이 어려울 뿐만 아니라, 당장 먹고 살 것도 없는 경우가 많았다. 필요한 것을 제때 얻지 못하므로 아내의 고통은 심히 컸고 아이들의 고통도 많았다. 특히 말할 수 없는 열악한 주거 환경은 아내와 아이들을 견디기 힘들게 만들었다. 당시 나는 자동차 정비 1급 기능사의 자격증을 가지고 있었다. 이것을 사용하면 가정에 상당한 도움이 될 터였다. 삶이 힘들어지면 나는 이 자격증으로 마음이 달려갔다. 그것을 이용해야겠다는 유혹을 이기기 쉽지 않았다. 정비 공장에서는 내 명의를 빌리기를 원했다. 그러나 과거로 돌아갈 수는 없었다. 나와 성도들의 나이 차는 평균 10살쯤 났다. 그러므로 10살 많은 내 삶의 무게를 인식할 만한 성도는 없었다.

어느 날 한 성도가 새 집을 샀다. 그래서 입주예배를 드리고 돌아오던 중이었다. 차 속에서 아내는 아무 말이 없었다. 아내가 너무 조용해서 "왜 그래?" 하고 물었더니 아내는 약간은 서글프게 웃으며, "아니, 말 안 할래."라고 했다.

"뭔데 그리 심각해?"

"아니야. 말하면 나를 속물이라고 나무랄 거야."라고 말했다.

"아니, 나무라지 않을 테니 말해봐. 왜 그래?" 그러자 아내는 말을 시작했다.

"이 집사는 참 좋겠다."

이 집사는 집을 사서 오늘 입주 감사예배를 드린 여집사이다.

"뭐가 좋아?" 나는 별 생각 없이 무표정하게 다시 물었다.

"나이도 저렇게 어린데 벌써 아파트를 샀잖아요. 가구도 모두 새 것이고." 아내는 부러움을 감추지 못했다.

"아, 그런 것... 부러웠구나?"

"그럼 부럽지 않고, 우리 아이들 좀 봐, 저렇게 다 컸는데 지금도 공동 화장실을 써야 하고, 옥상에서 천으로 가리고 샤워해야 하고, 나는 다른 것 바라지 않아요. 단독 화장실하고 샤워할 곳이라도 있었으면 할 뿐이에요."

당시에 우리는 독서실과 같은 화장실을 쓰고 있었는데, 그곳에는 항상 담배 피우는 청년들이 서성거리고 있었다. 아이들이 화장실을 가려면 그들 사이를 통과해야 한다. 그래서 아이들은 화장실을 잘 가지 않는 습관이 생겼고, 갈 때는 언제나 엄마가 동행을 했다.

"나는 애들이 항상 불안해요. 또 방은 어쩌고요. 방 안의 벽은 시커먼 곰팡이로 덮였잖아요?" 하고 말했다.

집이 불이 나고 난 뒤 방수가 되지 않아 비만 오면 벽이 젖어 검정 곰팡이로 가득했다. 온 집안은 곰팡이 냄새로 진동했다. 아내는 곰팡이 때문에 아이들이 병이 생길까봐 전전긍긍했다. 나는 달리 해 줄 말이 없었다. 입장이 이해되었기 때문이다. 그러나 슬프지는 않았고 그 성도의 집이 전혀 부럽지도 않았다.

각 사람에게는 하나님께서 주신 각자의 인생길이 있는 것이다. 나는 남의 삶을 탐내지 않았고, 나의 가는 길이 손해보고 가는 것이라 생각지 않았다. 나는 나의 길을 가고 있고, 미안하지만 아내도 하나님이 그에게 주신 믿음의 길을 자기 십자가를 지고 가고 있는 것이다. 내 아이들 역시, 마찬가지로 하나님이 내 아이들에게 주신 길을 가고 있는 것이다. 이 길을 불평하지 않고 가는 것이 하나님께 드리는 우리 가정의 산 제사가 될 것이다.

"여보, 우리 집은 하늘에 아주 좋은 걸로 준비되어 있을 거야. 기다려 보라고!" 하고 위로했다. "아니, 말이 그렇다는 거지." 아내는 이내 밝아졌다.

목사가, 사모가 성도 가정이 소유한 것들을 부러워하고 있으면 그 목회가 즐겁겠는가? 목사의 기쁨은 세상에 속한 것이 아닌 하늘에 속한 것을 얻음으로 즐거워해야 한다.

## 네 마음이 평안하냐?

나는 교회 개척 초기에 하루하루가 너무 어려워 힘을 얻고자 기도원에 올라갔다. 기도를 하는 중에 문득 황홀한 빛이 앞을 비췄다. 나는 기도를 멈추고 앞을 주시했는데 한 이상이 보였다.

다 해지고 더러운 옷을 입은 아내가 자기 손목에 깡통으로 된 밥그릇을 들고 서서 나를 보며 울고 있는 것이 아닌가. 조금 있자 어린 딸이 그 옆에 서서 역시 엄마와 같은 모습으로 자기 몸에 맞는 깡통 밥그릇을 들고 서 있었다. 조금 있으니 아들이 또 그와 같은 모습으로 그 옆에 섰다. 셋이 나란히 서서 배고파하며 나를 보고 울고 있었다. 나의 마음은 심히 괴로웠다. 나는 예레미야나 세례 요한처럼 고난을 감수하고 살아야겠다 결심하고 목회를 시작한 터였다.

그러나 그러한 일이 실제로 일어나지는 않을 것이고, 언젠가는 지금의 가난이 변해서 유복한 생활이 될 것이며, 의식주 따위는 염려하지 않아도 될 것이라는 기대가 심중에 깔려 있었다. 그러나 지금 보는 이상은 그런 기대를 여지없이 깨어버리는 광경이었다. 그때 한 음성이 들려왔다.

"네 마음이 평안하냐?"

나는 대답하지 않았다. 조금 시간이 지나 다시 재촉하는 소리가 났다.

"네 마음이 평안하냐?" 역시 대답할 수가 없었다. 시간이 조금 더 지나자 약간 노기 띤 음성으로 "네 마음이 평안하냐?" 하며 대답을 재촉하는 소리가 들렸다.

동시에 내 앞에는 누가복음 16장에 나오는 지옥에서 고통 받는 부자와 아브라함 품에 있던 거지 나사로의 이상이 보였다.

'그렇지. 거지 나사로는 세상에서 거지였지. 그렇지만 천국에서 아브라함과 함께 살았다. 그렇다면 길지 않은 이 세상에서 내가 주님을 위하여 거지가 되어 살 수도 있다' 는 결심이 섰다.

나는 크게 소리 내어 대답했다.

"예, 내 마음이 평안합니다." 나의 대답과 함께 내 맘이 벅차올랐는데, 하늘로부터 평화가 오기 시작했다. 그때 그 기쁨과 감격은 세상에 모든 것을 다 가진 자 같이 충만해졌다.

그 이후 나는 견디기 힘든 많은 사건을 겪었다. 그러나 나는 낙심하지 않았다. 나는 이미 거지니까, 현재 겪는 어떤 환경도 거지의 삶보다는 낫다고 생각되는 것이었다. 그러므로 나는 어떤 일에도 좌절하지 않았다. 내 나이 이미 60세이다. 목회 생활도 이미 25년을 하였다. 이 세월을 지나는 동안, 나는 아직 거지가 되지는 않았고, 아이들 역시 거지가 되지 않았다. 그리고 생활 역시 못 견딜 만큼 가난한 일도 없었다.

그 이상을 본 후로 나는 세상을 부러워하지 않았다고 감히 말할 수 있으며, 나는 스스로 "세상에서 제일 행복한 목사"라고 자부하고 살고 있다. 그러나 내 인생 역시 모두 하나님의 은혜였고, 하나님이 주신 힘이 있었기에 인내가 가능했으므로 모든 영광을 하나님께 돌린다.

쉬운 일은 아니지만 목사는 오직 주님만을 기쁨으로 삼고, 세상을 등져야 한다(합 3:17,18).

## 목사의 자랑은 무엇인가?

### 1. 성도이다

초상화 상의 면류관은 목사의 자랑을 말한다. 목사의 자랑은 무엇인가?

그의 자랑은 바로 성도이다. 구원받은 성도를 보는 기쁨, 신앙이 진보하는 신자를 보는 기쁨, 지상에서 하나님나라와 그 의가 자신이 사용되어 이루어지는 것이야말로 목사의 최고 기쁨이고 자랑거리가 아닌가?

그 기쁨은 새 곡식과 포도주가 창고에 풍성할 때보다 더한 것이다. 사도 바울은 그의 사역 중 많은 고난을 겪었으나, 그에게는 남다른 기쁨이 있었다. 그는 담대히 "우리의 소망이나, 기쁨이나, 자랑의 면류관이 무엇이냐 그의 강림하실 때 우리 주 예수 앞에 너희가 아니냐"(살전 2:19)라고 데살로니가 교인들에게 말했다. 그렇다. 목사의 자랑이자 기쁨은 바로 성도이다.

## 그렇지만 나는 제일 행복한 목사

나는 선교지인 중국에서 여러 곳을 다니며 목회자와 신학생들을 가르친다. 나라가 넓어서 이동이 쉽지 않다. 한 달이면 몇 개 성(省)을 지난다. 그 거리는 우리나라 국토 몇 번을 왕복하는 엄청난 거리다. 감시하는 공안들을 피하여 모임을 갖는 일은 항상 두려움을 주어 개 짖는 소리와 엠브란스의 경보음조차 우리를 숨죽이게 만든다. 이동하는 버스 안에서 도둑들은 항상 외국인인 내 주위를 맴돌고 있고, 나도 잠들지 않고 그들을 경계하느라 애를 쓴다.

한 번 강의를 시작하면 그 과목을 마쳐야 하기 때문에 강의 시간 또한 매우 길다. 한 곳에서 강의를 마치고 나면 거의 초죽음 상태에 이른다. 그러나 과정을 끝내고 다른 곳으로 이동할 때, 너무 기쁘고 감사하다. 현지 지도자들에게 씨를 뿌렸고, 그들은 당장 오늘부터 내가 가르친 것을 사용하여 설교를 할 것이다. 하나님 나라가 확장되어가는 것이 내 눈에 보이는 것 같고 곧 추수하는 자의 기쁨을 맛보게 된다(요 4:35, 36). 주님께 "주님, 저 잘했지요?"라고 말한다. 그러면 주님께서 내 머리를 쓰다듬으시고 어깨를 두드려주시는 것 같다. 마치 "그래, 내 종아, 참 잘했다. 내 즐거움에 참여하여라"(마 25:23)라고 하시는 것 같다.

그때 성령께서 내 맘에 기쁨이 충만하게 하시므로 나는 완전히 새 힘을 얻는다. 몸은 순식간에 회복되어 다음 장소에 도착했을 때는 이전 피로를 완전히 회복하고, 새 일을 시작할 수 있었다. 목사가 기쁜 이유는 오직 영혼 구원과 성도의 성장, 하나님 나라의 확장이 되어야 한다.

세상에 있는 교회에는 어떤 목자들이 있는가?

목사는 세 종류가 있다. 세상에는 잘못된 가짜 인도자들도 있다. 사단도 광명한 천사로 나타나 성도들을 잘못된 길로 인도한다(고후 11:13-15).

## 1. 목사의 첫 번째 종류는 거짓 선지자이다

우리는 보통 그들을 이단(異端)이라고 부르는데, 그들의 특징은 성경 계시와 다른 내용을 가르치며, 성경의 내용을 그릇 해석하고, 자신의 주장을 더하여 하나님의 말씀이라고 가르치는 것이다. 그들의 주장은 객관성이 없고, 매우 주관적이며, 역사적 정통 신앙고백과 다르고 그 주장도 수시로 변한다.

그들을 따르는 자들은 천국에 이를 수 없다. 그 이유는 그가 가르쳐 준 길이 천국과 상관없는 다른 길이기 때문이다. 그들은 늘 자기 생각을 가르치며, 자기의 편견을 진리인 양 왜곡하는데, 사람들이 그들에게 속는 이유는 이들이 자기 주장을 성경으로 해석하기 때문이다.

이단들에게 성경은 그들의 표준이 아니라, 그들 주장에 필요한 대로 성경의 어느 부분은 중요하게 이용하고, 자신의 주장과 모순되는 부분은 아무리 중요한 의미가 있는 구절이라도 무시해 버린다. 그래서 여기서 조금, 저기서도 조금 말씀을 인용하지만 전체 균형을 고려하지 않는 것이다(사 28:13). 결국 그들의 주장은 균형감을 잃고, 한쪽으로 치우쳐 성도들을 멸망의 길로 인도한다. 또한 신도들에게 숭배를 받기 위해 거짓 기적을 만들어 내고, 자신을 그리스도의 직통 사자나 심지어 그리스도라고 주장하며, 성도들 위에 군림한다.


## 2. 목사의 두 번째 종류는 삯군 목자이다

이런 목사는 가르치는 내용은 바르지만 목사를 직업이나 돈벌이로 여기므로 양을 위하여 자기 희생을 하지 않는다. 정통교단들 내에도 삯군 목자가 있는 것은 사실이다. 그는 양의 생명과 건강에 관심이 없고, 오직 자기 이익만 구할 뿐이다. 예수님은 삯군 목자의 행동을 언급하셨다. "삯군은 목자도 아니요, 양도 제 양이 아니라. 이리가 오는 것을 보면 양을 버리고 달아나나니, 이리가 양을 늑탈하고 또 치느니라. 달아나는 것은 저가 삯군인 까닭에 양을 돌아보지 아니함이라"(요 10:12,13).

삯군 목자는 성도들에게 대접을 요구하고, 세상에서 그의 수고의 대가를 다 받으려 하기 때문에 천국에서는 상이 없다. 그러나 그가 비록 삯군 목자이기 는 하나, 그가 가르친 진리가 올바른 것이었으면 그의 가르침을 받는 자들은 구원을 받는다. 왜냐하면 구원은 진리를 믿음으로 말미암기 때문이다. 그러나 삯군 목자는 하늘에서 상이 없을 것이고, 때로는 그 자신의 구원도 의심해 보 아야 한다. 성도가 삯군 목자를 판단하는 것은 쉽지 않다. 왜냐하면 목사라도 사람이기에 여러 가지 인간적 약점이 있기 때문이다. 그가 가르치는 교리가 바르다면 판단은 하나님께 맡겨야 한다. 어떤 목사를 함부로 삯군 목자로 단 정하는 것은 삼가야 한다.

### 3. 목사의 세 번째 종류는 선한 목자이다

그는 양을 알고, 양을 찾으며, 그의 관심은 오직 양의 건강과 안전이다. 그 는 양을 위하여 예수님처럼 목숨을 버린다. 주님은 "나는 선한 목자라. 선한 목자는 양들을 위하여 목숨을 버리거니와"(요 10:11,15)라고 하셨고, 실제로 자신의 양을 위하여 자신의 생명을 주셨다. 주님은 양들의 큰 목자이시다(히 13:20). 목사는 마땅히 예수님을 본받아 자신의 생명을 바치기까지 양들을 위 한 모든 노력을 경주해야 한다.

우리는 세 종류의 목회자 상에 대해서 배웠다. 그러나 분별하는 것은 쉽지 않다. 그러나 우리가 몇 가지를 주의하여 보면 그가 바른 목자인지 아닌지를 식별할 수 있다.

#### 첫째, 그가 무슨 열매를 맺고 있는가를 살펴봐야 한다

우리는 어떤 열매를 보면 그 나무가 무슨 나무인지 알 수 있듯이 목사가 어 떤 열매를 맺고 있는 가를 주목해야 한다. 잘못된 목사는 말만 하고, 실행하는 법이 없다. 여기서 말하는 열매란, 완성을 말하는 것은 아니다. 모든 사람이 그렇듯 목사도 완벽한 것은 아니다. 다만 목사가 주님을 본받으려 하고, 그가 자기 생활에서도 열매를 맺기 위하여 노력하고, 모범이 되는지 보라는 것이다. 주님은 그 분별법을 가르쳐 주셨다(마 7:15-17).

### 둘째, 바른 목사는 전통적 신앙고백을 중시한다는 것이다

전통적 신앙고백은 하루 이틀에 성립된 것이 아니다. 2,000년 기독교 역사에서 검증되고, 세계 교회의 공회를 통하여 결정된 믿을 수 있는 신앙고백서이다. 교회가 고백하는 가장 기초적인 신앙고백은 바로 "사도신경"이다. 이 고백은 가장 오래된 신앙고백으로써, 신자가 믿어야 할 성경 진리를 간단하게 요약한 고백이고, 역사적 공회를 통하여 확정되었고, 세계 교회에 공포되었다. 바른 교회와 목회자는 반드시 사도신경을 성경의 요약으로 승인한다.

어떤 목사들은 사도신경은 성경이 아니고, 오류가 있어서 고백하지 말아야 한다고 주장한다. 그는 자신이 거짓 선지자라는 것을 스스로 말하고 있는 것이다. 물론 사도신경은 성경은 아니다. 그러나 성경의 진리를 요약한 것이다. 그리고 오류가 있다는 것은 그의 무지를 스스로 드러내고 있는 것이다.

거짓 목사가 사도신경이나 역사적 정통고백서를 거부하는 이유는, 자신의 주장과 충돌되는 부분이 있기 때문이다. 사도신경은 바른 교회의 표준 신앙고백일 뿐 아니라, 이단을 구별하는 시금석이기도 하다. 사도신경 외에도 종교개혁 시기 이후 확정된 역사적 신앙고백이 많으니, 목사님들의 지도를 받아 배우기 바란다(예: 웨스트 민스터 신앙고백서, 하이델베르그 신앙고백서 등).

### 우리 목사님은 성경만 가지고 말씀하십니다

어떤 신자가 말하기를 "우리 목사님은 성경만 가지고 말씀하신다. 그는 성경을 외우다시피 하신다."라고 말하며, 자신의 목사가 매우 성경적이라는 것을 자랑한다. 그러나 성경을 인용했다고 다 올바른 것은 아니다.

처음부터 끝까지 다 성경을 인용한 설교라도 매우 비성경적일 수 있고, 본문 외에는 성경구절을 사용하지 않은 설교라도 매우 성경적일 수가 있다. 사단이 예수님을 시험하기 위하여 성경말씀을 인용하였으나, 그가 사용한 성구의 적용은 하나님의 뜻과 다른 것이었다. 그래서 예수님께서 바른 성경구절을 사용하여 사단을 물리치신 것이다. 즉 우리가 중시해야 할 점은 성경구절을 많이 인용했느냐의 여부가 아니라, 정확하게 인용했느냐에 더 관심을 가져야 한다. 그러므로 신앙고백(교리)은 바른 진리를 분별하는 데 매우 중요한 역할을 한다.

### 4. 성도는 목사와 좋은 관계를 유지해야 한다

왜냐하면 목사는 하나님 말씀의 통로이며, 동시에 양을 인도하는 목자이기 때문이다. 성도가 목사에 대하여 나쁜 감정을 가지고 있으면 그를 통하여 전달되는 하나님의 말씀까지도 반감을 갖게 된다. 결과적으로 이런 마음은 하나님께 드리는 예배시간에 범죄하게 되고, 선포되는 은혜를 비난하고 거부함으로써 성도에게는 독이 되는 것이다. 그렇게 되면 그는 목사의 안내를 잘 받지 않으려 하기 때문에 천국 가는 길이 매우 위험해진다. 그래서 목사에 대한 좋은 감정을 유지하는 것은 자신의 영혼을 위하여 중요하다.

어찌됐건 목사와 좋지 않는 관계의 일차적인 피해자는 교인 자신이라는 것을 명심해야 한다. 학교에서 어떤 과목의 선생을 싫어하면 그 과목의 성적이 좋을 수 없는 것과 같은 이치이다. 그래서 사도 바울은 갈라디아 교회 성도들에게 "가르침을 받는 자는 말씀을 가르치는 자와 모든 좋은 것을 함께 하라"(갈 6:6)고 당부하였다. 히브리서 기자도 "너희를 인도하는 자들에게 순종하고 복종하라. 저희는 너희 영혼을 위하여 경성하기를 자기가 회계할 자인 것 같이 하느니라. 저희로 하여금 즐거움으로 이것을 하게 하고 근심으로 하게 말라. 그렇지 않으면 너희에게 유익이 없느니라"(히 13:17)라고 했다.

교회에서 목사와의 나쁜 관계로 인하여 예배를 소란스럽게 하는 교인들에 대하여 들은 일이 있다. 이는 특별히 삼가해야 할 일이다. 예배는 전 성도의 신앙을 하나님께 바치는 중요한 예식이며, 목사를 위하여 있는 것도 아니다. 하고자 하는 의사 표현은 다른 시간에 하고 예배는 거룩하게 드려지는 것이 마땅하다. 하나님의 예배를 모독하는 사람들은 그가 누구이든 무슨 의로운 생각으로 하였건, 하나님은 결코 기뻐하시지 않을 것이다.

5. 신자가 정통교단 총회나, 한국기독교 총연합회에 의하여 정죄된 이단 교회나 이단 목사를 떠나는 것은 조금도 거리낄 필요 없다

그들의 교회는 그리스도에게 속한 교회도 아니며, 그 목사는 하나님이 보낸 사자도 아니기에 하나님으로부터 벌 받을까봐 불안해할 것 없다. 그들을 떠나는 것은 오히려 주님께 칭찬 받을 일이고, 자신의 생명이 어두움에서 광명으로 나오는 길일 것이다.

| 토의 |

1. 당신은 목사와 좋은 관계를 유지하고 있습니까?

2. 거짓 선지자의 특징은 무엇입니까?

3. 선한 목자의 특징은 무엇입니까?

4. 당신은 목사의 목회 활동을 위하여 어떤 도움이 되고 싶습니까?

# 율법과 복음의 이해

기독도가 두 번째 방에 안내되었는데, 먼지가 수북이 쌓여 있었다. 설명자가 율법이라는 소년에게 청소하라고 하자, 율법은 빗자루로 쓸었다. 그러자 온 방이 먼지에 휩싸였고 다시 먼지가 가라앉으니 청소 전과 똑같았다. 이번에는 복음 양에게 청소를 부탁하자, 복음 양은 먼저 물을 뿌리고 난 후 먼지를 모아 쓰레받기로 쓸어내버렸다. 그러자 방은 완전히 깨끗해졌다. 이것이 바로 율법과 복음의 차이를 나타낸다고 했다.

사람은 어떻게 구원을 얻는가?

신자가 확실하게 가지고 있어야 할 두 번째 지식은 율법과 복음에 관한 지식이다. 성경의 중요한 내용은 바로 율법과 복음에 관한 것이다.

### 1. 율법은 무엇인가?

두번째 방은 사람의 마음이고, 율법소년이 쓸어내리려고 한 것은 죄이다. 둘째 방에서 보는 바와 같이 율법은 우리에게 죄가 있다는 것을 알게 해주지만 죄를 없게 할 수는 없다.

율법은 모세가 시내 산에서 받은 것으로 인간 도덕행위의 표준이고(출 20:1-17), 하나님의 거룩한 성품이 반영된 것으로 우리가 마땅히 하나님의 자녀로써 행하여야 할 것이 무엇이고, 하지 말아야 할 것이 무엇인지를 가르쳐 준다. 따라서 죄가 무엇이고, 선이 무엇인지를 알게 하는 지침이 되며, 죄의 결과가 무엇인지를 선고하는 것이다.

죄란 하나님의 뜻(말씀)에 순종하지 않거나, 무관심하며, 적극적으로 대항하는 것을 말한다.

율법은 십계명으로 요약된다. 제1계명에서 제4계명까지는 사람이 하나님에 대하여 어떻게 행해야 하는지와, 제5계명에서 제10계명까지는 인간이 인간에 대하여 행해야 하는 도리를 제시하고 있다. 예수님은 율법의 정신을 하나님을 사랑하고 사람을 사랑하는 것이라고 요약해 주셨다(마 22:37-40).

이 계명들의 위반이 죄이고, 그 값은 사망인 것이다(롬 6:23). 우리가 율법의 조문에 자신을 비춰보면 자신이 죄인이라는 것을 금방 알 수 있다(롬 3:20). 동시에 자기 자신이 하나님의 심판 대상이라는 것도 깨닫게 된다. 이로써 죄인은 자신의 죄를 애통하게 되며, 심령이 가난하여져서 하나님의 자비를 사모하게 된다(마 5:2,3). 그러므로 율법은 우리로 하여금 구원자를 찾게 만들고, 구주 예수 그리스도에게로 인도하는 역할을 하는 것이다(갈 3:24).

예수님 당시에 유대인들은 율법을 행함으로 구원을 얻으려 했다. 그렇기에 그들은 주님을 영접하는 데 실패하고 만다. 성경은 분명히 세상에는 율법을 지켜 구원받을 사람이 없다(롬 3:20)고 말한다. 이 말씀은 신구약시대에 동일하게 적용되는데 출애굽기에서도 하나님께서 율법을 선포한 후 그것을 지키지 못하는 사람들을 속죄하기 위하여 속죄의 제사법을 주신 것이다(레4:13). 그 속죄 제사법이 바로 오늘날 복음을 예표하는 것이다.

## 2. 복음과 복음의 기능

우리는 앞서 도덕촌에서 기독도가 도덕을 실천함으로 구원을 얻으려 했던 것이 수포로 돌아감을 보았다. 그렇기에 하나님은 구원의 조건을 도덕(율법)에 두지 않고 복음에 두셨던 것이다.

### (1) 복음은 선을 행하기에 무능한 인간을 구원하기 위한 하나님의 은혜의 방편이다

하나님은 사랑이시다(요일 4:8). 복음은 바로 하나님의 사랑이 반영된 것이다. "율법이 육신으로 말미암아 연약하여 할 수 없는 그것을 하나님은 하시나니, 곧 죄를 인하여 자기 아들을 죄 있는 육신의 모양으로 보내어, 육신의 죄를 정하사 육신을 좇지 않고 그 영을 좇아 행하는 우리에게 율법의 요구를 이루어지게 하려 하심이니라"(롬 8:3).

즉 인간이 자신들의 죄악성과 연약함으로 인해 율법의 요구를 충족할 수 없으므로, 하나님께서 자신의 아들을 세상에 보내어 사람들을 대신해서 율법의 요구인 죄 값을 치르게 하시고, 아들이 행한 율법의 선행(십자가 대속)을 우리에게 덧입혀 우리의 의(義)가 되게 하셔서 우리로 구속의 은총을 누리도록 하신 것이다.

## (2) 복음의 내용

우리에게 전해진 복된 소식, 즉 복음의 내용은 무엇인가? 그것을 요약한 것이 바로 요한복음 3:16의 내용이다.

"하나님이 세상을 이처럼 사랑하사 독생자를 주셨으니 이는 저를 믿는 자마다 멸망치 않고 영생을 얻게 하려 하심이니라."

하나님의 아들 예수 그리스도의 죽음과 부활을 통하여 이루어진 사건의 진상을 사람이 믿음으로 받아들이면 새 생명이 주어진다. 이것이 바로 복음의 내용이다. 그러나 비록 믿음이 쉬운 것이라 할지라도, 이 역시 간단한 일이 아니다. 믿어지지 않으면 이 은혜로운 조치도 별 수 없게 된다. 그래서 우리를 잘 아시는 하나님은 우리에게 믿을 수 있는 마음까지 주시는 것이다(고전 12:3).

그렇기에 구원은 전적으로 하나님의 역사하신 결과이고 선물이다. 믿음은 우리의 결단이지만 실상 성령의 감동에 의한 것이어서 결국 하나님이 우리에게 믿음을 제공하신 것이다. 그러므로 우리는 믿음을 자신의 다른 한 공로로 자랑할 것이 아니고, 오직 하나님의 은혜라 찬양하여야 하는 것이다(엡 2:8,9).

### 복음에 대하여 예수님은 한 비유를 사용하여 설명하셨다

한 왕의 신하가 있었는데, 그는 왕에게 일만 탈란트의 빚을 지고 있었다. 그 신하는 노력에도 불구하고 도저히 그 빚을 갚을 수 없었다.

어느 날 왕은 그 신하에게 채무를 이행하라고 요구하였다. 신하는 갚겠다고 대답했지만 그것은 평생을 벌어도 갚기 불가능한 채무였다. 그러자 왕은 그 신하를 불쌍히 여겨 그의 빚을 그냥 다 면제해 주었다(마 18:27). 복음은 바로 그런 것이다. 우리가 연약하여 할 수 없는 그것을 하나님이 다 지불하시고 사면하신 것을 말한다(롬 8:3).

## 심청전의 구원론

우리나라의 유명한 고전소설에 심청전이 있다. 옛날 이야기이니 재미있게 읽고 무심히 넘겨도 무방하다. 그러나 여기에는 세상 사람이 주장하는 일반적 도덕관념이 있다. 즉 무엇 무엇을 행하면 구원을 얻는다는 것이다. 내용을 요약하면 심청은 심학규라는 장님의 소생이었다. 심청은 어머니를 일찍 여의고, 어린 나이지만 효성이 지극하여 스스로 여러 일을 해서 아버지를 봉양하고 있었다.

하루는 심청이 먹을 것을 구하러 나간 틈에 딸을 기다리던 심봉사가 딸을 찾아 나가느라고 개천의 징검다리를 지나는데, 그만 발이 미끄러져 급류에 휩쓸려 허우적거리며 살려달라고 소리치고 있었다. 이때 이를 발견한 몽은사 화주승이 그를 구해주고, 공양미 삼백 석을 시주하면 눈을 뜰 수 있을 것이라고 말해 준다. 심봉사는 눈을 뜰 수 있다는 말에 앞뒤 가릴 겨를도 없이 공양미 삼백 석을 시주하겠다고 약속을 한다. 그리고 후에 정신을 차려보니 그것은 자신의 능력으로 불가능한 것이었다. 아버지의 고민을 들은 심청은 공양미 삼백 석을 마련하기 위하여 자신을 남경 상인들에게 판다. 그리고 삼백 석을 받은 대가로 인당수에 처녀 제물로 바쳐진다. 심청전은 다 아는 이야기이니 이만큼만 하자.

공양미 삼백 석을 부처님 전에 바치면 눈이 떠진다는 말은 바로 '무엇 무엇을 행하면 구원 얻는다' 와 일맥상통한다.

공양미 삼백 석은 대체 얼마의 가치가 있는 것일까? 인터넷에 전문가들의 소견을 참고하니 어떤 사람은 현재 가치로 1억 오천만 원에서 3억 원이라고 하고, 다른 사람은 12억 1500만 원이라고도 한다. 그 양은 자그만치 48,000kg(20kg짜리 2,400포대)이 된다. 어찌됐건 당시에 부자라도 상상 못할 금액이고, 더군다나 장님에게 그 엄청난 재물이 있을 리도 없고 구할 수도 없었을 것은 자명한 일이다. 몽은사 화주승은 무슨 이유로 그 많은 것을 무능한 심봉사에게 요구했을까? 결국 그의 요구는 한 소녀의 죽음과 맞바꾸게 되었다. 이야기는 눈을 뜨는 것으로 결말이 났지만 심봉사가 눈을 못 떴어도 그 중에게 아무 책임을 물을 수 없는 것이다.

이 소설이 바로 세상 종교의 특성이고, 인간이 행함으로 구원 얻는다는 허구를 잘 표현하고 있는 것이다. 심청전의 구원관이 바로 율법(행위구원)을 잘 나타내 준다. 결국 도달할 수 없는 목표로 생명을 구원하기 위해서 다른 생명의 죽음을 필요로 한다는 것이다. 우리 주님은 도움을 구하는 소경들을 아무 조건 없이 고쳐주셨다. 이것이 바로 복음이다.

| 토의 |

1. 율법은 무엇이며, 무엇 때문에 율법을 주셨습니까?

2. 율법으로 구원을 얻을 수 있습니까?

3. 복음은 무엇이며, 무엇 때문에 주셨습니까?

4. 복음의 효능은 무엇입니까?

:: **제14계단** ::

# 급욕과 인내

　설명자는 기독도를 셋째 방으로 인도했는데, 그곳에는 급욕과 인내라고 부르는 두 소년이 앉아 있었다. 급욕은 욕심스럽게 그 어머니에게 먹을 것을 주지 않는다고 불평하고 있었고, 인내는 모든 것을 참고 자기 차례가 오기를 기다리고 있었다. 하기 쉽고 양이 많은 음식을 어머니가 빨리 만들어 내자 급욕은 급히 먹어 먼저 배가 불렀다. 그러고 나서 어머니가 더 정성들여 맛있는 것을 많이 만들었는데, 급욕은 이미 배가 불

러 더 이상 먹을 수가 없었다. 인내는 참고 기다렸기 때문에 그것을 다 차지할 수 있었다. 설명자는 이것이 현세의 사람과 내세의 사람을 비교하는 것이라고 말해 주었다.

### 진실한 믿음은 인내의 요소가 포함되어 있다

신자가 가지고 있어야 할 세 번째 상식은 믿음에는 인내의 요소가 있다는 것이다. 믿음은 아직 나타난 실상은 아니고 다만 약속이다(히 11:1). 믿음의 결과가 현재에 다 나타나는 것이 아니다. 그러므로 믿음의 증거가 나타날 때까지 신자는 참고 하나님의 역사 시간을 기다려야 한다. 사람이 진실로 하나님의 약속을 믿으면 그 결과를 참고 기다릴 수 있을 것이다.

인내와 급욕의 대조에서 보여주는 것은 현세에서 복을 받으려는 사람과 천국에서 복을 받으려는 사람, 육적인 복을 추구하는 신앙과 영적인 복을 추구하는 신앙을 비교한 것이다. 믿음의 진정한 결과는 천국에서 볼 수 있다.

### 1, 급욕이란 사람은 어떤 믿음의 사람인가?

그는 이 세상에서 모든 것을 가지려는 사람이다. 그는 마치 현미경 같은 신자이다. 현미경은 가까이 있는 작은 것을 크게 확대해서 본다. 즉 현미경 신자는 눈앞에 보이는 그것을 최고의 가치로 여기는 사람이다. 우리는 급욕 가문의 족보를 연구해 봄으로써 그들의 신앙의 결점과 결과를 관찰해 보자.

### (1) 급욕 가문의 최고 조상은 이삭의 아들 "에서"라고 할 수 있다

에서는 이삭의 장자이다. 장자권은 그에게 있었다. 어느 날 그는 사냥을 다녀와서 배가 심히 고팠다. 마침 동생 야곱이 팥으로 죽을 쑤었는데, 먹고 싶어 견딜 수가 없었다. 그는 야곱에게 그 팥죽을 달라고 했다. 동생 야곱은 차자(次子)여서 항상 형의 장자권을 자기가 차지 못한 아쉬움이 있었는데, 이 기회를 이용하기로 했다. 그래서 형의 장자권을 내게 양보한다면 내가 팥죽을 주겠노라고 말했다.

에서는 현재 배고파 죽겠는데, 나중에 받을 장자권이 무슨 소용이냐 생각하고, 동생에게 팥죽 한 그릇에 장자권을 팔아버렸다. 성경은 에서가 장자권을 판 일에 대하여 장자의 명분을 가볍게 여겼다고 기록하였다(창 25:29-43).

그는 후일 그 아버지가 장자에게 주는 축복을 받지 못했다. 그는 슬피 울며 동생을 원망하며 이를 갈았고, 다른 축복이라도 달라고 강청했으나 그 아버지는 줄 축복을 남겨놓지 않았다고 했다. 에서는 눈앞에 팥죽을 장차 받을 아버지의 유산과 축복보다 더 가치있게 여겼던 것이었다.

에서만 그런 것은 아니다. 오늘날 많은 신자들이 눈앞의 이익 때문에 믿음과 천국의 가치를 가볍게 여기며 천성 길에서 떠나는 것이다.

### (2) 급욕 가문의 두 번째 조상은 선지자 발람이다

그는 출애굽 당시에 하나님의 계시를 받을 만큼 인정받은 선지자였다. 이스라엘이 애굽을 나와 가나안에 들어가려고 모압 땅을 지나게 되었는데, 이를 겁낸 모압왕 발락이 선지자 발람을 청하여 이스라엘을 저주하도록 사주하려 했다. 하나님은 발람에게 나타나셔서 그가 이스라엘에 대하여 저주하는 것을 허락하시지 않고 오히려 축복을 하도록 계시하셨다.

그러나 발락이 준 보물이 탐난 발람은 그 보화를 얻고자 저주 외에 다른 방법으로 이스라엘에 재앙을 가져다줄 것을 계획했는데, 즉 우상을 섬기는 제사에 이스라엘을 초대하여 모압 우상을 섬기게 하고, 우상의 여(女)제사장들과 이스라엘 시므온 지파의 두령들이 성관계를 갖게 한 것이다. 이로 인하여 하나님의 진노가 이스라엘에 임하였는데, 시므온 지파가 멸절되다시피 했다(민 25:9). 결국 발람은 후일 이스라엘에 잡혀 처형당했는데, 그때 성경은 그를 일컬어 "술사(術士)"라고 기록하고 있다. 거룩한 선지자에서 사기꾼인 술사로 전락한 것이었다.

그는 거룩한 선지자 직을 이용하여 재산을 모으려다 멸망을 자초했다. 만약 그가 하나님의 명령대로 이스라엘 민족에게 축복만 했다면 그는 가나안 땅에서 기업을 얻었을 것임은 더 말할 필요도 없다(참고; 민수기 22장). 오늘날 많은 사람이 영광스런 성직을 받고 후에 변질되어 세상의 것을 구하다 발람처럼 망한 사람도 적지 않다.

### (3) 급욕 족보의 세 번째 조상은 아간이라는 사람이다(수 7:1)

그는 여리고성 전투를 할 때 모든 것을 바치라는 명령을 어기고 금, 은과 시날 산 아름다운 외투가 탐나서 가져다가 땅을 파고 숨겼다. 그로 인해 이스라엘은 하나님의 진노를 샀고, 아이성 전투에서 대패했다. 결국 그의 범죄 사실이 밝혀져 아간과 그의 온가족은 죽임을 당하게 된다. 그에게는 눈앞의 금, 은 덩어리가 가나안 땅에서 장차 받을 기업보다 크게 여겨졌던 것이다.

### (4) 급욕 족보의 네 번째 조상은 엘리사의 종 게하시다

아람 장군 나아만은 엘리사에게 문둥병을 고침받게 되었다. 이에 나아만은 엘리사에게 사례를 하려 했다. 그러나 엘리사는 사례를 거절했다. 그 이유는 이스라엘 하나님의 자비와 능력을 아람사람 대장군인 나아만에게 보여줌으로 그를 감동하게 하고, 하나님을 경외하게 하며, 이스라엘을 침공하지 못하도록 하려함이었다.

그러나 그의 종 게하시는 나아만이 가지고 온 예물이 심히 탐났다. 그래서 돌아가는 나아만을 찾아가서 치료비를 엘리사 몰래 받았다. 이를 안 엘리사는 게하시를 저주하게 된다. 나아만의 문둥병은 게하시에게 옮겨졌다(열왕기하 5장 참조). 오늘날 어떤 자들은 은사를 이용하여 재물을 취한다. 참으로 두려운 일이다.

### (5) 급욕 족보 다섯번째 조상은 우리가 너무나 잘 아는 가룟 유다이다

그는 참으로 인류 역사상 가장 영광스러운 한 사람이 될 뻔했다. 그는 십이 사도 중에 한 사람으로 발탁되었다. 그러나 그는 영광의 주님을 은 삼십에 대 제사장들에게 팔아버렸다. 그는 후에 양심가책으로 자살하여 죽는다. 그는 그가 받은 은 삼십 량 중, 한 푼도 못 써보고 죽었다(마 26:14-16).

오늘날도 재물의 유혹으로 인하여 불의를 저지르고, 믿음을 파는 사람들이 있다. 우리는 이들의 말로를 주의하여 보고, 눈앞에 보이는 현실에 미혹 받아서는 안 된다. 주님은 이런 사람들을 가시떨기에 떨어진 씨앗 같은 사람이라고 하셨다(마 13:22).

## 2. 인내란 사람은 천국의 기업과 상급을 기대하고 현재의 고난을 참고 이기는 사람을 말한다

이런 사람을 망원경 신자라고 할 수 있다. 그는 멀리 있는 천국을 눈앞으로 당겨서 현실처럼 생각하며 사는 사람이다. 그는 오늘에 살고 있으나 이미 천국에 사는 것 같은 확신을 가지고 살고 있고, 현재의 고난을 장차 올 영광으로 인하여 인내한다(롬 8:18). 성경에 제시된 인내 족보를 살펴보자.

### (1) 인내 족보의 첫 조상은 아브라함이다

그는 백 세에 난 아들을 바치라고 했을 때, 아무하고도 상의하지 않고 믿음으로 바치러 간 사람이다. 일찍이 하나님은 아브라함에게 하늘의 별과 같은 많은 자손을 이삭을 통하여 주시기로 약속했는데, 바치라는 당시에 이삭은 장가도 가지 않았다. 그러므로 남길 후손도 없었다. 그런데도 하나님은 이삭을 번제로 바치라고 명령하셨다. 아브라함은 이에 항의하지 않았다. 이삭을 바치라고 함에도 불구하고 아브라함은 하나님의 약속을 믿었고, 아들 이삭이 죽은 자 가운데서 다시 살아날 것을 믿었다. 그의 믿음은 독자 이삭으로 인하여 조금도 약하여지지 않았고(히 11:17), 그의 후손이 하늘의 별과 같이, 땅의 티끌과 같이 번창할 것을 믿었다.

### (2) 인내 족보의 두 번째 조상은 요셉이다

요셉은 어렸을 때, 이미 하나님으로부터 형제들의 주(主)가 되겠다는 계시를 받았다. 이로 인하여 그는 형들의 미움을 받아 이집트에 노예로 팔렸다. 그럼에도 그는 하나님의 약속, 곧 그가 왕이 되리라는 꿈의 계시를 믿었다. 그래서 그는 주어진 삶을 함부로 살지 않았고, 하나님의 계시가 이루어지길 기다렸다. 그 결과 그는 보디발의 집에서 매우 중요한 사람이 되었다. 그러다 또 보디발 아내의 유혹을 받게 되었는데, 그는 하나님의 약속을 생각하고 그녀의 유혹을 단호히 거절한다. 간음은 하나님이 싫어하는 행위였기 때문이다. 결국 보디발 아내의 모함으로 요셉은 감옥에 가게 되었지만 그의 믿음은 조금도 약해지지 않고, 인내하면서 방종하지 않았다. 결국 때가 되어 하나님의 약속을 따라 이집트의 총리가 되었고, 이스라엘의 구원자가 되었다.

### (3) 인내 족보의 세 번째 조상은 모세이다

그는 자기 백성과 고통을 함께 하고자 애굽 왕자의 자리를 버렸다. 그리고 많은 세월을 인내하여 이스라엘을 구원한 것이다. 성경은 모세에 대하여 평가하기를 "그리스도를 위하여 받는 능욕을 애굽의 모든 보화보다 더 큰 재물로 여겼으니 이는 상 주심을 바라봄이라"(히 11:26)라고 했다. 그는 정말 인내의 사람이었다. 그가 이스라엘을 인도하면서 보여준 인내는 사람으로는 할 수 없는 것이었다. 성경은 지면에 그처럼 온유한 사람이 없었다고 기록하고 있다(민 12:3). 아마 그가 인내하지 않았다면 이스라엘은 광야에서 완전히 멸절되었을 것이다.

그밖에도 히브리서 11장에는 믿음으로 인내한 위대한 신앙 선배들의 이름이 헌정되어 있다. 이 명예의 전당에 헌정된 이들은 심지어 약속은 받았지만 그 실제를 보지 못하고 인생이 끝난 사람들까지 있었다. 그러나 그들은 죽기까지 그 믿음을 지켜냈다. 기적을 보고 믿는 것도 중요하지만 기적을 보지 못하고 믿는 믿음은 더욱 위대한 것이다. 히브리서 기자는 차원 높은 신앙에 대해 말했다(히 11:36-40).

우리는 성경에서 스가랴, 이사야, 예레미야, 에스겔, 다니엘, 세례 요한, 사도 베드로, 바울이 어떻게 믿음으로 인내했는지를 살펴보고, 또 2000년 기독교 역사에서 인내로 승리한 교회시대 신앙의 위인들에게서 인내하는 신앙을 배워야 할 것이다.

|토의|

1. 급욕 신앙의 특징은 무엇입니까?

2. 인내 신앙의 특징을 말해 봅시다.

3. 가장 참된 신앙은 어떤 신앙입니까?(단 3:18)

## :: 제15계단 ::
# 마귀의 방해, 성령의 보호

　설명자는 기독도에게 네 번째 방을 보여주었는데, 그 방은 담장이 가운데 있고 담 가운데 모닥불이 타고 있었다. 모닥불이 잘 타고 있을 때 벽 왼편에 있던 마귀가 물을 끼얹었다. 그럼에도 불이 잘 탔는데, 왜냐하면 오른쪽에 있던 사람이 아무도 모르게 계속 기름을 붓고 있었기 때문이다. 설명자는 이것을 신자의 마음에 작용하는 마귀의 역사와 그것을 회복시키는 주님의 은혜 역사를 보여주는 것이라고 말해 주었다.

신자가 연약함에도 불구하고 어떻게 믿음이 유지되는가?

신자가 꼭 알고 있어야 할 네 번째 상식은, 신자를 공격하는 마귀의 시도로부터 하나님이 어떻게 신자를 보호하셔서 그 믿음을 유지시키는가이다. 그 일은 성령께서 수행하시는데, 우리가 성령의 역사를 안다면 하나님의 큰 은혜를 더욱 의지하고 찬양하게 될 것이다.

네 번째 방은 사람의 마음이다. 왼쪽에 있는 존재는 마귀인데, 그놈은 할 수만 있으면 신자의 믿음의 불을 꺼버리기 위해서 어떻게든 방해를 시도한다. 오른 쪽에 계신 분은 예수 그리스도이신데, 신자 안에 있는 믿음의 불이 꺼지지 않도록 성령을 계속적으로 보내신다.

마귀는 최초에 아담을 유혹하여 불신앙에 빠지게 했던 그놈과 그 졸개들이다. 그놈들은 지금까지도 쉬지 않고 계속해서 하나님 자녀를 공격하고 있다. 그래서 베드로 사도는 "근신하라 깨어라. 너희 대적 마귀가 우는 사자같이 두루 다니며 삼킬 자를 찾나니"(벧전 5:8)라고 마귀가 신자를 타락시키기 위하여 공격하고 있으니, 경계심을 가지라고 권면한다.

마귀의 계속되는 공격에도 불구하고 신자가 다시 타락하여 믿음을 떠나는 일이 없는 것은 주님이 계속적으로 성령을 보내셔서, 신자의 믿음이 식지 않도록 도와주시기 때문이다.

우리의 구원은 안전한가? 신자에게 구원은 확실히 보장되어 있는가? 한 번 구원받으면 그 효력이 영원한가? 이것은 우리 신앙에서 매우 중요한 문제이다.

만약 신자가 천국 길을 가다가 천국 문 앞에서라도 쓰러지거나, 돌아섬으로 천국에 들어가지 못했다면 그것은 진정한 구원이라고 할 수 없다.

진정한 구원은 신자가 천국에 완전히 들어가는 것을 말한다. 사도 바울은 "주께서 나를 모든 악한 일에서 건져내시고, 또 그의 천국에 들어가도록 구원하시리니"(딤후 4:18)라고 천국이 신자의 최종 종착지임을 분명하게 말하고 있다. 한 번 회개하고 신자가 된 사람은 그 구원이 영원한 효력을 갖게 된다.

한 번 구원받으면 그 구원이 영원히 보장되는 이유는 무엇 때문인가?

## 1. 우리가 구원받는 것은 성부의 뜻이기 때문이다

로마서는 하나님을 사랑하는 자는 이미 그의 뜻대로 부르심을 입은 자라고 선언한다. 그렇기에 우리가 구원을 받는 것은 하나님의 계획(뜻)이다(롬 8:28).

하나님이 계획한 모든 것은 틀림없이 이루어진다. 어떤 계획이 변경되거나 이루어지지 못하는 것은 계획한 당사자가 이룰 능력이 부족할 때이다. 하나님은 전지전능하시기 때문에 그의 계획을 변경해야 할 필요가 없으시다.

혹자는 이렇게 말하기도 한다. 우리 인간은 자유의지가 있으므로 하나님의 뜻을 저항할 수 있다는 것이다. 맞는 말이다. 우리에게 자유의지가 있다는 말은 결코 틀린 말은 아니다. 그러나 우리의 대항이 아무리 강력하고, 지능적이라 하더라도 하나님의 능력과 지혜를 이겨낼 수는 없다. 마치 어린이가 자유의지가 있지만 그 부모의 결정적 주장을 꺾을 수 없는 것과 같은 것이다. 만약 우리가 하나님의 은총을 거역할 수 있다면, 어떤 면에서 우리가 하나님과 겨루어 이길 수 있고, 하나님보다 유능하다고 할 수 있는데, 그럴 수는 없다. 사도 바울은 택한 그릇이었으나 주님을 대항했다. 그러나 바울의 완악한 의도와 상관없이 주님은 바울을 회심시켰다(행 9:1-20).

하나님(聖父)은 우리 구원을 계획하실 뿐 아니라, 그것이 틀림없이 이루어지도록 섭리하신다. 섭리(攝理)란 세상을 감독하고, 관리하신다는 말이다. 당신은 하나님이 오늘도 당신 인생을 섭리하고 계신다는 사실을 믿는가? 참새 한 마리의 운명과 머리털 한 가닥의 존재를 섭리하시는 하나님이 자기의 구원 계획에 있는 자녀인 신자를 섭리하지 않으실 리가 없다(눅 12:6). 하나님이 섭리하시면 그분의 계획은 틀림없이 이루어진다.

2. 그리스도가 우리를 위하여 십자가에서 속가를 이미 치르셨고, 승천하셔서 하나님의 지성소에서 우리 구원을 위하여 기도하고 계시기 때문이다

로마서 8:34절은 "누가 정죄하리요 죽으실 뿐 아니라, 다시 살아나신 이는 그리스도 예수시니 그는 하나님 우편에 계신 자요. 우리를 위하여 간구하시는 자시니라"라고 진술한다.

예수 그리스도, 곧 성자 하나님은 나를 위하여 십자가에서 이미 속죄를 완성하셨다. 만약 내가 구원을 받지 못한다면 예수 그리스도는 헛되이 십자가에 못 박히신 것이다. 그는 나를 위하여 두 번 세 번 못 박히시지 않는다. 단번에 못 박히셔서 내 일생의 모든 죄를 담당하신 것이다. 결코 어떤 죄는 빼놓고 십자가를 지신 것이 아니다.

역설적으로 내가 구원을 받지 못한다면 주님은 십자가에서 내려오셔야 한다. 왜냐하면 그가 나를 위하여 십자가에 못 박혔는데, 내게 아무 도움이 되지 못했다면 그의 희생은 헛것이 아닌가? 주님이 십자가에서 내려오는 일이 가능한 일인가?

또 성자 자신이 피를 흘려가면서 하신 고난이 헛일이 되었다면 우리가 믿을 만한 하나님이신가? 주님이 나를 위하여 하신 희생이 헛되지 않으려면 차라리 나를 끝까지 구원하시는 것이 훨씬 쉬울 것이다.

또 나를 위해 속가를 내신 주님은 하늘 지성소에 들어가서서 나를 위하여 항상 기도하시고 계신다. 다른 기도가 아니다. 우리가 여러 가지 시험을 당하기에 이기고, 우리 구원이 완성되도록 구하시는 것이다.

주님은 세상에 계실 때, 누구든지 주님의 이름으로 무엇이든지 구하면 이루리라고 하셨다(마 18:19). 우리의 기도가 효과가 있다면 주님이 하시는 우리를 위한 기도는 얼마나 더 효과가 있겠는가? 그러므로 우리의 구원은 틀림없이 이루어지는 것이다.

## 3. 성령님이 믿게 하시고, 우리 안에 내주하시며, 동행하여 주시기 때문이다

바울 사도는 하나님의 자녀는 하나님의 영의 인도함을 받는다(롬 8:14)고 선언했다. 하나님의 성령이 우리를 인도하는데, 어떤 존재가 감히 전능하신 성령의 손에서 우리를 빼앗아갈 수 있겠는가? 더군다나 하나님은 우리를 지키시되 졸지도 주무시지도 않는다(시 121:4).

어떤 사람들이 성도를 겁나게 하며, 마치 마귀가 우리를 공격하여 구원에서 떨어뜨릴 수 있는 것처럼 말하지만, 만약 마귀가 신자를 하나님의 손에서 빼앗았다면 마귀가 하나님보다 더 큰 능력이 있는 것 아닌가? 그럴 수는 없는 것이다.

성령이 우리를 인도하실 뿐만 아니라, 또 우리를 위해 기도하심으로 우리 구원을 완성하신다. "이와 같이 성령도 우리 연약함을 도우시나니 우리가 마땅히 빌 바를 알지 못하나, 오직 성령이 말할 수 없는 탄식으로 우리를 위하여 친히 간구하시느니라"(롬 8:26,27)라고 하지 않았는가? 성령님의 기도 효력이야 다시 말해 무엇하랴!(롬 8:27)

그렇기에 그리스도 예수 안에서 구원받은 자는 다시 정죄함도 없고(롬 8:1), 하나님의 은혜의 줄에서 끊어지는 일도 없다. 로마서 8:37-39은 "누가 우리를 그리스도의 사랑에서 끊으리요 환난이나 곤고나 핍박이나 기근이나 적신이나 위험이나 칼이랴"라고 선언하고 있지 않는가?

바울 사도는 오히려 확신에 차 찬양한다. "이 모든 일에 우리를 사랑하시는 이로 말미암아 우리가 넉넉히 이기느니라. 내가 확신하노니 사망이나 생명이나 천사들이나 권세자들이나 현재 일이나 장래 일이나 능력이나 높음이나 깊음이나 다른 아무 피조물이라도 우리를 우리 주 그리스도 예수 안에 있는 하나님의 사랑에서 끊을 수 없으리라."

사도 바울이 선언한 이 말씀에는 신자 자신의 부족을 포함한 인간 방해꾼, 정사와 권세 잡은 자, 그리고 천상의 존재(천사, 마귀)도 우리를 구하고자 하시는 하나님의 은혜로운 구원을 방해할 수 없다는 것이다.

물론 우리 신자들은 연약하기 그지없는 존재이다. 그러기에 우리 구원은 항상 위태함 가운데 있게 되나 우리를 구원하시는 하나님은 무한한 능력을 가지고 계시기에 능히 우리를 도우실 수 있으시며, 또한 틀림없이 구원하신다.

## 엄마 손 꼭 잡아라. 놓치면 고아 된다

예를 들어보자. 우리가 사람 많은 놀이공원에 우리 아이를 데리고 갈 때, 아이에게 몇 번씩 강조하여 주의를 준다.

"엄마 손을 꼭 잡아라, 놓치면 큰일 난다."고. 그러나 손잡는 일을 아이에게만 맡긴다면 아이를 유혹하는 많은 놀이기구들로 인하여 아이는 곧 엄마 손을 놓아버리고 미아가 될 것이다.

엄마가 말은 그렇게 했지만 실상 엄마가 아이 손을 더 꼭 잡고 아이를 더 찾는다. 아이가 엄마 손을 뿌리쳤을 때 엄마는 손을 놓지만 아이에게 언제라도 급히 접근할 수 있는 거리에 있고 엄마의 눈은 열심히 아이를 쫓는 것이다.

우리 하나님께서 우리에게 노력하라, 깨어 있으라고, 많은 당부를 하시지만(막 13:33), 실상은 하나님이 더 우리를 찾으시고, 우리 손을 더 꼭 잡고 계시는 것이다. 그는 우리 육신의 부모보다 더 우리를 사랑하시기에 결코 고아와 같이 버려두시지 않는다(요 14:18).

어린이들 찬송에 "나는 구원 열차 올라타고서 하늘나라 가지요. 죄악역 벗어나 달려가다가 다시 내리지 않죠."라고 노래한다. 왜냐하면 우리 주님이 열차의 차장이시기 때문이다. 자기 피를 흘려 내 천국 표를 사주셨는데 천국행 열차에서 내리라고 하거나 잃어버릴 까닭이 어디 있겠는가 .

이것이 바로 우리 하나님의 은혜 중의 은혜로운 구원이다. 할렐루야!

| 토의 |

1. 우리 구원에 있어서 성부의 역할은 무엇입니까?

2. 우리 구원에 있어서 성자의 역할은 무엇입니까?

3. 우리 구원에 있어서 성령의 역할을 말해 봅시다.

4. 당신은 당신의 구원이 변치 않는다는 확신이 있습니까?

:: 제16계단 ::

# 선한 싸움을 싸우라

　기독도는 큰 마당으로 인도되었는데, 많은 사람들이 무장하고 대기하고 있었다. 맞은편에 있는 황금성 위에 흰옷 입은 사람들이 무장하고 대기해 있는 사람들을 부르고 있었다. 그러자 그 무장한 사람들 중 한 사람이 접수하고 있는 사람에게 가서 자기 이름을 등록하고, 마당으로 나가 성문을 향하여 돌격하자, 성을 지키고 있던 적들이 나와 들어가지 못하게 칼과 창으로 막았다. 이윽고 무서운 싸움이 벌어졌는데, 용사는

많은 상처에도 불구하고 적들을 물리치고 성 안으로 들어갔다. 그러자 황금 성 위에서 각종 악기와 환영의 노래 소리가 들려왔다. "잘 보셨지요? 천국은 침노(노력)하는 자가 빼앗는 것입니다."라고 말해 주었다.

### 천국은 침노하는 자가 빼앗는다

신자가 꼭 알아야 할 다섯 번째는 하나님의 보장에도 불구하고 신자 자신이 싸워야 할 영적 싸움이 있다는 것이다(빌 1:30). 거듭나고 의롭다 여김을 받은 신자는 이제 성화(聖化)의 싸움을 싸워야 한다. 즉 중생되기 이전에 가졌던 나쁜 영적 습관을 끊어 버리고 여러 핍박들을 이기며 그리스도의 장성한 분량까지 신앙이 자라가야 하는 것이다.

성화란 중생을 통하여 영적 갓난아이로 태어난 신자가 영적 어른으로 성장하기 위하여 세상에서 주어지는 각종 유혹과 고난을 이기고 장성해 가는 것을 말한다. 이 싸움은 전 생애에 걸쳐서 이루어지는 것이다. 성도는 인생 중에 주어진 시험들을 이김으로 최종 승리를 얻을 것이다. 성화의 싸움은 신자가 이 세상을 떠남으로 완성된다.

성화 과정에서 싸움은 영혼 구원과는 달리 자기의 노력이 필요하다. 그리고 그 결과에 따라 상이 주어진다. 주님은 우리에게 구원을 값없이 주셨지만 성화의 노력은 우리가 하기를 원하셨다. 이는 마치 애굽에서 구원받은 이스라엘 백성이 광야에서 각종 시험으로 연단되고 견고한 믿음으로 자란 후에 가나안 땅에 들어가는 것과 같다.

### 1. 싸움의 목적

신자의 신앙생활은 전쟁과 같다. 전쟁에서 이기면 기업을 얻고, 지면 기업을 잃고 적의 포로가 된다. 사단은 제 때가 얼마 남지 않은 줄 알고 우리의 믿음을 여러 방향에서 공격한다. 사탄의 방해를 받는 세상에서 천국의 영광을 얻기 위해 우리는 싸워야 한다. 이미 구원은 받았으나 마치 싸워서 빼앗아야 하는 것처럼(빌 3:12-14), 그래서 주님은 "세례 요한의 때부터 지금까지 천국은 침노를 당하나니 침노하는 자는 빼앗느니라"(마 11:12)라고 하셨다.

## 2. 싸움의 권면

성경은 여러 곳에서 우리 신자들에게 분투할 것을 권면한다. 사도바울은 "믿음의 선한 싸움을 싸우라. 영생을 취하라. 이를 위하여 네가 부르심을 입었고, 많은 증인 앞에서 선한 증거를 증거하였도다"(딤전 6:12)라고 하셨다. 히브리서 기자도 "너희가 죄와 싸우되 아직 피 흘리기까지는 대항치 아니하고"(히 12:4)라고 하셨다. 우리는 이 싸움을 통하여 선한 증거를 세상에 보이고, 또한 하나님께 영광을 돌리게 된다.

## 3. 영적 싸움에는 적이 있다. 신자의 적은 누구인가?

첫째, 마귀이다. 마귀는 우리의 최대의 적이다. 그것들은 때로 성도에게 견딜 수 없는 시련을 주고, 때로 달콤한 유혹으로 성도를 빗나가게 만들어 신자가 타락하도록 각종 원인을 제공한다. 그는 요셉과 욥을 고난 가운데 빠뜨리고 요셉과 다윗을 유혹하기도 했다. 둘째, 마귀의 사주를 받은 가족, 이웃과 친지, 사회제도, 세상 문화, 학문, 정권이다. 놈들은 천의 얼굴을 가지고 있어서 쉽게 발견할 수 없고 큰 권세를 앞세우고 있어서 쉽게 싸울 수도 없다(엡 6:11,12). 셋째, 신자 자신이다. 이는 가장 발견하기 힘든데, 마귀는 신자들의 탐심과 육신의 정욕과 이생의 자랑을 부추겨 잘못된 길을 선택하게 한다. 그러므로 깨어 있지 않은 자는 자신이 마귀의 유혹에 빠지는지도 모른다.

넷째, 이단들이다. 그것들은 성도들을 생각하는 양 광명한 천사와 양의 탈을 쓰고 접근하여 영적 생명을 노린다. 그들은 입으로는 하나님의 종이라고 우기나 실상은 마귀의 종들이다.

## 4. 전투 방법

이 싸움의 방법은 우리의 최종 목표인 천국을 얻기 위하여 천국보다 더 가치 없는 모든 일을 과감히 끊어버릴 줄 알아야 한다. 좋아하는 것과 싫어하는 것을 절제(조정)할 수 있다면 마귀의 여러 공격으로부터 승리할 수 있을 것이다(고전 9:25-27).

어떤 사람은 좋아하는 것을 지나치게 좋아하여 마귀의 미혹에 빠지고, 어떤 사람은 싫어하는 것을 지나치게 싫어하므로 올무에 빠진다. 그리고 고난을 인내할 줄 알아야 한다. 우리의 전투는 며칠 혹은 몇 달 혹은 몇 년 하는 것이 아니라 우리 전 생애에 걸친 것이어서 인내 없이는 곧 무너질 것이다.

### (1) 마귀의 공격 첫째 방법은 유혹이다

마귀는 사람의 각양 탐심을 부추겨 범죄하게 한다 유혹을 이기는 최상의 방법은 범죄의 환경으로부터 떠나는 것이다. 즉 범죄 가능성 있는 그 장소를 피해야 한다는 것이다(시 1:1).

### 범죄는 하나님의 뜻이 아니다

요셉은 보디발의 아내에게 유혹을 받았을 때 그 범죄 환경에서 도피하여 범죄를 막을 수 있었다. 그러나 다윗은 멀리서 목욕하고 있는 우리아의 아내를 일부러 왕궁으로 불렀고 부정한 기간이었음에도 불구하고 왕궁에 머물러 두었다. 그리하여 결국 범죄에 이른 것이다.

요셉과 다윗 두 사람의 행동은 정반대였다. 그러므로 유혹을 이기는 길은 범죄의 환경이 조성된 장소를 피하는 것이다. 바울 사도는 범죄에 연약했던 고린도 교인들에게 "사람이 감당할 시험 밖에는 너희에게 당한 것이 없나니 오직 하나님은 미쁘사(신실하사) 너희가 감당치 못할 시험 당함을 허락지 아니하시고, 시험 당할 즈음에 또한 피할 길을 내사 너희로 능히 감당하게 하시느니라"(고전 10:13 )라고 범죄 환경을 피하라고 하셨다.

당시에 고린도에는 길드제도(조합)로 인해 음란한 제사가 많았다. 신자들도 생업에 종사해야 하므로 어쩔 수 없이 그런 장소에 가게 되어 그들의 요구를 거절하지 못하고 범죄한 사람들이 있었는데, 이들은 내가 이런 환경에 처하게 된 것이 하나님께서 허락한 것이 아닌가 하고 자신의 범죄를 정당화했던 것이다. 이성적 유혹, 물질의 탐욕, 혈기의 발산 등은 그 장소를 피함으로 능히 해결할 수 있는 것이다.

### (2) 마귀가 신자를 공격하는 두 번째 방법은 육체에 고난을 주는 것이다

요셉과 욥, 다윗 그리고 신앙의 종들을 고난 가운데 빠뜨려 배교하게 만드는 것이다. 우리가 알아야 할 것은 고난은 유혹과 달라서 먼저 하나님의 뜻도 있다. 마귀가 맘대로 신자에게 고통을 줄 수는 없다. 욥의 예에서 보듯이 마귀가 욥에 대하여 시험을 할 때에 먼저 하나님의 허락을 받았고, 하나님은 시험할 수 있는 범위를 결정해 주셨다. 즉 첫 번째 시험에서 소유는 치되 몸을 쳐서는 안 된다 하셨고, 두 번째 시험에서는 몸을 칠 수는 있으되 생명을 건드려서는 안 된다고 한정하셨다(욥기 1,2장).

마귀가 주는 고난의 시험은 실상 하나님의 뜻으로부터 오는 것이다. 시험은 마귀가 하지만 하나님은 그 고난을 사용하여 신자를 성숙시키고, 죄로부터 분리되게 하시며, 또한 상 주시려는 것이다.

그러므로 신자는 고난을 당할 때에 온전히 기쁘게 여겨야 한다. 야고보 사도는 신자들에게 "내 형제들아 너희가 여러 가지 시험을 만나거든 온전히 기쁘게 여기라. 이는 너희 믿음의 시련이 인내를 만들어 내는 줄 너희가 앎이라. 인내를 온전히 이루라. 이는 너희로 온전하고 구비하여, 조금도 부족함이 없게 하려 함이라"(약 1:2-4)라고 권한다. 베드로 사도 역시 "사환들아 범사에 두려워함으로 주인들에게 순복하되 선하고 관용하는 자들에게만 아니라 또한 까다로운 자들에게도 그리하라. 애매히 고난을 받아도 하나님을 생각함으로 슬픔을 참으면 이는 아름다우나"(벧전 2:18,19)라고 하시며 신자가 고난을 피하려 하지 말고 적극적으로 극복할 것을 권하고 있다.

### 5. 승리자의 영광

우리는 여기서 주의해야 할 것이 있다. 천국은 침노하는 자가 얻는다고 했기 때문에 천국이 우리 노력으로 얻어진다거나 또는 하나님과 신자가 반반씩 힘쓴 결과가 아니라는 것이다. 천국은 순전히 하나님의 은혜로 주어지는 것이지 인간이 어느 정도 힘을 쓴 결과가 아니다. 신앙생활에는 많은 방해가 있는데, 하나님은 우리에게 이것들을 이겨내라고 하신다. 하나님은 우리 구원을 위하여 모든 것을 주장하고 계시지만 우리에게도 결심을 촉구하시는 것이다.

그리고 우리가 이겨낼 수 있도록 힘을 공급하신다. 다만 우리의 결단과 보잘것없는 노력에도 하나님은 감동하시며, 칭찬과 상을 주신다. 마치 구원이 우리 결심으로 이루어지는 것처럼 여겨주신다. 하나님 편에서는 별로 큰 일이 아니지만 우리는 죽을힘을 다해야 이길 수 있기에 "천국은 침노하는 자가 얻는다"고 하신 것이다. 어찌 됐건 승리자에게는 상이 주어진다. 성경에는 우리가 승리했을 때 얻는 상에 관한 약속이 가득하다. "네가 죽도록 충성하라. 그리하면 내가 생명의 면류관을 네게 주리라"(계 2:10).

고난에 관한 문제는 뒤에 좀 더 자세히 살펴보도록 하겠다. 다만 여기서 마귀가 신자를 공격하는 방법은 유혹과 고난이 있는데, 유혹은 장소를 피하므로 승리할 수 있고, 고난은 기쁘게 여기고, 하나님의 도움을 기도하며, 적극적으로 문제에 직면할 때 능히 극복할 수 있다는 것이다. 우리가 이런 문제를 해결하지 못한다면 천국 가는 길은 험난한 길로 변하게 될 것이다.

## 어떤 놈이야!

한 신자 청년이 군대에 갔는데, 훈련소에서 주일을 맞게 되었다. 주일 아침에 부대에 있는 교회에 갔으면 하는데, 집합 명령이 떨어졌다. 전 중대원이 모였을 때 체구가 크고 험상궂게 생긴 선임하사가 몽둥이를 들고 단 위에 올라왔다. 선임하사는 중대원을 향하여 소리 높여 외쳤다.

"오늘은 일요일인데, 너희 중에 분명 기독교인이 있을 것이다. 교회 가기를 원하는 병사가 있을텐데, 오늘 부대에 사역이 많으니 아무도 보내지 않겠다. 누구든지 교회를 가겠다고 하면 이 몽둥이가 용서하지 않을 것이다. 매를 맞고도 가겠다는 사람이 있나?" 하고 물었다. 중대원은 워낙 무섭게 생긴 선임하사인지라 아무도 나서지 못했다. 그러자 선임하사는 "없는 것으로 알고 해산한다. 해산!" 하고 명령을 했다. 그때 "저요!" 하고 한 병사가 소리쳤다. "어떤 놈이야?" 선임하사는 그 병사를 노려봤다.

"저는 교회를 가야 합니다." 하고 소리쳤다.

"뭐, 이자식이? 앞으로 나와!" 하고 선임하사는 명령했다. 그러자 병사는 앞으로 뛰어 나왔다.

"엎드려! 내가 미리 말했잖아, 교회 가겠다면 몽둥이로 치겠다고." 선임하사는 병사의 엉덩이를 사정없이 몇 차례 내려쳤다. 병사는 옆으로 넘어졌다. "봤지, 또 가겠다는 놈 있나?" 씩씩거리며 중대원을 둘러봤다. 병사들 중에 기독교인들이 적지 않았다. 그 중에 몇몇 병사가 자신이 비겁자라고 생각되었고 하나님 앞에 부끄러워 열 두어 명이 손을 들었다.

"이놈의 새끼들 봐라, 앞으로 나와!" 하고, 선임하사는 화를 내며 소리쳤다. 병사들은 앞으로 나와서 줄을 섰다.

"엎드려, 이놈들아!" 하고 명령하자 병사들은 일제히 엎드렸다. 선임하사는 중대원을 향하여 "더 없는가?" 하고 물었다. 아무 대답이 없었다. 그러자 선임하사는 몽둥이를 내려놓고 맨 먼저 교회에 가겠다는 병사 앞으로 갔다. 그리고 일어나라고 했다. 선임하사는 그 병사에게 악수를 청하고, "네가 진정한 기독교인이다. 미안하다. 많은 병사들이 사역을 안 하려고 일요일이면 교회를 가서 설교시간에 자고 있어서 진짜와 가짜를 구별하려고 이렇게 했으니 이해해라. 앞으로 일요일에 귀관이 기독교 반장이 되어서 이 사람들을 인솔하여 교회로 가라." 그리고 엎드려 있는 병사들을 향하여 일어나 함께 교회로 가라고 지시했다. 그들은 승리자의 심정으로 기뻐하며 교회로 갔다. 그러나 중대원 중에는 상당히 많은 교인들이 남아 있었다. 그들은 "나도 나갈 걸" 하며 애석해했다. 비겁자들이었다.

진정한 신자는 어떤 고통스런 환경 앞에서도 그 신앙고백이 달라지지 말아야 한다. 남은 자들은 천국을 침노하지 않았다.

| 토의 |

1. 신자의 영적 싸움은 어떤 것이 있습니까?

2. 신자의 적은 무엇인지 그 특징을 말해 봅시다.

3. 유혹과 시련을 이길 방법은 무엇입니까?

4. 천국은 침노하는 자가 얻는다는 정확한 뜻은 무엇입니까? 우리 노력이 우리 구원을 결정한다는 말일까요?

:: **제17계단** ::

# 타락자

　설명자는 기독도를 다섯 번째 방으로 데리고 들어갔다. 거기에는 한 사내가 무거운 쇠사슬에 묶여 창살 안에 갇혀 있었다. "이 사람은 누굽니까?" 하고 기독도가 묻자 "이 사람은 타락자입니다. 깨어 근신하기를 그쳤기 때문에 붙잡혀 감옥에서 형벌을 치르고 있답니다."라고 설명자가 대답했다.

　"이 사람은 구원 받을 수 없을까요?"라고 묻자, 감옥 속에 있는 사람이 "나는 성령을 부정하고 은혜의 피를 부정한 것으로 여겼기에 다시 새롭게 할 수 있는 것이 없고 오직 무서운 심판만 남았습니다."라고 떨며 대답했다.

### 우리의 구원이 변치 않는다면 방종해도 괜찮지 않을까?

다섯 번째 방은 인간을 신앙으로부터 멀어지게 만드는 각양 유혹과 그 결과가 어떤 것인가를 말해주고 있다. 세상 정욕들은 우리가 세상을 살아가면서 항상 접하기 쉽고 때로는 사회생활을 하면서 불가피하게 접하게 된다. 성도가 깨어 근신하지 않는다면 이러한 정욕에 자신을 맡기고 불의를 저지르게 된다. 타락자라는 사람은 구원받았다고 말하면서 죄에 대한 두려움이 없는 사람이다.

사람이 죄를 짓게 되면 그는 영적으로 연약해지고 영혼은 병이든다. 그런데도 무시하고 회개하지 않으면 차차 죄에 대한 감각이 마비되어 마귀가 이끄는 대로 정욕에 몸을 맡기게 되고 마귀에게 순종하여 죄의 종이 된다.

타락자는 그리스도의 피 흘림을 무시하고, 하나님이 그를 구원한 목적에 관심이 없는 사람이다. 비록 그에게 자유의지가 있지만 그 자유의지는 언제나 악을 선택하게 된다. 그러므로 그는 구원에 이르지 못하고 버려지는 것이다.

### 1. 타락자의 죄는 이제 신앙생활을 하기 이전보다 더욱 커졌다

#### (1) 그는 하나님의 은혜를 멸시하였기 때문이다

하나님은 그에게 자비를 베푸셨다. 그를 위하여 자신의 아들을 십자가에 내어 주셨고, 성령을 보내셔서 그를 깨닫게 하시고, 주의 자녀로 초청하셨다. 그는 하나님의 큰 사랑을 알고, 하나님의 자녀가 될 것을 결심하였다. 그러나 얼마 후 그는 세상의 것을 더욱 귀히 여기게 되었다. 그러므로 이러한 정욕에 잡힌 자들을 향하여 하나님은 무섭게 경고한다. "혹 네가 하나님의 인자하심이 너를 인도하여 회개케 하심을 알지 못하여, 그의 인자하심과 용납하심과 길이 참으심의 풍성함을 멸시하느뇨"(롬 2:4).

### (2) 타락자는 주님의 공의를 무시했다

하나님은 사랑의 하나님인 동시에 공의의 하나님이시다. 공의란 죄를 심판하시는 기능이다. 하나님이 예수 그리스도를 십자가에 못 박히게 하신 것은 인간의 죄에 대한 하나님의 공의를 시행하신 것이다. 그렇다면 신자는 마땅히 죄를 미워하고 범죄하지 말아야 한다.

신자가 되었으면 죄에 대한 욕망이 죽고, 의에 대한 욕구가 살아나야 진실로 거듭난 자이다(롬 6:6). 결국 타락자는 하나님의 공의를 무시하고, 하나님의 사랑과 구원의 보장을 죄를 짓는 안전판으로 이용했던 것이다.

### (3) 타락자는 주님의 피 흘림을 무시했다

재론할 필요 없이 예수님께서 피 흘리신 것은 우리의 죄 문제를 해결하시기 위해서였다. 그런데 우리가 다시 죄를 더 좋아한다면 주님의 피 흘림이 무슨 의미가 있겠는가? 그의 피 흘림의 고통을 아무 감동 없이 받아들이고 있는 것 아닌가? 그러므로 히브리서 기자는 "하물며 하나님 아들을 밟고 자기를 거룩하게 한 언약의 피를 부정한 것으로 여겼다"(히 10:29)고 타락자들의 죄를 지적하였다. 거룩과 죄악은 함께하지 못한다.

### (4) 타락자는 은혜의 성령을 욕되게 하였다

성자 예수님은 첫째 보혜사이다. 보혜사란 은혜를 보전하는 분이란 뜻이다. 하나님의 은혜를 이루기 위하여 예수께서 십자가에 못 박히셔서 구원의 길을 예비하셨다. 예수께서 성령님을 자신이 성도를 위하여 보내신 다른 보혜사라고 말씀하셨다(요 14:16). 성령님은 우리를 믿게 하실 뿐만 아니라 성화되게 하신다. 그러므로 믿음을 떠나 죄악을 행하는 것은 주님을 배반할 뿐만 아니라, 또한 성령님의 고귀한 성화 사역을 헛것으로 만드는 것이다. 그래서 히브리서 기자는 "은혜의 성령을 욕되게 하는 자의 당연히 받을 형벌이 얼마나 더

중하겠느냐, 너희는 생각하라"(히 10:29)고 하신 것이다.

### 2. 그렇기에 타락자는 다시 새롭게 될 수 없다

우리는 사람이 무슨 죄를 짓더라도 회개하면 용서받게 되는 것을 믿는다. 일흔 번씩 일곱 번이라도 용서 비는 자를 용서하라고 하신 주님이 회개하는 자를 물리치실 리 없다. 여기서 말하는 것은 회개하는 자가 그 회개에 진정성이 있느냐를 말하는 것이다.

타락자는 하나님의 은혜를 말하면서 간교하게도 그 은혜를 오히려 죄를 짓는 도구로 이용하고 있다. 그래서 그는 다시 새롭게 할 수 없는 것이다. 히브리서 기자는 "우리가 진리를 아는 지식을 받은 후 짐짓 죄를 범한 즉 다시 속죄하는 제사가 없고 오직 무서운 마음으로 심판을 기다리는 것과 대적하는 자를 소멸할 맹렬한 불만 있으리라"(히 10:26,27)라고 경고하신 것이다. 사람에게는 용서받지 못할 죄가 두 가지 있다. 그것은 성령훼방죄와 고범죄이다.

### (1) 성령훼방죄는 성령의 은혜로운 역사를 끝까지 거부하는 죄이다

주님은 세상에 계실 때 유대인들에게 여러 이적과 기사를 보이셨다. 그 목적은 그들에게 이적과 기사를 보이심으로써 지금 그들 앞에 계신 분이 하나님이 약속하신 그리스도이며 그들의 구원자라는 것을 깨닫게 하기 위해서이다.

물론 이러한 기적은 예수님의 요구에 의해 성령께서 행하신 것이다. 그러나 기적을 본 유대인들 중 일부는 예수님의 기적을 마귀의 역사라고 폄하해버리고 만다. 그래서 주님은 그들에게 "내가 너희에게 이르노니 사람의 모든 죄와 훼방은 사하심을 얻되 성령을 훼방하는 것은 사하심을 얻지 못한다"(마 12:31)라고 하신 것이다. 오늘날의 성령은 우리로 예수를 믿으라고 감동하시고 또 동시에 성결한 삶을 살도록 권면하시며 그렇게 살 수 있는 능력을 주신다. 그럼에도 불구하고 무시하고 죄를 강행하면 그것은 성령을 거스르는 죄가 된다.

## (2) 용서받지 못할 두 번째 죄는 고범죄이다

고범죄(故犯罪)란 사람이 계획적으로 지은 죄, 즉 고의로 지은 죄를 말한다. 아무리 선을 추구하는 신자라 할지라도 세상을 살다 보면 많은 죄를 범하게 되는 것도 사실이다. 그러나 그런 죄는 우발적이고 아직 장성하지 못했으므로 범한 것이다. 그러므로 고범죄는 아니다.

고범죄란 계획을 세우고 의도를 가지고 지은 죄를 말한다. 고범죄는 죄의 크고 작은 것의 문제가 아니라 범죄의 의도가 있었느냐 없었느냐, 즉 의도성의 문제이다. 아무리 작은 범죄라도 고의성이 있는 계획적 범죄라면 그것은 고범죄이다. 고범죄는 용서받을 수 없는 범죄이기에 다윗은 기도했다. "또 주의 종으로 고범 죄를 짓지 말게 하사, 그 죄가 나를 주장치 못하게 하소서. 그리하시면 내가 정직하여 큰 죄과에서 벗어나겠나이다"(시 19:13)

좀 더 이 문제를 논하자면 신자가 성령훼방죄와 고범죄를 질 수 있는가 하는 점이다. 결론적으로 진실로 거듭난 신자라면 성령훼방죄와 고범죄는 질 수 없다.

그렇다면 신자는 범죄하지 않는가? 아니다. 우리 자신이 경험하고 있지만 무수히 범죄하고 산다. 다만 그것은 약해서 지은 죄이지, 고의가 아니다. 그것을 어떻게 알 수 있는가? 솔직히 고범죄와 약해서 지은 죄의 구별은 쉽지 않다. 우리는 모르고 지은 죄나 우발적으로 지은 죄보다는 알고 지은 죄가 더 많기 때문이다. 그렇기에 구분이 쉽지 않지만 범죄의 결과를 살펴보면 구별이 확실하다. 그 예를 사울 왕과 다윗 왕의 예에서 볼 수 있다.

성경 기록에 근거하면 사울의 죄는 다윗보다 큰 것 같지 않다. 그러나 사울은 버려지고 다윗은 용서를 받는다. 사울의 죄는 고범죄요, 다윗의 죄는 약해서 지은 죄이기 때문이다. 그것을 어떻게 구별할 수 있는가? 두 사람의 범죄후 행동을 보면 알 수 있다. 사울 왕은 범죄 후 사무엘이 책망할 때 회개를 찾아볼 수 없다. 그는 범죄가 불가피했던 것이며, 상황이 그럴 수밖에 없었다고 변명으로 일관하고 있다. 즉 잘못이라고 생각하고 있지 않다.

그러나 다윗은 달랐다. 그가 범죄한 후 선지자가 찾아와서 그를 책망할 때 눈물을 흘리며 죄를 자복하고, 즉시 용서를 구한다. 결론적으로 고범죄를 진 자는 끝까지 회개하지 않고, 죄를 정당화하며, 오히려 합당하게 여기며 때로 범죄 후 자신의 범죄를 용감한 행동이라고 자랑하는 것이다.

### 3, 그렇다면 타락자는 왜 이렇게 되었는가?

바로 육신의 정욕, 안목의 정욕, 이생의 자랑 때문이다. 이는 모든 죄악의 원료가 된다(요일 2:16). 타락자는 하나님의 경계의 말씀에 주의하지 않고, 오직 육체가 요구하는 탐심을 따라 행하였다. 더 쉽게 말하자면 타락자의 욕망의 근본은 아담, 하와의 범죄 성질과 같은 먹음직하고, 보암직하고, 지혜롭게 할 만한 탐스러운 본능만을 찾은 것이다(창 3:6). 먹음직하다는 것은 육체가 요구하는 모든 정욕, 즉 식욕, 성욕, 재물 욕구를 말한다. 보암 직이란 눈으로 보기에 매혹적인 것들, 즉 명예, 명성, 자랑 등을 말한다. 지혜롭게 할 만큼이란 세상적 지혜와 하나님같이 높아지려는 욕구(교만) 등 하나님의 말씀(지혜)이 아니라, 불합리한 사람들의 가르침, 경험, 수단을 더욱 중시하는 것을 말한다.

죄는 하와가 아담에게 권장할 만큼 "매력과 재미"가 있는 것이다. 만약 범죄 당시에 고통을 수반한다면 죄를 지을 사람이 하나도 없을 것이다. 그러나 재미와 쾌감이 있기에 범죄에서 헤어나지 못하고 재범, 삼범을 하는 것이다.

### 4, 인간을 하나님의 은혜로부터 멀어지게 만드는 세상 쾌락에는 어떤 것들이 있는가?

마약, 술, 성적 탐욕, 기타 환각제, 최면제, 도박, 본업을 망각한 지나친 취미 활동들은 믿음생활을 방해하는 것들이라고 할 수 있다. 그러므로 바울 사도는 "술 취하지 말라. 이는 방탕한 것이니, 오직 성령의 충만을 받으라"(엡 5:18)고 에베소 성도들을 권한 바 있다.

5, 술(마약, 담배, 성적 탐닉, 취미활동이 왜 죄인가?

술, 그 자체는 선도 악도 아니다. 처음에는 사람이 술을 먹는다. 다음은 술이 술을 먹는다. 그 다음은 술이 사람을 먹게 된다. 즉 술이 사람을 지배하는 것이다. 술이 사람의 이성을 지배하게 되면, 내제된 악을 통제할 능력이 약해져서 각양 죄악이 발휘된다. 하나님의 형상인 인간이 물질(술, 마약)의 노예가 된다면 이는 창조 질서를 위반한 것이다. 하나님은 인간에게 피조물을 관리하라고 주었지 그것들의 지배를 받으라고 주신 것이 아니다. 우리는 죄의 유혹을 초기에 거절해야 한다. 그것들과 짝해서는 안 된다. 딱 한 잔, 딱 한 번만이 우리 영혼을 불사르게 만드는 것이다(살전 5:22).

### "주인님 코만 조금"

이솝우화에 낙타에게 쫓겨난 카라반의 이야기가 있다. 한 대상이 낙타를 타고 여행을 하다가 사막을 지나게 되었는데 밤이 되었다. 대상은 천막을 치고 잠을 자려 했다. 낙타는 밖에서 자게 되었는데 찬바람이 세차게 불었다. 너무 추운 나머지 낙타가 주인에게 간청했다.

"주인님! 밖이 너무 춥습니다. 코가 너무 시립니다. 코만 천막 안에 좀 넣게 해 주세요."라고 말했다. 주인은 자신의 처사가 너무 야박하다고 생각하여, "그래, 코를 안으로 넣어라."라고 허락해 주었다. 조금 지나자 낙타가 "주인님, 코는 됐는데 눈이 너무 시립니다." 하고 말했다. 주인은 머리 정도는 들어와도 괜찮겠다고 생각했다.

"그래, 머리도 집어넣어라." 그 후에도 낙타는 주인에게 여러 번 요구하여 조금씩 그의 몸을 천막 안에 들어오도록 허락 받았다. 얼마 후 낙타는 주인에게 또 요구했다.

"주인님! 뒷다리만 들어가면 되겠는데요."라고 말했다. 기왕 인심 쓴 거였다. "그래라." 말이 끝나자 낙타는 천막 안으로 다 들어왔고 그 즉시 천막은 무너지고 주인은 밖으로 내동댕이쳐졌다.

죄란 그런 것이다. 조금씩 허용하다 보면 자신이 무너지고 있다는 사실조차 인식하지 못한다. 그리고 결국 죄가 우리 속에서 왕 노릇하게 되는 것이다(롬 6:12). 죄란 결코 작다고 무시해서는 안 된다. 나쁜 욕구가 생겨날 때 "주님의 이름으로 명하노니, 사탄아 물러가라! 너는 나를 넘어지게 하는 자로다."라고 외쳐 보라.

죄를 짓지 않으려면 우리는 선한 말과 선한 행동하기를 힘써야 한다. 왜냐하면 사람은 몸이 하나이므로 동시에 두 가지 일을 수행하지 못하기 때문이다. 선을 행하고 있는 동안에는 악을 행할 수 없고 악을 행하는 시간에는 선을 행할 수 없다. 선한 말을 하는 동안에는 악한 말을 하지 않는다(약 3:11). 엄청나게 큰 저수지도 작은 구멍 하나 때문에 무너져버리는 것처럼 작게 여기는 죄 하나가 인생을 불사르고 두고 두고 괴롭게 한다(잠 17:14). 그러므로 깨어 육신의 정욕을 경계하고, 작은 범죄에도 즉시 회개함으로 깨어 있어야 한다.

| 토의 |

1. 성령훼방죄와 고범죄의 특징은 무엇입니까?

2. 타락자의 잘못은 무엇입니까?

3. 신자는 용서받지 못할 죄를 질 수 있을까요?

4. 죄를 범하지 않으려면 우리는 어떤 노력이 필요할까요?(약 3:11)

# 주님 맞을 준비 됐는가?

  기독도는 다시 여섯번째 방에 안내되었다. '가라지'라는 한 사내가 막 잠자리에서
일어나 벌벌 떨고 있었다. "당신은 무엇 때문에 두려워하고 있습니까?" 하고 묻자 "꿈
을 꾸었는데, 하늘에 구름이 보였습니다. 동시에 하늘에서 천사장의 나팔 소리가 들렸
습니다. 그러자 모든 믿는 사람들이 천사에게 이끌려 들림을 받았는데, 내 이름을 부
르는 소리를 듣지 못했습니다. 심히 걱정하고 있을 때에 하늘에서 주님이 불꽃같은 눈

으로 나를 쳐다보고 있었습니다. 나는 내 죄가 생각나 견딜 수 없이 무서웠습니다. 차라리 산이 무너져 나를 덮어 주님을 안 보는 것이 낫다고 생각했습니다."라고 대답했다. 설명자가 "이 사람은 종말에 대한 준비가 없는 사람입니다"라고 말해 주었다.

우리는 종말을 어떻게 준비해야 할까?

기독도는 여섯 번째 방에서 주님 재림의 날에 대한 준비가 없는 사람을 보았다. 신자가 꼭 알고 있어야 할 일곱 번째 지식은 바로 그리스도 재림 날에 관한 지식이다. 주님은 세상에 계실 때 자신이 다시 이 세상에 오셔서 이 세상을 심판할 것이라고 가르치셨다. 주님이 승천할 때에 천사가 하늘을 쳐다보고 있는 제자들을 향해 "갈릴리 사람들아 어찌하여 서서 하늘을 쳐다보느냐. 너희 가운데서 하늘로 올리우신 이 예수는 하늘로 가심을 본 그대로 오시리라"(행 1:11)고 말씀하셨다.

우리 주님은 약속하신 대로 분명히 다시 오신다. 신자는 주님의 부활을 꼭 믿어야 하는 것처럼 주님의 재림을 기다리는 신앙을 가져야 한다. 그 날에 우리는 공중으로 들려 그를 영접하게 될 것인데, 그때에 각 사람의 이름이 불려질 것이다. 주님의 재림 역시 우리의 신앙고백이 되어야 한다. 당신은 그날 주님 만날 준비가 되어 있는가?

가라지라는 사람의 꿈은 예수 그리스도의 재림에 관한 꿈이었다. 이 사람은 종말에 대한 준비가 없는 사람으로서 최후의 심판 때 가라지와 쭉정이, 염소로, 또 불법을 행한 자로 정죄될 사람인 것이다.

주의 재림은 어떻게 이루어지는가? 오셔서 무엇을 하시는가?

1. 주님은 공중에 구름 타고 오셔서 세상을 심판하시다

먼저 주님께서 천사장의 나팔과 호령을 따라 공중에 임하신다(살전 4:16).

초림(初臨)하신 예수는 비밀리에 오셔야 했다(고전 2:7). 왜냐하면 초림하신

그리스도의 임무가 구속(救贖)이셨기 때문이다. 그는 인간의 대표로 십자가에서 속죄하기 위해 오셨기에 초라한 모습으로 오신 것이다. 그가 만약 영광 가운데 천사들과 함께 구름을 타고 오셨다면 누가 감히 그를 십자가에 못 박겠는가? 그의 오심은 하나의 비밀이었기에 베들레헴 마구간에 보잘것없는 목수의 아들로 오셨다.

그래서 그가 오시는 것은 소수의 사람을 제외하고는 알 수 없었다. 그는 나사렛 사람이란 비아냥거리는 소리를 들었으며(요 1:46), 그의 큰 기적에도 사람들은 그가 메시아인지, 아닌지를 의심해야 했다. 주님이 세상 사역을 다 이루기까지 예수가 그리스도라는 것은 하나님만 아는 비밀이었다(이사야 53장).

그러나 주님의 재림은 그렇지 않다. 아주 공개적이고, 온 세상에 드러나게 최고로 영광중에 오신다. 왜냐하면 두 번째 강림의 목적은 세상을 심판하시는 공의의 심판장으로 오시기 때문이다. 그는 사도신경의 고백대로 산 자와 죽은 자를 심판하시기 위해서 오신다. 모든 정당한 재판은 아주 공개적이고, 비밀리에 하지 않는다. 따라서 재판장이 누군지 모두 알고, 재판장 또한 법정 참관자들의 기립을 받으며 나타난다. 마지막 때에 우리 주 예수 그리스도는 세상을 심판하기 위하여 공개적으로 오시며, 온 세상 사람들이 그가 하는 심판을 보도록 영광스럽게 천군 천사를 거느리시고 구름 타고 오시는 것이다.

당신은 주님의 재림을 믿는가? 진정한 신자는 주님의 동정녀 탄생을 믿어야 한다. 동시에 주님의 죽음과 부활을 믿어야 한다. 뿐만 아니라, 예수 그리스도의 재림도 꼭 믿어야 한다. 이것이 신자의 신앙고백이다.

자칭 재림 예수라고 하는 가짜들에게 속지 말자!

우리는 종종 내가 예수라고 하며 또는 우리 교단 아무개 교주가 "재림 예수"라고 하는 망령된 소리를 듣는다. 그러나 분명 그들은 공중에 오지도 않았고, 그들이 올 때 천사장의 나팔 소리도 없었으며, 더군다나 영광중에 오지도 않았다. 더욱 우스운 것은 그들은 그의 어머니가 낳았기 때문에 이 땅에 있게 되었고, 갓난아이의 몸으로 왔으며 어린 시절이 있었다는 것이다.

그 사기꾼들은 참으로 초라하게 왔다. 성경에 계시된 예수의 재림 모습과는 완전히 상반된 것이다. 성경은 분명히 예수님의 재림에 대하여 승천하실 때 제자들이 본 그 모습 그대로 천사들과 그들의 호령과 나팔 소리와 함께 오신다고 진술하고 있다(행 1:11). 왜냐하면 다른 모습으로 온다면 그가 우리를 위하여 십자가에 못 박히신 그분인 것을 알 길이 없기 때문이다. 따라서 신자들은 자신이 재림 예수라고 말하는 망령된 자들에 대하여 조금도 관심 가질 필요도 없고, 또한 두려워할 필요도 없다.

성경에 따르면 재림 예수는 오신 즉시 세상 심판은 시작된다. 번개가 동에서 서로 치는 것과 같이 빠르다(마 24:27). "그 때에 인자의 징조가 하늘에서 보이겠고, 그 때에 땅의 모든 족속들이 통곡하며, 그들이 인자가 구름을 타고 능력과 큰 영광으로 오는 것을 보리라(마 24:30)고 주님은 미리 말씀하셨다.

그가 나타난 즉시 세상 사람들 모두가 동시에 그를 보게 된다. 누가 누구에게 주님이 재림했다고 소개할 틈도 없는 것이다. 심지어 그를 찌른 자들조차 본다(계 1:7). 주님은 구름 타고 공중에 오신다(계 1:7). 절대 이 땅이 아니다. 이 땅에 오신다면 신자들이 땅에서 기다리면 되지 무엇 때문에 천사에 이끌리어 공중에서 주님을 영접하겠는가? 예수를 자칭하는 참람한 자들은 지금 어디 있는가? 그들은 하나님의 말씀과 반대로 지금 땅에 있으며, 그들은 자기 능력으로 구름을 타지도 못한다.

### 재림 예수가 헬리콥터를 타고 다녀?

며칠 전 자칭 재림 예수라 하는 어떤 사이비 종교의 교주가 자기 가족들과 함께 헬리콥터를 타고 가다 기체 고장으로 숲에 떨어져 구사일생으로 목숨을 건졌다. 그가 재림하신 예수라면 무엇 때문에 헬리콥터는 타는가?

구름을 타야지, 혹 그는 이렇게 자랑스럽게 말할 것이다.

"보라! 내가 탄 헬리콥터가 떨어지는데도 죽지 않았어! 이것은 내가 일으킨 놀라운 기적이야!"

죽지 않은 것은 그나마 하나님이 지금이라도 회개할 시간을 주신 것이고, 그 사건은 그가 재림 예수가 아니라는 것을 증명하기에 충분한 사건이었다. 우리는 세상에서 성장한 자들이 자신을 재림 예수라고 말한다면 그들 손발에서 못 자국을 찾아내야 하고, 옆구리에 난 창 자국을 찾아내야 한다. 못 자국과 창 자국이 없다면 그는 가짜다. 우리 주님은 십자가에 못 박히고, 창에 찔리지 않았는가? 못 자국이 없는 그런 자들에게 미혹당하는 사람들을 보면 그 또한 이해할 수 없는 일이다. 주님 승천시 제자들이 본 모습 그대로 주님은 오신다고 천사가 말하지 않았는가(행 1:11).

## 2. 주님이 오시면 세상은 즉시 심판이 시작된다

그때에 큰 지각 변동이 있을 것이고 천체가 흔들리게 될 것이다. "그 날 환난 후에 즉시 해가 어두워지며, 달이 빛을 내지 아니하며, 별들이 하늘에서 떨어지며, 하늘의 권능들이 흔들리리라"(마 24:29-31)고 주님은 말씀하셨고, 요한이 받은 계시에도 되풀이되고 있다(계 6:14). 세상에는 창세 이래 겪어보지 못한 대 환란이 있을 것이다(마 24:21). 그 날에 죄인은 감히 주님의 얼굴을 바라볼 수도 없게 된다. 왜냐하면 주님의 불꽃같은 눈이 죄인을 감찰할 것이기 때문이다(계 19:12). 각종 재앙이 세상에 임하고, 세상 사람들은 그 고통으로 멸망하게 된다(계 9:6).

그러나 그날은 신자들에게는 기쁨과 축제의 날이 된다. 주님이 약속하신 대로 "저가 큰 나팔 소리와 함께 천사들을 보내리니, 저희가 그 택하신 자들을 하늘 이 끝에서 저 끝까지 사방에서 모으리라"(마 24:31). 즉 공중 들림(휴거)이 있을 것이기 때문이다.

그 날에 어린양과 성도의 혼인잔치가 있을 것이며(계 19:7), 거기서 주님은 저희 눈물을 씻기실 것이며(계 7:17), 성도들은 주님과 함께 그동안 그들을 박해하고 죽이던 세상 원수들을 심판하게 될 것이다(마 18:28).

### 3. 그 날은 언제인가?

주님께서는 자신이 재림할 날을 성부 외에는 알 수 없다고 하셨다(마 24:36). 주님은 삼위일체 하나님이시니 모르실 리 있겠는가? 다만 주님의 재림의 날을 결정하실 분은 성부(聖父)라고 겸손하게 말씀하시는 것이다.

이는 거짓 선지자들이 있을 것을 미리 아시고 예방하신 말씀이라 하겠다. 주님이 이렇게 겸손하게 말씀하셨음에도 오늘날 참람한 자들이 자기 분수를 모르고 재림의 날과 시를 예언한다. 어리석은 사람들은 또 그들을 신령하다고 하면서 죽을 길을 따라간다. 주님이 모른다고 했으면 그냥 겸손히 모르고 있으면 얼마나 좋은가? 그러나 그 날과 그 시는 모르지만 우리는 그런 징조를 짐작할 수 있다. 예수님은 전쟁이 처처에서 있겠다고 하셨고, 큰 지진과 기근, 온역이 있을 것이며, 천재지변과 하늘에 징조가 있겠고, 극심한 핍박과 배교가 있을 것이라고 하셨다(눅 21:10-12). 그리고 거짓 선지자들과 재림 예수라고 말하는 자들이 많이 나타나게 될 것이라 하셨다.

### 4. 그러나 그 날과 그 시를 모른다는 더 중요한 뜻은 우리로 항상 깨어 있으라는 권면이다

주님은 도적같이 임하시고(마 24:43, 계 16:15), 아무도 생각지 않은 때에 임하신다. 그때의 사람들은 영적인 일에 관심이 없다(눅 17:28). 심지어 신자들까지도 신앙의 잠을 자고 있을 것이다(마 25:5). 그러므로 태만하게 살지 말고, 열심히 전도하고, 하나님 백성답게 거룩한 삶을 살아 그 날에 주님 앞에 부끄러움을 보이지 말라는 당부이다.

5. 주의 날의 목적은 불의한 자를 심판하시고, 그동안 세상으로 인해 고통받는 의인에게 상을 주시며, 하나님의 나라를 완성하시기 위함이다

주님은 그 날에 있을 상에 대하여 "그 때에 임금이 그 오른편에 있는 자들(신자)에게 이르시되 내 아버지께 복 받을 자들이여, 나아와 창세로부터 너희를 위하여 예비된 나라를 상속하라"(마 25:34,41)라고 하셨고, 또 벌 받을 불신자들에게 "저주를 받은 자들아, 나를 떠나 마귀와 그 사자들을 위하여 예비된 영영한 불에 들어가라"(마 25:41)라고 하셨다.

그러므로 그 날이 가까웠다고 신자는 두려워 떨 필요가 없다. 왜냐하면 주님이 심판장이시고, 그가 나를 대속하셨으므로 반드시 구원을 받게 된다. 요한계시록에 경계의 말이 많은 것은 우리로 하여금 배교하지 않도록 하라는 것이지, 예수님의 재림을 기다리는 무슨 특별한 일이나 특정 장소에서 모임을 가지라는 것은 절대 아니다(살후 2:1-4).

6. 그렇다면 우리는 종말을 구체적으로 어떻게 준비해야 하는가?

그 날에 대한 준비는 먼저 거듭나 있어야 한다. 주님은 "진실로 진실로 네게 이르노니 사람이 물과 성령으로 나지 아니하면 하나님 나라에 들어갈 수 없느니라"(요 3:3-5)라고 하셨다. 즉 먼저 예수를 구주로 영접하고, 배교하거나 세속에 물들어 그리스도를 망각하지 말라는 것이다. 주님은 "두 사람이 밭에 있으매 하나는 데려감을 당하고, 하나는 버려둠을 당할 것이요. 두 여자가 매를 갈고 있으매 하나는 데려감을 당하고, 하나는 버려둠을 당할 것이니라"(마 24:40-42)라고 말씀하셨다.

주님의 말씀을 분석해 보면 지금 밭을 갈고 있는 두 남자는 다 같은 일을 하고 있다. 한 사람은 영적인 일, 한 사람은 세속적인 일을 하고 있었던 것이 아니다. 그런데 한 사람은 들림을 받았다. 동시에 한 사람은 버림을 받았다. 이유는 한 사람은 거듭나서 믿었기 때문이고, 한 사람은 믿지 않았기 때문이다.

두 여자도 마찬가지이다. 그러므로 우리가 거듭나서 믿었으면 주님 맞을 준비가 완성된 것이다. 믿으면 의롭게 되고, 의롭게 된 그들을 또한 자녀 삼으신다. 자녀는 그 날의 잔치에 분명히 참석한다.

그러나 주님은 믿는 자들에게 또 깨어 있으라고 하신다. 그것은 하나님의 자녀로써 그 날에 부끄러운 모습을 보이지 말라는 것이다. 자녀가 되었으면 자녀답게 살아야 한다. 그런 깨어 있는 모습을 주님은 보고 싶어 하시는 것이다. 그것이 바로 우리 생활의 예배이며 열매이고 정성이다.

환란과 핍박이 없는 시기에 깨어 있으라는 말은 그다지 어렵게 느껴지지 않을 것이다. 그러나 핍박과 방해가 극심한 시절에 깨어 있으라는 말은 핍박자들과 타협하지 말고, 신앙의 순수함을 보존하며, 극심한 핍박 속에도 믿음을 버리지 말라는 것이다.

우리는 기독교회 역사 중 초대교회와 종교개혁 시기, 또 우리나라 일제 때 신사참배를 요구하던 시절에 얼마나 많은 배교자들이 있었는지를 참고하고 그런 날이 오더라도 배교하는 어리석음을 범하지 말아야 한다.

### 7. 우리는 그 날 형벌에 대한 두려움도 가지고 있어야 한다

그렇게 함으로 우리는 깨어 있게 된다. 주님은 "거기는 구더기도 죽지 않고, 불도 꺼지지 아니하느니라. 사람마다 불로서 소금 치듯 함을 받으리라"(막 9:48-49)라고 하셨다. 만약 우리가 주님의 은혜를 덧입지 못하면 애굽 사람들처럼 유월절 재앙을 당하게 될 것이다.

오늘날의 신자들은 보면 마치 말세가 없을 것처럼 생각하고 산다. 그러나 아니다. 반드시 그 날은 온다. 이미 세계 곳곳에 주님이 말씀하신 징조들이 보이기 시작했다. 당신은 주님의 재림을 맞을 준비가 되어 있는가?

## 탕산의 비극

중국 허베이성 탕산(唐山)이란 곳이 있다. 그곳은 1976년에 엄청난 지진으로 도시가 전파되고, 전 인구가 함몰되었다. 나는 그곳을 지나가다 그 지진에 대해서 들은 일이 있다. 중국 정부는 탕산 지역에 지진이 있을 것이라고 예고했다. 그래서 모든 사람들은 밖에 나와 있었다. 그런데 그 날 지진이 없었다. 밤 12시가 되자 사람들은 지진 예보는 틀린 것이라고 투덜거리며 집으로 들어갔다. 지진이 온다는 날짜에 오지 않았기 때문이다. 그들은 들어가서 이내 잠이 들었다. 그런데 그때서야 지진이 바로 시작되었다. 그들은 흔들리는 소리를 들었지만 설들은 잠에 취해 일어날 수가 없었다. 꽝음과 함께 그들 모두는 무너지는 건물 더미 아래로 삼십만 명이 사라졌다. 주님의 재림이 가까이 왔다. 성도들은 절대로 가볍게 생각해서는 안 된다.

## | 토의 |

1. 예수님의 초림과 재림의 목적은 각각 무엇입니까?

2. 재림 예수를 분별하는 법은 무엇입니까?

3. 예수 재림의 목적은 무엇입니까?

4. 예수 재림을 준비하는 신자가 먼저 할 일은 무엇입니까?

# 평탄한 길을 가려면

"모든 것을 잘 보셨지요? 해야 할 것이 무엇인지, 하지 말아야 할 것이 무엇인지도 잘 알았을 것입니다. 여기서 본 것들을 오래오래 기억하여 순례길 여정에 차질 없기를 빕니다."라고 설명자가 말했다. 그러자 기독도는 등에 진 무거운 짐이 생각나서 "내 등에 있는 이 무거운 짐은 안 내려줍니까?" 하고 물었다. "그 짐은 여기서 내려줄 수 없고, 조금 더 가다 보면 그 짐을 내려줄 유일한 분이 따로 계시는데 당신은 그분을 만나

게 될 것입니다. 오직 그 분만이 당신의 무거운 짐을 내려줄 수 있습니다."라고 말하며 설명자는 길을 전송해 주었다.

우리가 안전하게 천국 길을 가려면 어떻게 해야 할까?

우리는 지금까지 천국 가는 데 필요한 기초 상식 일곱 가지를 배웠다. 설명자는 이 유익한 것들을 잊어버리지 말라고 당부했다.

성경은 우리에게 천국 가는 지식을 제공한다. 천국을 안전하게 가려면 두 가지를 잘해야 한다. 즉 해야 할 일과 하지 말아야 할 일을 반드시 준수해야 한다는 것이다. 즉 우리에게 주신 의무와 우리에게 금하신 것들을 잘 따라서 하면 천국 가는 길이 평탄하게 된다. 그러나 그것을 역행하면 천국 가는 길은 험하게 변해버린다.

애굽을 떠나 약속의 땅 가나안으로 들어가는 이스라엘에게 하나님께서는 하나님이 주신 법에 순종하라고 하셨다. 그러면 가나안의 기업은 그들 것이 될 것이라 약속하셨다.

## 1. 하나님은 우리에게 지키면 복이 되고, 거역하면 화가 되는 법을 주셨다

"오늘날 네 하나님 여호와께서 이 규례와 법도를 행하라고 네게 명하시나니 그런즉 너는 마음을 다하고 성품을 다하여 지켜 행하라. 네가 오늘날 여호와를 네 하나님으로 인정하고, 또 그 도를 행하고 그 규례와 명령과 법도를 지키며 그 소리를 들으리라 확언하였고, 여호와께서도 네게 말씀하신 대로 오늘날 너를 자기의 보배로운 백성으로 인정하시고, 또 그 모든 명령을 지키게 하리라"(신 26:16-18).

즉 우리는 그의 백성이 되고자 할 때 동시에 그의 법을 지키기로 약속하였다. 그러므로 신자가 성경의 말씀(법도)을 따르는 것은 하나님의 백성임을 시인하는 행위이다.

## 2. 우리는 복도 기억해야 하지만 동시에 화도 기억해야 한다

왜냐하면 복과 화는 천국 가는 길의 두 바퀴가 되기 때문이다. 복은 우리에게 소망을 주어 어려움을 인내하게 하고, 화는 우리로 매사에 근신하게 만든다. 기독도는 설명자의 집에서 소망도 얻었고, 근신하는 마음도 받았다.

하나님께서는 이스라엘 백성들에게 가나안에 들어가거든 그리심 산과 에발산에서 복과 저주를 외치라고 하였다(신 11:29).

"내가 오늘날 복과 저주를 너희 앞에 두나니, 너희가 만일 내가 오늘날 너희에게 명하는 너희 하나님 여호와의 명령을 들으면 복이 될 것이요, 너희가 만일 내가 오늘날 너희에게 명하는 도에서 돌이켜 떠나 너희 하나님 여호와의 명령을 듣지 아니하고, 본래 알지 못하던 다른 신들을 쫓으면 저주를 받으리라"(신 11:26-29).

## 3. 아는 것과 믿는 것, 그리고 행하는 것

우리는 왕왕 아는 것과 믿는 것, 또 행하는 것이 다른 사람들을 보게 된다. 그러나 우리가 정말 안다면 그는 그것을 꼭 믿을 것이다. 정말 믿는다면 믿는 대로 행하게 될 것이다. 이는 떼어놓고 생각할 수 없는 것이다. 믿는 대로 행하지 않는다면 그가 무엇으로 자신의 믿음을 증거하겠는가? 그래서 야고보 사도는 "이와 같이 행함이 없는 믿음은 그 자체가 죽은 것이라"(약 2:17)라고 하셨다. 우리는 앞에서 말한 일곱 가지 지식을 잘 간직하고 문제에 직면할 때에 이 지식들을 사용하여 해결하고 흔들리지 말아야 한다.

세상 모든 일에는 규칙이라는 것이 있다. 규칙을 거스리면 반드시 피해가 생기고 원하는 것을 얻지 못한다. 우리가 설명자의 집에서 배운 규칙들은 천국 가는 길에 규칙이 된다.

신자들은 믿음의 경기를 하고 있다. 바울 사도는 디모데에게 "경기하는 자가 법대로 경기하지 아니하면 면류관을 얻지 못할 것이며"(딤후 2:5)라고 말했다.

| 토의 |

1. 말씀을 떠나서 손해 본 경험은 없습니까?


2. 말씀을 준행함으로 복받은 경험을 나눠 봅시다.


3. 하나님이 좋아하시는 일, 싫어하시는 일이 무엇인지 나눠 봅시다.

# 골고다에서 주님을 만나다

　기독도가 설명자의 집을 나와 얼마 가지 않아 골고다라는 험한 언덕이 있었는데, 한
남자가 십자가에 못 박혀 피를 흘리고 있었다. 기독도는 그 사람이 주님인 것을 알고
그 앞에 무릎을 꿇고 기도를 드렸는데 주님의 몸에서 떨어지는 피는 기독도를 깨끗하
게 씻겼다. 기독도가 "나는 당신을 구주로 믿습니다."라고 고백했는데, 그러자 등에 붙
어 있던 무거운 짐이 벗어져 굴러가더니 깊은 굴 속으로 들어가 영원히 보이지 않게

되었다. 기독도는 새처럼 가벼워지면서 평안과 기쁨이 샘솟듯 하여 눈물을 흘리며 십자가에 있는 분을 향하여 감사의 찬송을 불렀다.

기독도가 회개하고 주님을 믿기로 결정하자, 천사 셋이 날아와서 첫째 천사가 "네 죄와 허물이 사하여졌느니라."라고 말하면서 기독도의 더러운 옷을 벗기고 의의 새 옷을 갈아입혔다. 두 번째 천사는 기독도의 이마에 어린 양의 인을 찍어주면서 "너는 하나님의 것이 되었느니라."라고 선언했다. 세 번째 천사는 두루마리를 손에 쥐어 주면서 "잘 간수했다가 천국 문에서 천사들에게 보이면 문을 열어 줄 것이다."라고 말해 주었다. 이에 새 생명과 새 힘을 얻은 기독도는 힘차게 천성 길을 갈 수 있었다.

우리가 어떻게 죄 사함을 받고, 구원을 얻을 수 있는가?

기독도가 골고다 언덕에서 만난 분은 물론 예수 그리스도이다. 그리스도와 영적 만남이 없이는 누구든 구원과 생명, 자유, 참 평화를 얻지 못한다. 다른 사람의 설명이 아닌 자신과 그리스도가 인격적으로 직접 만나야 한다. 이 만남은 확신과 회개, 고백, 그리고 구속의 감격을 주며, 신자는 그때에 생명의 교류가 있게 된다.

### 1. 십자가는 선행할 수 없는 죄 많은 인생들을 위한 하나님의 준비이시다

하나님은 공의(公義)의 하나님이셔서 인간의 범죄를 무시하고 아무 대가 없이 사하실 수는 없다. 왜냐하면 하나님은 지극히 거룩하셔서 율법을 만드셨고, 율법은 '죄의 값은 사망'이라고 선고하였기 때문이다. 그러므로 죄 사함을 받으려면 반드시 합당한 값을 치러야 한다. 성경은 피 흘림이 없이는 죄 사함이 없다고 선언하고 있다(히 9:22). 즉 죄 값은 범죄자가 죽어야 사해지는 것이다. 예수 그리스도는 사람들의 죄를 짊어지고 십자가에 못 박혀 수난 당하시고 죽으심으로 사람들의 죄 값을 치루셨다. 동시에 그의 의로운 행위를 그를 믿는 자들에게 전가시키심으로 믿는 자들의 의(義)가 되도록 하셨다. 이렇게 해서 예수 그리스도는 우리의 죄를 대속하신 것이다. 그러므로 예수 그리스도의 십자가는 하나님의 공의를 만족시키셨을 뿐만 아니라, 또 동시에 하나님의 사랑을 세상에 나타내셔서 구원을 이루신 것이다.

즉 예수 그리스도의 십자가는 하나님의 공의와 사랑의 속성을 동시에 충족시키신 유일무이한 방법이며, 하나님 지혜의 최고 표현이다(고전 1:18-24). 이 속죄의 방법은 어느 날 갑자기 나온 방법이 아니다. 만세 전에 작정하셨고(고전 2:7), 여러 모양으로 계시하셨으며(히 1:1), 주전 700년에 선지자 이사야를 통하여 이스라엘에게 구체적으로 계시하셨다(사 53:4-8).

### 2. 우리가 무엇을 믿어야 구원을 얻는가?

우리는 예수 그리스도의 "십자가 죽으심과 부활"이 "복음"이라고 하는 것을 설명자의 집에서 배웠다. 사도 바울은 이에 대하여 "내가 받은 것을 먼저 너희에게 전하였노니 이는 성경대로 그리스도께서 우리 죄를 위하여 죽으시고, 장사 지낸 바 되었다가 성경대로 사흘 만에 다시 살아나사"(고전 15:3-4)라고 했다. 기독도의 죄가 사면되고 구원을 얻은 것은 그가 십자가의 복음을 믿었기 때문이다.

### 3. 세상에 구원받을 다른 방법이 있는가?

예수님은 하나님께 나아갈 방법은 오직 자신으로 말미암지 않으면 안 된다고 하셨다(요 14:6). 베드로도 이스라엘을 향하여 설교하기를 "다른 이로서는 구원을 얻을 수 없나니 천하 인간에 구원을 얻을 만한 다른 이름을 우리에게 주신 일이 없음이니라"(행 4:12)라고 오직 한 길을 분명하게 제시했다.

### 오직 한 길

어떤 사람들이 예수님에 대하여 비평하기를 다른 성인들은 자기만이 구원의 길이라고 말하지는 않으므로 그들이 예수님에 비해 겸손하다고 주장한다. 그것은 예수를 단지 사람의 아들로만 보는 편협한 사고에서 나온 것이다. 소위 성인이라고 불리는 분들은 구세주가 아니다. 그들은 하나님의 아들도 아니고, 또 인류 속죄를 위하여 자신을 십자가에 내어 준 일도 없을 뿐만 아니라 성령의 보증도 없다. 그들이 겸손한 것이 아니라 사실을 사실대로 말한 것뿐이다. 예수님이 나 외에 다른 길이 있다고 말했다면 오히려 주님이 거짓을 말한 것이 된다. 구원의 방법은 오직 한 분 예수그리스도를 믿음으로 얻게 되는 것이다(요 3:16).

**4. 구원받는 구체적 방법은 예수 그리스도를 구주로 고백하는 것**

사도 바울은 간략하게 "네가 만일 네 입으로 예수를 주로 시인하며, 또 하나님께서 그를 죽은 자 가운데서 살리신 것을 네 마음에 믿으면 구원을 얻으리니, 사람이 마음으로 믿어 의에 이르고, 입으로 시인하여 구원에 이르느니라"(롬 10:9-10)라고 구원받는 방법을 제시했다. 당신은 이 사실을 믿는가? 진심으로 아멘이라고 소리내어 대답해 보라. 그렇다면 구원은 바로 당신의 것이다. 내일이 아니라, 차차가 아닌 지금 이 시간 당신의 구원이 이루어진다.

**5. 구원은 인간의 노력도 아니고, 또 인간과 하나님의 합작품도 아니다**

이는 오직 하나님의 은혜로, 믿음으로 된 것이다. 그래서 성경은 하나님의 선물(엡 2:8)라고 선언했다. 우리의 믿음은 하나님의 뜻을 따라 성령님이 주신 것이며, 회개 또한 성령님의 역사이니 실로 우리가 기여한 바가 없다. 기독도의 죄 짐이 영원히 사라졌다는 것은 이제 그의 죄는 영원히 기억되지 않는다는 것을 의미한다(롬 1:1-2). 진실된 신앙을 고백한 자에 대한 하나님의 선언은 "무죄"라고 하는 법정용어인 칭의(稱義)이다. 그의 모든 죄는 사해졌고, 자유함을 얻었으며, 사단의 권세에서도 벗어났고, 하나님의 것으로 구별되었다.

　내가 만난 중국의 한 교회 지도자 류형제에 관한 이야기를 잠깐 하고자 한다. 그 형제는 그 도시의 유명한 깡패 중의 깡패였다. 사람들은 그를 만날까봐 피했고, 만나면 어김없이 피해를 주었다. 그의 부모 형제, 처가, 친척, 이웃들도 그에게 맞아 성한 사람이 없었다. 아내는 날마다 죽으라는 남편의 포악으로부터 숨어서 아이를 안고 밖에 나와 술 깨기를 날이 새도록 기다려야 했다.

　그러던 어느 날 그는 길가에 술이 취해 만신창이가 되어 몸을 가누지 못하고 땅에 주저앉아 있었다. 그런데 한 사람이 다가와 "이 마을 뒤편에 가면 집이 있는데 그곳에 사람들이 모여 있어서 같이 재미있게 놀아 줄 것이요."라고 말했다. 그 형제는 너무 심심하던 터라, 온 힘을 다해 비틀거리며 그 집을 찾아갔다. 과연 그 집에는 여덟 명의 남녀가 모여서 앞을 보며 노래를 부르고 있었다. 그는 그들 뒤로 가서 앉았다. 평소와 달리 떠들지 않았고 그냥 노래 소리를 듣고 있었다. 그곳은 바로 가정교회였다. 그들의 노래는 뭔가 세상 노래와 달랐고, 부르는 사람들도 너무나 진지해 깡패인 이 사람도 숨소리조차도 크게 내지 못했다. 가사가 반복되는데, 무슨 죄인이 어떻고 용서가 어떻고 하는 내용이었다.

　갑자기 그에게 한 생각이 떠올랐다. 그렇지, 세상에 나 같은 죄인이 있을라고, 대체 나 같은 사람이 지금 죽는다면 세상에 와서 해 놓은 일이 무엇인가? 하는 자문이 생겼다. 그 순간 자기 자신의 잘못 살아온 과거들이 활동사진처럼 눈앞에 스쳐 지나갔다. 왜 내가 이렇게 살아야 하나, 생각이 드니 슬프기 짝이 없어져 갑자기 소리 높여 슬피 울었다. 예배가 끝나고 그는 밖으로 나왔다. 만취 상태인데도 불구하고 오히려 정신이 맑았다. 그 날 그는 집으로 돌아와서도 광기를 보이지 않았다. 아내가 무슨 일인가, 이상히 여길 만큼 그는 자기 자신이 이상했다.

다음 날 그는 다시 그 교회를 찾았다. 물론 술이 취했지만 마음은 완전히 깨어 있어서 앞에서 전하는 말씀이 이해가 되었다. 그는 거기서 복음을 듣고 예수님을 구주로 영접했다. 그는 기적적으로 술을 끊게 되었고, 완전히 사람이 달라져버렸다. 그의 처, 부모 형제, 처가, 친지들은 그가 변한 사실에 놀랐다. 저 사람을 변화시킨 그 힘, 그것이 도대체 무엇일까?

가족들은 처음 그의 변화가 무슨 병이 아닌가 했다. 또 미친 놈이 얌전 내면 얼마나 가랴 했다. 그러나 정말 그가 변한 것이었다. 그 후 그는 도로 포장사업을 시작했고, 정직하게 하는 그의 사업은 시(市)에서 환영을 받아 많은 공사를 발주 받게 되어 큰 돈을 벌었다. 그의 가족, 처가, 친지, 모두 예수를 믿었고, 그의 변화를 본 그 마을 주민 800명이 예수를 구주로 영접하였다. 그는 교회를 아담하게 지었고 또 신학교를 지어 가르치고 있으며, 양로원과 고아원을 지었다. 수많은 교회를 개척하고, 예배당을 지어 주었고, 지금은 많은 문제아를 받아 가르치는 대안학교도 하고 있다. 그의 가정은 천국으로 변했다. 그는 매년 3회씩 명절에 전도단과 관악대를 이끌고 대로를 다니며 공개적으로 복음을 전하고 있다. 그의 전도는 통쾌하기 그지없다.

그리고 그는 번 돈으로 아낌없이 주님을 위하여 쓰는데, 전도하는 마을마다 라면 100상자와 밀가루 100포를 가난한 사람을 위하여 기증한다.

예수 그리스도의 십자가는 사람들 눈에 보잘것없지만, 바로 하나님의 지혜요, 능력이며, 사람을 변화시키는 진정한 힘이 된다. 주님의 십자가와 만난 사람은, 모두 그들의 인생이 가치 있게 변했다(행 2:45).

구원받은 신자에게는 어떤 특전이 주어지는가?

기독도가 예수님을 구주로 고백하자마자, 세 천사가 찾아온 것은 바로 구원과 함께 신자에게 주어지는 특전과 지위 변화, 하나님의 보증이 무엇인지를 말해주는 것이다.

## 1. 첫째 천사가 죄인의 옷을 벗기고, 의의 옷으로 갈아입혔다

아담은 범죄, 타락함으로 인해 그를 영화롭게 하던 그의 의(義)가 사라졌다. 그는 자신이 벌거벗었음을 깨닫고 치마를 만들어 입었다. 그러나 그런 인간이 만든 의는 잠시뿐이었고, 누더기 같은 것이었으며, 여전히 죄인의 옷을 입고 있었다. 이 죄인의 옷은 하나님이 한 짐승을 잡아 그 가죽으로 옷을 지어 입힘으로써 그들은 다시 하나님의 의를 덧입을 수 있었다(창 3:21).

마찬가지로 죄인인 기독도에게 성령께서 예수 그리스도의 십자가 대속의 공로를 그의 몸에 적용시키심으로 기독도는 이제 의인이 되었다. 바로 자기 의가 아니라, 그리스도의 의를 덧입게 된 것이다. 따라서 그는 심판장이신 하나님 앞에 죄인이 아니라, 죄를 사면 받아 의인으로 선언되었다(롬 3:23-24). 그뿐 아니라 다시 죄인으로 여겨지지 않는다. 하나님은 그가 의롭다고 하신 자를 다시 죄인으로 취급하시지 않는다(롬 8:1-2).

## 2. 둘째 천사가 이마에 도장을 찍음

기독도는 의롭다고 여겨졌을 뿐 만 아니라, 동시에 하나님의 자녀로 입양되었다. 성령은 우리 안에 역사하여 우리를 하나님의 자녀로 연결되어지게 한다. 그리고 단지 부자관계를 맺을 뿐만 아니라, 진정한 부자의 정이 생겨나도록 역사하시는데, 성령이 우리 마음속에서 하나님이 내 아버지라는 고백을 하게 하는 것이다(롬 8:15, 갈 4:6). 그의 이마에 찍은 도장은 어린 양의 인(印)을 말하는데, 이스라엘 문화에 자기 양에게 자신의 소유를 식별할 수 있도록 지워지지 않는 표식을 하는 것이었다.

마찬가지로 어린 양의 인은 그동안 사단에게 소속되었던 우리를 구원하시고, 하나님의 소유로 확정한 것을 의미한다(벧전 2:9). 이제 그는 하나님의 소유가 되었을 뿐만 아니라, 하나님의 영의 인도함을 받게 되어서 모든 일에 도움을 얻는다. 이제 그는 종과 같이 주인이신 하나님을 두려워할 필요가 없다. 종은 주인의 눈치를 살피고 잘못하면 쫓겨나지만, 아들은 아버지를 친근히 여길 뿐 아니라 쫓겨나지도 않는다. 하나님과 성도의 부자관계는 세상 사람들의 계약과 달리 영원히 변하지 않는다(롬 8:14-17).

### 3. 셋째 천사가 준 약속의 두루마리
구원은 처음부터 끝까지 믿음으로 이루어지며, 신자는 어떤 환경에서도 복음의 확신을 사용하여 천국 길에 승리해야 하는 것을 보여주고 있다(롬 1:17). 신자가 구원을 얻는 데는 많은 지식이 필요한 것이 아니다. 오직 요한복음 3:16절(복음)을 이해하고 믿으면 구원을 받을 수 있다. 이는 천국문의 문지기에게 보여주어도 문을 열어줄 만큼 완전한 효력이 있는 것이다. 신자는 언제 어디서나 구원의 확신으로 충만해 있어야 한다.

### 4. 하나님의 약속과 성품은 영원하시고, 불변하시고, 무한하시다
하나님은 그의 성품에 반하는 일을 결코 하시지 않는다. 그러기에 인간의 어떤 행위와 결정으로 말미암아 이미 허락하신 구원이 변치 않는 것이다. 그러므로 한 번 구원은 영원한 효과를 갖게 된다(요한 10:28-29).
바울 사도도 확신에 차서 찬양하기를 "누가 우리를 그리스도의 사랑에서 끊으리요. 환난이나 곤고나 핍박이나 기근이나 적신이나 위험이나 칼이랴"(롬 8:35) 라고 했다. 비록 우리가 세상에 살면서 말할 수 없는 어려움을 겪을 수 있지만 사도 바울은 또 다시 확신하여 선언했다. "내가 확신하노니 사망이나 생명이나 천사들이나 권세자들이나 현재 일이나 장래 일이나 능력이나 높음이나 깊음이나 다른 아무 피조물이라도 우리를 우리 주 그리스도 예수 안에 있는 하나님의 사랑에서 끊을 수 없으리라"(롬 8:38-39).

### 5. 구원받은 자는 이제 주님과 동행하는 특전이 주어진다

"누구든지 예수를 하나님의 아들이라 시인하면 하나님이 저 안에 거하시고, 저도 하나님 안에 거하느니라"(요일 4:15)라고 요한 사도는 가르치고 있다. 그리고 그 신자는 성령이 내주하게 되고(고전 6:19, 롬 8:9), 따라서 성령의 인도함을 받게 된다(롬 8:14).

### 6. 이제, 완전한 새 사람이 되었다

사도 바울의 선언대로 "그런즉 누구든지 그리스도 안에 있으면 새로운 피조물이라. 이전 것은 지나갔으니 보라 새 것이 되었도다"(고후 5:17)라고 했다. 기독도의 인생 방향이 180도 전환되었다. 이전에 그는 육체의 것을 최고의 가치로 추구하는 자였으나 이제는 영적 가치를 추구하게 되었고, 이전의 그는 지옥을 향해 가던 자였으나, 지금은 천국으로 방향을 선회한 자다. 그러므로 그는 새 생명을 얻었을 뿐만 아니라, 인생의 새 목표가 생긴 사람이다. 바로 하나님 나라와 그 의를 위한 목표가 생긴 것이다(마 6:33).

그렇다면 여러분은 구원을 무엇으로 확신하는가?

어떤 감정이 있을 수도 있겠지만 그것은 사람마다 다르다. 그러므로 느낌을 표준삼을 수는 없다. 우리는 하나님의 약속인 성경 말씀을 믿음으로, 즉 성경 말씀을 믿으면 구원을 받는다고 선언했기 때문에 구원을 확신하는 것이다(롬 10:9,10). 또 성령께서 우리가 하나님의 자녀인 것을 우리 속에서 믿게 해주시기 때문이다.

어떤 사람은 방언을 구원의 증거로 삼는다(은사파 주장). 그러나 방언은 은사이지 구원의 증거는 아니다. 은사란 일을 하는 데 사용하는 도구를 말한다.

바울은 이 문제에 대하여 명확하게 밝혔다. "다 병 고치는 은사를 가진 자겠느냐, 다 방언을 말하는 자겠느냐, 다 통역하는 자겠느냐"(고전 12:30). 즉 사도 바울 당시 구원받은 자 중에 방언을 못하는 자가 적지 않았다는 것이다. 그러므로 방언의 유무는 구원과 전혀 상관없다. 또 방언을 한다고 구원받는 것도 아니다. 도구는 다만 도구일 따름이지 그 사람 생명과는 아무 상관이 없다.

어떤 사람은 구원받은 사람이 자기가 구원받은 날짜를 알아야 하고 감각이 있어야 한다고 주장한다(구원파 주장). 그런 말은 성경 어디에도 없는 말이다. 어린아이가 태어나자마자 달력을 보고 자기 태어나는 날을 확인하는 아이도 없고, 상당 기간이 지나기 전에는 자신이 태어난 것을 인식하지 못한다. 그렇다고 태어나지 않은 것이고 생명이 없는 것인가? 성경은 오직 믿음 외에 그 어떤 것도 구원의 증거로 삼지 않고 있다.

| 토의 |

1. 당신은 십자가의 구주와 인격적 만남이 있었습니까?

2. 십자가의 의미를 다른 사람에게 설명해 봅시다.

3. 주님을 만나고 난 후 당신의 신분과 성품에 어떤 변화가 있었습니까?

# 나태한 사람들을 만나다

　기독도가 골고다 언덕을 지나 조금 더 길을 갔는데, 좋은 잔디밭이 있었다. 거기에 오래된 고목나무가 있었는데, 그 아래에 세 남자가 쇠사슬에 발이 매인 채 잠을 자고 있었다. "일어들 나시오! 마귀가 우는 사자처럼 덮칠 자를 찾고 있는데, 이런 곳에서 잠을 자고 있는 거요?" 하고 소리 질렀다.

　세 사람은 눈을 반쯤 떠 보더니 "별일 없군", "아직 괜찮아", "좀 더 자자. 상관 말고 당신이나 잘 가라구!" 한 마디씩 하더니 다시 누워 버렸다. 기독도는 그들이 자신의 경고를 받지 않음을 탄식하며 길을 재촉했다.

### 교회 회원이 되면 다 구원을 얻는가?

우리는 기독도가 확실하게 믿음으로 그리스도를 만나 구원 얻은 것을 보았다. 그러나 교회 내에 모두 구원받은 성도만 있는 것은 아니다. 교회 내에는 종교적 관심은 있으나 구원에 관심이 없는 주님과 생명의 교류가 이루어지지 못한 사람들도 있다. 그러므로 그런 교인들은 예수 그리스도의 십자가와 조금도 관계없는 태만한 신앙생활을 하고 있는 것이다. 그들은 신앙을 하나의 취미 생활처럼 하고 있거나 영혼 구원 이외의 목적으로 교회를 찾으면서 신앙이 그런 것이라고 생각하는 것이다.

나태한 신자의 다른 한편은 구원받음을 게으름의 안전장치로 알고 전혀 신앙의 진보를 위하여 노력하지 않는 교인이다.

교회에는 두 종류의 사람이 모이는데, 곧 신자와 출석교인이다. 신자는 십자가와 만남이 있으나, 출석교인 중에는 십자가와 영적 만남이 없는 사람들이 있다.

#### 1. 나태한 사람들은 하나님을 믿되 오로지 땅 위의 축복에만 관심이 있다

그들은 예수 그리스도의 역할에도 관심이 없고, 자신의 구원에도 관심을 갖지 않는다. 죄에 대해서도 그다지 심각하게 생각지 않는다. 오직 우리가 세상에서 무슨 복을 받느냐에만 관심이 있다. 그래서 믿음으로 구원 얻으려는 것이 아니라, 믿음으로 세상에 있는 자신의 의식주 등 생활문제를 해결하려는 관심뿐인 것이다. 그들에게는 그리스도가 그의 대속주가 아니라, 다만 자신의 세상문제 해결사로만 여겨지는 것이다.

예수님의 제자들도 그런 생각으로 예수님을 따른 때도 있었다. 예수님이 예루살렘에 마지막 입성하실 때 제자들은 출세의 꿈에 부풀었다. 그래서 세베대의 아들 야고보와 요한이 주께 나아와 구하기를 주의 영광 중에서 우리를 하나는 주의 우편에, 하나는 좌편에 앉게 하여 주옵소서 하고, 간청하다 예수님의 꾸중을 듣기도 했다(요 10:35-37). 사마리아 마술사 시몬은 성령을 돈으로 사서 팔아먹으려는 생각을 했다(행 8:18-20). 얼마나 많은 사람이 교회에 나와 헛되고 헛된 것들을 구하고 있는가?

### 2. 복음은 참으로 긴급한 것이며 구원은 세상에 어떤 일보다 먼저 확인해야 할 일이다

그래서 주님이 말씀한 복중의 첫 번째 복이 심령이 가난한 복인 것이다(마 5:2). 그러나 교회에 구원을 등한시하는 교인이 적지 않다. 죄가 모든 불행의 근원이듯이 복음은 모든 복의 근원이 된다는 사실을 인식하지 못하고 있는 것이다. 우리는 믿음으로 하나님의 자녀가 되어야 하고 자녀라야 하나님께 무엇을 구할 수 있고, 동시에 받을 수 있다(요 15:7). 우선순위를 바꾸어서는 인생의 문제가 더욱 꼬일 뿐이다(마 6:33).

### 3. 나 같은 사람은 구원받았을 것이라고 막연한 기대를 가지고 있는 교인들이 적지 않다

자신이 모태 교인인 경우 부모를 통하여 어렸을 때부터 교회에 출석하였으므로 구원을 심각하게 생각해보지 않고, 신앙생활이 습관이 되어 다만 교회를 출석하는 것으로 구원이 이루어지는 줄로 생각하는 경향이 있다. 그들은 구원의 정확한 원리를 깨달아야 한다.

세례나 유아세례가 구원받은 증표도 아니고, 보증도 아니다. 어떤 사람들은 내가 집사니까, 장로니까, 아마 구원되지 않겠는가 생각하는 사람도 있다. 심판 때 어떤 사람들은 주님 앞에서 말하기를 "주여, 주여, 우리가 주의 이름으로 선지자 노릇하며, 주의 이름으로 귀신을 쫓아내며, 주의 이름으로 많은 권능을 행치 아니하였나이까"(마 7:22) 할 것이다. 그러나 주님의 대답을 들어보라! "나는 너희를 도무지 알지 못하니 불법을 행하는 자들아 내게서 떠나가라"(마 7:23)고 하실 것이다. 그러므로 우리는 반드시 예수님과 직접 만나야 한다. 십자가에 못 박히신 분을 알고 속죄를 알고 구원을 알아야 한다. 그리고 그 사실을 믿어야 한다.

## 나는 지옥으로 갈 것 같아

우리 집 아이들이 어렸을 적 가정예배 시간에 딸과 아들에게 물었다. 너희들 지금 죽어도 천국에 갈 수 있겠니? 당시에 딸은 초등학교 6학년, 아들은 5학년이었다. 딸은 천국을 갈 수 있다고 대답했다. 그런데 아들은 자기는 갈 수 없다고 했다. 아마 자기는 잘못이 많아 지옥으로 갈 것이라고 해서 나는 등골이 오싹하였다. 그래서 부지런히 복음을 설명하고, 믿음으로 얻는 구원을 말해 주었다. 그러나 아들은 여전히 구원받지 못할 것이라고 대답했다. 아이는 값없이 주는 하나님의 은혜를 이해하지 못했고, 그 날부터 심한 고민에 빠졌다. 가족 모두 천국에 가는데, 자신만 지옥으로 간다는 사실에 심히 슬퍼하는 것이다. 나는 열심히 전했으나 아들은 이해하지 못했다. 아들이 염려해서 그랬던지 그로부터 일 년쯤 지나 주님의 속죄에 의한 복음을 받아들였다. 그리고 구원의 확신을 가지게 되었고 매우 진실된 신자가 되었다. 우리는 단지 출석교인에 머무르는 것을 경계해야 한다.

4. 나태한 신자의 또 다른 형태는 나는 구원받았으니까, 어떻게 지내든, 무엇을 하든, 천국 간다고 하는 엉터리 교리의 신봉자다

그들은 태만하고도, 범죄하고도, 구원의 보장을 떠들어대며, 거룩함에 이르

는 성결의 노력을 게을리한다. 그렇게 생각하는 사람이 있다면 그는 실상 아직도 거듭나지 못한 자이다(롬 3:8).

구원의 원리도 다른 지식처럼 공부를 해서 알 수는 있다. 그러나 감정상의 동의와 의지적 결단이 없다면 그는 진정한 구원을 받은 것이 아니다. 즉 아직 그는 생명의 종자가 없는 교인인 것이다. 생명이 없는 나무는 당연히 열매도 없다(마 7:16).

바울 사도는 나태한 부류의 교인들에게 다음과 같이 답변을 한다.

"그런즉 우리가 무슨 말 하리요, 은혜를 더하게 하려고 죄에 거하겠느뇨, 그럴 수 없느니라. 죄에 대하여 죽은 우리가 어찌 그 가운데 더 살리요. 무릇 그리스도 예수와 합하여 세례를 받은 우리는 그의 죽으심과 합하여 세례 받은 줄을 알지 못하느뇨. 그러므로 우리가 그의 죽으심과 합하여 세례를 받음으로 그와 함께 장사되었나니 이는 아버지의 영광으로 말미암아 그리스도를 죽은 자 가운데서 살리심과 같이 우리로 또한 새 생명 가운데서 행하게 하려 함이니라"(롬 6:1-4)라고 우리를 구하신 목적을 분명히 말해 주었다. 하나님이 우리를 구하신 목적은 구원받은 우리를 통하여 하나님의 영광을 나타내기 위해서이다(벧전 2:9).

| 토의 |
1. 당신은 구원의 확신 후 주님을 기쁘게 하기 위해 어떤 결정을 했습니까?

2. 당신은 당신의 구원을 확신합니까? 이유는 무엇입니까?

3. 당신은 이전의 삶과 현재의 삶이 어떻게 달라졌습니까?

# 형식과 위선을 만나다

　기독도가 좌우로 담장이 쳐진 길 가운데로 가고 있는데, 담 좌우편에 형식과 위선이
란 사람이 담을 넘어 순례 길로 뛰어들었다. 기독도가 놀라서 "아니, 당신들은 누구
요? 왜 문으로 들어오지 않고 담을 넘어 들어오는 거요? 문으로 들어오지 않는 사람은
다 강도요, 절도라고 순례 길의 주인께서 그러셨는데, 문으로 가서 다시 오시오."라고
말하자, 그들은 "모로 가도 천국만 가면 되지, 왜 그 먼 곳까지 가서 문으로 들어간단

말이요? 우리도 당신처럼 같은 천국 길에 있고, 같은 활동을 하고 있지 않소? 문으로 들어 왔든, 담을 넘어 왔든 천국 길을 가고 있다는 사실이 중요한 것이요." 하며 순례 길을 동행하자고 강청했다.

**교회에서 행하는 의식과 경건한 삶을 따라 살면 구원받지 않을까?**

담을 넘어 천국 길에 들어온 사람들은 의식주의자와 경건주의자이다. 이 사람들 역시 교회에 속해 있고, 열심히 출석하고 있으며, 세례도 받았고, 각양 성례를 참여하는 데 열심이 있다. 또 경건한 삶을 살려고 노력함으로 외양으로 보면 모범 그리스도인이다.

1. 종교행사에 충실한 형식(의식)주의자

이들은 교회에서 행하는 각양 의식을 잘 따라서 하면 구원을 얻게 될 것이라는 믿음을 갖고 있다. 그들은 그리스도의 십자가를 사랑하고, 천주상과 예수상, 마리아상을 치장하며, 헌화하고, 촛불 켜서 그리스도에 대한 자신의 사랑을 나타내기도 한다. 세례도 받았고, 성만찬에 정성들여 참석한다. 그리고 그런 정성 어린 행위가 자신을 구원하게 될 것이라 믿는 것이다.

그러나 그는 그리스도의 십자가 대속의 공로를 모르며, 그리스도와 인격적 영적 만남도 없다. 그는 성령의 하시는 일에도 별반 관심이 없다. 그는 다만 자기의 종교의식이 구원을 가져다 줄 것을 믿고, 스스로 그리스도인임을 자부한다. 혹 누가 그를 구원받지 못했다고 하면 몹시 싫어한다. 비록 그는 교회 안에 있지만 거듭난 신자는 아니다. 즉 '형식'이란 교인은 기독도가 통과했던 좁은 문과 설명자의 집, 그리고 골고다 언덕이 생략된 사실상 미신적 믿음을 가지고 있는 사람이다. 하나님은 이런 자들을 책망하셨다.

"온 땅의 백성과 제사장들에게 이르라. 너희가 칠십년 동안 오월과 칠월에 금식하고 애통하였거니와 그 금식이 나를 위하여 한 것이냐"(슥 7:5). "만군의 여호와가 이르노라, 너희가 내 단 위에 헛되이 불사르지 못하게 하기 위하여 너희 중에 성전 문을 닫을 자가 있었으면 좋겠도다. 내가 너희를 기뻐하지 아니하며, 너희 손으로 드리는 것을 받지도 아니하리라"(말 1:10).

신령과 진정, 즉 성령과 진리가 없는 종교적 행사로는 구원이 보장되지 않는다.

### 2. 계율에 충실한 경건주의자

위선이라 불리는 부류는 교회에서 가르치는 윤리와 도덕을 잘 실천하면 구원에 이를 것이라 믿는 사람들이다. 그들은 그리스도에게서 이웃 사랑과 봉사, 경건한 삶, 자기 희생 등을 배워 아름다운 종교인으로써 흠잡힐 것이 없도록 진지하게 노력한다. 그들은 작은 계명 하나조차도 소홀히 하는 일이 없고, 혹이라도 어떤 계명을 위반했으면 신속히 선행을 해서 그의 과실을 보충하려 한다.

그러나 그는 그리스도 십자가의 대속 죄의 능력을 의지하지 않으며, 자신의 노력이 자신의 과실을 용서받게 할 것이라 믿는다. 그래서 교인들과 세상 사람들에게서 칭찬을 받는다.

형식주의자와 경건주의자는 예수 그리스도의 십자가에 못 박히심이 거룩한 희생이라는 것을 인정하지만 자기의 죄를 사했다고는 믿지 않는다. 다만 그리스도의 십자가의 못 박힘은 의(義)를 위한 거룩한 희생이어서 그 거룩한 희생을 본받아 자신의 인격을 수행해 가다 보면 구원에 이를 수 있을 것이라고 여기는 것이다.

사실 이런 사람들은 그리스도 교회 속에 있지만 그리스도와는 별 상관이 없는 사람들이다. 그들은 다른 종교에 가서도 같은 열심을 가지고 부지런히 그 종교의 가르침을 따라 봉사하게 될 사람들이다.

3. 거듭나지 못한 경건의 모양과 의식은 실상 자기만족일 뿐이고, 하나님에게 인정받지 못한다

우리는 가끔 자신의 한 범죄를 속하기 위해 선행을 몇 건 더하고, 죄가 사해진 것처럼 생각되어 양심의 부담을 더는 경우가 많다. 그러나 스스로 속지 말아야 한다.

죄는 예수의 보혈로만 속함을 얻을 수 있고, 선행은 선행대로 자신의 상이 될 뿐이다. 구원받기 이전이나 이후에나, 우리의 죄를 씻기는 것은 예수의 피밖에 없다. 어떤 사람이건 구원을 얻기 위해서는 반드시 골고다에서 십자가에 못 박힌 예수를 만나야만 한다. 그것이 진정한 의식이며, 경건이다. 그러므로 여러 의식을 행함으로 죄 사함을 받을 것이라는 생각은 바른 것이 아니다.

### 청함은 받았으나 택함을 받지 못한 자들

한 임금이 자기 아들의 혼인 잔치에 하객을 청하였다. 그러나 많은 사람들이 거절했다. 이에 임금은 그들보다 못한 자들도 청하였다. 그러나 거절한 사람이 많았다. 이에 왕은 종들을 보내 길가나 시장에 가서 아무나 데려오라고 명령했다. 거지, 죄인, 창기, 병자 할 것 없이 도저히 들어올 수도 없는 사람들을 데리고 잔치 자리에 나아왔다.

그런데 문제가 생겼다. 잔치에 들어가려면 씻고, 왕이 준비해 놓은 예복으로 갈아입어야 할 터인데, 자기의 의복도 괜찮다고 고집을 부리며, 갈아입으려 하지 않는 것이다. 이윽고 임금이 손님들을 보려고 잔치 자리에 들어왔다. 그리고 깜짝 놀랐다. 예복을 입지 않은 사람이 있었던 것이다. 분노한 임금은 그들을 묶어서 밖에 내어던지라고 하였다(마 22:1-14).

여기서 임금님은 하나님을 의미한다. 아들은 예수님이다. 아들의 혼인잔치는 천국을 말한다. 예복을 입은 사람들은 예수 그리스도의 십자가 공로를 믿

어 의의 옷을 입은 자들이다. 예복을 입지 않은 자들은 바로 의식(형식)주의자, 경건(율법)주의자를 말한다. 그들은 자기 의를 내세워 천국 잔치에 참여하려는 것이다. 이들은 거듭남도 없었고 주님의 십자가 공로를 의지함도 없다. 실상 그들은 외양적으로는 겸손한 것 같으나 심히 교만한 사람들이다. 목사가 강단에서 복음을 무수히 외치고 있어도 교인 중에 의식주의자와 경건주의자가 의외로 많다는 것은 이상한 일이다.

| 토의 |

1. 형식주의자의 특징은 무엇입니까?

2. 경건주의자의 특징은 무엇입니까?

3. 범죄 후 죄를 용서받기 위한 당신의 노력은 무엇입니까?

# 고난산을 넘다

　기독도와 형식, 위선은 옥신각신 대화를 하면서 어느새 고난산 앞에 도착했다. 고난산은 무서운 시련이 기다리고 있는 가파른 산이었다. 고난산 앞에는 세 갈래 길이 있었는데, 좁고 올라가기 어려운 고난산 중앙 길과 왼쪽 들판으로 뻗은 소돔으로 향하는 위험로가 있었고, 또 오른쪽으로는 애굽으로 내려가는 멸망로가 있었다. 셋은 그 앞에서 갈등을 하다가 형식은 위험로로, 위선은 멸망로로 각각 가고, 기독도는 가파른 고

난산 중앙 좁은 길로 올라갔다. 얼마 가지 않아 형식은 불에 타 죽었고, 위선은 늪에 빠져 죽었다. 기독도는 처음에는 달려가다가 오르기 힘들어지자 걸어서 갔고, 길이 더욱 험준해지자 무릎으로 기어서 정상까지 올라갔다.

### 진실된 믿음은 고난을 극복하게 한다

진정한 믿음과 거짓된 믿음은 인생길이 평탄할 때는 구별되지 않는다. 그러나 고난이 닥치면 쉽게 구별된다. 믿음은 고난으로 인해 시험되고, 또 훈련된다. 그래서 하나님은 때로 하나님의 백성을 고난 가운데 밀어 넣으신다. 가장 진실된 신앙고백은 고난 속에서 고백될 때, 그것이 진실한 것이며, 하나님께 드리는 진정한 산 제사가 되는 것이다.

### 1. 고난산에서의 시험은 어떤 시험인가?

고난산에서 당하는 시험은 때로 자신의 명예와 명성, 귀한 것을 빼앗기고, 육신이 병들고, 몸이 억압당하고, 여러 사람들로부터 배척을 당하고, 지위를 빼앗기고, 소유를 잃고, 가난을 참아야 하고, 굶주리고, 사랑하는 사람을 포기해야 하고, 영혼의 괴로움과 남의 지배를 받으며 하기 싫은 일을 강요당하는 것을 말한다.

믿음의 조상 아브라함은 독생자 이삭을 바치라는 명령을 들었고(창 22:2), 욥은 재산과 자녀를 잃고, 사람으로는 견디기 힘든 최악의 병에 걸렸다. 그럼에도 불구하고 동정은커녕 아내와 친구들에게 비난을 받아야 했다(욥 1,2장).

요셉은 노예가 되었고, 죄인이 되었으며, 다윗은 범죄도 없이 도망자가 되었다. 호세아 선지자는 창기 고멜을 아내로 맞으라는 명령을 받게 되었고, 에스겔은 누워서 먹고 마시며, 삼백구십일을 예언하라는 명령을 받았다(겔 4:5). 바울은 예수를 믿은 이후, 쫓는 자에서 도망자로 변했다(행 23:14). 때로는 권세를 잃고, 때로는 도망 다녀야 하고, 죄인으로 몰려 악형을 받는다. 심지어 죽임을 당하기도 한다(히 11:35-38). 초대교회 로마 십(十) 황제 치하에서는 카타콤(지하동굴)에 숨어서 신앙을 유지하지 않으면 안 되었고, 네로 치하에서 베드로와 바울은 순교를 당했다. 종교개혁자 마틴 루터는 온 세상이 그의 적으로 가득했고, 칼빈은 고국 프랑스를 떠나 평생을 유랑생활하지 않으면 안 되었다.

### 2. 하나님이 신자에게 고난을 주신 목적

신자가 고난을 통하여 자신의 믿음을 진실되게 고백하게 하고 때로는 범죄를 막고, 인내심을 더하여 바른 신앙인격을 형성하게 하며, 고난 극복을 통하여 하나님이 살아 계심을 보게 하기 위해서이다.

성경은 고난의 목적에 대하여 "오직 하나님은 우리의 유익을 위하여 그의 거룩하심에 참예케 하시느니라"(히 12:10)라고 하고, 또 "너희 믿음의 시련이 불로 연단하여도 없어질 금보다 더 귀하여 예수 그리스도의 나타나실 때에 칭찬과 영광과 존귀를 얻게 하려함이라"(벧전 1:7)라고 했다.

즉 하나님은 고난을 통해서 성도를 훈련하며 그의 거룩하심에 참여하게 하고, 그것들을 잘 극복하게 함으로써 칭찬과 영광과 존귀를 얻게 하려 하시는 것이다. 그렇기에 고난은 성도에게 해가 되는 것이 아니라, 오히려 성도를 성숙시켜, 그 과정을 통하여 아주 유익한 신앙인격이 형성된다(시 118:71).

### 3. 이런 유익이 있음에도 불구하고 고난당할 때는 괴롭고 버림받았다는 슬픔도 갖게 된다(시 42:10)

그러므로 고난당하는 자의 바른 자세에 대해 야고보 사도는 권면한다. "내 형제들아, 너희가 여러 가지 시험을 만나거든 온전히 기쁘게 여기라. 이는 너희 믿음의 시련이 인내를 만들어 내는 줄 너희가 앎이라. 인내를 온전히 이루라. 이는 너희로 온전하고 구비하여 조금도 부족함이 없게 하려 함이라"(약

1:2-4). 사도 바울도 "항상 기뻐하라. 쉬지 말고 기도하라. 범사에 감사하라. 이는 그리스도 예수 안에서 너희를 향하신 하나님의 뜻이니라"(살전 5:16-18) 라고 하셨다. 즉 고난이 왔을 때 이 사건이 자기를 망하게 하는 것이 아니라, 상을 주려는 조건을 만들어 주시고 있다고 믿고 기쁘게 감당하고, 하나님의 도우심을 구하라는 것이다.

그러나 중생되지 못한 자는 고난을 이길 힘이 없다. 왜냐하면 그는 진정한 의미의 생명이 없기 때문이다. 그에게 주어지는 모든 시험은 그의 힘에 부치는 것이다. 기독도는 십자가에 달린 예수를 만나서 이미 그로부터 생명을 얻었고, 능력을 받았으며, 또한 약속의 보증도 얻었다. 그러므로 그에게 주어진 고난을 넉넉히 감당할 수 있게 된 것이다(롬 8:37).

## 다 죽일 거야! 기독교인 아닌 사람은 나가!

소련이 루마니아를 지배할 당시에 있었던 일이다. 한 무리의 지하교회 성도들이 외딴 창고에 모여 예배를 막 시작하고 있을 때였다. 밖에서 창고 문을 두드리며 "문 열어라."라고 외치는 소리가 나서 예배를 중단하고 문을 열었다. 한 소련군이 총을 겨누며 들어 왔다.

"너희들 기독교인들 맞지? 너희 놈들은 정부에서 예배 모임 갖지 말라고 하는 말을 듣지 못하였느냐? 너희들을 다 잡아가 총살을 시키겠다."며 소리쳤다. 참석자들은 모두 벌벌 떨며 어쩔 줄을 몰랐다. 그러자 소련군은 모두 한쪽으로 가서 서라고 모퉁이를 가리켰다. 신자들은 그리로 가서 섰다. 그러자 소련군이 소리쳤다.

"내가 한 번만 자비를 베풀겠다. 지금부터 열을 세는 동안 신자가 아닌 사람은 집으로 돌아가라, 남은 사람만 죽이겠다."고 하면서 금방이라도 총으로 쏘듯이 사람들을 쏘아보며 숫자를 세기 시작했다.

"하나, 둘, 셋!"

신자들은 서로의 눈치를 살폈다. "뭘 쳐다봐, 넷!" 하고 소리치자, 신자 몇이 잽싸게 뛰어나갔다.

"다섯, 여섯! 빨리 나가라!" 그러자 또, 몇이 뛰쳐나갔다.

"열!" 남은 사람들은 꼼짝도 않고 소련군을 쳐다보고 있었다.

"다 나갔나, 더 이상 없어?" 하고 물었다. 그들은 공포에 차서 소련군을 보며 고개를 끄덕였다. 그러자 소련군은 단상 앞으로 가서 앉더니, "자, 예배 시작합시다."라고 말했다. 거기에 있던 신자들은 이 황당한 행동에 화가 나서 "당신 지금 무엇 하는 짓이오?" 하고 물었다. 그러자 소련군은 멋쩍은 얼굴로, "아 참, 미안하게 되었습니다. 사실 나는 기독교인입니다. 루마니아에는 많은 비밀경찰들이 깔려 있습니다. 만약 이 중에 비밀경찰이 있다면 나는 사형을 당할 것입니다. 그래서 비밀경찰을 분리하기 위해서 시험을 한 것입니다. 용서하십시오."라고 정중하게 말했다. 그 날의 예배는 기쁨이 충만한 예배였다. 고난을 이긴 승리자의 예배였기 때문이다.

거듭남이 없이는 결코 목숨을 건 신앙고백은 할 수 없는 것이다.

4. 십자가와 만남이 없는 신앙은 고난이 올 때 바른 선택을 하지 못한다

거듭나지 못한 사람은 영적 소경이다. 멀리 보지 못하고, 눈앞에 보이는 것으로 판단하고 선택하게 된다. 그는 고난의 끝이 어디이며, 또 고난 중에 역사하시는 하나님의 능력을 알지 못하고, 스스로도 그것을 감당할 힘이 없기 때문에 지레 겁을 먹는 것이다. 그래서 그들은 보기에 편한 선택을 하게 된다.

어떤 신자가 십자가와의 만남을 경험했으면 "우리가 그와 함께 영광을 받기 위하여 고난도 함께 받아야 된다는 사실을 부인하지 않을 것이고"(롬 8:17), "우리에게 은혜를 주신 것은 다만 그를 믿을 뿐 아니라, 또한 그를 위하여 고난도 받게 하심이라"(빌 1:29)라는 사실을 받아들이게 될 것이다. 그래서 구원받은 사람은 고난이 올 때 비록 두렵긴 하지만 피하려 하지 않는 것이다.

## 5. 고난을 두려워하면 악한 선택을 한다

사람이 인생의 어려운 문제를 만나 선택을 할 때에 눈앞의 현실만을 보고 선택해서는 안 된다. 현재가 괴롭기 때문에 쉬운 선택, 즉 고난을 피해 세상과 타협하는 선택을 하면 잠시는 좋지만 결국 더욱 나쁜 결과를 초래하고, 영광은 기대할 수 없다.

우리가 알듯이 장교훈련과 사병훈련은 훈련 강도에 엄청난 차이가 있다. 장교는 인간이 극복할 수 없는 한계 상황을 만들어서 훈련을 시킨다. 그 이유는 어떤 어려움 속에서도 병사들의 생명을 지키고, 임무를 완수할 능력을 배양하기 위해서이다. 그는 그 훈련을 마치면 영광스런 장교로 임관되는 것이다. 만일 어떤 신자가 다른 사람보다 더 큰 고난에 직면했다면 그는 하나님께 더 큰 사명을 감당할 자이기 때문이다.

### 거룩함이 없는 곳은 그 어디든 지옥이다

아브라함과 롯은 서로 헤어지면서 롯에게 먼저 갈 곳을 선택하도록 했다. 롯은 소돔을 선택했는데, 소돔은 온 땅에 물이 넉넉하여 여호와의 동산 같고, 애굽 땅과 같았기 때문이었다. 사실 소돔의 반대 방향은 물을 구하기 쉽지 않은 유대 광야여서 그리로 가는 것은 두려운 일이었다. 그러나 성경은 소돔에 대하여 "소돔 사람은 악하여 여호와 앞에 큰 죄인이었더라"(창 13:13)라고 기록하고 있다. 즉 롯은 소돔성에 악한 자들이 사는 것을 알았지만, 목축에 유리한 지역이기에 그곳을 선택했다. 그 결과 그는 거기서 그동안 이룬 모든 것을 잃었다. 아브라함은 유대 광야를 선택했다. 그 곳은 형편없는 메마른 땅이었다. 그의 믿음은 하나님이 함께 하시면 어디나 초원이라고 믿었기 때문이다. 그는 그곳에서 오히려 포로로 잡혀가는 롯을 구하기도 했다. 순간의 선택이 영생을 좌우한다.

## 6. 고난산을 오르는 방법

### (1) 첫째, 달려가야 한다

이 말은 어려움을 당할 때 피하지 말고 적극적으로 주어진 문제를 극복해야 하는 것을 말한다. 신앙의 위인들은 주어진 문제들을 결코 피해가지 않았다. 그들은 그들 앞에 주어지는 시련들을 전투에서 적을 향해 돌격하는 군인처럼 정면으로 맞부딪쳤고, 결국 극복하고 승리의 영광을 얻었다.

마귀는 늘 소나기는 피해가는 것이 현명하다고 속삭인다. 그러나 소년 다윗은 자기 앞에 서 있는 골리앗을 두려워하지 않았다. 골리앗이 나타난 것은 분명 그에게도 시련이었으나, 그는 두려워하지 않았다. 그는 담대히 골리앗에게 나가 부딪쳤다. 결국 그는 골리앗을 쓰러뜨리고 승리를 얻었다.

### (2) 둘째, 고난산은 걸어서라도 가야 한다

참고 인내하라는 말이다. 우리가 경험하는 일이지만 고난은 한 가지만 오지 않고 꼭 서너 명의 형들을 데리고 온다. 두세 가지 고난이 겹치다 보면 정말 견디기 힘들어진다. 그래서 가던 길을 멈추고 어디로 도피해버리고 싶어진다. 그러나 일단 쉬게 되면 다시 시작하기 더욱 어려워진다. 마귀는 우리에게 "신앙생활, 하루 이틀 할 것 아니니 천천히 해라. 쉬어가면서 해라. 지금은 때가 아니니 일단 피하고, 형편이 좋아지면 하라."고 속삭인다. 그러나 우리 주님은 서머나교회에게 명하셨다. "네가 장차 받을 고난을 두려워 말라 볼지어다. 마귀가 장차 너희 가운데서 몇 사람을 옥에 던져 시험을 받게 하리니, 너희가 십 일 동안 환난을 받으리라. 네가 죽도록 충성하라. 그리하면 내가 생명의 면류관을 네게 주리라"(계 2:10).

또 야고보 사도도 "인내를 온전히 이루라. 이는 너희로 온전하고 구비하여 조금도 부족함이 없게 하려 함이라"(약 1:4)라고 하시며, 고난을 끝까지 인내할 것을 요구하고 있다.

인내는 믿음의 중요한 요소이다. 우리는 언제 어떤 방식으로, 우리 고난이 끝날지 알지 못하지만, 그 끝이 있다는 것을 분명히 믿고, 또 그 결과는 성공이라는 확신을 가지고 소망 중에 인내해야 한다.

"십일 동안 환난"(계 2:10)의 의미는 십(10)은 충분을 나타낸다. 즉 '고난당하는 자에게 주신 고난의 목적이 충분히 실현되도록' 이란 뜻이다. 동시에 십이란 정해진 일정 기간을 의미한다. 즉 고난은 무한정 계속되는 것이 아니고, 그 목적이 달성되면 그친다는 것이다. 아무리 길어도 우리가 세상사는 동안만이다. 그러므로 고난과 싸움을 포기하지 말아야 한다. 왜냐하면, 고난이 끝나면 하나님으로부터 큰 상이 있을 것이기 때문이다(약 1:12).

### (3) 셋째, 무릎으로 기어 가야 한다

즉 고난당할 때 기도하라는 것이다. 우리가 능히 감당할 만한 고난이라면 그것을 고난이라고 말할 수 없다. 고난은 자기 힘으로 극복할 수 없는 것이 대부분이다. 사람의 인내에는 한계가 있고 문제 해결 능력은 더더욱 그렇다. 그러므로 자신의 힘만으로 견디기 힘들고, 해결하기도 힘들다. 어떤 고난은 너무 혹독하여 당하는 사람의 정신을 잃게 하기도 하고 타인이 도와도 효과 없는 경우도 많다. 그러므로 고난을 당할 때 우리는 기도해야 한다. 기도란 우리가 하지 못하는 일을 하나님께 맡겨 해결해 달라는 요청이다. 우리는 주님으로부터 기도할 것을 명령받았다(막 11:24).

기도하는 것은 세상의 주권이 하나님께 있다는 것을 인정하는 행위이며, 그가 전능하시고 지금 세상을 섭리하고 계심을 믿는 신앙고백이다. 우리 인생은 얼마나 교만한지 어려움이 없으면 하나님을 찾으려 하지 않는다.

고난이란 우리가 간절히 하나님을 찾도록 하는 조건을 주고, 우리가 마땅히 하나님을 의지해야 함을 알게 하는 신호이다. 그러므로 고난에 대한 우리의 반응은 마땅히 기도해야 한다는 것이다.

기도하면 기적을 맛볼 것이며, 하나님이 살아 계신 존재라는 것을 경험하게 될 것이다(막 9:29). 야고보 사도는 "너희 중에 고난당하는 자가 있느냐, 저는 기도할 것이요. 즐거워하는 자가 있느냐 저는 찬송할찌니라. 너희 중에 병든 자가 있느냐, 저는 교회의 장로들을 청할 것이요, 그들은 주의 이름으로 기름을 바르며, 위하여 기도할찌니라. 믿음의 기도는 병든 자를 구원하리니 주께서 저를 일으키시리라. 혹시 죄를 범하였을찌라도 사하심을 얻으리라. 이러므로 너희 죄를 서로 고하며, 병 낫기를 위하여 서로 기도하라. 의인의 간구는 역사하는 힘이 많으니라"(약 5:13-16)라고 했다.

## 요셉이 살려 달라고 기도하지 않았을까?

우리가 고난을 꼭 통과해야 하는 이유는 저 믿음의 사람, 요셉에게서 예를 볼 수 있다. 요셉은 참으로 큰 고난을 당했으나, 그 고난에 지지 않는 사람이었다. 그는 거부 야곱의 열한 번째 아들이었는데, 그 아버지의 각별한 사랑을 받았다. 뿐만 아니라 하나님의 특별한 사랑도 받아서 어려서부터 이미 하나님의 특별한 계시도 받은 사람이다. 그는 두 번의 꿈을 통해 하나님이 그를 세상 사람들과 그 형제들 그리고 심지어 그 부모의 섬김을 받게 될 것이라는 계시를 받았던 것이다.

그래서 그는 그 형제들에게 이 사실을 말했는데, 그의 말을 들은 그 형들은 격분하였다. 그들은 부모 몰래 동생을 애굽으로 가는 상인들에게 노예로 팔았다. 요셉은 원치 않는 길을 끌려가야 했다. 그는 황당했을 것이다. 하나님이 계시하신 약속과 노예 신세는 완전 반대 상황이었기 때문이다.

우리가 쉽게 짐작할 수 있는 것은 요셉이 하나님께 자신을 구해달라고 기도했을 것이라는 사실이다. 그러나 그 기도는 응답되지 않았다. 노예로 파는 것은 형들이 한 짓이지만 실상 요셉에게 벌어지는 모든 일은 하나님의 섭리였기 때문이다.

하나님은 요셉을 애굽 총리로 양성하기 위하여 애굽에 보내는 것이며, 보디발의 집에서 그 훈련을 받게 하시려는 것이었다. 그러나 이 일은 어린 요셉에게는 감당하기 힘든 큰 고난이었다. 하나님은 그 내용을 먼저 요셉에게 알게 하지 않으셨고, 그가 당하는 사건의 의미를 설명하지 않으셨다. 짐작하건대, 요셉은 보디발의 집에서 애굽어, 노무관리, 인사관리, 경영관리, 재정관리, 무역 등 총리로써 필요한 모든 학문을 자연스럽게 배웠을 것이다. 그는 보디발의 집 가정총무가 되었기 때문이다. 만약 요셉이 그 아버지 야곱의 집에 있었으면 이런 수업을 받을 수 있었겠는가? 당시의 애굽 문명은 세계 최고의 문명이었다.

이런 수업이 끝나자, 하나님은 요셉을 졸업시키고 상급학교에 진학시켰다. 좀 더 차원 높은 학문을 배워야 했기 때문이다.

졸업식은 보디발의 아내가 거행했다. 보디발 아내의 유혹을 요셉은 거절했다. 이 일로 그는 하나님께 합격했으며 애굽 최고의 정치학교인 시위대장 보디발의 감옥에 입문한다. 보디발 아내의 모함으로 시위대 감옥으로 간 것이다. 그때도 요셉은 하나님께 구해달라고 기도했을 것이다. 그러나 하나님은 그의 기도를 들어주지 않으셨다. 왜냐하면 그는 정치 수업을 받아야 했고, 왕궁의 정세와 법도에 익숙해야 했으며, 또 술 맡은 관원도 만나야 했기 때문이다.

시위대 감옥에서 애굽 최고의 정치학 교수들이 요셉을 가르쳤다. 그 교수들은 모두 바로 왕에게 잘못하여, 감옥에 보내진 애굽 최고의 신하들이었다. 아마 하나님은 요셉의 공부에 필요한 교수들을 차례로 그 감옥에 보내셨을 것이다. 요셉은 그들과 함께 생활하면서, 자연히 왕궁에 관한 것, 통치와 정치에 관한 것을 배울 수 있었다. 그는 그곳에서 왕의 신하들과 인맥도 형성했을 것이고, 애굽의 법도 알 수 있었다. 드디어 요셉은 국무총리를 할 수 있는 인격과 실력이 다 갖추어졌다.

하나님은 바로로 하여금 꿈을 꾸게 했고, 술 맡은 관원의 기억이 되살아나게 하셨다. 정치대학을 졸업하게 하신 것이다. 요셉은 왕의 부름을 받았고, 왕의 꿈을 해석하여 그 공로로 국무총리직을 맡는다. 그는 주저함 없이 국무총리 직분을 수행했고, 개혁을 이룬 훌륭한 정치가가 되었으며, 이스라엘을 구원하고 그들에게 고센 땅을 기업으로 마련해 주었다.

고난은 요셉의 능력을 확대시켰고, 그의 신앙인격을 성숙시켰다. 후에 그는 하나님의 뜻을 이해했고, 자신을 억울하게 만든 자들에게 보복하지 않았다. 하나님께서는 요셉의 기도를 들어 주시지 않았지만 고난을 능히 감당하도록 소망과 힘을 주셨던 것이다.

그러므로 우리는 고난을 당할 때 피하게 해달라는 기도를 할 것 아니라, 고난을 이길 힘을 달라고 기도해야 하고, 십자가를 거두시라고 기도할 것이 아니라, 십자가를 능히 질 수 있는 힘을 달라고 기도해야 한다. 나의 원대로 마옵시고 아버지의 원대로 되기를 원한다고 기도하셨던 우리 주님처럼 말이다.

| 토의 |

1. 고난산이란 어떤 환경을 말하는 걸까요?

2. 고난산을 넘을 수 있는 세 가지 방법을 말하고, 자신의 경험을 간증해 봅시다.

3. 형식과 위선, 두 사람은 왜 고난산을 넘으려 하지 않았습니까?

## :: 제24계단 ::
# 휴식정자에서 자버리다

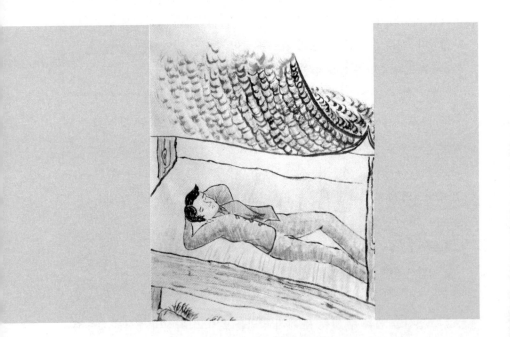

　고난산 정상에 다다르자, 순례자가 길을 쉬어가도록 휴식정자가 있었다. 기독도는 그동안 많은 고난을 겪었으므로 잠시 쉬려고 정자에 누웠다. 그러다가 그만 깊은 잠에 빠져 거기서 많은 시간을 보냈다. 문득 귓전에 "게으른 자여! 일어나 개미에게 가서 그 하는 것을 배우라."는 소리를 듣고 깜짝 놀라 일어나 길을 재촉했는데, 그가 누워 잘 때 품에 있던 두루마리가 빠져 정자 밑으로 떨어졌는데도 모르고 길을 갔다.

믿음의 싸움을 언제까지 해야 하는가?

기독도는 고난산 정상을 올랐다. 사람으로서는 하기 힘든 일을 해낸 것이다. 지나온 과거를 돌이켜 보니 그는 정말 엄청난 일들을 극복한 것이었다. 하나님은 고난에 지친 우리에게 때때로 휴식을 주시면서 새 힘을 얻게 하신다. 그러나 그런 휴식이 어떤 때는 자만으로 변하여 신앙의 진보가 멈추는 경우도 있다.

1. 신자가 극심한 시험, 환난, 핍박을 이기고 남이 이루지 못할 큰 업적을 이루었을 때의 성취감은 무엇보다 크다

때로 이런 성취감이 신자를 태만하게 만든다. 신자가 과거의 공적을 생각하다가 현재의 일과 장래의 일을 소홀히 하는 경우가 적지 않다. 믿음의 싸움은 죽어야 끝이 나는 것이다(계 2:10). 그러므로 신앙생활에서 휴식이란 없다.

우리가 이룬 업적에 대한 칭찬은 주님이 하셔야지, 자기 스스로 만족해서도 안 된다(고후 10:8). 그래서 바울 사도는 "선 줄로 생각하는 자는 넘어질까 조심하라"(고전 10:12)고 신자의 자만을 경계하고 있다.

2. 자만은 신앙의 퇴보를 가져온다

우리는 한 시간 지나간 자신의 업적이라도 잊어버려야 한다. 사람이 지난 일을 자랑하고 있으면 새 목표를 발견하기 힘들다. 진보하지 않는 것은 곧 퇴보이다.

사도 바울의 생애는 엄청난 고난의 연속이었고 그런 고난들은 정말 놀라운 열매들을 생산하였다. 그는 고난을 두려워하지 않았고, 고난에 매여 있지도 않았다. 그는 날마다 죽을 뻔한 큰일을 겪었고, 또 만족할 만한 성과도 거두었지만 감옥에 갇히는 때를 제외하고는 쉬는 일이 없었다(행 19:10, 롬 15:23). 오히려 그는 감옥에서조차 좌절하지 않고, 후일에 자신의 유능한 동역자인 오

네시모를 전도하기까지 했다(몬 1:10).

그는 그의 신상에서 벌어지는 모든 사건과 기회를 항상 전도의 기회로 연결
지었다. 그는 로마 감옥에서 빌립보교회 성도들에게 그가 어떻게 분투하고 있
는가를 알려주었다(빌 3:12-14). 그의 생애는 일이 휴식이고, 휴식이 일이었
다. 그는 모함당하여 헤롯 아그립바왕 앞에 섰을 때도 심지어 아그립바왕과
총독 베스도를 전도하려 했다.

## 나는 지금 주님과 연애중이다

나는 이미 십 년을 넘게 선교를 해왔다. 붙잡혀서 조사도 받았고, 두 번
이나 크게 다쳐서 생사의 고비도 넘겼다. 그래서 가끔 쉬라는 소리를 듣는
다. 나는 이런 권면을 그다지 좋게 생각하지 않는다. 쉬면 다시 시작하지
못할까 하는 조바심 때문이고, 내가 쉬는 사이 분명 사단이 끼어들어 지금
까지 이룬 일들을 망쳐놓을 것이기 때문이다. 그리고 내 눈에 보이는 많은
일들은 모두 하나님 나라를 위하여 시급히 해결해야 할 필수적 일들이기
때문이다.

나 역시 바울 사도처럼 뭘 이뤘다고 생각하지 않으며, 다른 사람보다 더
고생했다고 생각지도 않는다. 나는 계속되는 쉬라는 소리에 다음과 같이
대답했다.

"나는 다음과 같은 이유에서 쉴 수가 없습니다."

**첫째**, 나의 선교는 단순히 명령과 의무를 이행하고 있는 것이 아니라,
나의 애인이신 예수님과 연애하고 있는 중입니다. 나는 매일매일 연애의
즐거움을 누리고 있습니다. 나는 죽을 수는 있어도 주님과의 연애를 중단
할 수는 없습니다(아 2:5).

**둘째**, 나는 지금 추수 중에 있는 농부입니다. 나는 지금 추수자의 기쁨
으로 가득해 있습니다. 내 눈에는 수많은 농장이 펼쳐있으며 추수할 열매

들이 가득합니다. 나는 추수하는 기쁨을 포기하고 쉽지 않습니다(사 9:3).

셋째, 나는 지금 사단과 전쟁 중인 부대를 지휘하는 야전부대 지휘관입니다. 놈이 휴전하지 않는 한 나는 이 싸움을 결코 멈출 수 없습니다. 그래서 나는 쉴 수가 없는 것입니다(벧전 5:8).

### 3. 우리 믿음은 진보해야만 한다

우리는 지금 성화의 길을 가야 하고, 죄와 싸우되 피 흘리기까지 싸워야 한다. 진보하는 사람은 미래의 계획을 말한다. 이는 미래형 인간이다. 그러나 퇴보하는 사람은 자주 과거 업적을 자랑한다. 그는 과거형 인간이다. 늙은 사람은 추억을 말하고 육신이 연약하여 다른 일을 할 수 없다.

해야 할 다음 일이 보이지 않는 사람은 사실상 영적 잠을 자고 있는 사람이며 주님의 일을 꿈꾸지 않는 식물 신앙인이다.

하나님의 나라는 땅 끝까지가 아닌가? 우리가 주 안에서 해야 할 일이 얼마나 많은가? 성경은 우리에게 "부지런하여 게으르지 말고 열심을 품고 주를 섬기라"(롬 12:11)고 권면하고 있고, 땅 끝까지 이르러 증인이 되라고 하신다.

### 4. 자신의 공적을 생각하는 사람은 얼마지 않아 영적 잠을 자게 될 것이다

그러나 꼭 명심해야 할 것은 당신의 업적이 헤아릴 수 없이 많아도 그 성과는 하나님이 당신에게 준 임무의 얼마 정도일 뿐이다.

당신이 다하지 못한 일이 더 많다는 말이다. 그러므로 우리는 자만하여 쉬어서는 안 된다. 일하지 않으면 그것이 죄이고, 또한 시간의 여유가 많아지면 죄 짓기 쉽다. 베드로 사도는 "근신하라 깨어라 너희 대적 마귀가 우는 사자같이 두루 다니며 삼킬 자를 찾나니"(벧전 5:8)라고 신자의 태만을 경계하라고 한다.

5. 우리 신자들의 경주는 옆에 있는 어떤 성도와 경주가 아니라, 하나님이 우리 각각에게 주신 사명과 경주하는 것이다

어떤 신자가 하나님으로부터 다섯 달란트를 받아 세 달란트 남기고는 두 달란트 남긴 자와 자기의 업적을 비교하고, 자만해서는 안 된다는 것이다. 그는 세 달란트를 남겼어도 실상은 악하고 게으른 종에 해당된다. 왜냐하면 두 달란트만큼을 더 노력을 하지 않았기 때문이다.

우리는 자신이 주님으로부터 달란트를 얼마 받았는지 모른다. 그러므로 어느 정도의 업적을 이뤘어도 칭찬을 받을 수 있을지는 알 수 없는 것이다. 어떤 사람은 적은 능력을 충분히 사용하여 큰 업적을 남기고, 어떤 사람은 많은 재주를 가지고도 해 놓은 일이 보잘것없는 경우도 많다. 이는 그가 전심전력을 하지 않았기 때문이다.

### 왜 곁눈질을 하는가?

아들의 학교 운동회에 참석한 일이 있었다. 100m 달리기 경주를 보았는데, 총소리와 함께 아이들 8명이 뛰었다. 한 아이가 특별히 스타트가 좋아 다른 아이들보다 10여 미터 넘게 앞섰다. 그런데 갑자기 일등으로 달리던 아이가 뒤가 궁금해졌는지 뒤돌아보았다. 그러자 순간 속도가 쳐졌다. 순식간에 2등이 그 아이를 추월해 버렸다. 아이는 달리면서 또 다시 삼등을 보았다. 삼등도 곧 그 아이를 추월해 버렸다. 그러자 그 아이는 4등으로 뛰는 아이를 돌아다보았다. 4등 아이도 곧 그 아이를 추월했다. 결국 그 아이는 4등으로 들어 왔다. 그러나 4등은 상품이 없었다.

우리는 다른 성도들과 경쟁하는 것이 아니다. 다만 하나님이 우리 자신에게 주신 사명과 경주하는 것이다. 곁눈질하지 말고 죽을 힘을 다해야 한다. 천국에서 안식이 우리의 진정한 휴식처이다.

1. 신자가 어느 때 신앙이 퇴보합니다?

2. 당신은 미래 계획을 말하는 신자입니까? 아니면 지난 업적을 자랑하는 신자입니까?

3. 하나님 앞에 당신의 목표는 무엇이며, 지금 얼마나 성취했습니까?

# 약속증서를 다시 찾다

　　기독도가 잠잔 것을 후회하며 길을 재촉하고 있는데, 비겁과 회의라는 두 사람이 순
례 길에서 되돌아오고 있었다. 그들은 "돌아가시오. 앞에는 무섭고 힘든 일만 있고, 죽
을 위험이 도사리고 있소."라고 기독도를 말렸다. 그러나 기독도는 장망성으로 돌아가
도 별 수 없다는 것을 알고 있었다. 더군다나 그는 이미 받은 의의 옷, 이마의 표, 약속
의 두루마리가 있으므로 그들의 말을 귀담아 듣지 않고, 순례 길을 재촉했다. 그러나

조금 지나자 겁이 나기 시작했다. 안 되겠다 싶어 품 안에 있는 두루마리를 읽어야겠다고 생각하고 손을 넣었으나 있어야 할 두루마리가 없었다.

기독도가 많은 후회를 하며 다시 휴식 정자까지 가서 겨우 약속의 두루마리를 찾았다. 그것을 찾게 된 것은 하나님의 큰 은혜였다. 그는 두루마리를 품속에 깊이 간직하고 길을 재촉했으나 해가 지기 시작하여 어둠 속에 가지 않으면 안 되었다. 그는 발을 헛디디고, 덤불에 걸려 넘어지곤 했다. 무서운 짐승 우는 소리도 여기저기서 들려왔다. 기독도는 "원수 놈의 잠"을 중얼거리며 이제 다시 잠에 빠지지 않으리라 결심했다. 편히 갈 수 있는 길을 어렵게 가고 있는 것이다.

## 불신앙과 그 대가

### 1. 신앙생활에는 장애물이 많고, 거의 순교를 각오해야 할 상황도 있다

이러한 장애들을 보고, 믿음을 포기하는 사람도 적지 않다. 하나님의 종 모세는 이스라엘이 가나안 정복 전쟁을 하기에 앞서 정탐꾼들을 보내 그들이 차지할 땅을 정찰하게 했다. 이 전쟁은 이미 싸우기 전 사실상 승리가 확정되어 있는 약속받은 전쟁이었다. 그러므로 모세는 조금도 주저함 없이 가나안 정복을 확신하고 보낸 정탐이었다. 그러나 정탐을 마친 정찰대의 보고는 백성들을 겁에 질리게 만들었다. 이스라엘이 절대로 그 땅을 얻지 못하리라는 것이었다. 그들이 그곳을 차지할 수 없는 이유는 그 땅의 백성은 신장이 장대하고, 성곽이 견고하다는 것과 장대한 아낙 자손이 살고 있다는 것 등이었다.

이에 백성들은 낙담하여 애굽으로 돌아갈 것을 선동하며, 심지어 돌아갈 장관을 뽑기까지 하였다(민 13:31-33). 이 일은 하나님의 약속과 지금까지 그들을 인도한 하나님에 대한 반역이었다. 그들은 가나안 정복 전쟁에서 하나님의 역할을 전혀 고려하지 않았다. 그 결과 그들은 불신앙의 대가를 받았고, 그 세대는 광야를 헤매며 결국 가나안에 들어가지 못하고 모두 엎드려졌다. 그리고 40년 후 그들의 후 세대가 가나안에 들어가게 된 것이다. 그들이 그렇게 겁내고 회의를 가졌던 그 땅을 그들의 후세대는 일사천리로 탈취하였다. 그들도 믿음을 가지고 용감히 들어갔다면 그렇게 차지했을 것은 의심할 여지가 없다.

천국 가는 길에 있어서 비겁함과 회의는 언제나 큰 장애가 된다. 회의는 비겁한 결정의 기초가 된다. 가나안 정복 전쟁은 약속의 기업을 믿음으로 차지하라고 오늘을 사는 우리를 교훈하고 있다(수 1:6). 천국은 믿음 있는 자의 것이다. 히브리서 기자는 "믿음이 없이는 기쁘시게 못하나니 하나님께 나아가는 자는 반드시 그가 계신 것과 또한 그가 자기를 찾는 자들에게 상주시는 이심을 믿어야 할지니라"(히 11:6)라고 하셨다. 큰 믿음에는 큰 상급이 따른다.

사실 우리가 어떤 일을 당할 때 두려움을 갖는 이유는 하나님의 존재와 그의 능력을 망각하기 때문이다. 그것은 바로 불신앙에서 오는 것이다.

여리고성은 비록 크고 견고한 성이었지만 능히 탈취할 수 있었고, 아이성은 아주 작은 성이었지만 패배하게 된 것을 우리는 기억해야 한다. 여리고성을 빼앗은 이유는 믿음으로 싸웠고, 아이성에서 패배한 이유는 그들이 범죄하고 하나님을 의지하지 않았기 때문이다.

2. 신앙생활에서 발생하는 위험은 적지 않다

어떤 이들은 희롱과 채찍질뿐 아니라, 결박과 옥에 갇히는 시험도 받았으며, 돌로 치는 것과 톱으로 켜는 것과 시험과 칼에 죽는 것을 당하고, 양과 염소의 가죽을 입고 유리하여 궁핍과 환난과 학대를 받았다(히 11:36-37). 바울 사도도 심한 고통을 겪었는데, 그가 주님을 위하여 당한 고난은 보통사람들이 상상하기도 힘든 것이었다(고후 11:23-27). 신앙여정은 결코 만만한 것이 아니다.

3. 야고보 사도는 어려움을 당할 때 어떻게 할 것을 미리 가르쳐 주었다

"오직 믿음으로 구하고 조금도 의심하지 말라. 의심하는 자는 마치 바람에 밀려 요동하는 바다 물결 같으니 이런 사람은 무엇이든지 주께 얻기를 생각하

지 말라. 두 마음을 품어 모든 일에 정함이 없는 자로다"(약 1:6-8)라고 당부한다. 로마서는 "자녀이면 또한 후사 곧 하나님의 후사요. 그리스도와 함께한 후사니 우리가 그와 함께 영광을 받기 위하여 고난도 함께 받아야 될 것이니라"(롬 8:17)라고 한다. 고난 때문에 영광을 포기하지 말라는 것이다(롬 8:18).

신앙생활에 있어서 중간지대란 없다. 하나님께 속하지 않았으면 마귀에게 속한 것이고, 중간에 머뭇거리고 있으면 하나님께 칭찬받지 못하고, 마귀의 공격표적이 된다.

떨어진 믿음의 회복은 어떻게 회복해야 하는가?

1. 믿음이 식어졌을 때 어디서부터 잘못된 것인가를 찾아내야 한다

즉 어떤 사건이 원인이 되어서 믿음이 식기 시작했는지를 찾아내고, 회개하여 그 지점에서 다시 시작하여 식어진 신앙을 회복해야 한다(계2:5).

신자가 믿음이 떨어졌을 때는 분명 신앙에 영향을 준 사건이나 어떤 계기가 있었을 것이다. 누구의 핍박을 받은 때부터였는가? 어떤 두려운 일을 보고 난 때문인가? 아니면 예배를 등한히 한 때부터였는가? 목사님이나 성도들과의 관계가 나빠지고부터였는가? 헌금 문제로 시험을 받았는가? 직장 일 때문인가? 세상 친구들과 휩쓸린 때문인가? 큰 죄를 저지른 때문인가? 취미에 심취한 때문인가? 생활이 부유해지고 난 후인가? 사업에 실패한 후인가? 다른 성도의 과실을 보고 난 다음인가? 하나님의 존재에 의심이 생긴 때문인가? 등등.

어떤 문제에서 시험당하고 난 후 믿음이 식어졌으면, 당신은 그 상황을 반드시 이겨내야 한다. 하나님은 당신이 그것을 이기고 성숙해지길 원하시기 때문에 만약 이기지 못한다면, 그 시험은 몇 번이고 다시 찾아오게 될 것이다. 그러므로 태만해진 성도는 자기 신앙을 잠자게 만들었던 그 문제를 반드시 해결하고 천성 길을 가야 한다.

## 2. 그러나 한 번 잃어버린 신앙을 회복하기가 쉽지 않다

왜냐하면 사단은 그 신자의 약점을 알게 되었고 자주 그 틈을 노리고 공격하려 할 것이기 때문이다. 그리고 그가 회개하므로 잘못은 용서되었을지라도 불신앙에 대한 징벌을 얼마간 감수하지 않으면 안 된다.

신자의 잘못이 이미 용서가 되었는데 왜 징벌을 당해야 하는가?

그 징벌은 처벌이 아니라 교육적 의미이다. 그가 잘못한 일에 대하여 처벌을 받음으로 죄의 결과가 어떤 것임을 알게 하고, 그 사건이 교훈이 되어 이후에 같은 죄를 범하지 않게 되기 때문이다. 이스라엘의 반역에 대하여 하나님은 "너희가 그 땅을 탐지한 날 수, 사십 일의 하루를 일 년으로 환산하여 그 사십 년간 너희가 너희의 죄악을 질지니 너희가 나의 싫어 버림을 알리라 하셨다 하라"(민 14:34)고 조처하셨다.

따라서 그들의 40일 정탐기간은 40년의 광야생활로 늘어났다. 그러나 이 기간은 단지 징벌의 기간만은 아니었고, 이스라엘이 가나안 땅을 차지할 믿음을 완성하기 위한 기간이기도 했다.

삼손도 방종으로 블레셋에 포로가 된 후 실명하였고, 자신의 머리털이 다시 자라기까지 맷돌을 돌리며, 블레셋 사람들의 구경거리가 되는 수치를 겪어야만 했다(삿 16:24). 다윗은 우리아의 아내를 범하고 은폐하기 위해 그 남편을 죽였다. 하나님은 선지자를 보내 다윗을 책망했다. 다윗은 진심으로 회개했고 하나님은 다윗의 죄를 용서하신다고 하셨다. 그러나 그냥 그렇게 끝 난 것은 아니다. 그대로 용서하고 만다면 그는 다시 그런 범죄를 쉽게 저지르게 될 것이다. 그래서 하나님은 그의 잘못을 징계하기로 하셨다.

"이제 네가 나를 업신여기고, 헷 사람 우리아의 처를 빼앗아 네 처를 삼았은즉 칼이 네 집에 영영히 떠나지 아니하리라 하셨고, 여호와께서 또 이처럼 이르시기를 내가 네 집에 재화를 일으키고, 내가 네 처들을 가져 네 눈앞에서 다른 사람에게 주리니"(삼상 12:10)라고 선고하셨다. 이 선고는 그대로 실행되었다. 다윗은 그의 범죄로 인하여 엄청난 대가를 치러야만 했다. 하나님은 사랑으로 다윗의 죄를 용서하셨지만 공의로 그를 징계하셨다.

철저하게 회개하지 않으면 죄는 다시 그 주인을 찾는다

그래서 사람들이 다시 범죄하게 되는 것이다. 회개는 단순히 죄를 슬퍼하는 것이 아니라 옛 습관을 완전히 끊어 버리는 것이다. 악은 그 모양이라도 버려야 한다(살전 5:20-22).

성도들이 어떤 고난을 당하게 되면 현재 당하는 어려움만 해결해 주기를 구한다. 그러나 그렇게 해서는 근본적인 해결이 되지 않는다. 먼저 그가 그렇게 고난을 당하게 된 원인을 찾아내어 그 일을 회개하고, 또 해결해야 한다. 하나님께 잘못한 것, 사람에게 잘못한 것, 타인의 명예와 재산에 손해를 입힌 것 등을 철저하게 구체적으로 해결해야 완전한 회개가 될 것이다(눅 12:59).

삭개오는 예수님을 만나 진실한 회개를 하였다. 그가 회개의 고백을 하는데 "주여 보시옵소서, 내 소유의 절반을 가난한 자들에게 주겠사오며, 만일 뉘 것을 토색한 일이 있으면 사 배나 갚겠나이다"(눅 19:8)라고 했다. 이것이 진정한 신자의 회개이다. 그렇게 되면 징계로 인한 고난은 끝이 나고 믿음이 회복될 것이다. 우리가 이런 과정을 거쳐서 회개한다면 어떻게 다시 범죄할 수 있단 말인가?

새 의복은 몸가짐을 조심하게 만든다. 그러나 옷이 조금씩 더러워지면 몸가짐을 함부로 하게 된다. 옷을 깨끗하게 빨아 새 옷같이 되면 사람은 다시 몸가짐을 조심하게 된다. 그러나 덜 빨렸으면 역시 함부로 행동하게 된다. 죄에 대한 회개가 그런 것이다. 철저한 회개는 같은 범죄를 예방하게 되고 범죄를 대항하는 영적 능력을 얻게 되는 것이다. 우리는 작은 죄를 가볍게 여겨서는 안된다. 에서의 잘못은 가볍지만 정말 가치 있는 장자권을 상실하게 되었다.

어떤 이단은 한 번 구원받은 다음에는 다시는 회개가 필요 없다고 한다. 그렇다. 구원을 위한 회개는 일회적이다. 그러나 성화를 위한 회개는 범죄를 깨달을 때마다 시행되어야 한다(요 13:8,10). 구약의 아침저녁으로 하는 번제가 회개의 기능을 했다(레 1장). 회개를 통하여 하나님과 우리는 관계를 회복하게 된다. 마음이 청결한 자는 복이 있다고 하셨다. 바로 회개하는 자이다. 그는 영안이 열려 하나님을 보게 될 것이다(마 5:8).

약속의 두루마리가 휴식정에 있었던 것은 기독도의 믿음 종자가 없어지지 않았음을 보여준다. 이는 하나님의 은혜로 기독도 마음속에 있는 믿음 씨앗을 보호하고 계신 것이다. 그래서 어떤 사건으로 믿음을 등진 사람도 어느 때가 되면 다시 돌아오는데, 하나님의 택한 백성은 반드시 돌아오도록 되어 있다(롬 8:38).

| 토의 |

1. 당신은 극심한 두려움으로 신앙을 포기하고 싶은 경험은 없었습니까? 두려움을 이기는 방법은 무엇입니까?

2. 신앙이 연약해져 갈등해 본 경험은 없습니까? 무슨 이유였으며 어떻게 극복했습니까?

3. 진정한 회개는 어떻게 하는 것인지 말해 봅시다.

제2부
신자의 교회생활

# 미궁에 들어가다

 기독도가 얼마간 길을 가자, 크고 아름다운 궁전(美宮)이 시야에 들어 왔다. 그는 너무 기쁜 나머지 급히 미궁으로 들어가려 하는데, 대문으로 통하는 유일한 통로에 무서운 사자 두 마리가 으르렁거리며, 기독도에게 달려들었다. 깜짝 놀란 기독도는 무서워 되돌아가려고 하자 문지기가 나와 소리쳤다. "여보시오. 웬 겁이 그렇게 많소? 무서워 말고 좌로나 우로 치우치지 말고, 가운데로 똑바로만 오시오. 좌우에 있는 사자는 목

에 쇠사슬이 있어 가운데로만 오면 사람을 해칠 수 없다오." 기독도는 문지기의 주의를 들으며 한가운데로 길을 따라 대문으로 들어갔는데, 두 사자는 으르렁거렸으나 기독도를 해치지는 못했다. 문지기는 기독도를 반갑게 맞아 주었다.

"잘 오셨습니다. 이 집은 순례 길의 주인이신 분이 순례자들을 위하여 지어 놓으신 것으로 모든 순례자들이 이곳에서 가르침을 받고, 힘을 얻어 순례 길을 떠난답니다."라고 말했다. 문지기는 주인의 가족들인 분별 양, 경건 씨, 신중 씨, 그리고 자애 양에게 인도했다. 이들은 기독도에게 순례 길에 대한 여러 가지 지식과 미궁 주인이 당한 고난, 사랑, 구원 등에 관해 친절하게 알려 주었다.

## 바른 교회는 어떤 교회인가?

우리는 지금까지 기독도가 어떻게 믿기를 결정하고 천성 길을 가는데, 필수적 지식은 무엇인가, 믿음 생활에서 일어나는 어려움을 어떻게 극복할 것인가 하는 등 성도 개인 믿음을 중심으로 살펴보았다. 그러나 실상 신자의 신앙생활은 '교회'라는 테두리 속에서 활동하게 된다.

하나님은 성도들의 믿음을 계속 성장시키며, 사단의 궤계를 대항하고, 보호받으며, 믿음의 열매를 맺으며 천성 길을 가도록 은혜의 방편으로 '교회'라는 기관을 성도들에게 주셨다. 그러므로 교회는 믿는 자에게 최고 중요한 영적 기관이다. 이제부터 우리는 교회와 연관되어 있는 일들을 공부하게 될 것이다.

우리는 앞서 말한 성도의 신앙에 있어서 목사의 역할이 매우 중요한 것처럼 교회 또한 성도의 천국 길에 가장 큰 영향을 미친다. 어떤 교회를 선택했느냐를 따라 그 신자의 신앙 성격도 사실상 결정된다. 왜냐하면 성도는 교회가 소속한 교파의 교리와 신학의 영향을 받게 될 것이기 때문이다. 그러므로 바른 교회 선택은 매우 중요하다.

## 1. 바른 교회란 "좌로나 우로 치우치지 않는 신앙"을 가진 교회이다

비록 모든 교회가 사용하는 성경은 같지만 해석상 좌로나 우로 치우친 교회도 적지 않고, 또는 성경 말씀에 무엇을 더하거나 어떤 부분을 빼버리고, 자기 주장을 더하여 만든 교리를 가진 교회도 있다.

하나님의 말씀은 천국 길에 지도와 같고 도로표지판과 같다. 그래서 시편의 기자는 "주의 말씀은 내 발에 등이요 내 길에 빛이니이다"(시 119:105)라고 고백하고 있다. 만약 어떤 교회의 성경 해석이 좌로 치우친다면 그 성도들은 모두 좌편으로 향할 것이요, 그 성도들은 왼쪽 사자(마귀)에게 잡아먹힐 것이고, 우편으로 치우치면 모두 우편으로 가게 되고, 오른쪽 사자에게 잡아먹힐 것이다. 즉 좌로나 우로 치우친 교회를 선택하면 성도는 천성에 도달하지 못한다(수 1:7). 따라서 성도에게 교회 선택은 매우 중요하다. 교회가 성경을 대하는 태도로 볼 때 세 종류의 교회가 있다.

### (1) 좌로 치우친 교회가 있다

좌(左)란 무엇인가? 이런 교회는 성경 내용을 말씀 그대로 믿지 않고, 또 어느 부분을 인정하지 않거나 빼버리고 믿는 교회를 말한다. 이런 교회는 주로 "자유주의 신학"을 따르는데, 자유주의 신학이란 성경은 하나님의 계시가 아니라, 다만 당시 시대 신자의 간증이나 신화를 모은 것이라고 보는 것이다. 그들은 주장하기를 간증이나 신화는 사실에 기초한 것이 아니라, 당시 기록자의 바람이나 자기가 느낀 신앙 감정을 기록한 것이기에 오류가 있을 수 있다고 주장한다.

어떤 사람은 하나님의 창조를 부인하고, 어떤 사람은 진화론과 혼합을 시도하고, 어떤 신학자는 그리스도의 성육신이나 육신의 부활을 부인한다. 어떤 학자는 예수의 구속 주(主) 되심을 부인하고, 그리스도는 다만 우리가 본받아야 할 한 분의 훌륭한 도덕가로 보고 그에게서 우리는 사랑과 도덕 실천의 정신을 배워야 한다고 강조한다. 따라서 그들은 예수 그리스도의 성자 되심과 구원자 되심을 부인하며 십자가 공로를 덧입어 속죄된다는 것도 시인하지 않는다. 그들은 주님을 석가모니나 공자, 마호메트 같은 특출한 사람 중의 하나로 본다. 그러나 그들 교회는 겉으로는 정통 교회들과 조금도 다름없이 지내며 이단의 부류로 분류되는 것을 거부한다. 사실 그들이 기독교로 분류되는 것은 참으로 이상한 일이다. 왜냐하면 그리스도를 믿음의 대상으로 삼지 않기 때문이다. 그들은 기독교가 아니라 바로 인간 이성을 믿는 종교이다.

유럽의 교회들은 이 영향을 크게 받았고, 그 결과 무수한 교회가 문을 닫았으며 성도들은 교회를 떠났다. 그들은 성도들에게 믿음을 심어준 것이 아니라 오히려 불신앙을 심어주었고, 믿음을 훼방했으며, 초대교회 성도들과 개혁자들이 목숨과 바꾼 신앙의 가치를 우스갯거리로 만들었다. 사단의 간계가 실로 무섭다. 그놈들은 성경을 하나님의 말씀이 아니라고 함으로써 신자의 신앙 표준을 무시하게 하는 것이다. 이러한 주장을 한 자들이 지금도 철학사에 중요한 부분을 차지하고, 학문적으로 존경받는 저명한 철학자들이라는 사실은 마귀의 간계가 그저 놀랍다고 할 수밖에 없다.

### (2) 우로 치우친 교회란?

성경의 어떤 부분만을 특별히 중시하여 다른 부분과 균형을 잃어버리거나 성경 외에 어떤 내용을 추가하여 믿는 것을 말한다. 주로 율법주의나 경건주의 교회를 말하는데 그들은 구원이 행위와 경건의 결과라고 하며, 인간의 노력을 강조하는 것이다. 성경에서 인간의 행위를 무시하는 것이 아니다. 다만 구원의 조건은 행위가 아니라 믿음이라는 것이다(행 15:11).

우경화 교회 중에는 또 신비주의 교회가 있다. 신비주의는 신앙에 있어서 신비적 감정을 중시하여 사람의 어떤 느낌이 하나님의 계시인양 말하고, 교주의 말이 성경의 권위를 넘어선다. 그들은 늘 예언자처럼 무엇을 예언하나 맞는 것은 별로 없다. 그럼에도 불구하고 많은 사람들이 미혹되어 그리로 몰려 간다. 주로 이단이라고 불리는 교회들이 우로 치우친 교회이다.

우리는 주관적 신앙을 경계해야 한다. 주관적이란 개인의 감정이나 생각이 다. 우리의 모든 주장은 성경 진리(객관)에 비추어 보아야 하고, 전통과 정통 의 교리와 일치해야 한다. 또 우로 치우친 교회는 성경 외에 다른 경전(예: 교 리, 외경, 몰몬경, 성약서, 파수대, 원리강론, 교주의 어록 등)을 성경의 권위 와 동등하게 여기거나 오히려 성경의 권위 위에 둔다.

하나님의 말씀인 성경(계시)은 다만 신구약 성경 66권 외에는 없다. 그 내용 은 신앙인의 모든 필요를 충족하고 남음이 있어서 다른 책이 더 필요하지 않다.

그러므로 신구약 성경 66권 외의 어떤 책이나 내용을 성경의 권위와 같게 여기는 것은 그 자신이 이단임을 스스로 입증하고 있는 것이다. 성경 외에 어 떤 다른 경전을 내세우는 교회에서 신앙생활하고 있다면 그곳이 이단인 줄 알 고 빨리 빠져나와야 한다.

### (3) 성경을 해석함에 있어서 좌로나 우로 치우치지 않는 교회가 있다

우리는 이런 교회를 정통교회라고 부른다. 정통교회는 성경을 하나님의 계 시로 믿으며, 성경의 권위를 신앙과 생활의 유일무이한 법칙으로 삼는다(딤후 3:15-17). 그리고 사도나 교부들(아타나시우스, 어거스틴 등 교부들), 그리고 정통 신학자들의 가르침을 존중하며, 고대로부터 세계 교회가 결정한 신조(신 앙고백서)와, 종교개혁 시기, 종교개혁자(마틴 루터, 죤 칼뱅, 츠빙글리)들의 가르침을 존중하는 교회이다.

### 2. 미궁(美宮)이란 바로 교회를 말한다

교회는 성도를 위하여 하나님이 준비해 두신 세상에서 가장 아름다운 궁전 이다. 기독도는 이제 교회의 일원으로 살아가게 된다.

## (1) 교회란 무엇인가?

교회에 대하여 사도 바울은 정의하기를 "하나님의 교회 곧 그리스도 예수 안에서 거룩하여지고, 성도라 부르심을 입은 자들과 또 각처에서 우리의 주 곧 저희와 우리의 주 되신 예수 그리스도의 이름을 부르는 모든 자들"(고전 1:2)이라고 했다.

교회는 그리스도의 몸으로(고전 12:27), 그리스도가 머리가 되고(엡 1:22), 성령의 하나 되게 하심을 따라 모든 신자가 지체를 형성하는 모든 성도의 모임을 말한다(고전 12:12). 또한 교회는 우리가 보기에는 여러 개로 보이나 본질상 세계 역사에 오직 하나의 거룩한 교회가 있을 뿐이다(엡 4:4). 교회는 하나님 나라의 일부이다. 하나님은 교회를 사용하여 하나님나라를 이루어 가신다(고전 15:24).

모든 성도는 하나님을 아버지로 예수 그리스도의 피를 나눈 한 형제들이다. 비록 교회가 여러 요인으로 다른 이름들과 다른 지역에 있으나 교회는 그리스도 안에서 성령으로 연합된 한 형제라는 사실을 한시라도 잊어서는 안 되고, 교회 일치를 위하여 힘써 노력해야 한다(골 1:18).

## (2) 하나님은 교회에 특별한 권세를 부여하셨다

그것을 우리는 왕권이라고 부른다. 그것은 성도를 다스리고, 보호하며, 회원을 가입시키며, 제명시킬 수 있는 치리의 권세를 말한다. 이는 주님이 세상에 계실 때 사도들에게 약속하신 것으로 교회에 이 권세를 주었다. "또 내가 네게 이르노니 너는 베드로라. 내가 이 반석 위에 내 교회를 세우리니, 음부의 권세가 이기지 못하리라. 내가 천국 열쇠를 네게 주리니 네가 땅에서 무엇이든지 매면, 하늘에서도 매일 것이요. 네가 땅에서 무엇이든지 풀면 하늘에서도 풀리리라"(마 16:18-19).

하나님께서 이 권세를 교회에 주신 이유는 교회의 거룩과 성도의 신앙의 순전성을 보존하시기 위해서이다. 교회는 이 권세를 적극 사용하여 이단의 침입을 막고, 이단에 오염된 자들을 격리하며, 경건한 삶을 권장하고, 그리스도의 명예를 세우는 데 활용하고 일사분란하게 하나님나라 확장을 위한 영적 전쟁을 수행해야 할 것이다.

성도들 역시 하나님나라 백성이므로 교회의 권위에 복종하고, 교회의 명령을 존중하며, 교회를 섬기고, 교회를 통하여 주시는 여러 유익과 보호를 누려야 하며 동시에 그 나라를 위한 의무를 다해야 한다.

### (3) 교회의 머리와 몸

교회의 머리는 오직 예수 그리스도 한 분뿐이다. 교황을 비롯하여 그 어떤 사람(교주)도 교회의 머리가 될 수는 없다. 교회는 오직 주님의 가르침을 따르고, 그를 섬기며, 그의 영광을 위하여 노력을 경주해야 한다. 바울 사도는 "또 만물을 그 발 아래 복종하게 하시고, 그를 만물 위에, 교회의 머리로 주셨느니라. 교회는 그의 몸이니 만물 안에서 만물을 충만케 하시는 자의 충만이니라" (엡 1:22-23)라고 했다.

한국 이단의 현실

대부분의 이단은 교회의 머리가 자신들의 교주인 것처럼 말한다. 어떤 참람한 자들은 자신을 하나님이라고 하고, 어떤 자는 자신을 "말씀의 아버지"라고 한다. 어떤 자들은 자신을 중보자라고하며, 자신을 예수라고 하는 자들과 자신이 다른 보혜사라고 주장한다. 또 자신을 새로운 예수라고 말하는 자들도 있다. 어떤 자들은 자기 교주가 "하나님 어머니"라고 차마 입에 담기도 망극한 말을 한다.

성도들이 가장 많이 속는 말은 다른 보혜사라는 말이다. 요한복음 14장 16절에 나오는 이 약속은 절대로 인간 교주 아무개를 가르치는 것이 아니고 예수님이 승천하신 후 주님께서 보내시는 성령님을 말한 것이다. 제일 보혜사는 예수님 자신이고, 다른 보혜사는 성령님을 말하는데, 무식한 교주들은 그 짧은 문장에서 문맥 하나 제대로 연결하지 못하고 그것이 자신이라고, 국어 공부를 조금만 했어도 절대로 나올 수 없는 사오정식 해석을 늘어놓는다. 더욱 놀라운 것은 그런 자들의 말을 믿고 따라가는 이단 교인들이다. 자신을 예수라, 재림예수라, 하나님이라, 말씀의 아버지라, 하나님 어머니라, 보혜사라고 주장하는 교회들에게서 빨리 빠져 나오길 바란다. 그들은 양의 탈을 쓴 이리일 뿐이고, 그들 교회는 무수한 성도들의 함정이다. 언젠가 그 신도들에게 엄청난 피해를 주고 결국 그 신도들의 영혼을 사망으로 인도할 것이다.

### (1) 성도에게 교회는 어떤 곳인가?

교회는 성도에게 어머니의 역할을 한다. 왜냐하면 성도는 교회를 통하여 온갖 은혜를 덧입고, 양육받기 때문이다. 예수님은 교회를 포도나무로 비유하신 일이 있다(요 15:1-5).

즉 성도는 교회를 통하여 하나님의 은혜를 공급받는다. 거기서 말씀을 듣고, 성령의 충만함을 얻는다. 교회를 통하여 비진리와 악한 세력으로부터 보호함을 받고, 선한 열매도 맺게 되는 것이다. 교회와 성도의 신비한 영적관계는 말로 설명할 수는 없다. 그 신비란 성도는 교회 안에서 구원을 얻게 되고, 생명의 교류를 하게 되며, 영의 양식을 공급 받게 된다는 점이다. 그 안에 있을 때 우리는 능력을 얻어 계속 성장할 수 있다(엡 1:23).

### (2) 교회는 신랑과 신부의 가정이다

신랑과 신부의 만남은 즐거움이 있고 거기에는 새 생명의 생산이 뒤따른다. 그러므로 교회 생활은 즐거움이 있어야 하고 동시에 전도의 열매, 성령의 열매를 많이 맺어야 한다(갈 5:22, 23).

성도가 교회 생활에서 주의해야 할 점은 무엇인가?

교회는 구약시대에도 있었지만(행 7:38) 교회라는 명칭이 선명히 나타난 것은 주님이 교회라는 명칭을 사용하시면서부터다(마 16:18). 그리고 오순절 성령강림으로 신약교회가 정식으로 시작되었다(행 2:41). 주님은 교회를 자신의 피로 값 주고 사셨다(행 20:28). 교회로 하나님의 백성을 모으기 위해서다(눅 14:23).

그러나 사단도 자기의 백성을 빼앗기지 않기 위해 곧 가짜 교회를 만들어 냈다(요일 2:19). 지금도 그놈들은 쉬지 않고 이 모양, 저 모양의 가짜 교회를 만들어 성도들이 현혹되는 경우가 많다.

## 1. 기독교인이 가지고 있어야 할 첫째 덕목은 분별이다

우리는 기독교에 특별히 가짜가 많다는 것을 이상하게 생각해서는 안 된다. 사기꾼들이 유명하지 않는 상품을 카피하여 가짜를 만든다면 그것을 누가 사겠는가? 기독교에 가짜가 많은 것은 기독교 안에만 참 생명과 구원이 있다는 사실을 사단도 인정하기 때문이다. 본래 유명 상품에는 가짜가 많다. 그러므로 기독교회에도 가짜가 적지 않은 것이다. 그 가짜들은 할 수만 있으면 바른 교회 신자들을 그리로 데려가려 한다. 그러므로 진리를 바로 분별하는 것은 성도의 매우 중요한 덕목이다. 교회가 성경을 가르치고, 신조와 교리를 가르치는 중요한 목적 중에 하나는 참 교회와 거짓교회를 분별하기 위함도 있다.

가짜(이단)들은 가만히 교회 중에 들어왔고, 여우가 담을 헐듯이 조금씩 성도를 무너뜨리고, 교회를 무너뜨린다. 그래서 베드로 사도는 이단을 경계하라고 했다(벧후 2:1). 요한 사도는 역시 강력하게 "사랑하는 자들아 영을 다 믿지말고 오직 영들이 하나님께 속하였나 시험하라. 많은 거짓 선지자가 세상에 나왔음이니라"(요일 4:1)라고 경계했다.

이단(異端)이란? 전통 신앙과 내용이 같다가 끝이 달라지는 것을 말한다. 그렇기에 성도들은 의심하지 않고, 미혹에 빠지게 된다. 성도들이 이단을 분별한다는 것은 쉽지 않다. 거기에다 성도에게도 취향이 있어서 자기 취향과 일치하면 곧 바로 이단에 빠지게 되는 것이다. 그러므로 이단이라고 선언된 교회에 대한 호기심을 가져서는 안 된다. 그것은 자신의 소중한 영혼을 시험 대상으로 삼는 매우 미련하고, 위험한 행위라 하지 않을 수 없다.

## 1992년 10월 28일에는 주님이 오지 않습니다

한국 교회에 한 때 "1992년 10월 28일에 주님이 오신다"고 주장하는 다미선교회라는 집단이 있었다. 그때 그 열광으로 한국 교회가 정말이지 용광로 같이 들끓었다.

하루는 우리교회 집사 두 분이 그 집회를 다녀왔다. 그리고 그 목사의 성경풀이와 시대상의 일치가 과히 신묘하다는 것이었다. 그래서 10월 28일에 예수님이 오시는 것이 맞는 것 같다고 했다. 나는 당시 신학생 전도사였는데 그분들에게 이렇게 말했다.

"집사님들, 내가 단언하거니와 예수님은 그날 오시지 않습니다. 내가 보증합니다. 그러나 10월 27일이나 29일에는 혹 오실지도 모릅니다. 28일에는 절대로 안 옵니다. 예수님이 그 날과 그 시를 모르겠다고 하신 것을, 우리는 겸손히 모른다고 해야 합니다."

그 후 집사님들은 모임에 가지 않았다. 당연히 10월 28일에 예수님은 오시지 않았으며 따라서 두 집사는 폐가망신을 면했다.

영 분별이란? 바로 거짓 영을 분별하는 은사를 말한다.

2. 기독교인이 두 번째 가지고 있어야 할 덕목은 경건함이다

경건이란 천국 백성으로써 합당한 인격을 훈련하여 과거의 나쁜 습관을 버리고, 죄의 유혹을 물리치며, 선한 행실을 가지는 것을 말한다. 즉 신자가 그

리스도의 성품을 본받아 실천하는 것을 말한다. 신자는 부단히 옛사람의 정욕과 습성을 버리고, 신의 성품에 참여하기를 훈련해야 한다. 그것이 바로 신앙이 진보하는 표다(벧후 1:4). 올바른 경건은 타인의 어려움을 돌아보고 돕는 것이며, 세속을 쫓지 않는 것을 말한다(약 1:27).

### 3. 기독교인의 세 번째 덕목은 신중이다

신중은 구속의 은총에 감사하고, 또 미래에 주어질 상급을 기대하며, 근신하고 절제함을 말한다. 인간은 죄향성이 있고, 구원받은 후에도 그 습관이 다 사라지지 않아서 조금만 편안하면 옛 사람의 정욕이 되살아난다. 우리는 말에나 행동에나 속에서 쓴 뿌리가 되살아나지 않도록 죄에 대하여 깨어 있고, 모든 언행에 신중을 기해야 한다(히 12:15).

### 4. 기독교인의 네 번째 덕목은 자애이다

자애란 다른 사람의 형편을 동정하고, 타인의 영혼을 불쌍히 여기는 마음이다. 친교를 통하여 교제를 나누고, 형제와 자매를 이해하며, 위로하여 용기를 북돋우며, 서로의 짐을 나누어야 한다. 우리는 초대교회의 성령 충만한 신자들이 어려움에 처한 사람들을 구제하기 위하여 어떻게 행했는지를 배워야 한다(행 2:24,46). 성도들이 아름다운 사랑을 실천한다면 세상 사람들이 하나님을 찬미하는 제목이 될 것이다(마5:16).

육적 도움 외에도 죽어가는 영혼들에 대해 더욱 관심을 갖고, 힘써 전도해야 한다. 전도는 신자의 가장 큰 사랑의 표현이다. 왜냐하면 전도는 그 사람의 인생 전부를 영원히 구하는 것이기 때문이다(겔 33:3-8).

### 모이기를 폐하는 것은 사단의 간계

이러한 네 가지 덕목을 이루기 위해서 성도는 모이기를 힘써야 한다(히

10:25). 우리는 사단들의 간계에 깨어 있어야 한다. 현대의 여러 문화매체들은 우리를 자기들의 영역에 잡아두려한다. 그래서 모이기를 폐하게 만든다. 사단은 스포츠, 섹스, 스크린, 여가, 취미, 일에 미치도록 해서 우리가 주님 앞에 모이는 것을 방해하려 든다.

모닥불이 잘 타고 있는 곳에 생나무를 집어넣으면 곧 불이 옮겨 붙는다. 그러나 잘 타던 장작개비도 빼내서 놓아두면 곧 꺼지고, 연기를 피운다. 우리가 모이기를 힘써야 하는 이유다. 양이 모여 있으면 사자라도 공격하지 못한다. 그러나 무리에서 떨어지면 여지없이 공격을 당한다. 신자가 모임을 폐하면 그러한 위험에 처하게 될 것이다(히 10:25).

| 토의 |

1. 좌로나 우로 치우친 교회의 특징은 무엇입니까? 그런 교회는 무엇이 중심이 되어 활동하게 될까요?

2. 우리는 교회를 어떻게 존중하고 사랑해야 할까요?

3. 이단교회의 종류와 특징을 말해 보십시오.

# 미궁에서의 대화

　　미궁의 가족들은 기독도와 여러 가지 대화를 가졌다. 특별히 미궁을 건설하신 주인의 지위와 역할, 사랑, 그리고 희생에 대해 이야기했는데, 그분이 십자가에서 고난 받으심을 말할 때 모두 감격의 눈물을 흘리기도 했다.

교회에서 전파되어야 할 말씀의 주제는 무엇인가?

교회 메시지의 중심 주제는 삼위일체 하나님께서 우리를 위하여 하신 일과 예수 그리스도의 은혜와 하나님 나라가 되어야 한다.

## 1. 우리 하나님은 삼위일체 하나님이시다

우리는 우리 믿음의 대상인 하나님에 대하여 정확한 이해가 필요하다. 우리가 믿는 하나님은 아주 독특한 방식으로 존재하시는데, 영원부터 영원까지 삼위일체로 존재하신다. 영원이란 시작과 끝이 없는 시간적 무한 상태를 말한다.

하나님은 영이시고, 육체를 가진 분이 아니어서, 어떤 세상의 원리로도 그의 존재방식을 설명할 수는 없다(요 4:24). 다만 성경에 계시된 하나님에 관한 내용을 귀납해보면, 오직 한 분 하나님 안에 지 · 정 · 의가 완전하게 구비된 삼 위격(位格)이 존재하신다(요 10:30)는 것을 알 수 있다.

### (1) 하나님의 존재방식

우리는 삼위(位)를 성부(聖父), 성자(聖子), 성령(聖靈)이라고 부르는데 영원부터 영원까지 성부는 성자를 발생(發生: 낳음)하시고, 마찬가지로 성부와 성자는 성령을 영원부터 영원까지 발출(發出: 보냄)하고 계신다(빌 2:6, 요 8:42, 요 15:26). 삼위 간에 발생과 발출을 통하여 상호 존재하시기 때문에 존재의 일체(一體) 관계는 영원히 계속된다.

삼위일체(Trinity)란 셋(tri)이 한 단위(unit)를 이루고 있다는 의미이다. 그러므로 삼위는 시간상 선후관계가 없고, 위치가 동등하며, 영광과 능력이 동일하시다. 성부는 성자를 창조하지 않았고 함께 계셨으며, 성부와 성자는 성령을 창조하지 않았고 성령 역시 처음부터 성부와 성자와 함께 영원히 존재하셨다.

성부 하나님이시고, 성자 하나님이시며, 성령 역시 하나님이다. 삼위 하나님은 위격의 구별이 있지만 존재는 하나이고, 사역에 있어서도 언제나 하나로 일하신다.

예를 들자면 창조에 있어서 성부는 계획하시고, 성자는 명령하시며, 성령은 역사를 하신다. 각각의 일을 하셨지만 창조라는 한 가지 사역을 이루셨다.

구원에 있어서도 마찬가지다. 성부는 구원 받을 자를 선택하시고, 성자는 대속하시며, 성령은 사람을 감동하여 믿게 하신다. 각각의 일을 분담하셨지만, 다만 구원이라는 한 가지 일을 하셨다. 그러므로 사역에 있어서도 삼위일체로 일하신다.

## 양태론과 여호와의 증인

어떤 사람들이 삼위일체 하나님을 아무래도 이해할 수가 없어서 한 분 하나님이 구약시대에는 성부, 신약에는 성자, 교회시대에는 성령으로 나타난다고 말한다. 이런 이론을 양태론이라고 하는데, 역사적 공교회 회의에서 이미 이단으로 정죄한 바 있다.

분명히 성부는 성자가 아니고, 성자 역시 성령이 아니며, 성령 역시 성부가 아니다. 삼위는 영원부터 영원까지 동시에 삼위격으로 존재하신다 (창 1:26, 마 3:16,17).

또한 여호와의 증인은 하나님은 오직 한 분이라는 사실만을 강조하여, 삼위를 부인한다. 그들은 성자는 피조된 신이고, 성령은 다만 하나님 능력의 나타남을 가리킨 것이라고 한다. 이 역시 초대교회 아리우스 이단과 주장을 같이 하고 있다. 아리우스는 예수는 하나님이 만들어 낸 차급 신이라고 주장하다 이단으로 정죄되었다.

삼위일체라는 말이 성경에 없다고 주장하는 사람들이 있는데, 삼위일체라는 단어는 없지만 삼위일체를 증명하는 수많은 성경구절이 있다(계 5:1-14). 대부분의 이단은 삼위일체 신관(神觀)에 문제가 있다.

## 2. 믿는 자의 구주, 예수 그리스도는 어떤 분이신가?

예수 그리스도는 참 하나님이시고, 동시에 참 인간이시다. 예수 그리스도는 성자이시고, 동시에 인간의 영혼과 육체를 구비하신 분이시다. 그래서 신성과 인성, 양성을 확실하게 구비하셨다.

요한 사도는 예수 그리스도의 신성에 대하여 "태초에 말씀이 계시니라. 이 말씀이 하나님과 함께 계셨으니, 이 말씀은 곧 하나님이시니라"(요 1:1)라고 했고, "말씀이 육신이 되어 우리 가운데 거하시매, 우리가 그 영광을 보니, 아버지의 독생자의 영광이요, 은혜와 진리가 충만하더라"(요 1:14)라고 증거한다.

사도 바울도 "그는 근본 하나님의 본체시나 하나님과 동등됨을 취할 것으로 여기지 아니하시고, 오히려 자기를 비어 종의 형체를 가져 사람들과 같이 되었다"(빌 2:7,8)라고 예수 그리스도는 하나님이자 동시에 인간이 되심을 소개하였다. 예수는 동정녀 마리아에게서 나셔서 인간의 몸과 영혼을 가지셨으나 하나님의 성령으로 잉태되었고, 아담의 죄성을 전가받지 않았기에 완전히 거룩하신 분이다. 그러므로 믿는 자의 대표가 되어 능히 속죄하실 수 있는 자격을 구비하셨다.

## 3. 예수 그리스도께서 이 세상에 오셔서 무슨 일을 하셨는가?

예수 그리스도는 인간이 되어 세상에 오셔서 세 가지 직분을 수행하심으로써 구속 사역을 이루셨다.

### (1) 우리의 대제사장이 되어 일하셨다

제사장의 중요한 임무는 인간과 하나님을 화해시키는 것이다. 그리스도께서 세상에 오셔서 우리 대제사장이 되시고, 속죄 사역을 감당하심으로, 하나님과 원수 되었던 우리를 화목하게 만들었다(롬 3:25). 그는 우리 죄를 짊어지고 대속하신 속죄 제물(양)이 되셨고(요일 2:2), 자신을 바침으로 제사장이 되셨으며, 그는 지금도 하나님 보좌 우편(지성소)에서 우리를 위하여 기도하시며 영원한 대제사장직을 수행하고 계신다(히 4:14, 9:11,12).

### (2) 선지자로써 하나님 뜻을 우리에게 보여 주셨다

선지자란 하나님의 뜻을 백성에게 전해주는 직무이다. 그리스도는 세상에 오시기 전에는 성부의 뜻을 세상에 나타내는 말씀(계시)하시는 하나님이셨다(요 1:1).

그는 세상에 오셔서 하나님 아버지의 법을 선포하시고(마 5~7장), 사람들에게 하나님 아버지의 계획을 알리셨으며, 십자가에 달리셔서 하나님이 우리를 얼마나 사랑하는 지를 친히 보여주셨다(요 6:38,39).

아버지를 보여 달라는 빌립에게 "빌립아 내가 이렇게 오래 너희와 함께 있으되 네가 나를 알지 못하느냐. 나를 본 자는 아버지를 보았거늘 어찌하여 아버지를 보이라 하느냐"(요 14:8-9)라고 하시며 자신은 아버지를 계시하시는 분이라고 소개하셨다. 그는 오늘날에도 성령을 보내시고 전도자들과 목사를 보내서서 선지자의 일을 계속하고 계신다.

### (3) 우리의 왕이 되셔서 우리를 다스리신다

이스라엘의 왕은 독재군주들과 다르다. 그는 하나님의 뜻을 따라 그 백성을 보호하고, 환난에 처한 백성을 구원한다. 선지자 다니엘은 예수님의 왕의 직분을 미리 예언했는데 "내가 또 밤 이상 중에 보았는데, 인자 같은 이가 하늘 구름을 타고 와서 옛적부터 항상 계신 자에게 나아와 그 앞에 인도되매, 그에게 권세와 영광과 나라를 주고, 모든 백성과 나라들과 각 방언하는 자로 그를 섬기게 하였으니, 그 권세는 영원한 권세라 옮기지 아니할 것이요, 그 나라는 폐하지 아니할 것이니라"(단 7:13,14)라고 했다.

그는 십자가에서 사단과 싸워서 자기 백성을 마귀의 손에서 구원하셨다. 그리스도는 오늘날도 성령과 전도자를 보내서 마귀에게 결박된 자기 백성들을 복음으로 구해 내시며, 교회를 세워 하나님나라를 확장하시고, 성령의 역사로 교회를 다스리므로 왕의 직무를 수행하고 계신다. 최후에는 세상에 다시 오셔서 산 자와 죽은 자를 가려내어 하나님나라를 완성하게 된다(딤후4:1).

교회는 예수 그리스도의 삼직(三職)을 본받아 그 일을 전파하고, 실천해 나가야 한다. 교회가 그리스도의 세 직분과 연관된 일을 벗어날 때 교회는 능력을 잃어버리고, 소란스런 집단으로 변한다. 하나님은 그곳에서 촛대를 옮기실 것이다(계 2:5). 그러한 교회는 살았다 하는 이름은 가졌으나 실상은 죽은 교회이다(계 3:1,2).

### 4. 그곳에서의 양식

미궁에서의 양식은 떡과 포도주였다. 그들은 그곳에서 이 양식을 먹음으로 힘을 얻었다. 주님은 세상에 계실 때에 나는 생명의 떡이며 생명의 음료라고 하셨다(요 6:35). 바꿔 말하면 주님은 우리 생명의 양식이 되므로 성도가 자기 생명을 유지하려면 반드시 매일 매일, 시간 시간 그리스도를 먹어야 영적 생명이 유지될 수 있다.

주님은 너희는 내 살을 먹고, 내 피를 마셔야 영생을 소유한다고 하셨다(요 6:54). 물론 주님의 살, 주님의 피는 진짜 살과 피는 아니다. 우리는 식인종이 아니다. 그 의미는 그리스도가 십자가에서 우리를 위하여 찢기신 몸과 흘리신 피의 희생으로 우리 영혼이 구원 받음을 항상 양식 삼으라는 것이고, 그 은혜를 믿으며 살라는 것이다. 주님은 공생애 마지막 유월절에 이 내용을 예식으로 만들어서 주님이 다시 오실 때까지 교회에서 지속적으로 시행하라는 명령을 주셨다(눅 22:19). 우리는 이 예식을 "주의 성만찬" 혹은 "성찬"이라고 부른다.

성찬은 단지 예식만 하는 것은 아니다. 이 예식은 예수 그리스도의 십자가 희생을 기념할 뿐만 아니라, 이 예식을 행할 때 성령께서 예식을 행하는 자들에게 임하여 영적 교류를 하시고, 성령을 부으셔서 그리스도의 고난과 약속에 참여하는 믿음을 증진시켜 주시는 것이다. 물론 이 자리에 그리스도는 성령을 통하여 임재하신다(요 6:56).

이 복되고 거룩한 예식을 실시함으로 큰 영적 성장을 가져오지만 동시에 부주의, 무관심, 범죄를 회개함 없이, 의미를 인식하지 못하고 시행하는 자에게는 큰 해가 되어 병든 자, 심지어 죽는 자가 생길 수 있다고 바울 사도는 고린도 교회에 경고하고 있다(고전 11:30).

성찬은 교회의 중요한 표식이므로 교회는 정기적이고도 자주 성찬예식을 시행해야 한다.

---

**|토의|**

1. 하나님의 삼위일체를 존재와 사역으로 나누어 말해 봅시다.

2. 예수 그리스도의 신성과 인성에 대해서 간단하게 말해 봅시다.

3. 예수 그리스도의 세 직분과 교회의 활동을 연결지어 말해 봅시다.

4. 세례와 성찬의 의미는 무엇입니까?

:: **제28계단** ::
# 믿음의 승리자들

    그들은 또 그 주인의 훌륭한 종들에 대해서도 이야기했다. 정말 그 종들은 주인의 이름을 빛낸 사람들이었다. 아브라함, 야곱, 모세, 다윗, 다니엘, 바울, 베드로 등 믿음의 사람들의 역사는 기독도에게 큰 용기를 주었다. 그들은 기독도를 한 창고로 데리고 갔다. 주인의 훌륭한 종들이 보잘것없는 무기로 적을 무찌른 그 무기들을 전시해 놓은 박물관이었다. 기독도는 모든 설명을 듣고 오래 그들과 생활하면서 새 힘을 얻었다.

교회에서 우리는 신앙 선배들의 믿음을 배우게 된다

성경에는 신앙 선배들의 믿음의 발자취를 볼 수 있다. 우리는 그들의 믿음을 본받고, 여러 환경을 처할 때 본보기를 삼아 천국 길에 승리해야 한다. 우리가 천성 가는 길을 잘 알지 못할 때, 앞에 가는 양의 발자취를 따라가는 것이 가장 안전하다(아 1:8). 히브리서 11장은 신앙 용사들의 믿음을 전시한 명예의 전당이다.

### 1. 믿음으로 나라를 구한 사람들

모세는 믿음으로 민족을 구했다(히 11:27). 여호수아는 믿음으로 이스라엘에게 가나안을 차지하게 했다(히 11:30). 기드온, 바락, 입다, 삼손, 사무엘, 다윗은 믿음으로 나라를 구했다. 그들 자신은 정말 보잘것없는 능력을 소유했지만, 믿음이 있었기에 그들의 업적은 가능하였다.

### 2. 믿음으로 의를 행한 사람들

다윗은 믿음으로 골리앗 앞에 나갔으며, 하나님을 모독하는 그를 쓰러뜨렸다. 다윗은 골리앗을 향하여 "너는 칼과 창과 단창으로 내게 오거니와, 나는 만군의 여호와의 이름, 곧 네가 모욕하는 이스라엘 군대의 하나님의 이름으로 네게 가노라"(삼상 17:45)라고, 용감히 나간 것이다.

다니엘의 세 친구는 왕의 금 신상에 절하라는 명령을 믿음으로 거부했다. 그들은 극렬히 타는 풀무불도 두렵지 않았고, 굶주려 있는 사자도 겁내지 않았다. 그들의 믿음은 하나님이 그들을 위하여 기적을 일으키실 것을 믿었지만, 설사 그렇지 않다고 하더라도, 하나님의 말씀에 복종해야 한다고 결정했다(단 3:18).

### 3. 믿음으로 미래를 약속 받은 사람

진실된 믿음은 하나님의 약속을 믿는 것이지, 결과를 보고 믿는 것이 아니다. 아브라함은 그를 인도할 하나님을 믿었고, 그의 지시를 믿었다(창 15:6-7). 그는 그의 후손을 하늘에 별과 같이, 땅에 티끌과 같이 주시겠다는 하나님의 약속을 믿었다. 그러한 약속을 받은 때에 그는 자식이 하나도 없었다. 믿음은 상식을 초월하는 것이다.

### 4. 믿음으로 사자의 입을 막은 사람

삼손은 믿음으로 사자를 죽였고(삿 14:6), 다니엘은 기도로 사자 입을 막았다(단 6:22). 꼭 손에 무기가 있어야만 가능한 것이 아니다.

### 5. 믿음으로 불의의 세력을 멸한 사람

페르시아 왕 아하수에로 시대에, 유대인을 몹시도 미워한 하만은 유다인을 전멸시키기로 했다. 이에 계교를 꾸며 유다 민족을 모함하고, 왕의 허가를 받아 유다인을 전멸시킬 날을 잡았다. 이 사실을 들은 왕후 에스더는 금식을 하고, 죽으면 죽으리라 하고 왕께 나가서 백성을 살려달라고 간청했다. 왕은 에스더의 간청을 들어 주었다. 에스더의 신앙은 죽으면 죽으리라는 신앙이었다(에 4:16).

### 6. 믿음으로 연약한 가운데 강하게 된 사람

실제로는 연약하고 비겁한 사람이었으나, 믿음으로 강하게 된 사람도 있었다. 기드온은 정말 겁쟁이였다(삿 6:11). 그러나 하나님의 사자는 그를 용사라고 했다. 그는 믿음으로 용사가 되어 전쟁에 나가 미디안을 전멸시켰다.

드보라는 여자의 몸으로 전쟁에 나가, 믿음으로 가나안 왕을 쳐부수고, 이스라엘을 해방하였다. 당시 가나안 왕은 철병거를 구백 승이나 가지고 있었다. 하나님은 약한 자를 들어 강한 자를 부끄럽게 만드시는 분이다.

## 7. 믿음으로 전쟁을 이긴 사람

히스기야 왕은 유다를 침공한 앗수르 왕 산헤립으로 인하여 심히 떨었다. 그는 도저히 산헤립을 상대할 수 없다고 생각했다. 그때 산헤립이 유다를 모욕하고, 이스라엘을 모욕한 서신이 도착했다. 놀라고 억울해 하던 히스기야 왕은 편지를 성전에 가지고 가서 믿음으로 하나님의 제단에 펼쳐놓고 기도하였다. 하나님은 진노하셨고, 그 밤에 18만 5천의 앗수르 군사는 전멸되었다(왕하 19:35). 하나님은 이스라엘 군대조차 사용하지 않으셨고 직접 싸우셨다.

## 8. 믿음으로 고난을 극복한 사람들

어떤 여자들은 자신의 인생 문제에 난관이 생기자 믿음으로 하나님께 구하였는데, 심지어 죽은 아들이 살아나기도 했다. 이 여인들의 신앙은 위인들에 비하면 거창한 것은 아니었으나, 하나님은 그녀들의 간절한 소원도 이루셨다(히 11:35). 하나님은 우리의 작은 신음에도 응답하신다.

## 9. 믿음으로 세상에 미련을 이겨낸 사람들

위에서 말한 것들은 기적을 생산하는 믿음들이었다. 즉 불행한 결과가 하나님의 도움으로 기적적으로 해결을 본 경우다. 그러나 믿음의 결과는 반드시 기적만 생산하는 것은 아니었다. 오히려 사람들이 보기에 아주 불행한 결과로 나타나는 경우도 많았는데, 히브리서 기자는 "또 어떤 이들은 더 좋은 부활을 얻고자 하여 악형을 받되 구차히 면하지 아니하였으며, 또 어떤 이들은 희롱과 채찍질뿐 아니라, 결박과 옥에 갇히는 시험도 받았으며, 돌로 치는 것과 톱으로 켜는 것과 시험과 칼에 죽는 것을 당하고, 양과 염소의 가죽을 입고 유리하여 궁핍과 환난과 학대를 받았으니"(11:36-37)라고 진술하고 있다. 이런 믿음에 대하여 기록자는 "세상이 감당치 못할 믿음"이라고 각주를 달아 놓았다.

예레미야와 세례 요한은 아무 기적도 행하지 않았으나, 백성은 그들을 존경했다(마 16:14). 그들은 믿음으로 고난을 감수했다. 바로 고난을 감수하는 믿음이 더 큰 믿음이다. 중요한 것은 어떤 표적이 나타나는 것이 아니라, 나의 믿음을 통하여 하나님의 영광이 나타나며, 하나님의 뜻이 이루어지는것이 더 중요한 것이다. 그것이 바로 주님이 겟세마네 동산에서 하셨던 기도 "나의 원대로 마옵시고, 아버지의 뜻이 이루어지기를 바라나이다"라는 믿음이며, 모든 믿음 중 가장 고상한 믿음이다.

우리는 신앙의 승리자들을 본받으며, 믿음의 싸움을 싸워나가야 한다. 성도는 자신이 본받을 성경의 위인을 두고 닮아가려고 힘써야 하고, 또 현실의 교회에서도 본받을 자를 두고 협력하며, 자신 또한 다른 성도의 본이 되어야 한다.

미련한 사람은 자신이 일일이 경험해 봐야 알고, 현명한 사람은 남의 경험에서 교훈을 얻는다. 믿음의 사람들의 생애에서 우리는 믿음의 지혜를 얻자.

### 보잘것없는 것으로 큰일을 한 사람들

우리는 큰일을 이루기 위해서는 남보다 학식이 높고, 재주가 있고, 따르는 사람이 많고, 무기가 좋고, 재물이 많아야 한다고 생각한다. 그러나 신앙의 위인들은 자신들이 무엇을 가졌나를 생각하지 않았다. 오히려 그들이 중요하게 생각하였던 것은 하나님이 그들과 함께 하시나 아니 하시냐였다(삼상 23:2). 그들은 하나님이 하라고 하신 일이 사람들 보기에 불가능하게 보일지라도 순종했다. 하나님은 그들의 순종을 통하여 기적을 나타내셨다.

하나님은 위대한 사람을 통하여 역사를 이루시는 것이 아니라 보잘것없는 사람들, 보잘것없는 것들을 사용하여 이루신다. 그 이유는 그 때에 하나님의 영광이 가장 잘 드러나기 때문이다(고후 12:9).

1. 하나님은 모세를 이스라엘의 구원자로 부르셨다

하나님은 그를 애굽 왕자였을 때 부르지 아니 하셨고, 칼을 쥘 수 있을 때 부르신 것이 아니다. 그가 자기 백성을 구해야겠다고 애국심이 가득할 때 부른 것도 아니다. 또 그가 애굽어가 유창한 때에 부르지도 않으셨다.

하나님이 모세에게 사명을 주신 때는 오히려 목동이 되어 40년 세월이 지나 자신은 이제 아무것도 할 수 없다고 생각하고 있는 때였으며, 칼을 잡을 수 없을 때였다. 애굽 말을 거의 잊어버렸고, 자기 것이라고는 그저 지팡이 하나밖에 없는 이미 아무것도 할 수 없는 80세 된 노인이었다. 하나님이 모세를 부르실 때 모세는 자신이 무능하여 일을 맡을 수 없다고 했다. 그러자 하나님은 "네 손에 있는 것이 무엇이냐?"라고 물으셨다. "지팡이입니다."라고 대답했다. 그에게는 자신의 육신을 지탱할 지팡이가 하나 있을 뿐이었다. 하나님은 그것을 가지고 이스라엘을 구원하라고 하셨다(출 4:2). 모세는 정말 보잘것없는 지팡이 하나로 이스라엘을 구원했고, 이스라엘을 인도하는 데 필요한 모든 일을 그 지팡이로 다 수행했다.


2. 하나님은 이스라엘을 정복하고 있는 미디안을 무찌르기 위해 기드온을 부르셨다

때마침 그는 겁을 먹고, 타작마당에서 타작하지 못하고, 움푹 파인 포도주틀에 숨어서 타작을 하고 있었다. 하나님은 천사를 보내셔서 그를 용사로 만드시고, 소명을 주어 미디안의 군대와 싸우게 했다. 미디안 군대는 해변의 모래처럼 많았다. 하나님은 이스라엘 군 300명만 데리고 나가 싸우라고 하셨다. 그리고 나팔과 항아리와 횃불을 가지고 싸우라고 하셨다. 상대가 안 되는 싸움이었다. 그러나 결과는 기드온 군대의 대승으로 끝났다. 기드온은 보잘것없는 삼백 명의 군사와 나팔과 횃불, 항아리로 승리를 얻었다(삿 7:16).

3. 이스라엘의 사사 삼갈은 소 모는 막대기로 블레셋 군대 600명을 죽이고, 이스라엘을 구원하였다(삿 3:31)

소 모는 막대기를 병기라고 할 수는 없다. 하나님이 함께 하시면 소 모는 막대기도 나라를 구하는 무기가 된다.

4. 삼손은 나귀 턱뼈로 블레셋을 물리쳤고, 최후에는 장님이 되어 맨 몸으로 3,000명의 블레셋 방백을 죽였다(삿 15:15~16, 16:30)

그가 죽을 때 죽인 숫자가 전 생애에 죽인 숫자보다 더 많았다. 하나님이 함께 하시면 꼭 몸이 건강하고, 눈이 있어야 일을 할 수 있는 것도 아니다. 어떤 장인 선교사님은 필리핀에 장애인을 위한 아름다운 학교를 세웠다.

5. 다윗은 물맷돌 다섯 개 가지고 나가 그 중에 다만 한 개를 사용하여, 골리앗을 물리치고, 이스라엘을 구원하였다(삼상 17:40)

하나님이 함께 하시면 투구와 갑옷, 칼과 단창이 꼭 있어야 승리하는 것도 아니다. 성경에 이런 기적은 수없이 많다. 신자는 환경을 탓해서는 안 된다. 오히려 자신이 믿음 없음을 탓해야 한다. 하나님이 함께 하시면 우리는 모든 것을 할 수 있다(막 9:23).

하나님은 우리가 가지지 않은 것으로 무엇을 하라고 하시는 분이 아니라, 내가 가진 그 작은 것을 사용하여 일하게 하신다. 우리가 작은 것이라도 믿음으로 드리면 하나님은 그것을 사용하여 놀라운 기적을 보게 하신다. 주님은 벳세다 들에서 한 소년이 바친 오병이어를 사용하여 오천 명 이상을 먹이셨다(요 6:9).

## 기도는 가장 강력한 성도의 무기

영국 고아의 아버지라고 불리는 조지 뮬러라는 목사님이 있었다. 그 목사님은 런던에 3,000명을 수용할 수 있는 고아원을 지었다. 그는 이 고아원을 순전히 기도로 지었다. 고아가 3,000명이나 되었기 때문에 양식 조달은 큰 문제가 되었다. 그래서 직원들은 정기적으로 회비를 내는 회원들을 모집해야 한다고 목사님에게 건의하곤 했다. 그러나 조지 뮬러 목사님은 "그럴 필요 없습니다. 고아의 아버지이신 하나님께서 그들의 필요를 적절한 때에 공급하실 것입니다. 기도만 합시다."라고 말하곤 했다.

직원들은 걱정이 되었지만 목사님의 말이니 어쩔 수 없었다. 그러던 어느 날 아침에 양식이 떨어졌다. 직원이 목사님께 와서 빵과 우유가 떨어졌는데 어쩌면 좋으냐고 걱정스럽게 물었다. 목사님은 "걱정하지 마세요. 하나님께서 먹이실 것입니다."라고 대답하고, 모든 직원을 모이라고 했다. 목사님은 빵과 우유가 떨어진 사실을 전 직원에게 알리고, 함께 기도하자고 했다. 직원들은 간절히 기도했다.

바로 그 시간 런던의 가장 큰 빵공장에 불이 났다. 불은 곧 꺼졌지만 밖으로 꺼낸 엄청난 양의 빵은 팔 수가 없었다. 사장이 전화국 교환원에게 물었다. 가까운 곳에 고아원이 있냐고, 교환원은 조지 뮬러 고아원이 있다고 알려 주었다. 사장은 그 빵을 모두 고아원에 보내도록 했다. 그러자 직원들이 목사님께 찾아와서 빵은 해결되었는데, 아직 우유가 없다고 했다.

그때 우유를 실은 탱크로리가 고아원 앞에서 엔진 고장으로 서버렸다. 차는 쉽게 수리가 되지 않았다. 운전수는 사장에게 전화를 걸어 차가 도저히 움직일 수 없다고 보고했다. 우유의 변질을 염려한 사장은 주변에 고아원이 없는가 물었다. 운전수는 "조지 뮬러 고아원 앞입니다."라고 대답했다. "그럼 고아원에서 가져가도록 하게."라고 말했다.

그날 아이들은 배불리 먹을 수 있었다.

조지 뮬러 목사님은 그의 일기에서 5만 번 이상의 기도 응답을 받았다고 기록하고 있다. 기도는 보잘것없는 것이지만 하나님이 살아계심을 경험하게 해 준다.

| 토의 |

1. 당신은 신앙생활 중에 당한 어떤 사건을 믿음으로 어떻게 해결했는지 구체적 예를 하나만 들어 봅시다.

2. 당신이 가진 선천적 재능과 소유, 달란트를 주님을 위해서 어떻게 사용하고 있는지 당신의 지나온 봉사들과 연관 지어 말해 봅시다.

3. 당신이 가진 것으로 주님을 위해서 할 수 있는 일은 무엇일까요?

# 전신갑주로 무장하다

　기독도가 천성 길을 출발하려 하자, 미궁의 가족들은 기독도를 무기 창고로 데리고 가서 하나님의 전신갑주로 완전무장을 시켰다. 기독도는 이제 어엿한 주님의 군사로 어떤 적과 맞서도 승리할 수 있도록 무장되었다. 기독도는 미궁에서 교제와 가르침을 통하여 신앙이 성장하였다. 그는 이제, 자신의 신앙을 잘 지켜야 할 뿐만 아니라, 교회에서 여러 직분을 맡아 다른 성도들을 섬기고, 그리스도의 몸인 교회를 위하여 봉사하

는 위치에 있게 되었다. 그러려면 그는 하나님의 전신갑주로 무장되어야만 했다.

성도는 그리스도 도의 초보에 머물러서는 안 된다. 믿음도, 진리에 관한 지식도, 덕성도 성장해야 한다(히 5:12, 14). 교회에서 어떤 직분을 맡게 되면 자신의 잘못이 다른 성도들에게 영향을 끼치고, 교회에 큰 피해를 주기도 한다. 그리고 지도자가 무장되어 있지 아니하면 그의 지시를 받는 사람들을 위험에 빠뜨리게 된다(마 15:14).

## 1. 신자의 무장

신앙이 자라고, 교회에서 직분을 맡아 지도자의 위치에 있으면 마귀는 더 맹렬히 그를 공격하려 한다. 그래서 바울 사도는 우리에게 "그런즉 서서 진리로 너희 허리띠를 띠고, 의의 흉배를 붙이고, 평안의 복음의 예비한 것으로 신을 신고, 모든 것 위에 믿음의 방패를 가지고 이로써 능히 악한 자의 모든 화전을 소멸하고, 구원의 투구와 성령의 검, 곧 하나님의 말씀을 가지라. 모든 기도와 간구로 하되 무시로 성령 안에서 기도하고, 이를 위하여 깨어 구하기를 항상 힘쓰며, 여러 성도를 위하여 구하고"(엡 6:14-18)라고, 신자가 하나님의 전신갑주로 무장되어야 함을 강조하고 있다.

## 2. 신자의 적

신자의 적은 마귀인데, 눈에 보이는 존재가 아니다. 마귀도 영적 존재이고, 간교하게도 자신을 드러내지 않으며, 언제나 성도를 생각하고 교회를 생각하는 것처럼 천 가지 모습으로 접근한다(엡 6:12). 그들은 신자를 속이기 위하여 심지어 광명한 천사의 모습으로 찾아오기도 한다(고후 11:14). 그리고 신자의 적은 사단의 부하인 이단 선지자들이다. 그들은 비진리와 조작된 기적과 능란한 괴변으로 성도들을 미혹한다. 영적 탐욕을 가진 자들은 이들의 속임수에 쉽게 넘어가는 것이다. 심지어 이런 것에 넘어가는 목사들도 있지 않은가?

### 3. 하나님의 전신갑주

#### (1) 진리의 허리띠

허리는 힘을 쓰는 데 가장 중요한 기관이다. 성도의 모든 힘은 진리에서 나온다. 진리는 모든 행동의 기초가 되고 힘의 원천이 된다. 그러므로 진리로 무장되어 있지 않다면 당연히 다른 무기들을 써 볼 수 없을 것이다. 성경은 곧 진리이다. 성경을 알지 못하면 구원에 관한 확신도 없고, 잘 가르칠 수도 없으며, 올바로 봉사하지도 못한다. 그리고 이단의 간계에 넘어가면서도 깨닫지 못한다. 그가 아무것도 모르기 때문이다.

직분이 높아지면 높아질수록 그리스도의 초보에 머물러서는 안 된다. 주님은 소경이 소경을 인도하면 둘 다 구렁텅이에 빠지게 될 것이라고 하셨다. 그렇기에 우리는 힘써 성경과 교리를 배워야 한다. 그것이 바로 진리의 띠를 띠는 것이다. 이단의 거짓 진리에 대해서도 진리를 사용하여 방어하고 그들을 설득하여 굴복시켜야 한다. 주님도 시험당할 때에 성경을 사용하여 마귀를 물리치셨다.

#### (2) 의의 흉배

흉배는 가슴을 보호하는 방호구이다. 가슴은 아주 중요한 부분인데, 우리 관념상 마음이 있는 곳이다. 의란 정직과 진실한 생활을 말한다. 성숙한 신자는 정직해야 한다. 하나님께 정직하고, 사람들에게 정직해야 한다. 정직은 모든 분쟁을 중지시키는 가장 강력한 무기이다. 진실된 생활은 하나님이 기뻐하시고, 동행하실 수 있는 환경을 조성하고, 원수들에게 훼방거리를 제공하지 않는다. 특히 교회에서 지도자는 정직하여 거짓이 없고, 진실한 삶을 살므로 다른 이의 모범이 되고, 원수들의 공격거리를 만들지 말아야 한다(벧전 3:16).

### (3) 평안의 복음의 예비한 신을 신고

복음은 사단에게서 하나님의 백성을 구원하는 무기이다. 사단은 복음을 싫어하며 복음 앞에서는 맥을 못 춘다. 그러므로 성장한 신자는 복음 전하기를 항상 예비하고 있어야 하고(벧전 3:15), 또 복음을 전하는 열심이 충만해야 한다(골 4:3).

전도는 하나님과 사람 사이를 화목하게 한다. 그러므로 전도자의 발걸음은 복된 발걸음이다. "좋은 소식을 가져오며, 평화를 공포하며, 복된 좋은 소식을 가져오며, 구원을 공포하며, 시온을 향하여 이르기를 네 하나님이 통치하신다 하는 자의 산을 넘는 발이 어찌 그리 아름다운고"(사 52:7)라며 전도자의 아름다운 활동을 묘사하고 있다.

복음은 공격 무기이다. 가장 큰 방어 전술은 바로 공격이다. 그러므로 전도하는 자가 시험에 드는 경우는 극히 적다. 복음의 전파는 하나님나라 확장의 첫 째 방법이다. 우리가 한 사람 한 사람 전도해 가면 사단의 나라는 그만큼 축소되고 하나님나라는 그만큼 확장된다.

### (4) 믿음의 방패

원수들은 우리에게 의심을 준다. 그는 하나님에 대한 욥의 사랑이 조건적이었다고 모함하면서 욥과 하나님을 이간하려 했다. 그래서 하나님은 사단에게 시험을 허락했다. 그 결과 욥이 누리던 모든 것들, 세상 사람들이 복이라고 말하는 것들은 모두 제거됐다. 그러나 욥은 하나님에 대한 믿음이 조금도 약하여지지 않았다(욥 1:21,22, 2:10). 결국 마귀의 도모는 실패로 돌아갔다.

하나님만이 우리 능력이 되신다. 주님은 믿음 없는 곳에서는 기적을 행하시지 않았다(막 6:5). 믿음 없이는 아무 일도 할 수 없고, 어떤 계획도 확신을 가질 수 없다(히 11:6). 우리가 하나님의 사랑과 능력, 신실하심을 의지하는 믿음을 갖는다면 사단이 결코 하나님과 우리 사이를 공격하려 들지 않을 것이다.

## (5) 구원의 투구

머리는 모든 것을 판단하고 표현하는 몸의 가장 중요한 부분이다. 투구는 적의 무기로부터 우리 머리를 보호하는 장비이다.

구원의 투구는 구원의 확신을 말한다. 성도의 구원관이 견고하지 못하면 뿌리 없는 신앙이 되어 신앙을 방해하는 모든 공격에 쉽게 넘어지고, 생활의 어려움에 대해서도 감당하지 못하며, 특히 이단의 이설로부터 자신을 보호하지 못하여 치명상을 입는다. 특히 교회의 지도자는 자신의 구원에 대한 확실한 믿음을 가지고 있어야 하고, 다른 사람들에게 능히 설명할 수 있어야 한다(벧전 3:15).

구원파라는 이단은 항상 구원의 확신이 약한 성도를 호시탐탐 노린다. 그들은 마치 자신들에 의해서 구원이 이루어지는 것처럼 어설픈 중생교리를 들고 나오는데, 구원의 확신이 없는 자들이 쉽게 무너진다.

### 우리를 가르쳐 주세요. 제자가 되겠습니다

10년 전, 백두산에 간 일이 있다. 내려오는 길에 한 중국교회에 들렀는데, 200여 명의 성도가 모여 힘 있게 찬송을 부르고 있었다. 안내자가 나를 목사라고 소개하자 그곳 교회 지도자는 내게 설교를 부탁했다.

나는 로마서 8장을 본문으로 구원의 안전성에 대해서 설교를 했다. 설교가 끝나자 좌중은 적막할 정도로 조용했다. 나는 깜짝 놀랐다. 이런 일은 처음 있는 일이었다. 내가 뭘 잘못했나 하는 생각이 들 정도였다. 나는 단상에서 내려와 좌중에 앉았는데, 담임을 하고 있는 자매가 단에 올라갔다. 그는 눈물을 글썽이며 말을 시작했다.

"나는 8년 동안 예수를 믿었는데, 늘 구원 문제에 확신이 없었다. 그래서 어느 날은 구원받았다고 좋아하고, 어느 날은 구원받지 못할 것이라는 불안이 늘 있었다. 오늘 목사님의 설교를 들으니 내 구원이 이렇게 확실하게 보장되었다는 것을 확신하게 되어, 8년 동안 염려하던 문제가 오늘 다 해결되었다."라고 하며 뜨겁게 찬양을 했다. 그동안 들어오던 설교와 달라 지도자의 눈치를 보느라 아멘도 못했던 성도들도 지도자의 그 말에 함께 기뻐하며 뜨겁게 찬양을 했다.

예배가 끝난 후 지도자는 제자가 되기를 청했다. 나는 그들을 일 년 반 가르쳤으며, 24명의 교사(전도사)를 배출하였다. 3명이 목사로 세워졌고, 여러 명이 다른 지역에 파송됐으며, 2명은 아프리카 우간다에 선교사로 파송되어 활동하고 있다.

구원의 확신은 우리의 적으로부터 우리 영혼을 보호할 뿐만 아니라, 하나님의 일을 능력 있게 수행하는 원동력이 된다.

### (6) 성령의 검, 곧 하나님의 말씀

성령의 검은 몇 가지 방면에서 말할 수 있다.

첫째, 이 검은 공격 무기이다. 이 검은 사단으로부터 하나님의 백성을 구원한다(딤후 3:15). 둘째, 이 검은 신앙과 생활에 표준을 정하고(딤후 3:16), 그것을 따르게 한다. 셋째, 이 검은 불신앙과 비진리를 척결하는 수술 칼이 된다(히 4:12).

그러므로 성도는 늘 말씀을 배우고 연구해야 한다. 성경은 교회 모든 활동의 표준 지침서이다. 그러므로 교회 지도자는 더더욱 성경의 진리를 의지해야 한다. 교회에서 성경 말씀보다 더 높은 권위는 없다. 우리는 말씀이 가라는 곳에 가고, 말씀이 서라는 곳에서 서며, 말씀이 돌아 서라는 곳에서 돌아서야 한다. 하나님의 말씀은 하나님이 하셨기에 자신의 이해 여부를 떠나 항상 복종되어야 한다.

그리고 성경의 어떤 구절을 해석할 때는 사람의 생각이 아니라, 반드시 그 성경구절을 해석하는 다른 성경구절을 사용하여 해석되어야 한다(사 34:16 ). 이것이 종교개혁자들의 성경해석법이었다.

### (7) 기도

성도의 무기 일곱 번째는 기도이다. 하나님의 존재와 성경의 내용은 기도로 확인된다. 성경의 약속들이 실제로 우리 생활에서 기도를 통해서 응답되는 것이다. 그러므로 기도는 성도의 가장 강력한 공격 및 방어 무기이다. 전쟁을 잘 하려면 본부와의 통신이 잘 유지되어 있어야 한다. 기도는 영적 전쟁터의 통신기계이다. 하급 부대는 통신을 사용하여 상급부대의 보급과 화력(대포, 탱크, 공군)의 지원을 받게 된다.

우리 하나님은 능력이요, 그의 창고는 양식과 각양 보화가 가득하다. 그는 우리 적을 섬멸할 강력한 무기들도 가지고 계신다. 우리는 기도를 사용하여 하나님의 능력을 소유하고, 원수 마귀의 궤계를 이겨내야 한다. 그래서 주님은 우리에게 기도하라 명령하셨고(마 6:9), 끈질기게 기도하라고 하셨으며(눅 18:5), 쉬지 말고 기도하라(살전 5:17), 시험에 들지 않으려면 기도하라(마 26:41), 거룩하기 위해서 기도하라(딤전 4:5), 성령을 받기 위해 기도하라(행 8:15)고 하셨다. 심지어 주님 자신이 행한 기적들도 기도로 되었다고 하셨고 (막 9:29), 친히 기도하는 법을 가르쳐 주시고, 새벽에 기도하시고, 밤이 새도록 기도하심으로 기도의 모범이 되셨다(막 1:35, 눅 6:12).

야고보 사도 역시 기도하기를 권했는데 "너희 중에 고난당하는 자가 있느냐 저는 기도할 것이요 즐거워하는 자가 있느냐 저는 찬송할찌니라 너희 중에 병든 자가 있느냐 저는 교회의 장로들을 청할 것이요, 그들은 주의 이름으로 기름을 바르며 위하여 기도할찌니라. 믿음의 기도는 병든 자를 구원하리니 주께서 저를 일으키시리라. 혹시 죄를 범하였을찌라도 사하심을 얻으리라. 이러므로 너희 죄를 서로 고하며, 병 낫기를 위하여 서로 기도하라. 의인의 간구는 역사하는 힘이 많으니라. 엘리야는 우리와 성정이 같은 사람이로되 저가 비오지 않기를 간절히 기도한 즉 삼 년 육 개월 동안 땅에 비가 아니 오고, 다시 기도한즉 하늘이 비를 주고 땅이 열매를 내었느니라"(약 5:13-18)라고 하셨다. 엘리야는 우리와 다른 사람이 아니다. 그러나 기도하니 놀라운 기적을 일으켰다. 우리와 다른 사람이 아니라면 우리도 그렇게 할 수 있는 것이다.

## 나의 기도를 들으시는 살아계신 하나님

10년 전 중국의 한 호텔 2층에서 뛰어내려 왼쪽 손이 골절되고, 발뒤꿈치 뼈가 으스러졌다. 죽을 고비를 넘긴 후 수술을 마치고 한국으로 돌아왔다. 집에서 치료를 받고 있는데, 문득 침대머리에 붙어 있는 A4 용지 한 장을 보게 되었다. 이 종이는 매년 금년에 이루어 주셔야 할 삼십 가지 우리 가정의 기도제목들이다. 매년 가족의 요구를 담아 기도하기 위하여 이렇게 쓰지만 처음 몇 번은 기도를 하는데, 점점 잊어버리기 일쑤다. 나중에 어쩌다 그것을 발견하게 되면 "하나님! 보실 수 있으시매, 친히 보시고 적절한 때에 이루어 주소서."라고 간단하게 기도하곤 했다. 그날 다시, 금년 기도제목이 침대머리에 붙어 있음을 발견한 것이다.

나는 그것을 떼어서 하나씩 체크해 나가다가 놀라 소리를 쳤다.

"오, 살아계신 하나님!" 사실 금년은 끝이 이런 불행한 상황이라 몇 가지 밖에 이뤄지지 않았을 것이라고 생각했는데, 무려 27개 항목이 이뤄진 것이다. 나머지 세 가지도 진행 중이었다. 급히 아내를 불렀다.

"이걸 봐, 이러니 어떻게 살아계신 하나님이라고 말하지 않을 수 있는가?" 우리는 역경 중에도 우리와 동행하시는 하나님께 감사를 드렸다. 나머지 세 가지는 다음해 3월까지 다 성취되었다. 우리가 낙심하지 않고 기도한다면 하나님의 기적들을 볼 수 있을 것이다.

이와 같이 일곱 가지 무기로 무장된 신자는 그리스도의 몸 된 교회의 유능한 지도자가 될 수 있다. 그러나 무장되지 못한 사람이 교회에서 중직을 맡으면 그는 계속되는 마귀의 공격을 이기지 못하고 시험에 빠지며, 교회와 성도를 힘들게 하고 혼란 가운데 빠뜨린다(딤전 3:6).

| 토의 |

1. 당신이 입은 하나님의 전신갑주 중 부족한 부분은 무엇입니까?

2. 그것을 견고히 하기 위해서 어떤 노력을 하겠습니까?

# 겸손골짜기로 내려가다

완전무장한 기독도는 미궁 가족들의 전송을 받으며 길을 떠났는데, 자신의 준비를
생각하며 무한한 긍지를 느꼈다. 얼마쯤 가자 겸손의 골짜기라는 계곡을 내려가게 되
었는데, 이 골짜기는 한없이 내려가기만 했다. 기독도는 잘 내려갈 수 없어서 수없이
넘어지고, 그때마다 많은 상처를 입었다. 겸손 골짜기 좌우에는 많은 사람들이 더 이
상 내려가지 못하고 주저앉아 신음하고 있었다.

겸손골짜기 끝에서 기독도는 아볼루온이라는 강력한 적을 만났다. 아볼루온은 기독도를 보자 한걸음에 다가와서 "너는 어디 가는 놈이냐? 보아하니 과거에 내 신하였던 게 분명한데" 하고 소리쳤다. "맞소! 그러나 지금은 우리 왕의 신하요. 나는 당신의 신하였던 것을 몹시 싫어하고, 미워하고 있소." 하고 대답했다.

"지금이라도 내 신하로 돌아오면 큰 상도 주고 높은 벼슬도 주겠다. 그러나 거절하면 죽음이 있을 뿐이다. 내 신하가 다시 되겠는가?" 아볼루온은 기독도를 한편으로 달래고, 한편으로 위협하며, 복종을 강요했다. 기독도가 "싫다. 내가 죽을지언정 다시 네 신하가 되지는 않겠다."라고 거절하자, 드디어 무서운 싸움이 벌어졌다. 기독도는 죽을 힘을 다해 싸웠으나 이기지 못했고, 결국 아볼루온의 칼에 맞아 쓰러졌다. 아볼루온이 마지막 일격을 가할 즈음 큰 도움의 손길이 기독도를 도왔는데, 그때 기독도는 정신을 수습하여 재빨리 칼을 잡고 아볼루온을 찔렀다. 아볼루온은 큰 상처를 입고 도망쳤다. 그가 적과 싸우다 다친 부상으로 신음하고 있을 때 천사가 와서 그의 입에 생수를 먹이고, 치료의 잎사귀를 발라 상처를 치유해 주었다.

### 하나님의 일꾼으로 부름 받았을 때 가장 중요한 자세

하나님의 전신갑주로 무장된 용사는 꼭 기억해야 할 일이 하나 더 있다. 신앙생활을 오래해서 그 신앙 연조가 늘고, 아는 것이 많아지고, 여러 은사를 소유하며, 교회에서 직분을 맡게 되면 이전보다 더 낮아져야 한다는 것이다. 겸손하지 못하면 마귀의 각종 부추김에 빠지게 되는데, 외부의 공격보다도 자신의 교만으로 인하여 스스로 무너지는 경우가 많다.

우리는 하나님 앞에 겸손해야 하고, 또 사람 앞에 겸손해야 한다. 교회에서는 특히 그러하다. 겸손하자는 말은 쉬워도 겸손은 절대 쉬운 것이 아니다.

### 1. 명예욕, 명성욕, 지적 교만에 빠지지 말라

교회에는 여러 직분이 있다. 이 직분은 일의 기능이다. 기능은 여러 가지이나 경중이 있을 수 있다. 그러나 그것은 세상 단체처럼 계급이 아니다. 그런데 교회 안에서 어떤 성도들은 직분을 계급으로 인식한다. 마치 직분에 명예와 권세가 따르는 것처럼 생각하는 것이다. 목사, 장로, 집사, 평신도 등으로 계급화해서는 안 된다. 이러한 명칭은 다만 직분이고, 역할일 뿐이다. 우리는 성도들 스스로 존중해주기 전에 자기 스스로 존중 받으려 해서는 안 된다.

고린도 교회는 네 파가 있었다(고전 1:12). 그들이 이렇게 파를 나눈 이유는 교회 주도권을 잡고 자기를 내세우기 위해서였다. 그들은 교회에서 스스로 왕 노릇을 하려 했다. 사도 바울은 이를 엄히 꾸짖었다(고전 4:8).

주님도 유대인들에게 교훈을 주셨다. "너희는 랍비라 칭함을 받지 말라. 너희 선생은 하나이요, 너희는 다 형제니라. 땅에 있는 자를 아비라 하지 말라. 너희 아버지는 하나이시니, 곧 하늘에 계신 자시니라"(마 23:8-9). 초대교회에서 어떤 교만한 성도는 심지어 주님의 사도인 요한조차 무시하고, 대접하지 않았다(요삼 1:9). 교만한 자는 자기가 지금 무슨 잘못을 하고 있는지도 모른다.

## 2. 교회에서 지도자는 오히려 섬기는 자가 되어야 한다

교회에서 지도자 위치에 있는 목사나 장로, 집사, 교역자, 구역장 등은 오히려 성도를 섬기는 자가 되어야 한다(마 23:11). 우리는 하늘 보좌를 버리고 세상에 오셔서, 한없이 낮아져 낮고 천한 인간을 섬기신 그리스도를 본받아야 한다(요 13:5, 막 10:45).

## 3. 스스로 높이는 자는 낮아짐

많은 재주가 있음에도 불구하고 하나님이 쓰실 수 없는 사람이 있는데, 바로 교만한 사람이다. 사울 왕은 겸손할 때 부름을 받았고, 교만하자 버림을 받았다. 사람이 교만해지면 하나님의 말씀을 무시하게 되고, 정당한 충고가 자기를 위한 것으로 여겨지지 않는다. 그래서 잠언은 "사람의 마음의 교만은 멸망의 선봉이요, 겸손은 존귀의 앞잡이니라"(잠 18:12)라고 경계하고 있다.

### 4. 교만으로 실패한 사람들

교만해서 망한 대표적 인물은 사울 왕이다. 그는 왕이면 무엇이든지 할 수 있다고 생각했다. 그래서 하나님이 거룩하게 구별한 제사 직분을 침범했다. 또한 책망하는 사무엘에게 용서를 구하지 않고, 변명으로 일관했다(삼상 13:11,12). 유다 왕 웃시야 역시 마찬가지다. 그는 강성한 왕이 되자, 그에 만족하지 못하고 제사장 직분을 탐내었고 제사장까지 겸임하려 시도했다. 그러나 제사장직은 구별된 아론 자손만이 담당할 수 있었다. 그는 제사장들이 간곡히 만류했으나 강행했다. 이에 하나님의 진노가 임하여 현장에서 문둥병이 들었고 결국 남은 생애를 별궁에 갇혀서 슬퍼하는 이 없이 죽었다(대하 26:16).

예수님은 제자들의 발을 씻으시므로 겸손의 본을 보이셨다. 우리도 그런 마음으로 형제 섬기기를 원하셨다. 당시 이스라엘의 관습은 종이 주인의 발을 씻기도록 되어 있었다(요 13:4,5).

### 5. 여러 가지 이유가 있겠지만 교회가 그를 인정해주지 않는다는 이유로 떠돌이 신앙생활을 하는 사람도 많다

베드로 사도는 말씀하셨다. "젊은 자들아, 이와 같이 장로들에게 순복하고, 다 서로 겸손으로 허리를 동이라. 하나님이 교만한 자를 대적하시되 겸손한 자들에게는 은혜를 주시느니라"(벧전 5:5).

---

**최소 5분은 칭찬해 주어야 했는데**

한 집사가 있었다. 그는 개척교회 주일학교 부장을 맡고 있었는데, 그 집사가 그 교회에 출석한 지 이 년쯤 되었다. 목사님은 그의 재능을 알아보고 주일학교 부장 직분을 맡겼다. 그해 여름성경학교를 하는데, 그 집사는 모든 것을 다 맡아 준비하였다. 여름성경학교는 정말 은혜 중에 잘 마쳤다. 누가 봐도 성과도 있었고, 칭찬도 많았다. 그래서 그는 흡족했고, 아마 목사님이나 성도들도 자신을 대단한 사람이라 생각했을 것이라고 여기고, 공개적인 칭찬을 기대했다.

성경학교를 마친 다음 주일이 되었다. 그는 주일 낮 예배시간에 목사님이 공개적으로 칭찬해 주시리라 기대했다. 아니나 다를까 목사님은 그 집사가 여름성경학교를 잘 준비하여 성공적으로 은혜 중에 마쳤고, 크게 수고했다고 칭찬했다. 시간은 한 3분가량을 할애했다. 그리고 설교를 시작했다. 집사는 뭔가 허전했다. 그래도 특별히 시도한 몇 가지 활동들을 가지고 조목조목 예를 들어 칭찬했으면 더 좋았을 것을, 저렇게 간단하게 마치냐는 아쉬운 생각이 들었다. 목사님이 무슨 설교를 하는지 귀에 들어오지 않았다. 속에서는 부화가 끓고 있었다. 예배를 마치고 돌아오는 길에 아마도 설교시간의 제약으로 많은 시간을 할애하여 구체적으로 칭찬할 수 없었을 것이라 이해하기로 했다. 저녁시간에는 좀 더 구체적으로 칭찬해 주시리라 고대하면서.

저녁 예배시간이 되었다. 목사님은 아예 칭찬이 없었고, 여름성경학교를 까맣게 잊어버린 듯 했다. 그는 너무 화가 났다. 그 후로 목사님이 하는 정책, 행동, 설교 등등 모든 것이 마음에 들지 않았고, 성도들도 싫어지기 시작했다. 그는 교회가 싫었고, 그해를 넘기지 못하고 교회를 떠났다.

우리가 목사를 위해서 일했으면 목사에게 칭찬을 기대해야 하고, 하나님을 위해서 했으면 하나님으로부터 보상을 기대해야 한다. 세상에서 칭찬을 기대하는 사람들은 세상에서 자기 상을 다 받아서 하늘에서 받을 상은 없다(마 6:2). 교회 안에 크고 작은 이런 신자들이 적지 않다. 정말 교만은 패망의 선봉이고, 자기 자신에게 가장 해롭고 무서운 보이지 않는 강적이다.

### 6. 우리는 스스로 된 것이 아니기에 자랑해서는 안 된다

우리가 가진 모든 것, 하나님으로부터 받지 않은 것은 아무것도 없다. 우리는 다만 그분 것의 심부름꾼일 따름이다. 심부름꾼(청지기)이 거만할 것 무엇인가? 주님은 "명한 대로 하였다고 종에게 사례하겠느냐. 이와 같이 너희도 명령 받은 것을 다 행한 후에 이르기를 우리는 무익한 종이라, 우리의 하여야 할 일을 한 것뿐이라"(눅 17:9,10)라고 겸손할 것을 당부하셨다.

우리가 자랑할 것이 무엇이 있는가? 바울 사도도 "누가 너를 구별하였느뇨. 네게 있는 것 중에 받지 아니한 것이 무엇이뇨, 네가 받았은즉 어찌하여 받지 아니한 것 같이 자랑하느뇨"(고전 4:7)라고 겸손한 청지기가 될 것을 당부하였다. 이 세상에서 명예를 얻고, 칭찬 받으며 대접 받고, 보상을 받으려는 사람들에게 주님은 "저희는 자기의 상을 다 받았다"(마 6:5)라고 하셨다.

칭찬은 하나님께, 대접도 하나님께, 그리고 하늘나라에서 면류관으로 받아야 한다(딤후 4:8).

---

#### 역시 겸손이니라

어거스틴이 임종하려 할 때에 제자가 물었다. 신자의 제일 되는 덕목은 무엇입니까? 그러자 어거스틴은 "겸손이니라."라고 대답했다. "두 번째는요?" "겸손이니라.", "세 번째는요?" "역시 겸손이니라."라고 말하고 숨을 거두었다고 한다. 겸손한 자는 하나님에게 사랑을 받고, 사람들에게 칭찬과 존귀하게 여김을 얻는다. 신자가 겸손하려면 1초 지난 업적도 잊어버리고, 다만 아직 이루지 못한 앞으로 할 일을 생각하는 것이 좋다.

---

### 7. 겸손과 온유로 세상을 살아가야 한다

사람들은 적당한 범위 내에서는 겸손도 하고, 양보도 한다. 그렇다고 마귀는 그 정도로 공격을 그치지는 않는다. 마귀는 신자로 하여금 더 이상 낮아지지 못하도록 충동질해서 실패를 조장한다.

　신자는 사회생활과 교회생활 중에 여러 사람들과 관계를 맺고 살게 되는데, 신자이기 때문에 권리를 주장 못하고, 참고 양보해야 하며, 명예, 자존심, 이익 등을 포기해야 하는 경우도 적지 않다. 가끔 우리 속에서 숨은 자아가 이 이상 업신여김을 당해서는 안 된다는 생각을 하게 만들고, 더 이상 양보해서도 안 된다고 한계를 정한다. 더 이상 밀리다간 이 회사에서 또는 교회에서 설 자리가 없어질 것 같은 조바심이 드는 것이다. 그래서 순간 신자임을 망각하고 권리를 주장하고, 자기를 내세우며, 혈기를 부리고, 세상 방법으로 대항하며 싸워 이기려 한다. 그러나 결국 얻은 것은 없고, 다만 부끄러운 그리스도인으로 전락할 뿐이다. 양이 뿔 가지고 사자를 이기려 해서는 안 된다. 양은 양의 방법으로, 즉 겸손과 온유로 세상을 살아가야 한다. 신자가 세상 사람과 같은 방법으로 대항하려 하면 하나님의 영광을 가리고 상처만 남길 뿐이다. 왜냐하면 신자는 세상 사람보다 더 악할 수 있는 능력이 근본적으로 없기 때문이다.

### (1) 마귀는 교회나 사회, 직장에서 신자를 낮아지지 못하게 충동질한다

　늘 권리를 주장하게 하고, 회사나 교회에서 너는 부당한 대접을 받고 있다고 충동질한다. 너 회사생활이 얼마냐, 누구는 너보다 늦게 입사했어도 벌써 부장이다. 생각해 봐라, 너는 이 교회 개척 멤버가 아니냐? 누구 봐라, 벌써 장로가 됐지 않느냐? 라고 다른 사람과 비교를 하며, 너도 합당한 대접을 좀 받아야 한다고 말하면서 자기를 인식하게 하고, 안 되면 편법이라도 좀 쓰고, 부당한 대접을 받지 말라고 꼬드긴다.

### (2) 어떤 신자는 하나님에 대하여 낮아지지 못한다

　우리가 이상하게 생각하는 일이 있다. 잘 믿고 부지런히 봉사하는 사람이 고통을 당하고, 믿지 않는 자나 제대로 믿지 못하는 사람들이 잘되고 형통한 경우다. 그러면 우리는 어쩐지 하나님이 우리를 부당하게 대우하는 것 같아 원망하고, 태만하고, 심하면 세상으로 나가 교회를 대적하는 경우도 있다.

김 집사가 박 집사의 받은 복을 부러워하며 시샘을 한다. 마귀는 이런 마음을 가진 신자에게 "네 하나님이 어디 있느냐?"(시42:3)고 회의를 품게 한다. "너는 사랑받지 못했다."라고, 그러나 믿음의 위인들을 보라!

## 8. 신앙의 선배들을 본받으라

모세는 좋은 일 하고 백성의 존경과 대접을 받지 못했다(히 11:24-26). 모세는 바로 공주의 아들이라 칭함을 거절하고, 이스라엘의 구원자가 되었다. 그럼에도 불구하고 노예 신분이었던 이스라엘 백성들은 왕자였던 자신과의 신분 차이를 알아주기는커녕 불평하고, 구해줘서 고맙다는 위로 한 마디 없었다. 그들은 항상 하나님이 부여하신 모세의 권위에 대항하며 모세의 지도권에 대항하였다. 모세 마음이 얼마나 분했겠는가? 그런 부당한 대우에도 그는 그들을 저주하지 않았다. 성경은 "이 사람 모세는 온유함이 지면의 모든 사람보다 승하더라"(민 12:3)고 기록했다. 그는 참으로 겸손한 사람이었다.

동방의 의인이라 불리는 욥 역시 마찬가지다. 성경은 그를 "순전하고 정직하여 하나님을 경외하며, 악에서 떠난 자더라"(욥 1:1)라고 칭찬하며 소개하고 있다. 그런데 그가 당하는 고난은 세상에서 가장 악한 자가 받을 수 있는 형벌 같은 것이었다. 심지어 그 아내는 하나님을 욕하고 죽으라고 했고, 그 친구들은 각양 미사어구를 써가며 욥의 고통은 그의 범죄 대가로써 마땅히 당할 일을 당한 것이라고 했다. 그러나 욥은 "내가 모태에서 적신이 나왔사온 즉 또한, 적신이 그리로 돌아 가올지라 주신 자도 여호와시요 취하신 자도 여호와시오니, 여호와의 이름이 찬송을 받으실지니이다 하고 이 모든 일에 욥이 범죄하지 아니하고, 하나님을 향하여 어리석게 원망하지 아니하였다."라고 기록

하고 있다. 그는 하나님의 뜻에 겸손할 줄 알았다.

바울 사도는 위대한 전도자요, 사도임에도 불구하고 부끄러운 병이 있었다. 이 병은 사단이 주는 병이었다. 그는 그것이 떠나가기를 위해서 세 번이나 작정하고 고쳐주시길 기도했다. 하나님은 "내 은혜가 네게 족하도다. 이는 내 능력이 약한 데서 온전하여짐이라" 하셨다. 그래서 사도 바울은 도리어 크게 기뻐함으로 그의 여러 약한 것들에 대하여 오히려 자랑했다(고후 12:9-10). 하나님의 조치에 불평하지 않고, 오히려 기뻐했던 이러한 신앙은 겸손의 극치를 이루는 신앙이다.

우리는 세상에서 영광보다는 하늘의 면류관을 더 사모해야 한다. 만약 우리가 천국을 볼 영안이 열려 생명나무와 생명의 면류관, 하얀 돌에 새겨진 새 이름, 만국을 다스리는 권세, 새벽별, 흰옷, 성전의 기둥, 황금길, 천국잔치, 유리바다를 볼 수 만 있다면 세상의 자랑거리라고 하는 것들이 정말 하찮은 분토와 같이 여겨질 것이고, 하나님을 원망하게 되지는 않을 것이다.

교만은 틀림없이 사단이 주는 마음이다. 하나님의 조치에 서운한 마음이나 대적하려는 악심이 생기면 사단아 물러가라고 외쳐라. 기뻐하고, 감사하고, 기도하고, 찬양하라! 야고보 사도는 "그러나 더욱 큰 은혜를 주시나니, 그러므로 일렀으되 하나님이 교만한 자를 물리치시고 겸손한 자에게 은혜를 주신다 하였느니라. 그런즉 너희는 하나님께 순복할지어다. 마귀를 대적하라. 그리하면 너희를 피하리라"(약 4:6,7)라고 가르치고 있다. 우리는 언제나 하나님의 은혜로 산다. 그러므로 자나 깨나, 좋은 일에나 나쁜 일에나 모든 영광을 하나님께 돌려야 한다.

### 내게 베푸신 하나님의 은사를 네가 받았다면

성 프란시스의 제자가 하루는 꿈을 꾸었다. 그는 꿈속에서 하늘 보좌를 보았는데, 자기 선생 프란시스가 예수님 바로 밑에 영광스런 보좌를 차지하고 있는 것을 보았다. 그는 시기심이 나서 견딜 수 없었다. 그는 어떡하든 프란시스의 결점을 찾아보려고 했다. 그래서 프란시스를 찾아가서 "선생님은 정말 선한 분입니다."라고 칭찬을 했다. 그러자 프란시스는 "너는 그런 소리 하지 마라, 나는 정말 악한 사람이다."라고 대답했다. 이 대답을 들은 제자는 프란시스가 위선자라고 생각했다. 그래서 지금이야말로 프란시스의 위선을 드러낼 수 있다고 생각하여 그를 공격했다.

"선생님의 대답을 들어보니 이제야 선생님이 위선자인 것을 알겠습니다. 선생님이 무슨 잘못을 저지른 것이 있습니까? 정말 남들이 다 칭찬하는 선행이 얼마나 많습니까?"라고 반문하듯 말했다.

그러자 성 프란시스는 정색을 하며 진지하게 "내 아들아! 네가 나를 잘 몰라서 그런다. 만약에 하나님이 내게 준 은혜를 너에게 주었다면 너는 나보다 더 큰 일을 할 수 있었을 것이다."라고 대답했다. 제자는 자기의 잘못을 깨닫고 즉시 자기의 질투를 회개했다고 한다.

## 개척교회를 도우러 갑니다

신자들 중에는 가끔 '개척교회를 도우러 가는 신자들'이 있다. 그러나 그런 생각은 올바르지 않다. 우리는 개척교회를 도우러 간 것이 아니라, 하나님이 자기에게 주신 사명을 감당하러 간 것뿐이다. 만약 그가 그 일을 하지 않으면 오히려 화가 있을 뿐이다(고전 9:16).

우리는 하나님을 돕지 못한다. 우리는 다만 복을 받으러 개척교회에 가는 것이다. 개척교회를 도와주러 왔다고 생각하기 때문에 교만해지고, 목사의 사역을 간섭하려 하고, 다른 신도들을 주장하려 들고, 교회를 좌지우지하려 하는 것이다. 그리고 맘대로 안 되면 많은 문제를 일으키고 나가버리게 되는 것이다.

정말 위대한 업적을 남기고도 겸손히 "나의 나 된 것은 하나님의 은혜로 된 것이니 내게 주신 그의 은혜가 헛되지 아니하여 내가 모든 사도보다 더 많이 수고하였으나 내가 아니요 오직 나와 함께하신 하나님의 은혜로라"(고전 15:10)고 말하는 사도 바울의 겸손을 배워야 한다.

### 9. 낙심하지 말라

인생은 평범하게 살기도 힘들다. 하물며 신자들은 특별한 삶을 살고 있다. 마귀는 우리가 자기에게 속하지 않았다고 계속 공격한다(요 17:14). 사탄과의 싸움에서 때로 우리는 실패하기도 한다. 그리고 낙심하고 좌절하여 주저앉은 우리를 하나님은 또 찾아 주신다. 잘 믿는 신자라 할지라도 실패하며, 아무리 유능해도 더 큰 시험에는 넘어진다. 그러나 실패했다고 낙심해서는 안 된다.

낙심 역시 하나님을 의지하지 않는 교만의 다른 표현이다. 우리가 세상과 싸움으로 지치고 곤할 때 우리는 다시 그리스도의 십자가와 그 대속의 은총으로 새롭게 영적 충만을 얻어 일어날 수 있다. 우리의 과거를 책임지신 하나님이 미래도 보증하신다(롬 8:33).

### 10. 주 안에서는 얼마든지 기회가 있다

어떤 배우가 자살을 했다. 그는 신자로서는 달갑지 않은 영화를 찍었다는 자책감으로 오랫동안 괴로워했다고 한다. 어떤 사람은 사업에 실패해서 부채로 인하여, 어떤 소녀는 강간을 당해서 수치심으로, 어떤 학생은 성적이 부진하다고 자살을 한다. 그러나 우리는 어떤 나쁜 경우라도 하나님이 우리를 새롭게 하실 수 있다는 사실과 그러한 일을 통하여 새 기회와 새 목표를 주신다는 사실을 굳게 믿고, 절대 극단적 선택을 하지 말아야 한다. 한때의 실수를 딛고 오히려 새로운 인생의 목표를 찾아 값지고 보람된 삶을 산 사람이 얼마나 많은가? 인간이 언제나 성공만 하고 사는가?

한편, 내가 용서받지 못할 것이라고 단정하는 그런 잘못까지도, 주님은 짊어지고 십자가에서 다 속한 것이다. 이런 저런 죄는 용서하지 않을 것이라는 잘못된 생각으로 삶을 포기한다는 것은 주님의 십자가의 희생을 오히려 무시한 것이 된다. 어떤 경우도 주님의 사랑을 의심하지 말자. 하나님이 당신을 부르셨을 때 완전한 사람이어서 부르신 것이 아니라, 죄인이어서 불러 구원하신 것이라는 사실을 잊지 말라.

우리 하나님 여호와는 치료(라파)의 하나님이시다. 무엇은 못 고치시겠는가? 그분을 신뢰하고, 자신의 모습 그대로 맡기는 것이 진정한 겸손이다. 그래서 우리는 "내 모습 이대로 주 받으옵소서."라고 찬송하지 않는가?

## 내 평생에 가는 길 순탄하여

"내 평생에 가는 길 순탄하여"라는 찬송시를 지은 스파포드 교수는 미국 시카고의 무디 교회 회계집사였다. 그는 시카고 대화재 때 집이 불탔다. 그래서 아내와 세 딸을 영국에 있게 하려고 배를 태워 보냈다. 그런데 그만 암초를 만나 배가 침몰하여 세 딸은 죽었고, 아내만 구조되어 프랑스에 있게 되었다.

"다 죽고 나만 남았음. 빨리 데리러 오기 바람." 아내의 전보가 당도했다. 스파포드 교수는 놀라고, 슬퍼하며 아내를 데리러 가느라 배를 탔다. 한밤중이 되었을 때, 문을 두드리는 소리가 났다. 스파포드 교수가 문을 열었는데 선장이었다. 그는 스파포드 교수를 밖으로 나오게 하더니 "여기가 당신의 세 딸이 죽은 지점입니다."라고 말해 주었다. 스파포드 교수는 심히 슬퍼하며 방으로 돌아와서, 끝없는 질문을 반복하며 하나님께 물었다. '왜? 무엇 때문에, 하나님 내가 무슨 잘못을 했길래'

밤 내내 같은 말을 반복하고 있던 교수에게, 휘황찬란한 빛과 함께 음성이 들려왔다.

"네 영혼은 평안하라. 네 영혼은 평안하라. 네 딸들의 영혼이 평안하다. 네 아내의 영혼이 평안하다. 너는 평안하라." 그 소리는 평화를 가져다준 동시에 딸들이 세상의 수고를 마치고 천국으로 갔다는 사실을 인정하게 해 주었다. 성령은 그를 감화하고, 위로를 주었으며, 다시 일어서게 만들어 주었다. 그래서 그 감동을 글로 써내려가기 시작했다(찬송 470장).

내 평생에 가는 길 순탄하여 늘 잔잔한 강 같든지,
큰 풍파로 무섭고 어렵든지, 나의 영혼은 늘 편하다
저 마귀는 우리를 삼키려고 입 벌리고 달려와도
주 예수는 우리의 대장 되니 끝내 싸워서 이기겠네

그는 세계 교회가 애창하는 주옥같은 찬송시를 남겼다.

우리는 어떤 일에도 낙심을 해서는 안 된다. 우리 하나님은 우리의 약점과 실패까지도 사용하셔서 회복시키시고, 오히려 다른 새 목표를 주셔서 위대한 일을 이루게 하시는 치료의 하나님이시다(롬 8:28).

| 토의 |
1. 교만이 왜 신앙생활에 가장 큰 장애가 되는지 말해 봅시다.

2. 신앙생활 중 교만해서 실패를 겪은 일이 있다면 나눠 봅시다.

3. 하나님이 부당하게 대한다고 원망하고 불평한 경험은 없습니까?

## :: 제31계단 ::
# 사망의 음침한 골짜기를 지나다

    기독도가 치료를 받고 난 후 길을 떠났는데, 한 사람이 천국 길에서 되돌아오고 있었다. 그는 기독도를 보자, 숨이 턱에 차서 말하길 "되돌아가시오. 앞에는 무서운 괴물들이 도사리고 있고, 이미 죽은 순례자들의 시체도 많이 있다오."라고 말했다. 기독도는 두렵긴 했지만 주님의 격려를 생각하고 앞으로 전진했다. 얼마지 않아 시체가 뒹구는 사망의 음침한 골짜기에 당도했다. 시야는 짙은 안개로 흐렸고 여기저기 신음 소리

가 들렸는데, 정말 죽지 않을까 하는 두려움이 몰려왔다. 그는 성령의 검을 굳게 잡고 싸우며, 기도라는 무기를 사용하여 앞으로 전진했다.

그는 두려움이 더욱 엄습해 오자 심한 고통을 받으면서도 천성을 생각하며 결코 되돌아가지 않겠다고 각오를 다졌다. 너무 힘들어지자 그의 귀에는 이상한 소리가 들리며 주님을 부인하라고 꼬드기는 소리도 들렸다. 그러나 기독도는 사망의 음침한 골짜기를 말씀의 검으로 무찌르고, 기도하고, 찬송을 부르며 통과했다.

## 우리가 주님을 따르기 위해서는 어떤 각오를 가져야 하는가

기독교 역사상 교회의 지도자들이 믿음을 지키다가 때로는 재물과 명예, 권세를 빼앗기고 비천하게 되는 경우도 적지 않았다. 그러나 사단은 결코 이런 정도에서 공격을 그만두려 하지 않는다.

사단은 영적 영향력이 큰 교회 지도자들의 신앙 절개를 꺾기 위하여 생명조차 공격하여 욥처럼 모든 소유를 잃게 되는 경우도 있고, 그 목숨이 경각간에 놓이기도 하며, 요한처럼 외딴 섬에 갇히기도 하고, 베드로처럼 십자가에 못 박힐 수도 있으며, 바울처럼 목이 베어 순교 길을 가야 하는 때도 있다.

긴박하게 생명의 위협을 느끼는 순간 어떤 지도자들은 적들의 요구를 얼마간 들어주어 타협하거나 배교하고, 아예 다른 신을 찾는 사람들도 있다. 왜냐하면 사람에게 가장 큰 공포는 바로 죽음이기 때문이다(고전 15:26). 그러므로 교회의 지도자는 불의와 만났을 때 죽을 각오도 되어 있지 않으면 안 된다.

### 1. 교인들이 왜 죽음 앞에서 배교하는가?

#### (1) 세상 즐거움과 생명의 애착 때문이다

이스라엘은 애굽에서 탈출하여 광야를 지나면서 자신들의 목숨이 위험하다고 수도 없이 느꼈다. 그들은 그럴 때마다 하나님의 약속을 믿지 않고, 눈앞의 현실을 불평하며, 애굽에서 생활이 더 좋았다고 돌아갈 것을 주장하였다. 애굽에서 노예생활이 광야에서 생명을 잃는 것보다는 낫다고 생각했던 것이다 (민 14:3,4).

기독교가 핍박받는 많은 나라에서 굳건한 믿음을 가진 자들이 있는 반면에 배교하는 자도 적지 않았고, 심지어 교회 지도자들 중 그들과 야합하여 동역자를 고발하고 잡아주는 배교자도 있었다.

### (2) 현세와 내세의 차이를 인식하지 못하기 때문이다

우리 인생에게 주어진 세상의 시간은 결코 길지 않다. 그 시간마저도 실제로는 수고와 슬픔뿐이고, 후에는 심판이 있을 뿐이다(시 90:10). 우리가 잠깐 머무르는 이 세상에서 생명을 유지하기 위하여 하나님을 배반하면 영원한 지옥의 형벌로 보응받게 될 것을 두려워해야 한다(마 10:28). 사도 바울은 "그러므로 너희가 그리스도와 함께 다시 살리심을 받았으면 위엣 것을 찾으라. 거기는 그리스도께서 하나님 우편에 앉아 계시느니라. 위엣 것을 생각하고 땅엣 것을 생각지 말라"(골 3:1-2)고 하셨다.

십자가형을 받게 된다는 주님의 말씀에 근심하는 제자들에게 "너희는 마음에 근심하지 말라. 하나님을 믿으니 또 나를 믿으라. 내 아버지 집에 거할 곳이 많도다. 그렇지 않으면 너희에게 일렀으리라. 내가 너희를 위하여 처소를 예비하러 가노니, 가서 너희를 위하여 처소를 예비하면 내가 다시 와서 너희를 내게로 영접하여 나 있는 곳에 너희도 있게 하리라"(요 14:1-3)라고 하시며, 세상으로부터 오는 모든 걱정과 두려움을 천국 소망으로 승리할 것을 당부하셨다.

### 2. 신자들은 어떤 상황에서건 죽음을 맞을 준비가 되어 있어야 한다

정말 내가 지금 죽어도 괜찮은 것인가 확인하고, 매일 매일 죽음을 연습하여야 한다. 우리는 바울이 "나는 날마다 죽노라"(고전 15:31)고 한 말을 상기해야 한다(고전 15:31).

사도 바울은 세상에 살면서 세상에 미련을 두고 살지는 않았다. 그는 주님이 있는 곳에 가길 소망했다. "우리가 담대하여 원하는 바는 차라리 몸을 떠나 주와 함께 거하는 그것이라"(빌 1:20-21) 하셨다.

예수님은 배반을 강요당하며, 핍박받는 자들에게 용기 주시길 "자기 목숨을 얻는 자는 잃을 것이요, 나를 위하여 자기 목숨을 잃는 자는 얻으리라"(마 10:39)라고 하시고, 또 "내가 진실로 진실로 너희에게 이르노니, 한 알의 밀이 땅에 떨어져 죽지 아니하면 한 알 그대로 있고, 죽으면 많은 열매를 맺느니라"(요 12:24)라고 하셨다. 신자의 죽음은 끝이 아니라 오히려 새 생명을 무수히 생산하는 해산의 과정이 된다.

우리는 의사가 자신을 보고 "당신은 암(癌)입니다"라고 하는 말을 들었을 때 어떻게 반응할 것인가도 미리 생각해두어야 한다. 많은 사람들이 처음 그 말을 들을 때 세상이 다 끝난 것처럼 생각하고, 그 사실을 받아들이려 하지 않는다. 마치 내게 안 일어날 일이 일어난 것처럼 부정하고, 허둥지둥 방황을 시작한다. 어떤 사람은 미신을 쫓기도 하고, 배교하기도 한다. 신자들이 이런 말을 듣고 괴로워하고, 방황하며, 마치 하나님이 안 계신 자처럼 낙담하고, 염려로 갈피를 잡지 못한다면 다른 사람들이 우리를 보고 천국과 하나님이 존재한다고 생각하겠는가?

## 어떤 권사님의 임종 시간이었다

"애들아, 내가 잘 부르는 찬송 있지, 그 곡을 불러다오."라고 자녀들에게 부탁했다. 자녀들은 어머니가 평소에 잘 부르던 찬송가를 불러드렸다.

"하늘 가는 밝은 길이 내 앞에 있으니..." 찬송을 마쳤는데, 그 어머니는 자는 듯 고요히 생을 마감했다. 그 자녀들이 천국의 존재를 의심했겠는가?

**지금이 제일 위험합니다.**

　내가 중국 선교 초기에 가장 많이 들었던 말은 "지금 중국의 상황이 너무도 위험하다"는 것이었다. 사실이 그랬다. 어떤 선교사가 잡혀서 추방됐고, 어떤 현지 지도자는 감옥에 갇혀 어려움을 당하고 있다는 소리를 수없이 들었다. 그래서 지금은 때가 아니니 중국에 들어오지 말라는 것이었다. 만약 그때 안 들어갔으면 지금까지도 들어갈 기회가 없었으리라 생각이 든다. 왜냐하면 굉장히 위험하다는 말은 그때로부터 지금까지 10년 넘게 거의 매일 듣고 있기 때문이다.

　주님 앞에 섰을 때 우리의 상은 무엇인가? 바로 생명의 위험이 있음에도 불구하고 복음을 전하는 것이 아니겠는가? 하나님은 훗날 이것을 칭찬하실 것이며, 상급의 조건으로 삼으실 것이다.


### 3. 패배한 신자는 변명이 많다

　즉 그들은 생명의 애착 때문에, 할 수 없다는 조건만 내세우는 것이다.

　이스라엘이 가나안을 정탐할 때, 열 정탐꾼은 그들이 가나안을 차지하지 못할 조건만 보고하였다. 그러나 여호수아와 갈렙은 능히 취하여 얻을 것이라고 자신 있게 보고했다. 같은 상황을 보고 전혀 다른 보고를 한 것이다. 열 정탐들은 적들의 몸집과 무장, 성곽을 보고 그만 겁을 먹어버렸다. 그들은 극심한 생명의 애착을 갖게 된 것이다.

　그러나 훗날 후 세대가 가나안 정복 전쟁을 수행할 때, 그들이 염려하던 일은 하나도 일어나지 않았다. 아낙 후손들의 장대한 체구는 전혀 문제되지 않았고, 난공불락의 여리고 성벽은 단지 무너지라는 함성에 맥없이 무너져 버렸다. 그리고 적들의 견고한 성은 그들이 성 안에서 싸우지 않고 대부분 성 밖, 평지로 나왔기에 성곽은 적들에게 아무 도움도 되지 못했다. 가나안의 철병거도 하나님이 내리는 천둥과 우박 앞에는 무용지물이었다.

하나님은 어려운 길을 우리 혼자만 가라고 하시지는 않는다. 도우시는 방법을 우리에게 미리 일일이 가르쳐 주시지는 않지만 결과는 항상 승리라는 것만은 분명하게 약속하셨다. 주님은 우리를 고아와 같이 버려두지 않으시겠다고 하셨고(요 14:18), 세상 끝 날까지 함께 하시겠다고 약속하셨다(마 28:20). 그리고 사망의 음침한 골짜기에서 우리를 구원하여 원수의 목전에서 상을 베푸시겠다고 약속하셨다(시 23편).

### 4. 역사적으로 마귀는 진리를 파괴하고 신자들을 멸하기 위하여 정사와 권세 잡은 자들을 이용했다

바로 왕은 이스라엘의 인구를 통제하기 쉽도록 조정하기 위해 여러 방법들을 동원하였고(출 1:11), 이스라엘의 아합 왕은, 철저하게 여호와의 선지자들을 잡아 죽였으며(왕상 19:10), 유다 왕국의 요아스의 왕은 왕과 백성의 잘못을 경고한 스가랴 선지자를 살해했다(대하 24:20-21). 페르시아의 재상 하만은 이스라엘 민족을 진멸하려고 왕에게 선물을 바쳐 날을 정해 일제히 죽일 것을 청원하였다(에 3:12).

교회의 지도자들은 적그리스도의 활동으로 더욱 큰 고난을 받는다. 우리의 적들은 목자를 치면 양을 넘어뜨릴 수 있다고 생각하기 때문이다(마 26:31). 초대교회 당시에 사도들이 겪은 수난은 또 얼마인가? 종교개혁 때에 얼마나 많은 종교개혁 지도자들이 순교하였는가? 프랑스의 신교도 위그노들은 무려 5만 명이나 아무 저항 없이 살해되기도 했다.

**죽으면 살리라**

조선이 일본의 지배를 받은 때에 일본은 조선 목사들에게 신사 참배를 강요했다. 이에 불응한 목사들을 여러 방법으로 회유하고, 끝가지 거부하는 목사들을 가혹하게 다뤘으며, 때리고, 감옥에 가두고, 심지어 살해하기도 했다. 많은 목사들이 일본총독부의 위협을 받고 "일본 신사에 참배는 국민의 도리"라고 황당한 주장을 하고 다니기도 했다. 죽음을 두려워하면 진리를 왜곡하고 주님을 배반하게 된다.

초대교회의 스데반 집사는 살기등등한 수많은 군중 앞에서 죽음에 직면해서도 얼굴이 천사 같았다고 한다. 그는 죽기 직전 자신은 하늘에 계신 그리스도를 본다고 말하며, 그리스도의 부활을 선포하고 천사처럼 얼굴이 빛나며 순교했다(행 7:57,58).

좀 아이러니한 일이지만 스테반이 죽어 마땅하다고 재판정에서 증인으로 선 바울은 후에 사도가 되어 엄청난 수난을 감수해야 했고, 곳곳에서 핍박받아야 했다. 바울을 죽이려고 한 자들은 항상 그를 따라 다녔다. 바울을 죽이기 전에는 음식을 먹지 않겠다고 결심한 자들도 40인이나 있었다(행 23:21). 바울은 그의 받은 고난에 대하여 회고하기를 "내가 수고를 넘치도록 하고, 옥에 갇히기도 더 많이 하고, 매도 수없이 맞고, 여러 번 죽을 번하였으니"라고 진술하고 있다(고후 11:23).

그러므로 교회의 지도자들은 기독교가 탄압받을 때는 항상 죽음을 연습해 두지 않으면 안 된다.

고난에 대한 기독인의 태도
**1. 고난에 대한 확실한 철학을 가지고 있어야 한다**
그래야 환경 변화로 인해 신앙이 달라지지 않는다. 즉 잘 믿는 성도에게도 고난은 있다는 것이다. 우리는 흔히 잘못 믿기 때문에 고난을 당하는 것으로 생각하기 쉽고 고난은 징벌의 결과라고 생각하기 쉽다.

그러나 그렇지 않다. 이 세상에서는 잘 믿는 자가 더 많은 고난을 당한다.

왜냐하면 세상이 부조리하기에 우리가 그들의 범죄에 동조하지 않으므로 싫어하고 배척하는 것이다(벧전 4:4). 그래서 주님은 우리가 주님을 따르려면 자기 십자가를 지고 따르라고 하셨다. 그리고 신자가 세상에서는 환난을 당한다고도 하셨다(요 16:33).

바울 사도는 그가 전도하여 세운 지역 교회를 순회하며 제자들의 마음을 굳게 하고, 이 믿음에 거하라 권하고, 또 우리가 하나님나라에 들어가려면 많은 환난을 겪어야 할 것이라(행 14:22)고 하면서 잘 믿는 자에게도 어려움이 많음을 진술하고 있다.

### 2. 현재의 고난을 소망으로 인내해야 한다

로마서에 "생각건대 현재의 고난은 장차 우리에게 나타날 영광과 족히 비교할 수 없도다"(롬 8:18)라고 말했고, 야고보 사도는 "보라 인내하는 자를 우리가 복되다 하나니 너희가 욥의 인내를 들었고, 주께서 주신 결말을 보았거니와 주는 가장 자비하시고, 긍휼히 여기는 자시니라"(약 5:11)라고 인내를 당부했다. 고난은 반드시 열매가 있다. 그래서 시편에 "눈물을 흘리며 씨를 뿌리는 자는 기쁨으로 거두리로다. 울며 씨를 뿌리러 나가는 자는 정녕 기쁨으로 그 단을 가지고 돌아오리로다"(시 126:5-6)라고 간증한다.

### 3. 사망의 음침한 골짜기를 통과하는 방법

#### (1) 말씀의 검을 사용해야 한다. 성경은 하나님의 약속이다

우리의 믿음이 연약해질 때 말씀을 통하여 하나님의 약속을 회고하고, 믿음의 선배들이 어떻게 승리했는가를 배운다.

우리가 하나님의 말씀을 읽을 때에 그 말씀이 단지 우리 이성과 감성에만 호소하는 것은 아니다. 성경은 성령의 감동으로 기록된 것이기에 우리가 말씀을 읽을 때에 성령이 우리에게 역사하셔서 지금 당하는 일들을 소망으로 인내하게 하시고, 능히 극복할 지혜를 주시며, 또 능력과 도움을 주신다.

### (2) 전능하신 하나님의 힘으로 승리해야 한다

마귀는 신자보다 큰 능력을 갖고 있다. 우리 혼자 싸워서는 승산이 없다. 그러므로 하나님의 힘을 빌려야 한다. 마귀는 예수의 이름 앞에 무력하며 무능하다. 그러므로 하나님의 도움을 받는 방법은 예수의 이름으로 기도하여 하나님의 도움을 받는 것이다(요 14:14).

하나님은 고난을 허용하여 우리를 찾으시고, 우리는 기도를 통하여 살아계신 하나님을 경험한다. 정말 어려울 때 기도 외에 다른 방법이 있다고 생각하지 말라. 내가 방법이 없으면 하나님도 방법이 없다고 생각해서는 안 된다. 주님은 오늘을 사는 우리에게 약속하신다. "너희는 여호와를 만날 만한 때에 찾으라. 가까이 계실 때에 그를 부르라. 악인은 그 길을 불의한 자는 그 생각을 버리고 여호와께 돌아오라. 그리하면 그가 긍휼히 여기시리라. 우리 하나님께로 나아오라. 그가 널리 용서하시리라. 여호와의 말씀에 내 생각은 너희 생각과 다르며, 내 길은 너희 길과 달라서 하늘이 땅보다 높음 같이 내 길은 너희 길보다 높으며, 내 생각은 너희 생각보다 높으니라"(사 55:6-9).

### (3) 찬송을 하라

찬송은 곡조 있는 기도요, 부르는 자를 성령 충만하게 하고, 두려움을 물리치고, 용기를 주며, 하나님의 기적을 나타나게 한다. 바울과 실라는 붙잡혀 심하게 얻어맞고 빌립보 옥중에 갇혔는데, 기도하며 찬송을 불렀다(행 16:25-29). 그러자 큰 지진이 나서 옥 터가 움직이고, 문이 열리며, 모든 사람의 매인 것이 벗어졌다.

모압과 암몬, 마온의 연합군의 침공을 당한 유다 왕 여호사밧은 성가대에 예복을 입히고 전쟁터에 나가 여호와를 찬양하게 했다. 하나님은 그 찬양을 들으시고 모압 연합군을 멸하셔서 여호사밧과 이스라엘을 구원하셨다(대하 20:21-24). 하나님은 찬송을 기뻐하신다.

"이 백성은 내가 나를 위하여 지었나니 나의 찬송을 부르게 하려 함이니라"(사 43:21)라고 하셨다. 그러기에 레위지파를 따로 구별하고 찬송을 부르게 하셨다. 시와 찬미와 신령한 노래는 신자의 마땅히 행할 본분이다(골 3:16). "너희 중에 고난당하는 자가 있느냐 저는 기도할 것이요, 즐거워하는 자가 있느냐 저는 찬송할지니라"(약 5:13)라고 야고보 사도는 권면한다. 당신의 환경이 우겨쌈을 당하였는가? 죽음의 공포에 휩싸였는가? 하나님의 말씀을 더 묵상하고, 듣고, 더 부르짖어 기도하고, 힘차게 찬송을 하라. 흑암의 세력을 극복할 힘을 주실 것이다.

| 토의 |

1. 지금 죽는다면 당신은 어떻게 행동하겠는가? 세상을 정리하는 순서를 말해 봅시다.

2. 고난에 대해 어떻게 생각합니까? 왜 의인이 고난을 당할까요?

3. 당신이 좋아하는 찬송은 무엇이며, 간증이 있다면 나눠 봅시다.

# 동행자를 만나다

사망의 골짜기 끝에서 기독도는 찬송을 부르며 앞서가고 있는 한 사람을 발견했다. 그 사람은 '진실'이란 사람이었는데, 그는 기독도와 같은 장망성 사람으로 기독도가 장망성을 떠났다는 소문을 듣고, 천성 길을 떠난 사람이었다. 기독도는 외로운 길에 너무 반가워 앞에 가는 진실을 불렀다.

"여보시오, 같이 갑시다. 잠시 기다리시오." 진실은 들은 체도 않고 더욱 걸음을 재촉하며 "오시겠거든, 빨리 쫓아오시오. 나는 잠시라도 지체할 수 없소." 하고 대꾸했다. 기독도는 화가 나 빨리 달려 그를 앞질러버렸다. 그야말로 나중 된 자가 먼저 되었다. 앞지르고 난 후 기독도는 자만하여 뒤돌아보다가 그만 넘어져 버렸다. 진실이 기독도를 일으켜 세워서 둘은 다정하게 천국 길을 동행하게 됐다.

## 천국 길의 동역자

신앙 좋은 동반자는 천국 길에 좋은 협력자가 된다. 특별한 임무를 부여받거나 어려움을 당했을 때, 믿음 좋은 동역자는 큰 힘이 되고 일을 쉽게 한다.

교회생활은 혼자 하면 외롭고 힘들다. 더군다나 큰 직분을 맡을수록 동역자의 조력은 사역 성공에 미치는 영향이 크다. 교회 일은 혼자 할 수 있는 일도 있지만 큰 임무는 동역자 없이 잘 될 수 없다. 주님은 전도를 보내며 제자들을 둘씩 짝지어 보냈다. 서로에게 도움이 되게 하기 위해서이다. 하나님나라 일은 동역자가 많을수록 큰 업적을 이룰 수 있는 것이다.

### 1. 성경에도 좋은 동역자들이 있었다

#### (1) 민수기에는 여호수아와 갈렙이 있다

그들은 가나안 12정탐꾼 중 두 사람이었는데 둘의 보고는 일치했다. 즉 둘의 보고는 증거로써 가치가 있었던 것이다. 율법에는 두세 사람의 증언이 있어야 재판에서 증거 가치가 있었던 것이다. 결국 그들은 가나안 정복에 있어서도 중요한 동역자가 되었다(민 14:6-8). 그들의 믿음은 완전 일치했다. 좋은 동역자의 첫째 덕목은 같은 믿음을 갖는 것이다(딛 1:4)

#### (2) 다윗이 왕이 되고, 이스라엘 왕국을 건설하는 데 있어서 요나단은 아주 중요한 역할을 했다

요나단은 왕의 아들이고 다음 왕위는 그의 것이었지만 다음 왕으로 기름부음을 받은 다윗을 미워하지 않았다. 깊이 아끼고 보호하여 다윗의 생명을 자신의 생명처럼 여겨 그 아버지 사울 왕의 위협으로부터 지켜줬다(삼상 20:17). 동역자는 자기의 유익을 구치 않고, 하나님의 뜻을 우선해야 한다.

### (3) 바울이 사도로써 큰일을 할 수 있었음은 바나바의 도움을 들지 않을 수 없다

바나바는 안디옥 교회의 중요한 인물이었다. 그는 사울이라고 불리는 바울의 회심을 듣고 찾아가 그를 데려와 동역자로 삼았다. 당시에 기독교인들은 사울(바울)을 대단히 무서워했다. 왜냐하면 그는 많은 기독교인들을 공회에 잡아다 주었으며, 스데반의 재판 때는 죽여야 한다고 앞장섰고, 후에 기독교인을 잡아오라는 대제사장의 체포 영장을 받았던 인물이다. 그래서 그가 회심한 후에도 사람들은 그가 기독교인이 되었다는 사실을 믿지 않았다.

바나바는 그의 회심을 믿었고, 그의 유능함을 인정해주어 그를 안디옥에서 동역자로 삼았다. 그리고 사도들에게 바울의 회심을 믿게 해주고 친교를 갖도록 주선했다. 후일 제1차 전도여행단에 바울이 중심이 되었고, 바나바는 오히려 조력자가 되어 바울을 도와 많은 이방교회를 설립했다. 바나바는 유능한 사람임에도 불구하고 더 유능한 바울이 능력을 발휘하도록 성심껏 지원했다 (행 9:26,27). 조연은 주연을 돋보이게 할 수 있다. 우리는 하나님 나라를 위해서 기꺼이 조연이 될 마음이 있어야 한다.

### (4) 여러 동역자가 없이는 불가능했던 바울의 업적

바울의 업적은 놀라운 것이었다. 그러나 그의 업적은 동역자 없이는 불가능한 것이었다. 로마서 16장에는 바울의 동역자들 이름이 나열되어 있고 그들이 바울을 어떻게 도왔는지가 기록되어 있다. 바울 사도는 자신의 모든 서신서 끝에 항상 자기를 도와 준 사람들의 이름을 거명하고, 감사의 마음을 전하고 있다. 동역자 간에는 도움을 망각하지 않고 작은 도움에도 감사하는 마음을 가져야 한다. 그러면 더 많은 동역자가 진심과 열성을 가지고 협력하려 할 것이다.

교회의 사역들은 모든 성도가 당연히 해야 할 바다. 그럼에도 불구하고 교회의 지도자들은 그들의 수고를 진심으로 알아주고 감사하며 격려해야 한다. 현대 교회는 이런 점이 아주 부족하다. 교회가 크면 자원하는 일꾼이 많아 사역자들을 소홀히 대하기 쉽다. 격려는 돈이 드는 것이 아니다. 그들의 수고를 알아주고, 칭찬을 아끼지 말라. 그리하여 동역자들이 즐거움으로 일하게 하라.

### 2. 동역자는 협력자인 동시에 신앙의 좋은 경쟁자가 된다

주님은 각 성도가 행한 대로 갚으리라고 했다(마 16:27). 우리 각자에게는 각자의 역할이 있다. 우리는 서로의 열심을 보고 나도 저렇게 해야 한다는 마음이 있어야 한다. 바울 사도는 하나님나라의 일을 육상 경기에 비유했다. "운동장에서 달음질하는 자들이 다 달아날지라도 오직 상 얻는 자는 하나인 줄을 너희가 알지 못하느냐. 너희도 얻도록 이와 같이 달음질하라"(고전 9:24). 그리고 성도를 각각의 집을 건축하는 자로 비유하여 남보다 좋은 집을 지으라고 했다(고전 3:12). 우리는 다른 성도보다 많은 일을 하려는 열정이 있어야 한다. 즉 선의의 경쟁을 하라는 것이다.

### 3. 그러나 서로를 비교하여 교만한 마음을 가져서는 안 된다

왜냐하면 하나님께서 각자에게 주신 은사가 다르기 때문이다(고전 12:4). 동역자의 결점은 우리가 보충해야 할 부분이며, 그 사람의 장점은 우리가 도움받아야 할 부분이다(고전 12:21). 동역자의 결점을 비판하거나 장점을 시기하고 스스로 우월감을 가지면 동역자 관계는 깨지게 된다.

상대의 은사가 드러나게 보이더라도 나에게도 숨은 은사가 있다(고전

12:23). 상대의 은사를 시기하고 악평해서도 안 되고 자신의 은사를 과소평가 해서도 안 된다. 몸의 한 지체는 다른 지체에게 유익이 되는 것처럼 우리는 다 른 동역자의 사역에 도움이 되어야 한다(고전 12:25).

**4, 하나님 앞에서 받게 되는 상급은 역할을 제대로 감당했느냐를 가지고 평 가를 받는 것이지 무슨 직분을 가졌느냐가 아니다**

그러므로 우리가 알아야 할 것은 목사와 집사의 상이 다르지 않다는 것이 다. 우리는 교회에서 작은 역할을 하는 한 신자라도 소홀히 대해서는 안 된다. 작은 벽돌이 하나씩 빠지면 벽에 큰 금이 가는 것이다.

사도 바울은 동역자 간 협동에 있어서 가장 중요한 정신은 사랑이라고 한다 (고전 13:1-3). 사람의 방언, 천사의 말, 하늘의 예언, 산을 옮길 만한 믿음, 몸 을 불사르는 구제 등은 다 놀라운 은사요 일반 사람이 할 수 없는 능력들이다. 그러나 이런 것들마저도 동역자 간에 사랑 없이 행해진다면 큰 능력만큼 서로 를 크게 상하게 한다.

삼가 조심하여 자기를 내세우지 않고, 겸손히 자신의 일을 담당함으로 본을 보이는 것이 최고의 설교이다. 베드로 사도는 "맡기운 자들에게 주장하는 자 세를 하지 말고 오직 양 무리의 본이 되라"(벧전 5:3)고 했다.

동역자 간에 힘을 합하면 큰일을 할 수 있다. "한 사람이면 패하겠거니와 두 사람이면 능히 당하나니 삼 겹줄은 쉽게 끊어지지 아니하느니라"(전 4:9-12). 라고 한다. 바울 사도는 빌립보 교회에 동역자 간의 가져야 할 정신을 가르쳐 주었다.

"그러므로 그리스도 안에 무슨 권면이나 사랑에 무슨 위로나 성령의 무슨 교제나 긍휼이나 자비가 있거든 마음을 같이 하여 같은 사랑을 가지고 뜻을 합하며, 한 마음을 품어, 아무 일에든지 다툼이나 허영으로 하지 말고, 오직 겸손한 마음으로 각각 자기보다 남을 낮게 여기고, 각각 자기 일을 돌아볼 뿐

더러 또한 각각 다른 사람들의 일을 돌아보아 나의 기쁨을 충만케 하라"(빌 2:1-4).

## 순교자적 각오로 반대

나는 중국에서 중국교회 목회자들을 가르쳤다. 세월이 지나 그들은 교사, 장로, 목사가 되었다. 주로 지하교회 출신들이 많이 있는데, 그러다 보니 믿음이 좋은 만큼 개성들이 강한 지도자들이 많았다. 함께 일하는 과정에서 조금만 다른 것도 서로 용납이 안 되었다. 양보는 곧 지는 것이라고 생각하고 무슨 일에든지 그야말로 잘 훈련된 순교자적 정신으로 반대를 한다. 의견에 일치를 보는 것은 태산을 옮기는 것과 같이 어려웠다.

동역자를 세워주려는 노력이 심히 부족한 지도자들을 보고 나는 놀라지 않을 수 없었다. 복음을 전하기 위하여 그토록 자신을 희생하면서도 단체가 형성되고 자신이 주장이 되면, 성격이 독재적으로 변하고 군림하려 드는 것이다. 열심은 특심하나 사랑과 양보가 없는 것은 연합의 큰 거침돌이 되었다. 서로 헐뜯고, 비방하다 결국 갈라서는 것을 보았다.

동역에 가장 큰 방해가 되는 것은 바로 지나친 경쟁심과 질투심이다. 지나친 경쟁심은 곧 교만의 기초가 된다. 그리고 교만한 자에게서는 좋은 동역 자들이 떠난다. 따라서 좋은 제안도 얻을 수 없고, 일손이 부족해져 더 큰 사역을 감당할 수 없게 된다.

당신은 동역자들과 어떤 관계를 유지하고 있는가? 당신의 동역자들이 당신의 권위를 두려워하고, 당신의 성격 때문에 괴로워하고 있지는 않는가? 당신은 사역 업적에 대한 공을 동역자에게 돌리는가, 아니면 업적을 통하여 자신을 선전하고 있지는 않는가? 당신은 다른 동역자가 어려운 가운데 일하고 있음을 이해하고, 그 입장을 충분히 배려하고 있는가?

동역자를 얻는 것은 내게 없는 것을 얻는 것이다

중국의 유명한 고전, 삼국지에 유비라는 사람은 아무것도 없는 비천한 사람이었지만 충성되고 재주 있는 동역자, 관우, 장비, 조자룡, 제갈량을 얻어 촉한의 황제가 되었다.

동역자의 마음을 사는 것은 내게 없는 능력을 내 것으로 만드는 최고의 방법이다. 역사에 위대한 업적을 이룬 위인들을 보라, 그들이 직접 무엇을 했는가? 그들은 모두 동역자의 힘으로 위대한 일을 이루었다.

동역자와 오랫동안 좋은 관계를 유지할 수 있는 유일한 방법은 겸손과 온유함을 가지고 동역자의 능력을 알아주고, 충분히 발휘할 수 있도록 배려하는 것이다.

| 토의 |

1. 당신은 교회에서 서로 얼굴만 봐도 마음이 통하는 동역자가 있습니까?

2. 당신은 항상 주장이 되기를 원하는 타입입니까? 또 당신이 조력자가 됐을 때는 전심으로 협조합니까?

3. 당신은 부서를 맡았을 때 부서원의 건의를 존중합니까? 일방적으로 자신의 생각을 강요합니까? 혹 부원 중에는 당신의 독단적 운영방식으로 괴로워하고 있는 부원은 없는지 살펴봅시다.

# 음란한 여인을 만나다

두 사람이 길을 가며 이야기를 나누었는데, 진실은 겸손 계곡에서 '음란' 이라는 아름다운 여인을 만나 사랑하려 하다가 그 결국이 사망인 것을 깨닫고 도망치려 했으나, 여인이 너무 강하게 붙잡아 할 수없이 잡는 옷을 벗어 버리고 달아났다고 했다.

신자의 이성관은 어떠해야 할까?

신자의 천국 길을 방해하는 또 하나의 덫은 음란이다. 즉 이성 간의 범죄를 말한다. 성적 범죄는 신앙생활에 큰 장애물이고 이는 자기 스스로 자기 몸에 짓는 죄로 죄질이 나쁘고, 또 소문이 널리 퍼져 교회에 큰 해를 끼치며, 전도에 아주 나쁜 영향을 미친다. 뿐만 아니라, 다른 범죄와 달리 한 번에 두 가정을 파괴하고, 온 가족들을 고통 가운데 몰아넣는다. 교회에서 동역자 간에 음란은 교회에 참담한 불명예를 가져온다.

음란도 교만의 일종인데, 의식주가 해결되고, 살 만한 여유가 생기면 자만심이 생겨서 다른 재미를 찾는 것이다. 세상에 절반은 남자이고, 절반은 여자이며, 본능적으로도 남녀는 서로를 찾게 되어 있다. 그러므로 성범죄의 유혹은 우리 주변 도처에 상존하고 있다 하여도 과언이 아니다.

### 1. 음란의 유혹은 믿음이 약한 사람에게만 있는 것은 아니다

신앙이 좋은 사람에게도 음란의 유혹이 있는데, 보디발의 아내는 믿음의 사람 요셉을 유혹했다. 요셉은 옷자락을 잡은 그 여인을 뿌리치며, 옷을 벗어버리고 밖으로 도망쳤다. 이에 요셉은 여인의 모함을 받아 감옥에 갔다. 감옥에는 갔으나 하나님께는 인정을 받았고, 그는 결국 국무총리가 된다. 요셉은 범죄 조성 환경을 과감히 떠남으로 범죄를 예방했다(창 39:7). 그러므로 이성 간의 만남은 은밀한 환경을 피해야 범죄를 예방할 수 있다.

### 다윗은 왕궁 지붕 위를 거닐었다

그런데 민가에 한 여인이 마당에 나와 목욕하는 것을 보게 되었다. 다윗이 사람을 보내어 알아보니 용사 우리아의 아내였다. 다윗은 그 여인을 왕궁으로 불렀다. 그리고 범죄를 한 것이다. 다윗은 요셉과 달리 여인을 범죄 환경으로 불러들인 것이다. 이 일로 다윗은 처벌을 받게 되는데, 엄청난 고난을 감수하지 않으면 안 되었고, 생명을 잃을 뻔하였다(삼하 115:14).

다윗에게 내려진 벌은 큰아들 암논이 배다른 동생 압살롬의 여동생 다말을 강간한다. 그리고는 미워하여 다말을 쫓아낸다. 이에 분개한 압살롬은 치밀한 계획 아래 형 암논을 죽이고 타국으로 도망간다. 그러나 후에 용서를 받고 돌아와 백성의 인심을 도적질하고, 아버지로부터 백성을 떠나게 만든다. 그리고 반란을 일으켜 예루살렘을 차지한다. 다윗의 열 아내는 이때 부끄러운 일을 당한다. 전열을 가다듬은 다윗은 압살롬을 이기게 된다. 이때 압살롬이 살해되었다. 그리고 이스라엘 나라는 분열되어 많은 피를 흘렸다.

한 번의 성범죄가 가져온 피해는 실로 엄청난 것이었다. 성범죄는 하나님이 가장 싫어하시는 죄 중에 하나이다. 슬프게도 우리는 교회 중에서도 이성 문제를 일으켜서 세상에 회자되어 교회를 부끄럽게 한 일에 대하여 듣는다. 정말 어떤 사람들은 그리스도의 명예에 심각한 불명예를 가져다주는 사람도 있다(빌 3:18).

## 2. 음란은 세상을 멸망케 하는 큰 원인이 된다

노아 홍수 전에도 성 질서가 무너졌다. 성경은 그것을 다음과 같이 기록했다. "사람이 땅 위에 번성하기 시작할 때에 그들에게서 딸들이 나니 하나님의 아들들이 사람의 딸들의 아름다움을 보고 자기들의 좋아하는 모든 자로 아내를 삼는지라"(창 6:1)라고 기록하고 있다. 바로 일부다처(一夫多妻)가 시작된 것이었다. 그러므로 가정의 질서는 파괴되고, 골육상잔이 시작되었다. 그러므로 사회질서 역시 무너졌다. 사악한 사회가 된 것이다. 그러므로 초기 인류는 노아와 그 가족을 남기고는 전멸했다. 소돔과 고모라 역시 동성연애가 극에 달했고 역시 유황불로 전멸되었다(창 19:25).

사사 시대에 베냐민 지파의 남색은 가증스러운 것이었다. 그들은 외지에서 온 동족 레위인을 집단 남색(男色)하려 했다. 레위인은 그것을 피하고자 자기 첩을 대신 내주었는데, 그 사람의 첩이 윤간되었고 죽었다. 이에 하나님의 진노를 받아 베냐민 지파는 모두 전멸하고, 다만 400인이 남았을 뿐이었다(삿 20:48). 이로 인하여 이스라엘의 피해도 적지 않았다. 오늘날 성범죄는 다양한 방법으로 이뤄지고, 인터넷은 악을 부추기는 통로가 되고 있다. 십계명에는 "간음하지 말지니라"라고 잘못된 성관계를 금하고 있다(출 20:14).

### 3. 지켜져야 할 성도덕

#### (1) 성이 매매되어서는 안 된다(신 23:17, 고전 6:15-16)

창기와 구합하는 자는 그와 한 몸이라고 경고했다. 우리 몸은 그리스도의 지체이고, 결코 팔고 사지 못한다.

#### (2) 성은 정당한 혼인 이외에서 시행되어서는 안 되고, 결코 혼인 밖에서 오락거리가 되어서도 안 된다

하나님은 경건한 자손을 얻기 원하신다(말 2:15).

#### (3) 이혼해서는 안 된다

부부는 하나님이 짝지어주신 바이므로 맘대로 갈라설 수 없다. 다만 음행한 때에만 이혼이 가능하나 이때라도 용서할 수 있으면 용서해야 한다(마 19:4-9). 음행한 연고 외에 이혼은 간음과 같다고 주님은 말씀하셨다. 이혼 가정의 자녀들이 겪는 고통과 방황은 큰 사회문제가 되고 있다.

#### (4) 동성 간에 성 교제는 안 된다

이 죄는 소돔과 고모라에서 볼 수 있다. 그 결과 멸망이었다. 요즈음 행복 추구권 운운하며 교회조차도 동성연애자에게 관용하려는 듯한 태도는 있을 수 없는 일이다. 그렇다면 하나님은 무익하게 소돔과 고모라를 멸망시키신 것이 된다. 바울도 이를 큰 범죄로 규정하고 있다(롬 1:26,27). 동성연애가 정신과적 병이면 고치기를 노력해야지, 그것을 정당화한다면 세계는 멸망으로 들어가는 것이다. 동성연애에 에이즈가 따르는 사실은 인간에게 하시는 하나님의 심판이며 또한 그러한 범죄의 예방이다.

### 4. 결혼 전의 성 교제는 안 된다

혼전의 남자는 여자의 성을 알고 난 뒤에 그 여자를 매우 불결하게 보는 감정이 생길 수 있다. 즉 성의 신비감을 상실하는 것이다.

"암논이 그 말을 듣지 아니하고 다말보다 힘이 세므로 억지로 동침하니라. 그리하고 암논이 저를 심히 미워하니 이제 미워하는 미움이 이왕 연애하던 연애보다 더한지라"(삼하 13:14-15)라고 위험성을 경고하고 있다. 오늘날 젊은이들이 이에 취약하다. 첫날밤을 중요히 여기는 것은 이후에 거룩한 후손의 복이 있을 것이다.

### 5. 부부간에 순결의 의무가 있다

이미 결혼한 부부는 순결의 의무가 있는데, 그것은 결혼식장에서 서로 약속한 바이다. 부부간 성의 이탈은 서로의 도리를 배반한 것이고, 가정 파탄의 시작인데 그 자녀들에게는 극심한 고통과 불행을 가져다 줄 것은 자명한 일이다. 잠언에는 "네가 젊어서 취한 아내를 즐거워하라. 그는 사랑스러운 암사슴 같고, 아름다운 암노루 같으니 너는 그 품을 항상 족하게 여기며, 그 사랑을 항상 연모하라"(잠 5:15-19)고 권면한다. 부부간의 성은 아름다운 것이며, 가정을 견고하게 만든다. 왜냐하면 사단이 틈타지 못하기 때문이다.

## 6. 타인의 아내나 남편을 탐내서는 멸망한다(출 20:17)

"네 마음에 그 아름다운 색을 탐하지 말며 그 눈꺼풀에 홀리지 말라. 음녀로 인하여 사람이 한 조각 떡만 남게 됨이며, 음란한 계집은 귀한 생명을 사냥함이니라. 사람이 불을 품에 품고야 어찌 그 옷이 타지 아니하겠으며, 사람이 숯불을 밟고야 어찌 그 발이 데지 아니하겠느냐. 남의 아내와 통간하는 자도 이와 같을 것이라. 무릇 그를 만지기만 하는 자도 죄 없게 되지 아니하리라"(잠 6:25-29)라고 한다.

---

### 꽃뱀과 제비족

세칭 꽃뱀이라고 부르는 여자들이 있다. 또 제비족이라고 부르는 남자들이 있다. 이들은 다른 사람의 성을 노리고, 성관계를 맺은 후 그들을 협박하여 돈을 갈취하고 상대를 완전히 죽을 때까지 괴롭힌다. 재미는 잠깐이지만, 괴로움은 죽음까지 끌고 간다. 그러므로 신자는 혹시라도 호기심을 가져서 안 되고, 그런 장소에 가서도 안 된다. 한 번 빠지면 가정이 파탄 나고 헤어나더라도 영혼이 피폐해지고, 재물에 많은 손실을 보고, 큰 망신을 당한 후일 것이다. 복 있는 사람은 죄인의 길에 서지 않고, 오만한 자의 자리에 앉지 아니한다(시 1:1).

---

## 7. 성경은 우리에게 음란한 복장과 행동을 하지 말라고 한다

이는 타인으로 하여금 범죄 동기를 유발하기 때문이다. 그럼에도 불구하고 복장들이 나날이 음란함을 더해 가고 있다. 그리고 많은 곳에서 음란물을 게시함으로 범죄를 더욱 부추긴다. 방송국도 여자들의 몸을 좀 더 노출시킴으로 시청률을 올리려 하고 잡지들도 마찬가지다. 더군다나 이런 일에 신자들이 관계되어 있다는 것은 신앙 양심을 팔아먹는 행위이다.

우리는 보고 싶지 않아도 컴퓨터만 켜면 민망한 동영상이 나타난다. 우리가 음란에 얼마나 쉽게 노출되어 있는가?  어린아이, 십대 할 것 없이 성범죄 환경에 무방비로 노출되어 있다. 사단이 인간을 타락시키기 위하여 자주 사용하는 효력 강한 무기가 바로 음란이다.

## 8. 불신자와 결혼하면 고통이 따른다

불신자와의 결혼은 결혼 후 많은 신앙상의 충돌을 경험하게 될 것이다. 신자는 신자와 결혼하는 것이 신앙에 도움이 된다. 불신자와 결혼하면 큰 멍에를 지게 될 것이다. 솔로몬은 불신 여인들을 왕비로 맞았다가 마음을 빼앗기고, 하나님을 배반하여 결국 이스라엘을 분열하게 만들었다(왕상 11:1-3).

나는 불신자와 결혼한 한 신부가 시집에 들어가는 첫날 죽은 시아버지 사진에 절하는 문제로 곤란을 겪는 것을 보았다. 어떤 시어머니는 신자 며느리를 향해 네가 예수를 믿기 때문에 우리 집에 두 신(神)이 싸워 되는 일이 없다고 한다. 이후에 좋지 않은 일이 있다면 네가 책임지라고 해서 시어머니 죽은 후에 교회에 가야겠다고 하며, 신앙생활을 포기하는 사람도 있다. 그래서 사도 바울은 믿지 않는 자와 멍에를 같이 하지 말라고 하셨다(고후 6:14). 우리는 이스라엘 아합 왕이 우상을 섬기는 아내 이세벨로 인하여 자신이 망하고, 나라가 망하고, 후손이 망한 것을 성경에서 볼 수 있다.

## 9. 분방(分房)하지 말라

부부가 질병과 기도하는 외에 각방을 쓰지 말라는 것이다. 이는 사단에게 성을 가지고 시험할 틈을 주지 않기 위해서이다(고전 7:4).

어떤 교회 지도자들은 부부간의 성을 죄악시하는 경우가 있는데, 성경적이 아니다. 하나님은 일남일녀를 창조하셨고, 그들에게 한 몸을 이루라고 하셨다. 정신적인 것뿐만 아니라, 육체의 일치도 말씀하신 것이다(창 2:23-25). 분방하지 말라는 더 적극적인 뜻은 부부가 영육 간에 더욱 사랑하라는 것이다. 부부의 화목은 사단의 공격을 방어하는 최고로 견고한 성이다.

대부분의 이단은 자기 교인들에게 금욕을 강요하지만, 정작 교주 자신은 무절제한 경우가 아주 많다. 어떤 직분자이든 기도나 거룩을 핑계하여 분방하므로 범죄의 기회를 주지 말라.

| 토의 |

1. 다윗의 성 범죄와 그 결과 하나님께서 취하신 조치에 대해 말해 봅시다.

2. 여러분은 자녀나 자신의 결혼에 인간적 조건을 달았던 적은 없습니까? 상대의 믿음을 고려하지 않아 피해를 본 일은 없습니까?

3. 이혼 후 자녀들이 당하는 상실감과 사회 문제에 대해서 나눠 봅시다.

# 모세를 만나다

진실은 또 옛 사람을 만났는데, 그 사람은 진실을 보고 자기의 세 딸 중 하나와 살든지, 원한다면 모두와 살아도 좋다고 했다. 대신에 천국 길은 포기하라고 했다. 진실은 옛 사람의 말을 듣고 따라가려다가 즐거움은 이생에서뿐이고 그 결과가 사망임을 알고 도망치려 했다. 그러자 옛 사람은 진실의 옷을 갈퀴 같은 손으로 붙잡았는데, 진실은 살점까지 떨어지는 아픔을 맛보며 도망했다고 한다.

진실이 옛 성질을 간신히 떠나 왔는데, 갑자기 흰 옷을 입고 흰 머리칼을 한 노인이 진실에게 오더니 진실을 책망하며, 몽둥이로 마구 때리기 시작했다. 진실이 거의 죽도록 맞았을 때 다른 젊은 분이 와서 노인을 진정시키며 가라고 했다. 그리고 진실에게 상처를 치료해 주고 용기를 주고, 다시 길을 떠나게 했다고 한다. 그 말을 들은 기독도는 "앞에 사람은 모세이고 그가 사용한 매는 율법 몽둥이요, 뒤에 나타나 모세를 말린 분은 예수님이신데 손발에 못 자국이 있지요."라고 진실에게 말해 주었다.

## 영적 퇴보를 가져오는 것들은 무엇인가?

옛 사람이란? 변화되기 이전에 자신이 가지고 있던 과거 성질과 습관 등이 다시 나타나는 것을 말한다. 우리가 회개하고 믿어 의롭게 된 후에는 과거에 가지고 있던 죄성이 현저하게 줄어든 것은 사실이지만 어떤 나이나 어떤 환경에서, 또 믿음이 약해지면 그런 욕구들이 다시 되살아난다.

옛 사람이 가지고 있는 성질은 각양 정욕, 즉 탐욕, 명예와 명성욕, 권력욕, 색욕, 술, 마약, 최면제, 도박, 본분을 망각하는 지나친 취미 생활 등이다. 이런 욕구는 주로 중년에 극심하게 나타나는데, 마치 지난 세월 고생에 대한 보상인 것처럼 오해되는 경우도 있다. 자신이 과거라는 시간을 신앙이라는 이름으로 너무 억제하고 살지 않았나, 허무한 생각이 들고, 또 이 시간이 지나면 누려볼 수도 없다는 생각이 살아나는 것이다.

옛 사람의 욕구가 중년에 주로 나타나는 이유는 그가 생활에 상당한 경제적, 시간적 여유가 생겼기 때문이다. 그러므로 옛 성질 역시 현실에 만족해하는 교만으로부터 나오는 것이다. 지혜의 사람 솔로몬 왕은 이런 것들을 경험하고 난 후 아주 헛되다고 결론을 내린 바 있다(전 1:2). 그는 "어떻게 하여야 내 마음에 지혜로 다스림을 받으면서 술로 내 육신을 즐겁게 할까 또 어떻게 하여야 어리석음을 취하여서 천하 인생의 종신토록 생활함에 어떤 것이 쾌락인지 알까 하여"(전 2:3) 그런 일을 시도했다고 한다.

그는 대규모 건축, 토목공사를 해서 자기의 위용을 과시했고, 포도원이나 정원을 건설하며, 왕궁을 크게 축성하고, 목축업 등에 투자하여 큰 성공을 거두었다. 당시에 부호의 척도인 노비 수가 헤아릴 수 없었으며, 각종 진기한 보배를 수집하였고, 남녀 가수, 희극배우 등도 그의 궁전에 넘쳐났다. 뿐만 아니라 얼마나 많은 처첩이 있었는지 모른다. 그리고 그는 그 어떤 철학자들보다 더, 인생과 세계에 대하여 연구하였기에 지혜의 왕이란 칭호도 얻었다. 그는 정말 모든 분야에서 부족한 것 없이 누려보았던 사람이었다. 그러나 그 모든 것을 경험한 후 그의 모든 욕망이 실로 헛된 것이었다고 고백하고 있다.

우리가 세상에 속한 것을 얻는 데는 그다지 유능하지 못했을지라도 주님이 기뻐하는 삶이면 그것은 성공이다. 이 세상은 결코 영원하지 않다. 베드로 사도는 "모든 육체는 풀과 같고, 그 모든 영광이 풀의 꽃과 같으니 풀은 마르고 꽃은 떨어지나"(벧전 1:24)라고 했다.

인생은 유한하기에 우리가 누릴 세상의 복이라는 것도 역시 유한한 것이다.

데마는 세상을 사랑하여 바울을 버리고 데살로니가로 갔다고 한다(딤후 4:10). 바울이 당하고 있는 모든 일들을 보며, 장래가 없다고 생각했을 것이다. 하늘나라 보화를 세상 것보다 못하다고 생각하는 것은 참으로 슬픈 일이다. 세속적 성공은 찬사를 받지만 믿음의 성공은 세상에서 그다지 옳게 평가를 받지 못하는 것이 현실이다.

거듭난 인간의 내부에도 두 가지 욕망이 상존한다. 그것은 육체의 소욕과 성령의 소욕이다. 이 둘은 서로를 지배하려 한다(롬 7:21). 성도가 믿음이 좋은 때는 성령의 소욕이 육체의 소욕을 지배한다. 그러나 나태하고 믿음이 연약해지면 육체의 소욕이 나타나는데, 이때에 옛 사람의 습성이 되살아난다. 그러면 그는 과거의 즐겨했던 악한 일들을 다시 하게 된다. 육체는 이전에 한번 경험해 보았던 쾌락을 기억한다. 그래서 조금 여유가 생기거나 이유가 생기면 곧장 그리로 달려가려 한다. 그러므로 우리 속에 쓴 뿌리가 뿌리를 내리지 못하도록 말씀과 회개와 기도로 마음 밭을 항상 관리해야 한다(히 12:15).

우리가 다시 범죄하면 용서받는 길이 있는가?

완전 성화는 우리의 간절한 바람이지만 신자는 죄악 세상에서 살고 있기에 신자도 범죄하는 경우가 적지 않다. 어떤 범죄 후 양심 가책이나 타인의 정죄로 극심한 죄책감이 생겨 구원관까지 흔들리는 경우가 있다. 그러나 지나친 자책 역시 교만의 일종이다. 왜냐하면 율법을 완전하게 지킬 수 있는 사람은 없고 구원받은 후에도 우리 모두는 다만 은혜로 살기 때문이다. 우리의 노력으로 완전 성화에 이르지 못한다. 우리는 다만 노력할 뿐이다.

여기서 모세는 율법을 가지고 사람들의 실수를 정죄하여 낙심에 이르게 하는 기능을 하고 있다. 교회에는 의외로 율법주의자들이 많아 자신을 판단할 뿐만 아니라, 타인을 판단하여 비평하고, 정죄함으로 낙심에 빠지게 하는 경우도 적지 않다(롬 7:9,10).

또, 목사들 중에도 설교 때마다 일관되게 성도들을 정죄하고 금방 벼락이 머리 위에 떨어질 것처럼 공포를 조성하며 용서받는 길을 제시하지 않으므로 성도들을 극심한 죄책감에 빠지게 한다. 얼마나 많은 사람들이 자신의 눈의 들보를 보지 못하면서 타인의 눈의 티끌을 정죄하는가(마 7:3). 깨어 있는 성도라면 범죄 후 당연히 양심에 공포가 온다. 아담과 하와는 범죄후 나무 밑으로 숨었고, 뻔뻔한 가인이라도 범죄한 후, "내 죄벌이 너무 중하여 견딜 수 없나이다."라고 스스로 말했다. 유다는 주님을 판 후 양심가책으로 자살하고 만다.

그러나 지나친 가책으로 용서받을 수 없을 것이라는 생각 역시 교만의 일종이다. 우리가 의롭다 선언되는 것은 죄가 없어서가 아니라, 처음부터 주님 오시기까지 주님이 십자가에서 흘리신 피의 속죄로 말미암은 것이다. 그러므로 주님을 의지하여 회개하면 모든 인생길에서 용서받지 못할 죄란 없다(롬 6:14).

우리는 은혜로 구원 얻음을 믿어야 한다(엡 2:8-9). 사도 바울은 구원은 분명 행위에서 난 것이 아니고, 하나님의 은혜요 선물이라고 말하고 있다.

앞에서 이미 수없이 말한 대로 우리의 구원은 우리의 과실이 많음에도 불구하고 변하지 않는다. 물론 공의의 하나님이시기에 이 세상에서 징벌을 틀림없이 주시기는 하지만 최소한 버림받지는 않는다. 다윗의 범죄에 그랬고 솔로몬의 범죄에도 그렇게 하셨다(삼하 12:13, 왕상 11:34).

다시 말하거니와 하나님이 우리를 사랑하신 것은 우리가 믿고 의로워진 다음이 아니었다. 오히려 우리가 죄인이었을 때이며, 믿기 이전이었다. 그렇다면 믿고 그의 자녀가 된 후에는 더 큰 사랑을 받지 않겠는가?(롬 5:8)

### 오늘은 무슨 죄를 지었니?

이단에 빠진 한 여인이 있었다. 그 교회의 교주는 성결 생활을 아주 강조했는데, 그래서 그런지 이 여인은 결벽증이 심했다. 거룩한 삶을 유지하기 위해서 외출도 삼갔다. 조금만 죄를 범하면 자신을 채찍질하고, 괴로워했다. 그는 자신뿐 아니라, 고등학생인 딸과 함께 살았는데, 딸에게 성결한 삶을 살라고 채근하곤 해서 딸은 어머니의 결벽증에 심하게 시달리고 있었다. 외출을 하고 돌아오면 어머니는 딸을 심문하듯 무슨 죄를 지었는지 닦달하곤 했다. 딸은 반항심으로 가득했고, 짓지 않은 죄도 일부러 지었다고 말했다. 그런 날이면 집안은 엄마와 딸의 말싸움으로 평화롭지 못했다.

그러던 어느 날 딸은 외박을 하고 들어왔다. 어머니는 간밤에 일을 꼬치꼬치 캐물으며 딸을 닦달하다가 딸이 남자하고 잤다고 단정하기에 이르렀다. 그래서 딸에게 지옥을 가게 됐다고 하면서 같이 죽자고 했다. 딸도 홧김에 그러자고 하면서 둘은 고층 아파트에서 같이 안고 뛰어 내렸다. 그래서 둘 다 죽었다. 모세의 정죄 몽둥이에 맞은 것이다.

신자에게는 어떤 죄라도 회개하면 용서받지 못할 죄가 없다. 십자가는 어저께나 오늘이나 영원토록 동일하게 죄 사함의 능력이 있는 것이다. 주님은 우리를 이미 용서하고 다만 자기 죄를 시인하고, 하나님의 용서와 자비를 구하기를 기다리신다.

| 토의 |

1. 당신은 믿기 이전에 행하던 세상의 재미에 다시 관심 갖게 된 일은 없었습니까? 그 이유는 무엇이라 생각합니까?

2. 당신은 믿음 안에서 살아온 삶의 방식을 후회해 본 일은 없습니까? 어떤 때 그랬습니까?

3. 심한 죄책감에 빠져 괴로워해 본 일은 없었습니까? 어떻게 극복했습니까?

## :: 제35계단 ::
## 불만을 만나다

　"그 외에 또 만난 사람이 없습니까?" 기독도가 묻자 "예, 겸손 골짜기에서 불만이라는 사람을 만났습니다."라고 진실은 불만이란 교인에 대하여 말했다. 그 사람은 잘 믿는 것도 좋지만 기독교인이라고 해서 굳이 남에게 굽실거리며 양보하고, 손해를 보면서 살 필요가 있느냐고 말했다는 것이다. 그는 매사에 불만이 많아 어떤 일을 당할 때마다 원망하고 주어진 것에도 감사하지 못하고 순례 길을 가는 사람이라고 했다.

신앙생활에 가장 나쁜 습관

1. 천국 가는 길에 있어서 또 하나의 큰 장애는 신자 마음속에 생겨나는 불만과 불평이다

불만 역시 겸손해지는 데 실패하면 나타나는 현상이다. 천성 길에는 상석이 없고, 화려한 대우도, 요란한 환영도 없다. 그러나 많은 사람은 교회에서 대접을 기대하고, 박수와 찬사를 받으려 한다. 그러나 그가 자기 뜻대로 하지 못하거나, 기대하는 찬사를 얻지 못하면, 불만 불평을 하게 되고, 심해지면 직분에 태만하거나 심지어 교회를 떠나게 된다. 불만 역시 교만의 일종이다.

2. 교회는 완벽한 사람들이 모이는 곳도 아니고, 또 완전한 제도를 갖고 있는 것도 아니다

이제 막 신앙생활을 시작하는 사람도 있고, 또 진정한 믿음과는 전혀 관계 없는 사람도 있다. 또 바른 신앙에 들어서긴 했지만 그들 모두 성화의 길을 가고 있으므로 여러 가지로 시험을 당하여 인격적 부족함을 나타내는 경우도 적지 않다. 우리가 학교에서 열등생을 보고 불만을 가지지 않은 것처럼 교회에서도 성숙치 못한 어떤 일들을 보고 불만을 가질 필요가 없다.

3. 어떤 사람은 교회에서 이루어지는 모든 일들에 대하여 이런 저런 이유로 불만을 갖는다

그러나 자신이 생각하는 이것이 바로 우리 교회의 문제라고 보는 것들은 하나님이 다른 사람이 아닌 그에게 기도하고, 해결하라고 주신 과제들이기 때문에 불만을 갖고 불평하기보다는 적극적으로 그 문제에 개입하여 해결하려 해야 한다.

세상에는 완벽한 제도는 없다. 많은 사람에게 유익한 제도라도 어떤 사람에게는 피해가 될 수 있다. 우리는 교회의 여러 제도상 결점을 개선하려고 궁리

해야 한다. 불만이란 문제를 해결하려는 노력 없이 불평부터 쏟아 놓는 것을 말한다.

### 4. 어떤 교인의 주된 불만의 이유는 자신이 교회나 직장 등에서 합당한 대접을 받고 있지 않다고 생각하는 데서 시작된다

내가 어떤 사람인데 왜 교회는 내게 합당한 직분과 대접을 해주지 않는가? 나의 능력이 얼만데 교회가, 회사가, 나를 알아주지 않는가? 자신이 사람들로부터 무시당했다고 생각함으로 생겨나는 것이다. 대부분의 불만 신자들은 끝까지 봉사하지 않는다. 그는 맡은 일을 도중에 팽개치는 경우가 많다. 그러므로 결국 인정을 받지 못하는 것이다. 불만 신자는 불평이 많은 반면에 다른 신자를 인정하는 데 인색하기도 하다. 주님은 우리에게 당부하셨다. "무엇이든지 남에게 대접을 받고자 하는 대로 너희도 남을 대접하라. 이것이 율법이요 선지자니라"(마 7:12). 자신이 다른 사람들로부터 대접받고 인정받기를 원한다면 오히려 먼저 다른 신자들을 알아주고, 대접해야 한다. 그리하면 다른 성도들이 그를 대접할 것이요, 주님도 그를 대접해 주실 것이다.

### 5. 불평은 주로 성급하고 일을 많이 하는 사람에게서 나온다

왜 맨날 나만 일해야 하고, 섬겨야 하며, 양보해야 하고 또 참아야 하는가? 그러나 주님은 마르다에게 말씀하셨다. 기쁨을 갖고 일하는 것이 낫다고(눅 10:40-42). 그리고 우리에게 남을 섬기는 자가 진정 높은 자라고 하신다(마 20:25-27).

### 6. 불만은 다른 사람의 말이나 행동이 용납되지 않거나 서운한 맘이 들어 생긴 병이다

그러나 주님은 가르치셨다. "너희가 사람의 과실을 용서하면 너희 천부께서도 너희 과실을 용서하시려니와 너희가 사람의 과실을 용서하지 아니하면 너희 아버지께서도 너희 과실을 용서하지 아니하시리라"(마 6:14-15)고 하셨다.

### 7. 불만은 다른 사람의 자랑을 들을 때도 발생한다

타인의 자랑을 들을 때 사람들은 그 사람과 자신이 받은 것을 비교하게 되고, 자신의 것이 못하다고 생각될 때 불만이 생긴다. 그러므로 다른 사람들 앞에서 자신의 가진 것들을 자랑하지 말아야 한다. 자신이 가진 재주, 재산, 자식들이 잘 되는 것, 자신의 성공, 아내, 남편 등의 자랑은 오히려 다른 사람을 낙심시키고, 괴로워하게 하며, 하나님에 대하여 불평이 생기게 한다. 그래서 "사랑은 자랑하지 않는 것"이라고 바울 사도는 말했다(고전 13:4).

### 8. 또 불만은 양보가 안 되는 데서 나온다

양보는 결코 진 것이 아니다. 우리는 이삭이 그랄 사람들과 우물을 가지고 다투었던 것을 교훈 삼아야 한다. 이삭은 세 번이나 가나안 주민들의 억지 주장에 양보하고 새 우물을 팠다. 주님은 "화평케 하는 자는 복이 있나니 저희가 하나님의 아들이라 일컬음을 받을 것임이요"(마 5:9)라고 하셨다. 그렇다. 양보하는 자가 바로 하나님의 아들이고 불만을 가지고는 절대로 화평케 하지는 못한다.

### 9. 우리는 어떤 사람의 행동으로 말미암아 불만이 생길 때 참고, 혈기 부리지 말아야 한다

사람이 혈기를 부리면 함께 있는 다른 사람의 기분을 망칠 뿐 아니라, 이전에 그에게 베풀었던 선행까지 한꺼번에 무효가 된다. 그리고 협력해서 일을 할 때 불만으로 혈기를 부리면 동역자들을 불안하게 만든다. 따라서 동지를 얻을 수 없고, 오히려 일을 망치게 된다(약 1:20).

10. 때때로 우리는 하나님에게도 불만을 갖게 되는 데 발생한 어떤 사건들이 자신의 마음에 들지 않는다고 불평하는 것이다.

불만은 내가 한 만큼 내게 대가가 돌아오지 않는 때 나타난다. 내가 충성되게 일하고 있을 때 불행한 일이 생기면 하나님이 자신을 잘못 대우하고 있는 것처럼 느껴지는 것이다. 그러나 어떤 사건에 대한 불만은 곧 하나님의 섭리에 대한 불만이 된다. 우리는 기도할 때에 자신을 죄인이라고 지칭하고, 자신을 종이라고 말한다. 하나님께 대한 불만은 자신이 죄인이라는 것과 자신이 종이라는 사실을 망각한 것이며, 구원받은 은총을 멸시하는 것이다. 죄인과 종이 꼭 무슨 대가를 받아야 하는가? 신자가 하나님 앞에 낮아지는 데 실패하면 불만이 생기고, 불만이 생기면 감사가 없어지고, 감사를 잃어버리면 은혜를 망각하게 되는 것이다(눅 17:10).

불만은 정말 나쁜 영적 습관이다. 불만을 계속하면 습관이 되고, 습관이 성품이 되어 무슨 일에나 습관처럼 불만이 반복된다. 어떤 사람의 얼굴은 항상 불만으로 준비되어 있다. 그래서 그 사람 앞에 어떤 일이 생기면 즉시 불평으로 반응을 한다.

불만으로 인하여 영육 간에 생기는 병이 많다는 것은 의학적으로 검증된 것이다. 하나님은 불평하는 자를 가장 싫어하신다. 출애굽한 이스라엘은 불만을 토로하다가 가나안에 들어가지 못하고, 모두 광야에서 엎드러졌다. 우리는 교회에서뿐 아니라, 일상생활에서도 하나님이 하신 모든 일들에 대하여 감사해야 한다. 어떤 일이 우리에게 엄청난 손해로 보일지라도 그 모든 사건은 실상 우리의 유익을 위하여 있는 것이다. 하나님이 잘못하셨을 리가 없다.

11. 우리 내부의 불만을 피하려면 오히려 감사한 마음을 갖고, 또 표현해야 한다

감사는 성도의 의무인데, 감사하는 동안에는 불만을 말할 수 없게 되기 때

문이다. 하나님은 우리가 감사로 충만하기를 원하신다.

"항상 기뻐하라, 쉬지 말고 기도하라, 범사에 감사하라. 이는 그리스도 예수 안에서 너희를 향하신 하나님의 뜻이니라"(살전 5:18)라고 바울 사도는 불만 대신 감사하라고 한다. 감사로 제사를 드리는 자가 하나님을 영화롭게 하는 것이다(시 50:23). 주님은 열 문둥이를 고치셨다. 그러나 고침을 받고 감사하기 위하여 돌아온 문둥이는 사마리아인 단 하나였다. 주님은 그들이 감사를 모르는 것에 대하여 탄식하셨다(눅 17:15-19).

### 감사가 하도 적어서

하나님이 두 천사를 불러 바구니를 등에 매어서 세상으로 내려 보냈다. 한 천사에게는 성도들이 무엇을 달라고 하는 요구기도를 수집해 오라고 하셨고, 다른 한 천사에게는 이루어져서 감사하는 감사기도를 받아오라고 했다.

두 천사는 빨리 세상으로 내려갔다. 얼마 후 한 천사가 바로 하나님께로 올라 왔다. "너는 어떻게 그렇게 빨리 돌아왔느냐?" 하고 하나님이 물으셨다. 천사는 뒤에 있는 바구니를 가리키며 요구 기도가 가득 차서 받아왔다고 말했다. 그의 등에는 "ㅇㅇㅇ을 주세요."로 가득했다. 그러나 감사를 수집하러 간 천사는 토요일이 되어서야 완전히 지쳐서 돌아왔다.

"너는 왜 그렇게 늦었느냐?" 하나님이 묻자 "아이고, 신자들이 얼마나 감사를 안 하고 사는지 모릅니다. 감사기도를 수집하려고 얼마나 헤맸는지 완전히 지쳐버렸습니다. 제 뒤를 좀 보십시오." 천사가 등에 매고 있는 바구니를 보니, 감사기도가 딸랑 몇 개 들어 있었다.

## 하나님이 언제 손해 보신 적이 있으신가?

중국에서 처음 신학교를 시작할 때였다. 조선족 전도사님이 입학생들을 소개했다. 그는 신학생들을 소개하면서 이들은 믿음이 좋고, 인품이 좋고, 사명감이 분명하여 추천한다고 했다. 나는 전혀 의심 없이 그들을 받아 들였고, 수업 중 질문에 잘못 대답해도 중국교회 수준이 그러려니 했다. 어느 날 한 학생에게 기도를 시켰는데, 기도가 엉망이었다. 나는 너무 황당해서 불쑥 그에게 물었다. 세례를 받았냐고 묻자 그 학생이 세례가 무엇이냐고 되묻는 것 아닌가? 어처구니가 없었다. 우리나라에서는 세례 받은 자 이상을 신학생으로 받기 때문이다.

나는 예수를 믿은 지 몇 년이 되었느냐고 물었다. 그가 대답하기를 "꼭, 예수를 믿는다고 할 수는 없고 직장을 찾으러 왔는데, 전도사님이 이 곳에 가면 목사님이 생활에 도움을 줄 것이라고 해서 온 것입니다."라고 대답했다. 그러면서 그 교회에 온 지도 삼 주째라는 것이었다. 다른 학생에게 물으니 형편이 거의 다 비슷했다. 나는 까무러칠 만큼 놀랐다.

내 사역을 가지고 장난을 친 것이며, 나를 완전히 희롱한 것이었다. 동시에 하나님에게도 원망이 생겼다. 내가 어떤 마음으로 얼마나 큰 어려움을 극복하고 중국에 왔으며 얼마나 순수한 열정으로 왔는지를 아실 터였다. 그런데 첫 번째 헌신이 이 모양이 되다니 마음속에 분노가 부글부글 끓어올랐다. 금방이라도 불만으로 학생들에게 꽥, 소리를 지를 것 같았다. 그러나 즉시, "언제 우리 하나님이 손해 보면서 하시는 일이 한 번이나 있던가? 이 일이 하나님께서 모른 가운데 일어난 일인가? 하나님은 아셨을 것이다. 그렇다면 하나님은 이 사람들을 신자로 만들고, 또 목회자로 만드시기 위해 나를 만나게 하신 것 아닌가?"라는 마음이 생겨났다.

좋다, 가르쳐보리라. 나는 실망하지 않고, 그들을 일 년간 가르쳤다. 그들은 놀라운 변화를 일으켰고, 인격적으로 크게 변화되었고, 믿음도 빨리 자라났다. 그들은 일 년 후 졸업을 하고 각각 교회를 개척했다. 그리고 교회는 성장하여 많은 사람에게 복음을 전하며 영의 양식을 공급하고 있다. 만약 그때 불평하고, 분노해서 가르치기를 그만 두었다면 오늘날 그들을 통하여 이루어진 교회와 구원받은 성도들은 없었으리라.

우리 마음에 이해하지 못할 일이 발생해도 우리는 불평하지 말아야 하고, 그 사건에 감추어진 하나님의 오묘한 뜻을 발견할 수 있어야 한다(신 29:29). 우리 하나님은 우리 삶에 필요 없는 일이 일어나도록 하시는 분이 아니다.

| 토의 |

1. 당신이 지금 교회에서 가진 불만은 무엇입니까? 그 불만이 정당한 불만이라고 생각합니까?

2. 당신이 지금 가정이나 직장에서 가진 불만은 무엇입니까? 그 원인이 타인에게 있나요, 자신에게 있나요?

3. 당신의 감사할 내용들을 자랑해 봅시다(손양원 목사님의 감사를 참고해서).

4. 거울을 보고 자신의 표정을 관찰해 봅시다. 어떤 표정이 신자의 표정일까요?

# 수치신자를 만나다

또 진실은 겸손의 골짜기 끝에서 수치라는 사람을 만났다고 했다. 수치는 믿는 것을 모자란 일, 비과학적이고, 비이성적인 일로 생각하고 있었다. 그래서 주님의 십자가를 자랑하지 않고, 부끄러운 일로 생각하여 사람들 앞에 자신이 믿는 사람이라는 사실을 드러내기 꺼려했다.

성도가 자기 신앙을 자랑하지 않는 이유는 무엇 때문인가?

## 1. 수치라는 사람은 자기가 예수님을 믿는다는 사실을 자랑하지 못하는 사람이다

그는 성경의 내용은 과학과 일치하지 않으며 논리성이 없어서 다른 사람들에게 제시하기 어렵다는 것이고, 어떤 내용은 황당하기도 하다는 것이다. 수치 신자는 기적을 믿을 수 없는 것으로 치부하고 기도의 응답이라는 것도 다만 개인의 감정일 뿐 실제로 증명할 수 없는 것이라 생각한다. 그리고 과학으로 증명되지 않은 것은 믿을 필요가 없다고 생각하여 자신이 교회에 출석하기는 하지만 기독교인이라는 사실을 다른 사람들 앞에 드러내지 않는다.

수치 신자는 일상생활에서도 신앙 때문에 자기 행동이 속박 받을 필요가 없고, 일일이 계명에 구애될 것이 없다고 생각한다. 그렇기에 믿음을 지키기 위하여 고난을 감수하는 것은 미련한 일이라고 여긴다.

그는 어떤 신자들이 계명을 준수하기 위하여 자신의 여러 가지 소욕들을 억제하고, 희생하는 것을 보면서 참 별나게도 믿는다고 조소하기도 한다.

## 2. 뿐만 아니라, 세상에 일어나는 모든 일을 하나님, 혹은 자신의 신앙과 연결지어 생각하거나 말하는 것 자체가 지나친 비약이라고 생각한다

그러므로 수치는 하나님의 도움을 구하는 기도는 하지 않는다. 따라서 그가 얻은 간증도 없고, 그가 주님을 구세주로 전도할 리도 없다. 그의 신앙생활은 단지 은밀한 취미활동의 일부일 뿐이다.

## 3. 수치 신자 중 어떤 자들은 설교를 듣고 울며, 회개를 한다거나, 사사건건 어떤 행동에 대하여 양심의 가책을 받으면서 살 필요도 없다고 뻔뻔하게 주장한다

4. 그들은 같은 종교가 아니라는 이유로 세상에 위대한 업적을 남긴 사람들을 구원에서 제외시키고, 같은 믿음을 가졌다고 해서 비천한 사람들을 형제라고 여기는 것이 괴상한 아집이라고 말한다

그들은 기독교만이 구원이 있다고 주장하며 다른 종교를 인정하지 않는 태도는 무례한 것이며, 사람이 믿는 것이 무엇이든 잘만 믿으면 구원도 받게 된다는 것을 인정해야 한다고 강변한다.

5. 수치 같은 자들은 기독교를 사람들에게 인정받게 하기 위하여 성경을 과학이나 고고학, 진화론 등과 일치시켜 해석하려 노력하고, 어떤 사람은 각 종교의 유사성을 연구하여 종교의 뿌리가 하나라는 사실을 인증하여 종교의 일치를 주장하기도 한다.

중세 말에 여러 철학들이 나왔다. 그 중에 이성주의 신학이라는 것이 생겼다. 그들은 "진리란 철학적으로 논증이 가능한 것, 고고학적으로 증거가 확실한 것, 과학적으로 실험이 가능한 것, 수학적으로 계산될 수 있어 언제나 같은 답이 나오는 것이다."라고 주장하고 이를 신학에 적용하려 했다. 그들은 성경을 여러 각도로 분석하고, 구조를 추론해서 성경은 하나님의 계시가 아니고, 다만 한 종교의 문서며, 어떤 사람들의 간증이고, 황당한 신화라고 주장하여 기독교가 다른 종교보다 우월한 것은 다만 좀 더 체계화되고 논리화되었기 때문일 뿐이라고 했다.

그리고 생명체의 기원에 있어서 진화론의 견해를 따라 하나님의 창조 사실을 부인하거나, 창조와 진화론의 일치를 추구하였다. 그들은 그것이 선진된 사상이고, 계몽된 학문이라고 주장하여 누가 더 철저히 성경을 부인하는가를 가지고 우습게도 신학박사 학위를 주었다.

그들은 성경대로 믿거나 하나님의 기적을 믿는 것은 계몽이 안 되었다고 폄하하였던 것이다. 그런 영향으로 1960년대 미국 모든 학교에서 창조론을 폐지

했고, 그때까지 유지해 온 청교도적 아름다운 신앙 유산인 성경 공부와 기도 시간을 모든 학교에서 금지하도록 했다. 그 후 미국은 돌이킬 수 없는 성적 타락과 세계적 위상 추락, 총기 사건, 마약 복용, 동성연애, 경제적 타락 등등 말할 수 없는 부도덕으로 타락해 갔으나 이미 제동장치를 잃어 돌이킬 수 없는 지경이 되었다.

"누구든지 이 음란하고, 죄 많은 세대에서 나와 내 말을 부끄러워하면 인자도 아버지의 영광으로 거룩한 천사들과 함께 올 때에 그 사람을 부끄러워하리라"(막 8:38)라고 주님은 '수치' 신자들에게 경고하셨다.

### 당신은 기독교인입니까?

인천 한 교회에서 학생부 부장으로 봉사하고 있을 때였다. 한 여학생이 찾아와 자기 죄를 회개한다고 했다. 그는 며칠 전 취직시험을 보았다고 한다. 시험관이 그에게 무슨 말 끝에 갑자기 기독교인이냐고 물었다. 학생은 잠깐 갈등을 했다. 만약 기독교인이라고 한다면 불합격을 시키면 어쩌나 해서다. 그래서 엉겁결에 기독교인이 아니라고 했다. 그리고 면접이 끝났다. 돌아오는데, 이 여학생은 영 마음이 편치 않았다. 주님을 너무 슬프게 해드린 것 같았다. 학생은 다시 돌아가서 시험관을 찾아 아까 거짓말한 것을 사과하고, 자신은 기독교인이라고 시인했다. 그러자 시험관은 웃으면서 아무래도 상관없다고 하면서 그냥 별 의미 없이 기독교인처럼 느껴져서 물어봤다는 것이다. 그 학생은 합격을 했다.

우리는 괜히 스스로 주눅 들어 세상의 주이신 주님을 자랑하지 못하는 것이다.

## 깐시에 주(感謝 主)!

한번은 중국에서 신학교 장소를 찾으려고, 중개인의 소개로 한 중국 여자 주인을 만났다. 그 집에 가니 책상 위에 성경이 놓여 있는 것이 아닌가? 나는 반가워하며, 그녀에게 물었다. 당신은 주를 믿느냐? 그녀는 정색을 하고 믿지 않는다고 말했다. 그런데 이 성경은 무엇이냐고 했더니 자기 동생의 것이란다. 어쨌건 그 집을 임대하기로 하고 계약이 끝났다. 그러자 그녀의 입에서 "感謝主! 上帝 按配的!"(감사합니다. 주님, 이것은 하나님의 뜻입니다)라는 말이 매우 자연스럽게 터져 나왔다. 나는 어처구니가 없었다. 그래서 함께 간 중국 전도사에게 어찌된 일이냐고 물었다. 그랬더니 중국은 어렸을 때부터 학교에서 들어오는 소리가 있는데, 기독교 믿는 사람 중에 부자가 있느냐? 학자가 있느냐? 기업가가 있느냐? 기독교는 가난하고, 무지한 사람들이 믿는 종교라고 많이 가르쳐 놔서 어떤 기독교인들은 스스로를 기독교인이라고 시인하는 것을 부끄러워 한다는 것이었다.

그래서 그 후 나는 중국 신자들에게 이렇게 묻는다. 세계에서 가장 부자고, 지도적 위치에 있는 나라는 어딘가? 그들은 미국이라고 대답한다. 미국 대통령의 종교는 무엇인가? 기독교다. 세계 지도를 가리키며 세계에서 잘사는 나라에 속하고, 지도자적 국가에 종교 깃발을 꼽아보라. 어느 나라가 인간답게 잘 살고 문명한가? 세상의 종교 중 무슨 종교가 학자가 제일 많으며, 과학자가 많고 노벨상을 제일 많이 받았는가?

우리는 살아계시고 전능하신 우리 하나님과 그의 아들을 자랑하고, 십자가 복음이 가진 위력과 성경이 정확무오한 하나님의 말씀이란 사실을 확신하고 자랑해야 한다. 하나님의 말씀을 믿는 자는 오늘 우리의 삶 속에서도 성경의 원리를 경험할 수 있는 것이다.

성경의 사실은 과학의 범주를 초월한 것이고, 이후로도 발전된 과학은 오히려 성경의 내용이 확실한 것이라는 사실을 증명해 줄 뿐이다.

진화론은 사단의 술책에서 나온 것이다. 인류 역사가 기록 이후 단 한 가지의 새 생명이 새로 생겼다는 기록이 있는가? 무슨 짐승이 무슨 짐승으로 변했다는 기록이 있는가 말이다. 수십만 년 전 어떤 동굴의 벽화라고 학자들이 주장하는 그림들 속에서 나온 짐승들이 진화한 모습이 있는가? 그리고 그런 중간 화석도 없다. 사람들은 그럴듯하게 꿰어 맞춘 조작된 도표를 증거라고 속이고 있을 뿐이다. 그리고 확률상으로도 진화는 있을 수 없는 일이다. 수천 억 번의 우연을 믿지 않고는 현재의 동물과 사람으로 진화했다는 진화론을 믿을 수 없다. 그러므로 진화론은 사실상 과학이 아니라 종교이다.

| 토의 |

1. 여러분은 손해볼까 봐 자신이 기독교인임을 숨겨본 일은 없습니까?

2. 성경의 내용이 황당하다고 생각한 때는 없었습니까? 어떤 계기로 그런 생각이 바뀌었나요?

# 수다쟁이를 만나다

　두 사람이 길에서 겪은 일을 이야기하고 있을 때, 앞에 가는 한 신사를 만났다. 이 사람의 이름은 수다쟁이라 불리는 교인이었다. 그는 옷을 잘 차려 입었는데, 사람을 쉽게 사귀며 여간 말을 잘 하는 사람이 아니었다. 그는 기독교 진리에 대해 모르는 것이 없었다. 그러나 두 사람이 수다쟁이와 함께 가면서 보니, 그 사람은 자기가 아는 대로 행하는 것이 거의 없었다.

두 사람은 수다쟁이의 정체가 궁금하여 여러 가지 질문 끝에 그가 말만 하고 행하지 않는 사람임을 드러내고, 그와 더 이상 동행하지 않았다. 수다쟁이 역시 대화가 안 되는 사람들과 같이 가느니 차라리 혼자 가는 편이 낫다 하여 홀로 천성 길을 재촉했다.

### 생명이 있는 신자라면 반드시 열매도 있다

**1. 교리도 알고, 성경에 관한 지식도 많아서 입만 열면 신앙을 내세우는 교인이 적지 않다**

그러나 그는 자기가 아는 것을 행동으로 실천하지 않는다. 이러한 교인이 바로 '수다쟁이 신자' 다. 말만 하고 실천이 없는 교인의 대명사이다. 이런 사람은 구원의 도리를 알고, 여러 신학적 지식도 있다. 그는 자신이 구원받았다고 확신도 한다. 그러나 도무지 행위의 열매가 없고, 범죄에 대해서도 무감각하다. 이런 교인들은 하나님의 은혜만 내세우며, 하나님 사랑과 공의의 반영인 '율법' 을 가볍게 여긴다. 그들은 바리새인들처럼 가르치는 일에 열심이지만 선행에는 본받을 것이 없다. 그런 지도자들에 대하여 예수님은 "그러므로 무엇이든지 저희의 말하는 바는 행하고 지키되, 저희의 하는 행위는 본받지 말라. 저희는 말만 하고 행치 아니하며, 시장에서 문안 받는 것과 사람에게 랍비라 칭함을 받는 것을 좋아하느니라"(마 23:3, 7)라고 하셨다. 또한 야고보 사도는 "내 형제들아 만일 사람이 믿음이 있노라 하고 행함이 없으면 무슨 이익이 있으리요. 그 믿음이 능히 자기를 구원하겠느냐"(약 2:14)라고 말한 바 있다.

**2. 수다쟁이는 하나님의 존재는 인정하되 하나님 명령에 대한 순종이 없는 교인이다**

야고보 사도는 이런 사람에게 "네가 하나님은 한 분이신 줄을 믿느냐? 잘 하는 도다. 귀신들도 믿고 떠느니라"(약 2:19)라고 하셨다.

복음서의 기록을 보면 귀신들은 예수님을 잘 알아봤다. 그러나 그들은 예수님에 대한 태도를 바꾸지 않았다. 즉 그놈들은 예수가 그리스도요, 구세주인 것을 알지만 따르지 않는다는 것이다.

수다쟁이 신자는 구원의 교리를 범죄의 안전장치로 사용하는 교인 그룹이다. 즉 구원은 은혜로 얻기 때문에 행위는 무시하여도 좋다고 말하면서 한 번 구원받으면 구원이 영원히 보장되기 때문에 자기 육신의 소욕을 좇으면서 자기 범죄 행위를 정당화하고 다시 회개할 필요도 없다고 한다.

또 이렇게 잘못 가르치는 자들도 있다. 율법은 우리가 죄인인 것을 인식하게 해주고, 우리로 하여금 그리스도의 구원을 사모하게 해주는 기능이 있다. 그러므로 율법은 다만 사람을 그리스도에게 인도하는 것으로 기능을 다한 것이다. 율법은 우리가 완전하게 지킬 수 없고 율법을 지킴으로 구원을 얻는 것도 아니므로 꼭 지키라고 주신 것도 아니다. 따라서 마태복음 5,6,7장의 예수님의 율법은 꼭 지키라고 주신 것은 아니라고 한다.

그러나 우리는 속지 말아야 한다. 이런 말은 성령님의 신자 성화 목적과 능력, 하나님의 거룩과 공의를 무시하는 아주 잘못된 주장이다(벧전 2:9-12).

율법은 우리가 완전히 지킬 수 없고, 율법이 우리를 그리스도에게 인도한다는 말은 백 번 옳은 말이다. 그러나 율법이 다만 그런 기능만 있는 것이 아니다. 성경이 우리가 율법을 지킬 수 없다고 말한 것은 구원받기 전의 인간을 말하는 것이다. 즉 중생되지 않은 인간은 율법을 지킬 능력이 없을 뿐 아니라, 지키고자 하는 의도도 가질 수 없다. 이는 당연한 이치이다. 왜냐하면 중생되지 않은 사람은 영적 생명이 없는 사람이기 때문이다. 즉 그 사람의 영적 의식이 죽은 상태라는 것이다.

죽은 사람은 선악을 분별하지 못하며, 설사 분별한다고 하더라도 그것을 행동으로 옮길 수 없다. 마치 어린아이가 법을 지킬 수 없는 것처럼, 그래서 죽은 사람에게 네 행동으로 구원을 받으라고 한다면 그는 당연히 구원받지 못한다. 그래서 율법으로는 구원받을 육체가 없다고 한 것이다.

그러나 이미 거듭난 사람은 영적 생명이 있다. 그는 선악을 분별하여 깨닫고 감정적으로 동의할 수 있으며, 의지적으로 결정하고, 행동할 수 있는 능력이 생긴 것이다. 죽은 자야 율법을 지킬 수 없지만 생명이 있는 자는 완벽하지 않더라도 이미 허락하신 중생을 통하여 능력을 얻고, 성령의 도움으로 상당량의 율법을 지킬 수 있다. 성령께서 우리에게 그런 감동과 힘을 주신다. 그렇지 않다면 "누구든지 이 계명 중에 지극히 작은 것 하나라도 버리고 또 그같이 사람을 가르치는 자는 천국에서 지극히 작다 일컬음을 받을 것이요"(마 5:19-20)라고 주님이 말씀하시지 않았을 것이다.

**3. 어떤 이들은 말하기를 율법은 주님이 십자가에서 다 완성하였으므로 우리는 지킬 필요가 없다고 한다**

참으로 어리석은 단편적 해석이다. 실제 주님이 십자가 위에서 이룬 것은 우리가 행해야 할 율법, 즉 우리가 마땅히 해야 할 행위를 이룬 것이 아니라, 죄의 값은 사망이라는 율법의 저주(처벌)를 담당하셨음을 말한 것이다. 그렇기에 구원받은 신자에게 율법의 저주는 없어졌다. 그러나 이제 율법은 성도의 성화 표준이 되는 것이다. 즉 성도가 세상에서 얼마만큼 거룩하게 살아야 하는지 기준이 되는 것이다.

예수님은 율법 아래 나서 율법을 다 감당하셨고, 완벽하게 지키셨다. 우리는 그리스도를 본받아서 그리스도의 장성한 분량으로 자라가야 한다(엡 4:13). 그리스도의 장성한 분량이란 도대체 무엇인가?

주님이 지킨 만큼의 율법(계명)을 목표로 우리도 지켜야 하는 것을 의미한다. 그것이 바로 신의 성품에 참여하는 것이다(벧후 1:4).

물론 우리는 성자도 아니고, 본성이 예수님처럼 무죄한 것도 아니다. 그러므로 그리스도의 형상을 본받는다는 것은 완전을 말하는 것이 아니고 하나의 방향(표준)을 말하는 것이다.

4. 하나님이 우리를 구원하신 목적은 단지 천국에 들어가는 것뿐 아니라, 우리를 통하여 하나님의 아름다운 덕을 세상에 나타내기 위해서이다

사도들도 그리스도의 행위는 신자가 본받는 본보기로 삼아야 한다고 권면했다. 예를 들어 겸손, 관용, 사랑, 친절, 다른 사람을 보살핌, 인내 등등의 미덕이다(빌 2:5-8, 골 3:13, 엡 5:2, 요일 3:34, 고전 4:16, 11:1, 고후 8:6,9, 롬 15:3, 살전 1:6, 벧전 2:21).

5. 생명이 있는 것은 반드시 열매를 생산한다

신자의 신앙 열매가 곧 율법의 실천이다(갈 5:22,23). 또 율법은 천국 가는 길의 안내지도 같은 것이다. 무시하면 결코 안전하게 천국 길을 갈 수 없게 된다. 그는 생애 중에 많은 고통을 당하게 될 것이다. 만약 어떤 사람이 구원받았다고 하면서 율법을 준수하는 노력이 없다면 그의 구원은 참인지를 확인해 보아야 한다(갈 5:15-21). 수다쟁이 신자는 전도의 암초다. 이런 사람들로 인하여 하나님의 영광이 가려지고, 세상으로부터 교회는 비방을 받으며, 믿음이 연약한 어린 신자는 넘어지고 전도는 더욱 어려워진다.

6. 복음을 믿는 것은 그리스도와의 만남이요, 그것은 신부가 신랑을 만나는 것과 같다

거기에는 잉태와 생산이 있다. 주님은 우리를 택한 목적을 말씀하시고 있다. "이는 너희로 가서 과실을 맺게 하고, 또 너희 과실이 항상 있게 하여 내 이름으로 아버지께 무엇을 구하든지 다 받게 하려 함이니라"(요 15:16)라고 분명히 하셨다. 또 바울 사도도 "오직 성령의 열매는 사랑과 희락과 화평과 오래 참음과 자비와 양선과, 충성과 온유와 절제니 이 같은 것을 금지할 법이 없느니라"(갈 5:22-23)라고 하시며 신자는 성령의 열매를 맺어야 함을 말하고 있다.

분명 성령의 아홉 가지 열매는 행위 없이는 볼 수 없는 것이다. 십계명의 정

신이 무엇인가? 사랑, 화평, 오래 참음, 자비, 양선, 온유가 아닌가? 즉 성령의 열매가 바로 율법 준수에서 얻어지는 것들이다.

7. 기독교인이 가지고 있어야 할 열매를 성경은 먼저 회개의 열매라고 말한다

그래서 마태복음 3:8에 회개에 합당한 열매를 맺으라고 했다. 세리 삭개오는 주님을 만나 회개했다. 그는 주님 앞에 자기 재산의 절반을 가난한 사람을 위하여 내놓겠다고 했고, 과거 다른 사람의 것을 토색한 것을 네 배로 갚겠다고 맹세했다(눅 19:8). 이것이 바로 진정한 회개인 것이다. 주님은 "내가 너희에게 이르노니 너희 의가 서기관과 바리새인보다 더 낫지 못하면 결단코 천국에 들어가지 못하리라"(마 5:20)고 경고하신다.

이 말씀은 이미 은혜로, 성령으로, 구원받은 사람들은 윤리와 도덕을 준수함에 있어서 서기관이나 바리새인들의 율법 준수에 뒤져서는 안 된다는 것을 강조하시는 말씀이다. 진정한 그리스도인이라면 다른 교육을 받은 자나 다른 종교를 믿는 자보다도 도덕 수준이 더 높아야 하는 것이다.

8. 신자는 회사에서도 모범 사원이 되어 기업주의 칭찬받는 사람이라야 하고(벧전 2:18), 기독교인 사장이 생산하는 제품은 정직하고, 견고하며, 최고의 품질이라야 한다

그의 제품은 곧 그리스도의 얼굴이 되어야 한다. 신자의 가정은 곧 천국이라야 하고, 규모 있고, 화목하며, 부부가 존중하고 사랑하며, 아이들은 사랑과 존중을 받고, 타의 모범이 되어야 한다. 우리 크리스천 신자들은 세상 사람들이 부러워하는 가정 천국을 만들어야 한다(골 3:18-21).

대인관계에 있어서도 온유하며 약속과 돈 관계에 신용이 있고, 자기보다는 남을 위하여 희생, 봉사하는 마음이 도덕주의자들보다 더해야 한다(엡 4:8, 벧전 3:8). 그리고 다른 사람들의 아픔을 알아주고, 이해하며, 그 아픔을 해소하

는 데 적극적으로 협력하는 좋은 친구가 되어주어야 한다. 누가 보든지 안 보든지 법과 질서를 존중하고, 국가의 위기에 헌신하며, 세금도 정직하게 자진 납부하고, 국민의 의무를 다하며, 기업 경영도 다른 기업의 모범이 되어야 한다(벧전 2:13).

하나님은 신자의 말을 들어보는 것이 아니라, 그들의 공력을 시험해 보신다(고전 3:12-15)고 하셨다. 사도 바울은 수다쟁이 신자를 "내가 사람의 방언과 천사의 말을 할지라도 사랑이 없으면 소리 나는 구리와 울리는 꽹과리가 되고"(고전 13:1)라고 표현하고 있다. 꽹과리 교인은 교회를 피곤하게 만든다. 그는 입만 벌리면 하나님의 이름을 타령처럼 늘어놓지만 하나님의 교회를 부끄럽게 한 일이 더 많다. 그는 '할렐루야'라고 외치면서 동시에 범죄를 계획한다.

열매(행위)는 주님에 대한 성도의 사랑 고백이다. 주님은 "너희가 나를 사랑하면 나의 계명을 지키리라"(요 14:15)고 하시지 않았는가?

### 아니, 옆집 아저씨를 닮았어!

어떤 청년이 어떤 처녀와 결혼을 했다. 그 청년은 자기 아내가 자기를 꼭 닮은 아이를 낳아주기를 기대하고 있었다. 얼마 후 아내는 아이를 낳았다. 그런데 아이가 자라면서 이목구비가 뚜렷해지는데, 자기를 전혀 닮지 않고 이웃집 아저씨를 빼다 박은 것처럼 닮은 것이다. 남편은 자기 아내를 의심하지 않을 수 없다.

우리가 예수 그리스도와 결혼을 했다. 그래서 아이를 낳았는데, 태어난 아이가 마귀를 꼭 닮은 것이다. 바꿔 말하면 나는 그리스도의 신부다. 마땅히 성령의 열매를 맺어야지, 성령의 열매를 맺지 못하고 사악한 열매를 맺는다면 나는 정말 그리스도와 결혼한 신자인지를 의심해야 한다는 것이다.

9. 우리가 구원을 받았는데 율법은 꼭 지켜야 하는가?

지켜야 한다. 우리가 하나님과 동행하기 위해서는 하나님의 성품에 맞는 삶을 살지 않으면 성령의 근심이 되고 또 징계를 받게 된다.

하나님은 거룩하시기 때문에 하나님의 백성이 거룩하지 않으면 용납하시지 않는다(레 11:45, 벧전 1:16). 우리가 우리 아이들을 데리고 길을 갈 때 아이가 부모의 성질이나 교훈을 거역하면 부모의 징계를 바로 받는다. 마찬가지로 우리가 주님과 동행할 때에 계명을 어기면 징계를 바로 받게 되는 것이다.

도로 표지판이 우리로 하여금 도로를 가게 하는 것은 아니지만 표지판의 경고를 따라가면 길이 안전하고, 거스르면 반드시 사고가 난다. 하나님의 성품은 구약시대나 신약시대, 우리가 구원받기 이전이나 이후에도 변함이 없다. 하나님은 불변의 존재이시기 때문이다. 그러므로 율법(도덕법)은 반드시 준수되어야 합당하다. 율법을 따라가면 천국길이 안전해진다(시 119편).

## 전 남편이 가르쳐준 것들

한 처녀가 어떤 남자의 간절한 구애를 받아 결혼을 하였다. 결혼을 하고 보니 남편은 모든 일에 예의 바르고, 규칙을 매우 중시하는 사람이었다. 그래서 아내에게 일일이 모든 일을 어떻게 해야 한다는 것을 가르쳐 주었다. 그녀는 남편 마음에 들기 위하여 부지런히 따라했다. 그런데 점점 규칙이 많이 부여되고, 아무리 노력해도 남편의 마음에 들 수 없었다.

남편은 점점 더 엄격해져 책망하고, 때로는 손찌검까지 했다. 남편의 말은 백 번 지당했지만 아무리 노력해도 다 지킬 수 없었다. 그 여인은 괴로움을 견디지 못하고 그만 병이 났고, 점점 파리해져 갔다. 그럼에도 남편은 더욱 강경해졌다. 차라리 죽는 것이 낫다고 생각할 지경이 되었다.

그런데 어느 날 남편이 갑자기 죽어버렸다. 여인은 슬펐지만 자유를 얻게 되었다. 그리고 얼마 후 그녀는 새 남편을 맞게 되었다. 새 남편은 전 남편과는 성질이 정반대인 사람이었다. 그녀에게 힘든 일은 시키지 않았고, 규칙을 요구하지도 않았다. 그리고 그녀를 아주 헌신적으로 사랑하여 주었다. 그녀는 새 남편의 사랑을 마음껏 받아들였고 진심으로 존중하였다. 그녀는 어떻게 하면 남편을 기쁘게 해 줄 수 있을까를 궁리하였다. 그녀는 남편에게 진심어린 봉사를 하게 되었는데 나중에 자신의 행한 것을 알고 깜짝 놀랐다. 왜냐하면 그녀가 새 남편을 위하여 봉사하는 모두가 전 남편이 요구한 것들이었고 그 요구 자체는 모두 정당하고 필요한 것들이었기 때문이다.

이 내용은 하나의 비유이다. 이 여인은 신자이고, 전 남편은 바로 모세다. 전 남편이 준 지시들은 율법을 말한다. 그리고 새 남편은 예수 그리스도이다. 이제 거듭난 신자는 율법이 의무라서 준수하는 것이 아니라, 주님을 기쁘시게 하기 위해서 헌신하는 마음으로 지키게 되는 것이다. 왜냐하면 율법의 정신은 사랑이고, 주님은 진정한 사랑을 좋아하시기 때문이다.

| 토의 |

1. 당신은 신자로써 주님을 기쁘시게 하기 위하여 무슨 선행을 계획하고 실천하고 있습니까?

2. 그리스도의 장성한 분량에 도달한다는 것은 무슨 의미일까요?

3. 당신은 십계명을 준수하려 노력합니까? 마태복음 5, 6, 7장을 보고 부족한 점이 무엇인지 생각해 봅시다.

제3부
세상과 기독교인

::: **제38계단** :::
# 허영성으로 들어가다

　두 사람이 길을 가고 있을 때 전도자가 다시 찾아왔다. "앞으로 들어갈 성에서 큰 환난이 당신들을 기다릴 것이요. 부디 이 길에서 승리하길 바라오."라고 경고해 주었다.

　두 사람은 얼마 안 가서 환락의 도시 허영성이라는 곳으로 들어갔다. 거기에는 세상의 모든 상품이 전시되어 있었다. 솔로몬은 이 시장을 지나면서 많은 상품을 구입해 보고, 모두 헛된 것임을 깨달았다. 우리 주님은 허영장에서 단 한 개의 물건도 사 주시지 않으셨다.

두 사람이 허영시장에 들어가자 시장에는 대소동이 일어났다. 우선 두 사람의 복장이 그곳 사람들과 판이하게 달랐고, 또 언어가 달라 의사소통이 이루어지지 못했다. 그런데다 두 사람이 시장 물건을 멸시하고 사 주지 않았을 뿐만 아니라, 그 시장에는 있지 않는 '진리'라는 상품을 구했기 때문에 허영성 사람들을 격분시켰다.

### 신자는 세상에서 어떻게 살아야 하는가?

#### 1. 허영성이란 치열한 영적 전쟁터인 바로 우리가 사는 이 세상을 말한다

우리는 주님께 부르심을 받았지만 주님은 우리를 다시 세상에 보내신다. 기독도와 진실이 허영성으로 들어간다는 의미는 기독교인이 세상과 접촉하여 사는 것을 말한다.

주님은 우리를 세상에서 나오라 부르셨다. 교회(Ekklesia)란? 바로 세상으로부터 분리된 공동체라는 뜻이다. 그런데 주님은 우리를 훈련시키신 후 이제 다시 세상으로 나가라고 하신다. 그리고 세상을 변화시키라고 사명을 주셨다 (마 28:19).

신자가 세상으로 나가면 세상으로부터 많은 반대를 받을 것이고, 심지어 목숨을 버릴 각오를 해야 할 경우도 있다. 그 위험성에 대해 주님은 미리 경고하셨다. "보라 내가 너희를 보냄이 양을 이리 가운데 보냄과 같도다"(마 10:16). 즉 세상이 신자가 하나님 말씀을 따라 살도록 가만히 놔두지 않을 것이라는 것이다. 세상은 이리가 양을 공격하듯이 인정사정없이 신자를 노리고 공격할 것이다. 그러나 안타깝게도 신자가 이리 같은 세상을 대항하여 이길 방법은 매우 제한적이다. 그래서 주님은 "그러므로 너희는 뱀 같이 지혜롭고 비둘기 같이 순결하라"(마 10:16)고 하셨다. 우리는 우리를 공격하는 자들과 같은 방법으로 대항할 수 없기에 세상을 이긴다는 것이 쉽지 않다. 우리는 세상을 이기기 위해 무력을 가진 집단을 만들 수도 없고, 간교한 술책을 동원할 수도 없다(벧전 3:9, 마 5:38-47).

## 2. 허영시장은 세상 권세와 인간 모든 욕구의 활동무대를 말한다

허영시장의 물건은 사람이 세상을 살아가는 데 필수적인 것들이어서 신자들 역시 이곳을 통과할 수밖에 없고, 그들과 어울려 살 수밖에 없다. 예수님도 이 시장을 지나가셨고, 사도들도 그 시장을 통과하여 천국으로 갔다. 거기에는 도적질하는 자들, 음행하는 자들도 있고, 탐하는 자들, 토색하는 자들, 거짓말하는 자들, 우상 숭배하는 자들도 있다.

우리는 한편으로 이들을 경계하면서, 한편으로 친교하면서, 또 그들에게 전도하면서, 그럼에도 불구하고 우리의 의복을 더럽히지 않고 살아가야 한다. 우리가 아무리 거룩함을 추구하더라도 세상 밖으로 나가 살 수는 없는 것이다 (고전 5:10).

## 3. 허영시장에서 인기 상품은 가옥, 전토, 지위, 명예, 승진, 권력, 국가, 결혼, 아내, 남편, 자식, 사업, 취직, 기업, 생명, 색욕, 취미, 환락, 건강, 영혼, 금은보화, 술, 마약, 대학 입시 등 여러 가지이다

이런 것들은 우리가 많이 접촉해서 살고 있고, 때로는 우리조차도 꼭 필요로 하는 것들이지만 이런 것들로 인해 신앙은 큰 영향을 받게 된다. 이것들을 얻기 위해서 신앙 양심을 저버리고 심한 경우 신앙과 그것들을 바꿔 버리고 허영의 바다에 침몰하는 신자 또한 얼마나 많은가?

### 올 한 해만 눈 딱 감고

나는 종종 신자인 부모가 자기 자녀들이 고등학교 3학년이 되면 자녀들의 신앙 의사를 무시하고, 자기 자녀에게 주일날 학교나 학원을 가라고 권하는 것을 본다. 올해만 눈 딱 감고 일 년만 교회도, 세상도 딱 끊고 오로

지 학업에 전념해서 좋은 대학에 가라는 것이다. 자녀를 위하는 갸륵한 심정(?)은 알겠지만 그 부모는 하나님에 대한 신앙 양심을 접었고, 동시에 그 자녀의 신앙 가치에 엄청난 손상을 준 것이다.

이때부터 그 자녀는 하나님은 대학만도 못한 것이며, 하나님은 자기가 세상을 살아가는 데 대학만큼 도움이 되는 분이 아닌 것으로 인식하게 된다. 하나님을 믿는 것은 내가 선택할 수도 있고 믿는 것을 잠시 쉴 수도 있다는 관념을 아이에게 넣어주었다. 거기다가 하나님은 대학 입시에 전혀 도움이 못 되는 분으로 전락하고 마는 것이다. 그 아이는 하나님을 경시하는 마음을 갖게 되었다.

그 아이는 고등학교 졸업과 동시에 교회도 졸업하기 십상이다. 이 가정은 대학교가 허영 상품이 되었고, 이 신자는 신앙 양심을 팔아 대학이란 허영 상품을 산 것이다. 결국 대학은 자기 아이의 영적 무덤이 된 것이다. 어려서부터 교회학교를 다니며 양육을 잘 받았던 학생이 대학을 들어가면서 한순간에 교회를 외면하기 시작한다. 왜 그런가? 바로 허영시장에서 대학이란 물건을 구입하는 과정에서 하나님의 가치를 무시했기 때문이다.

입시생을 둔 많은 기독교인 부모들이 주일날 학교에 출석하여 공부하라는 담임선생의 명령에 아이를 보낼지, 말지를 놓고 갈등한다. 고3 담임은 말한다. "여러분이 협조를 안 해서 당신의 자녀가 대학 진학을 하지 못한다면 나에게는 책임을 묻지 마라."라고 협박성 발언을 한다. 그러면 기독교인 부모가 자기 자녀에게 주일 성수를 가르치는가?

신자가 무엇을 고민하는가? 우리는 안식일을 기억하여 그 날을 거룩하게 하라는 하나님의 명령에 그냥 순종하기만 하면 된다. 다른 타협이나 갈등이 있을 수 없다. 그 아이의 인생은 하나님이 책임질 것이다.

물론 기독교인도 대학에 가서 학문을 연구하여 하나님의 뜻을 세상에서 실천해야 한다. 그러나 대학교와 신앙을 바꿀 수 없는 것이다. 믿음은 분명 대학 이상의 가치가 있다. 실제로 신앙은 한 인간의 인생의 전부를 지배한다. 대학을 나와도 인간답지 못한 사람이 얼마나 많은가? 주님은 우리에게 신앙을 팔아 허영상품을 사지 말라고 하신다. 믿음의 사람 링컨이나 록펠러가 대학을 나왔는가? 하나님이 하고자 하시면 무엇은 못 되겠는가? 주님은 우리에게 신앙 가치를 무시하고 허영상품을 사지 말라고 하신다. "그러므로 염려하여 이르기를 무엇을 먹을까 무엇을 마실까 무엇을 입을까 하지 말라. 이는 다 이방인들이 구하는 것이라. 너희 천부께서 이 모든 것이 너희에게 있어야 할 줄을 아시느니라. 너희는 먼저 그의 나라와 그의 의를 구하라. 그리하면 이 모든 것을 너희에게 더하시리라"(마 6:31-33).

솔로몬은 인생을 원 없이 누리며 살았다. 그는 허영의 장터에서 많은 것을 구입해 보고 그것들이 헛됨을 깨달았다(전 2:23).

4. 마귀는 40일 동안 금식하시고 심히 주리신 예수께 나아와 세 가지 중요한 허영상품을 사라고 권했다

즉 육신의 정욕, 안목의 정욕, 이생의 자랑을 사라는 것이었다. 그 당시 40일을 주리신 예수님에게 정말 요긴한 것들이었다. 그러나 예수님은 단 한 가지 물건도 사지 않으셨다(마 4:1-10). 왜냐하면 그것들은 하나님의 뜻을 거역하고 영생에 이르지 못할 것이었기 때문이다.

5. 허영시장에서 대소동이 일어난 이유

*첫째, 그 성 사람들과 기독도의 의복이 완전히 달랐기 때문이다*

기독교인의 의복은 무엇인가? 앞서 설명한 대로 신자의 의복은 예수 그리스도의 의(義)다. 예수 그리스도의 의란 예수 그리스도의 십자가 공로를 말한다. 즉 기독도와 진실이 사람은 오직 예수 그리스도를 믿음으로만 구원 얻는다고

주장하기 때문에 소동이 일어난 것이다.

허영성 사람들은 도덕이나 윤리, 수양, 공덕 등 자기 성찰과 노력으로 구원을 얻을 수 있다고 주장한다. 또 어떤 신이든 잘만 믿으면 다 천국을 갈 수 있다고 주장한다. 그러나 우리는 오직 그리스도의 공로를 자랑하고, 믿음으로만 구원을 얻을 수 있다고 하니 충돌이 생기는 것이다.

### 둘째, 언어가 달라서다

저들은 세상에 속한 말을 한다. 그러나 우리는 하늘에 속한 말을 하므로 저희는 듣기 싫어한다. 초대교회에서 제사장들과 사두개인들은 사도들의 가르침을 매우 싫어했다(행 4:1-4). 오늘날 세상 사람들은 기독교인들의 주장을 마치 다른 나라말을 듣는 것처럼 생각하고 특별히 전도와 선교를 싫어한다.

### 셋째, 소동의 원인은 그들의 상품을 멸시해서이다

세상 사람들과 신자들의 인생 가치관이 다르다. 그들이 최고로 가치 있게 여기는 일들은 신자에게 있어서 다만 부업과 같은 일들이다. 세상 사람은 돈, 명예, 권세를 최고의 가치로 여기는데, 신자들은 "돈을 사랑함이 일만 악의 뿌리가 된다"(딤전 6:10)라고 하니 어처구니없어 하는 것이다.

### 불효막심한 놈!

성 프란시스의 아버지는 큰 부자였다. 프란시스가 주님을 믿고 난 후 자기의 옷이나 물건을 가난한 사람들에게 주고 오자 격분했다. 이 아들에게 후사를 맡겨서는 안 된다고 생각하고 재판을 신청하여 프란시스와 부자 사이를 단절하였다. 왜냐하면 프란시스가 자신의 재산을 가난한 자들에게 다 나눠 줄 것이기 때문이었다.

어떤 부모가 자기 아들이 의사가 되어서 무척이나 자랑스럽게 여겼다.

앞으로 큰돈을 벌어 효도하며 부모의 마음을 흡족하게 해 줄 것으로 생각했고, 생활과 명예가 보장되었다고 여겨져서 여러 친지들 사이에 자랑거리였다. 의사로 잘나가던 어느 날 갑자기 그 아들이 아프리카 선교사로 간다는 것이다. 부모는 물론 온 가족들은 환장할 지경이었다. 그를 불효막심한 놈이라고 책망하며 기독교를 매우 미워했다.

### 넷째, 기독도와 진실이 허영성 사람들이 갖지 않은 진리라는 상품을 찾고 있었기 때문에 분노했다

진리란 생명을 주는 구원을 말한다. 세상에는 사람의 영혼을 구원하는 다른 진리가 없다. 그들은 그것을 제출할 수도 없다. 주님은 "내가 곧 길이요 진리요 생명이니 나로 말미암지 않고는 아버지께로 올 자가 없느니라"(요 14:6)라고 하시며, 자신만이 진리라는 것을 분명히 선언하셨다. 주님이 없는 곳에 진리가 있을 수 없다. 세상 사람들이 주장하는 진리란 실체가 없는 허무맹랑한 것뿐이다. 그들에게 무엇이 진리냐 물으면 헛된 철학을 중얼거릴 뿐, 이것이 진리라고 제시하지 못한다. 그들은 진리를 제시할 수 없어서 화가 난 것이다.

| 토의 |

1. 당신은 세상의 요구와 믿음이 충돌하여 겪은 일은 무엇입니까? 그 일을 어떻게 극복했습니까?

2. 당신이 세상에서 꼭 얻고 싶어하는 것은 무엇입니까? 그것을 얻게 되면 당신에게는 어떤 유익이 있습니까? 그것은 믿음 안에서 얻을 수 있습니까?

# 진실이 순교를 하다

허영성 사람들은 두 사람을 붙잡아 그 도시에 있는 재판소로 데려갔다. 그리고 그들을 고소했다. 그들은 질투, 배신, 아첨이라는 배심원들에 의해서 사형을 언도 받았다. 그들은 전능하신 분에게 자신들의 모든 것을 맡겼다. 허영성 사람들은 그들을 가두어 두고 회유, 협박했지만 그들이 거절하므로 "이런 괘씸한 놈들은 도저히 용서할 수 없다." 하고 먼저 진실을 화형에 처했다.

진실은 화염 속에 죽으면서도 찬송을 쉬지 않고 "주여! 저들의 죄를 용서하여 주소서."라고 자기를 해하는 허영성 사람들을 위하여 기도했는데, 그때 하늘로부터 불 병거가 내려와 진실의 영혼을 태우고 하늘나라로 갔다. 기독도는 진실의 승리를 부러워했다. 얼마 후 기독도는 하나님의 자비하심을 힘입어 허영성 감옥에서 탈출했다.

세상이 기독교를 배척하는 이유

1. 사도 바울이 빌립보 성 전도를 갔을 때 사람들이 바울과 실라를 잡아 고소했다

"이 사람들이 유대인인데 우리 성을 심히 요란케 하여 로마 사람인 우리가 받지도 못하고 행치도 못할 풍속을 전한다 하고, 무리가 일제히 일어나 송사하였다"(행 16:16-23). 이는 문화적 충돌에서 연유한다.

빌립보 성에 자기 종이 귀신들려 점쳐서 이익을 보는 사람이 있었다. 그런데 바울이 이 귀신을 쫓아내버린 것이다. 이제 무당은 점을 칠 수 없게 되었다. 주인은 자기의 이익이 사라진 것을 보고 바울과 실라를 고소했던 것이다. 이는 경제상의 충돌이다. 그들은 그 도시 법정에서 재판 결과 엄청난 고통을 당했다(행 16:19).

또 에베소에서도 큰 고통을 당했는데, 그 도시에는 엄청나게 큰 아데미(다이아나) 여신상이 있었다. 에베소 사람들은 아데미 여신을 숭배했고, 이곳에 참배 온 사람들로 인하여 관광 수입이 적지 않았다. 그리고 그들이 돌아가면서 아데미 여신상을 사가지고 갔으므로 큰돈을 벌었다. 그런데 바울이 전도하면서 사람들을 가르쳐 사람의 손으로 만든 것들은 신이 아니라 하므로 그들의 영업이 위기에 처했다. 이에 격분한 그 성 상인들은 그들을 잡아 고소하고, 극심한 고통을 받게 했다(행 19:24-29). 유일신교와 다신교의 충돌이었다.

## 2. 기독도와 진실은 핍박받을 때 결코 핍박하는 자들을 저주하지 않았고, 진실로 그들의 영혼을 염려했다

성도는 핍박받을 때 자기를 핍박하는 사람을 위하여 기도해야 한다. 왜냐하면 그들이 대적하는 이유는 그들의 영안(靈眼)이 열리지 않았기 때문이다. 그러므로 신자는 예수님께서 십자가에서 하신, 주님을 대적하는 자들을 위한 기도를 모범 삼아야 한다. 주님은 "아버지여 저희를 사하여 주옵소서 자기의 하는 것을 알지 못함이니이다"(눅 23:34) 하고 그들의 영혼을 위하여 기도하셨다. 예수님은 제자들에게 "너희에게 이르노니 너희 원수를 사랑하며, 너희를 핍박하는 자를 위하여 기도하라"(마 5:44)고 가르치셨다.

집사 스데반도 순교당하면서 자신을 해치는 자들을 위하여 기도했다. 바울 사도도 "후욕을 당한즉 축복하고 핍박을 당한 즉 참고, 비방을 당한즉 권면하니, 우리가 지금까지 세상의 더러운 것과 만물의 찌끼 같이 되었도다"(고전 4:12-13)라고 신자를 핍박하는 자들을 위하여 어떻게 행했는가를 진술했다.

## 3. 기독교인을 대항하는 배심원들, 질투, 미신, 아첨은 어떤 사람들인가?

### (1) '질투' 라는 사람은 구원의 길에 대해 질투하는 것이다

즉 신자들이 "예수님만이 유일한 구원의 길"이라고 하기에 싫어하는 것이다. 그들은 종교 다원주의자들이다. 어느 종교나 종교는 다 같고 무얼 믿든 열심히 믿으면 구원을 얻는다고 주장한다.

오늘날 여러 종교 간에 연합체를 만들고 오가면서 종교 간 일치와 화해를 주장하는 사람들이 있다. 어떤 목사와 신부나 수녀는 초파일에 절에 가고, 스님은 성탄절에 축하해 주러 교회에 온다. 그런 마음을 가진 사람들은 아량이 있고, 다른 종교를 배려할 줄 알아 대범한 것처럼 세상은 칭찬한다. 그리고 왕래하지 않는 기독교 목사들을 편협한 고집쟁이라 치부한다.

그러나 속지 말아야 한다. 이것 역시 마귀의 전술 전략이다. 마귀는 지금 종교혼합주의 전략을 쓰고 있다. 성경은 분명히 우리에게 "너희는 믿지 않는 자와 멍에를 같이 하지 말라. 의와 불법이 어찌 함께 하며, 빛과 어두움이 어찌 사귀며, 그리스도와 벨리알이 어찌 조화되며, 믿는 자와 믿지 않는 자가 어찌 상관하며, 하나님의 성전과 우상이 어찌 일치가 되리요"(고후 6:14-16)라고 분명하게 선언하고 있다.

사단은 모든 종교가 같다고 말함으로써 하나님의 유일하심을 부인하게 만들고, 세상 사람으로 하여금 어떤 종교나 본질은 다 같다는 인상을 주게 만들려고 시도한다. 작은 양보는 결국 모든 것을 양보하는 시작이 될 것이다.

나는 여기서 기독교인들이 타종교를 공격하라는 것이 아니다. 종교 간에 싸울 필요가 없다. 정말 그 신이 살아 있는 종교라면 그 종교는 사람의 마음을 끌어 부흥하게 될 것이다. 다른 종교의 공격은 우리가 할 일이 아니다. 우리는 그들과 세상에서 친밀한 인간관계를 가져야 하고, 할 수만 있다면 사회의 여러 문제들에 대하여 공동 대처를 할 수도 있는 것이다. 더군다나 그들의 종교행위를 방해할 필요도 없고, 그들의 종교시설을 공격해서도 안 된다.

다만 교회의 지도자들이 그들의 예배행위에 동참하여 종교는 다 같은 것이라는 애매한 태도를 취하여 하나님 여호와를 폄하하고 구원의 길에 혼란을 주지 말라는 것이다. 그것은 성경의 가르침과 맞지 않고, 하나님이 가증하게 여기시는 행동이다(신 7:3,4).

### (2) 허영성에 자리 잡고 신자를 고발하는 두 번째 무리는 미신이다

미신에 잡혀 사는 사람들은 하나님은 오직 한 분뿐이고, 예수 그리스도의 아버지 하나님만이 참 신이라고 주장함으로 반감을 갖는다. 그들은 그들이 믿는 신을 우리에게 동등하게 인정하라는 것이다. 기독교가 여러 지역에서 배척을 받는 가장 큰 이유는 유일신을 믿기 때문이다(행 18:28).

인터넷상에 기독교를 공격하는 글들을 보라. 모두가 유일신을 주장하는 독선에서 빠져나와 겸손하게 다신을 인정하라는 것이다. 그러나 분명 살아계시고, 인격적이시며, 자기를 계시하시는 살아계신 하나님은 삼위일체이신 여호와 하나님 한 분뿐이다(신 4:35).

**(3) 셋째 배심원인 아첨은 바로 그리스도인이 자기들의 악한 행위에 동참하지 않고, 또 그들의 죄악을 지적하기에 싫어하는 것이다**

신자들이 우상 숭배에 동참하지 않을 뿐만 아니라, 세상에서 행하는 그들의 거짓말과 부정에 동참하지 않고, 정의를 주장하기에 불편해하는 것이다. 의인의 의로운 행위는 죄인들을 불편하게 만든다. 왜냐하면 그들은 공범자를 구함과 동시에 자신들의 범죄 비밀을 유지하기 원해서이다.

"저희와 함께 그런 극한 방탕에 달음질하지 아니하는 것을 저희가 이상히 여겨 비방하니"(벧전 4:4)라고 베드로 사도는 그들의 심리를 묘사한 바 있다.

죄인들은 어두움을 좋아한다. 그들의 죄악을 동조해 주고, 칭찬해 주어야 하는데 신자가 그들의 잘못을 지적하기에 신자들을 적으로 삼는 것이다. 이는 올바른 기독교인들이 세상에서 수없이 당하는 바다. 주님은 어느 시대나, 의인은 당대에 그 사회나 조직에서 환영받지 못하고, 박해와 죽임을 당하고, 죽은 후에는 기념비와 무덤을 선사받게 된다고 말씀하셨다(마 23:29,30).

반대자들은 기독인을 핍박하는 데 권력 있는 지역 유지들을 동원했다. 예수님을 죽이는 데 로마 총독 빌라도를 동원하고, 기독교를 공격하는 데 로마 황제들을 동원했다. 심지어 예수님 대신에 살인 강도 바라바를 놓아주는 어처구니없는 일도 자행했다. 헤롯 왕은 세례 요한을 죽였고, 그 아들 분봉왕 헤롯은 야고보 사도를 잡아 죽였다. 이는 모두 사단의 사주를 받아 자행한 일이었다.

순교의 의의와 유익은 무엇인가?

순교는 성도를 멸하고자 하는 사탄의 시도이다. 그들은 성도의 생명을 빼앗음으로써 기독교를 멸하려 한다. 더욱이 그들은 교회의 목자들을 공격하여 양을 흩어버리고, 하나님 군대의 장교들을 살해함으로써 하나님나라 군대를 무력화시켜 그 나라를 축소시키려 한다.

그러나 그들의 시도는 하나님의 역설적 전략에 결국 실패하게 된다.

하나님의 역설적 전략이란 무엇인가? 바로 "한 알의 밀이 땅에 떨어져 죽지 아니하면 한 알 그대로 있고, 죽으면 많은 열매를 맺는다"(요 12:24)는 전략이다. 그들은 주님을 십자가에 못 박고 곧 후회했다. 그 사건이 바로 사단의 나라가 쇠퇴하게 되는 시작이었기 때문이다(창 3:15). 그들의 전략은 순교자를 내는 것이다. 그렇게 함으로써 예수를 구주로 믿는 것을 두렵게 만든다. 그러나 순교자의 피는 오히려 많은 새 생명을 낳게 하는 거름이 된다(요 12:4).

**1. 기독교가 핍박당할 때에 신자 중에는 순교로 하나님께 영광을 돌려야 할 사람과 세상에 살아남아 복음 전하여 영광을 돌려야 할 사람이 있다**

주님은 부활 후 갈릴리에서 베드로를 만나 목회를 위탁하실 때에 그가 순교할 것을 예언하셨다. 베드로는 요한의 운명이 궁금했다. 그래서 요한은 장차 어떻게 되겠는지 물었다. 요한의 운명을 묻는 베드로에게 주님은 주님이 그를 세상에 남기고자 해도 너는 상관 말라고 하셨다. 그러자 베드로는 나가서 요한은 죽지 않겠다고 다른 제자들에게 말했다. 꼭 그래서 그런 것은 아니지만 어쨌건 요한은 백 세 이상을 살았다(요 21:18-22).

베드로는 베드로대로 죽어서 진리를 증거했고, 요한은 요한대로 살아서 진리를 증거했다. 우리는 사나 죽으나 주의 영광을 위해 살 뿐이다(롬 14:8).

**2. 성도는 순교를 통하여 하나님 나라에 가장 빨리 갈 수 있다**

또한 죽은 즉시 주님을 만나게 된다(행 7:55,56, 빌 1:23). 동시에 생애의 남은 고통을 받지 않게 되며, 더 이상 죄악 된 일과 슬픈 일을 보지 않아도 된다.

그가 앞으로 살아가면서 당할 각종 유혹도 면하게 되는 것이다. 따라서 그는 더 이상 범죄하지 않는다.

### 3. 자신의 죽음을 알게 된 살아서 남은 자들의 결심을 굳세게 해 준다

사람들은 그의 순교적 열심을 본받게 되고, 죽음을 두려워하지 않게 된다. 이에 대하여 바울은 빌립보 교인들에게 "형제들아 나의 당한 일이 도리어 복음의 진보가 된 줄을 너희가 알기를 원하노라. 이러므로 나의 매임이 그리스도 안에서 온 시위대 안과 기타 모든 사람에게 나타났으니, 형제 중 다수가 나의 매임을 인하여 주 안에서 신뢰하므로 겁 없이 하나님의 말씀을 더욱 담대히 말하게 되었느니라"(빌 1:12-14)라고 자기의 경험을 진술하고 있다. 바울의 갇힘은 다른 많은 형제자매들을 분발시켰던 것이다.

### 4. 순교는 죽음으로써, 다른 사람들에게 자기가 믿는 진리가 생명보다 더 가치 있고 확실한 것임을 확증하는 것이다

어떤 진리가 자기 목숨보다 더 고귀하여 생명을 내어주고라도 파수하려 하겠는가? 초대교회 사도들은 그래서 그들이 주의 이름을 위하여 당하는 능욕을 오히려 기뻐했다(행 5:41,42). 그리고 사도는 모두 순교함으로써 예수가 그리스도시며 하나님의 아들이고, 그가 죽은 자 가운데서 살아난 것을 온 세상에 증명하였다. 물론 그들이 순교를 통하여 한 증거는 기독교를 부활 신앙에 견고히 서도록 했던 것이다.

---

**주기철 목사님**

일제 시대에 일본은 조선에 신사참배를 강요하였다. 교회는 십계명 제 1, 2계명의 위반이기에 처음에 신사참배를 거부했다. 일본은 여러 목사들을 회유하고 총칼로 겁박하여 마침내 신사참배는 국민의례라는 선언을 얻어냈다. 이에 반대한 목사들이 있었는데 주기철, 최봉석, 손양원 목사, 박관준 장로 등등이었다. 일제는 그들을 감옥에 가두고 여러 가지 악한 방법으로 고문을 했으며, 감옥에 오래 가두어 두었다.

그렇게 고생을 시키던 중 하루는 주기철 목사를 석방해 주었다. 주기철 목사는 곧바로 금식기도에 들어갔고, 금식기도를 마치고 첫 예배에서 신사참배는 하나님께 대한 반역이라고 교회의 잘못을 질타했다. 이에 즉시 체포되어 감옥에 갔고, 수없이 얻어맞고, 나중에 못 박힌 판자 위로 걷게 했다. 그러나 주 목사님은 굴하지 않고 신앙의 지조를 굽히지 않았다. 일본은 도저히 그를 꺾지 못하고 결국 독이 든 주사로 주 목사님의 목숨을 빼앗았다. 그러나 얼마 후 일본은 망했다. 그들은 주 목사님의 육신은 죽일 수 있었으나 불굴의 순교적 신앙을 이길 수는 없었다.

| 토의 |

1. 세상이 기독교를 배척하는 이유는 무엇입니까?

2. 순교자들의 순교 일화를 나누고, 나라면 어떻게 할까, 각오를 새롭게 하시오.

3. 순교의 유익을 말해 봅시다.

4. 서울 양화진 외국인 선교사 묘역이나 순교자들의 기념관을 돌아보고 소감을 나눠 봅시다.

## :: 제40계단 ::
# 소망과 사심을 만나다

　　기독도가 하나님의 은혜로 허영성을 탈출하여 길을 가는데, 뒤에서 한 사람이 쫓아
오며 "여보시오. 같이 갑시다. 나도 당신과 같이 천성을 함께 가게 해주시오."라고 했
다. 기독도는 외로운 참인지라 기다렸다가 그와 함께 동행했는데, 이 사람의 이름은 소
망이었다. 그는 허영시 사람이었는데 진실 씨가 순교할 때 그 모습을 보고 감화 받은
사람이었다. 둘은 기뻐 함께 길을 가다가 사심(邪心)이란 사람을 만났다. 사심의 친구

들은 변덕, 영합, 원활, 이심, 식언, 가장, 시류라는 사람들이었다. 그들은 절대로 세상 풍조를 거슬리는 일은 하지 않고, 시대에 따라 신앙 방식을 조금씩 변경시킨다고 했다.

## 순교신앙과 사심신앙

1. 기독도가 허영성을 탈출하여 희락 산으로 갈 때 허영성을 떠난 소망과 동행하고, 또 천국 길을 가고 있는 사심과 그 친구들이란 가짜 신자들을 만난다

이들은 높은 경지에 있는 가짜 신자들로서 평안할 때는 자신들이 신자임을 자랑한다. 그러나 환란과 핍박이나 재리의 유혹이 발생될 때 그들의 태도는 돌변한다. 우리가 세상으로 인하여 변절치 않고 순전한 신앙을 유지하려면 천국에 대한 소망으로 충만해야 한다. 그래야 세상적 가치가 우리를 유혹할 수 없을 것이다. 교회에는 잘못된 소망을 가지고 믿는 사심신앙인도 적지 않다.

기독도의 진실한 동행자가 된 '소망'이란 사람은 '진실'의 순교를 보고 그가 가진 진리가 목숨보다 귀한 것이고, 영원한 가치가 있는 것이라 확신하고 예수 그리스도를 구주로 영접한 사람이었다.

그는 허영성에서 얻은 영화를 버리고 천국 길을 나선 것이다. 소망이란 신자는 순교의 열매였다. 주님은 일찍이 한 알의 밀알이 땅에 떨어져 죽으면 삼십 배 육십 배 백배의 결실을 맺는다고 하셨다. 순교의 피는 교회의 거름이 되었다(요 12:24).

2. 천국 길에는 세상 이익에 기초를 둔 잘못된 동행자들이 적지 않다

그들은 교회를 출석하고 있으나 생명 없는 기독교인들이다. 그들은 어떤 신자들인가? 사심(邪心) 신앙은 결코 세상 풍조를 거스르지 않고, 신앙 환경이 좋을 때는 은 슬리퍼를 신고 네 활개를 치며 자신이 기독교인이라고 자랑하며 활보한다. 그러나 어려움이 닥치면 고민하는 일 없이 즉시 적들의 요구에 적당히 조화하면서 들어주기 때문에 그의 신앙은 언제나 당시 시대사조와 부합

하여 세상과 충돌하는 일이 없다.

그러므로 그들은 신앙 때문에 어려움 당하는 일도 없고, 오히려 신앙의 정절을 지키다 어려움 당하는 사람들을 미련하고 요령이 없는 사람들이라고 생각한다.

### 3. 사심 신앙의 친척들이 있는데 곧 '시류' 이다

그는 시대 흐름에 따라 적당히 신앙 형태를 변경시키고 사는 교인인데 우리는 이들을 변덕쟁이 신자라고 부른다. 이들은 적의 요구가 잘못된 것을 알지만 저항했을 때 오는 손해를 감당할 수 없기에 눈감을 수밖에 없다고 체념하는 비겁한 겁쟁이 교인이다. 그러므로 환경이 좋을 때는 신앙고백을 정확히 하고 핍박이 심해지면 신앙고백이 당시 시류를 따른다.

### 4. 같은 부류의 가짜 신자로 '영합(迎合)' 이란 신자가 있다

그는 언제나 대세를 따라 마음을 팔 뿐만 아니라, 적극적으로 앞장서서 동조하는 사람이다. 그들은 신앙 줏대가 없어서 이 사람이 이 말하면 그대로 수긍을 하고, 자신의 소신을 바꾸는 데 즉시 합당한 이론을 만들어 양심에 부담을 전혀 갖지 않는다.

#### 내가 불에 던졌더니 이 송아지가 나왔나이다

모세가 시내산에 올라가서 사십 일을 내려오지 않자 이스라엘 사람들은 모세가 죽었을 것이라 생각했다. 그래서 그들은 아론을 졸라 한 신상을 만들고 애굽으로 돌아가려 했다. 그들은 아론을 겁박했는데 아론은 그들을 말리지 못하고, 그들의 요구를 들어 금을 가져오게 했다. 그리고 녹여서 금송아지의 우상을 만들었다.

모세가 산에서 내려와 이 광경을 보고 아론을 책망하니 "내 주여 노하지 마소서 이 백성의 악함을 당신이 아나이다. 그들이 내게 말하기를 우리를 위하여 우리를 인도할 신을 만들라. 이 모세 곧 우리를 애굽 땅에서 인도하여 낸 사람은 어찌 되었는지 알 수 없노라 하기에 내가 그들에게 이르기를 금이 있는 자는 빼어내라 한즉 그들이 그것을 내게로 가져왔기로 내가 불에 던졌더니 이 송아지가 나왔나이다."(출 32:22-24)라고 구차한 변명을 했다. 바로 아론의 행위가 영합이다.

### 5. 다음은 '원활(圓滑)'이라고 불리는 부류이다

그들은 어떤 사람들의 범죄가 나쁜 줄 알지만 양심을 외면하고 불의를 눈감아 주는 것이다. 그들은 늘 "좋은 게 좋은 것이야."라고 하며 불의한 자들에게 아부하고 거기서 이익을 취한다. 우리에게는 그러한 권리가 없다. 옳은 것은 옳은 것이고, 그른 것은 그른 것이다. 우리는 다만 옳은 것은 옳다고 말해야 하고, 그른 것은 그르다고 해야 한다. 이에서 지나는 것은 악을 쫓아난다고 성경은 분명히 말하고 있다(마 5:37).

우리는 비진리와 부조리에 동조하지 말아야 하고, 그러한 일을 행하는 자들을 칭찬하지 말고, 불의한 정부와 권력자의 시녀가 되어서도 안 된다. 우리는 개인 구원을 중요시해야겠지만 사회 구원에 대하여도 소홀히 해서는 안 된다. 우리 하나님은 온 세계의 하나님이시고, 하나님의 일은 모든 세상사이기 때문이다. 우리는 세상의 빛이다. 세상의 빛이 세상을 비추지 못한다면 그것은 말 아래 둔 등경과 다름없다.

### 미가야와 시드기야 선지자

여호사밧과 아합이 연합하여 아람 왕과 전쟁하려고 할 때에 두 왕은 선지자들에게 앞날을 물었다. 미가야는 패전을 예언했고, 시드기야는 왕의 비위를 맞추느라고 승리를 예언했다. 시드기야의 예언은 가짜 예언이었다(왕상 22

장). 그 전쟁에서 아합은 죽었고, 여호사밧은 겨우 목숨을 보존했다. 거짓 선지자들은 하나님을 두려워하지 않고 언제나 권세 잡은 인간의 필요를 따라 예언한다.

### 6. 또 다른 가짜 신자는 '이심(異心)'이다

이 자는 언제나 두 마음을 품어 믿음에 정함이 없다. 그는 주님만을 믿으려는 각오가 처음부터 없다(약 1:6-8).

### 7. 세상과 접촉하여 나타나는 신자의 잘못된 또 하나의 형태는 '식언(食言)'이다

그는 타인과 약속을 지키지 않음으로 그리스도의 명예를 심각하게 훼손하는 자이다. 그는 무슨 일이든 가볍게 약속하고 지키려는 노력을 보이지 않는다. 그는 약속한 것이 유리하면 지키고, 불리하면 아무 부담 없이 번복한다. 그리고 그가 약속을 지키지 못하는 것은 하나님의 뜻이라고 생각한다. 그러나 성경은 분명히 "누구든지 스스로 경건하다 생각하며 자기 혀를 재갈 먹이지 아니하고, 자기 마음을 속이면 이 사람의 경건은 헛것이라"(약 1:26)라고 말씀하고 있다. 말하고 지키지 않는 자는 배지 않은 애를 낳겠다고 장담하는 자이다(잠 25:14).

#### 약속했으면 어떤 식으로든 책임을 지자

한국의 신자들이 중국에 단기 선교를 와서 현지인들의 신앙생활에 쉬 감동되어 그들을 어떻게 도와줄까하고 궁리를 한다. 그리고 그들의 요청을 듣고 무엇을 해주겠다고 쉽게 약속을 한다. 중국 신자들은 순수하다. 크리스천은 자기가 한 약속을 분명히 지킨다고 믿는 것이다. 그래서 약속한 것이 이루어질 것이라고 기대한다. 그러나 한국 신자들은 돌아가서 약속한 사실을 곧 잊어버린다. 그런 일이 반복되므로 나는 교회들을 순회하다가 한국 교회를 대신하여 항의를 받는다.

"한국 신자들은 왜 그럽니까? 가만히 있는데 약속해 놓고 소식도 없어요. 한국 선교사 중국에서 인기 없습니다."라는 소리를 듣게 만드는 것이다. 심지어 어떤 교회는 약속을 믿고 돈을 빌려 먼저 교회당을 지었다. 그런데 약속한 사람은 그 사실을 까맣게 잊고 있었다.

## 8. 또 다른 부류는 '가장(假裝)' 이다.

그는 자기의 실제 실적이나, 능력 이상으로 또 자기가 가진 신앙 이상으로 자기를 자랑하고 선전한다. 그는 믿는다고 선전은 하지만 열매는 늘 보잘것없고, 실적은 미미하다. 성경은 "하나님의 나라는 말에 있지 아니하고, 오직 능력에 있음이라"(고전4:20)고 하셨다.

바리새인들을 자신의 신앙심을 타인에게 보이기 위하여 회당 입구와 시장 어귀에서 크게 소리 내어 기도를 드렸고, 금식을 할 때에 표를 내기 위하여 일부러 얼굴을 씻지 않고 다녔다. 거지에게 돈을 줄 때는 큰소리를 내며 주었고, 머리와 옷소매에 큰 성경구절을 써 붙이고 다녔다. 그들은 하나님이 알아주기를 기대하기보다는 자신들의 신앙을 사람들이 알아주기를 원했다(마 6:2,5,15).

### 온도계 신자와 에어컨 신자

세상에 보내진 교인은 두 종류 신자가 있다. 그 첫째는 온도계 신자이다. 그는 신앙 환경이 좋을 때는 온 동네에 다니며 믿는 것을 자랑하지만 환란이나 핍박이 오면 자신의 신앙을 숨긴다. 그는 온도계처럼 세상 환경에 민감하게 반응하고, 시류를 따라 자신의 신앙을 재빠르게 맞춰간다.

둘째는 온도조절장치(에어컨디셔너) 신자이다. 그는 주변 환경이 나쁘면 그 환경을 따라 자신이 변하는 것이 아니라, 자신이 오히려 표준이 되어 세상을 변화시키는 신자이다. 신자가 세상과 접촉하여 살 때에 세상 때문에 자신이 변하는 것이 아니라, 자신 때문에 세상이 변하도록 하는 것이다. 이것이 바로 빛이요, 소금의 역할인 것이다.

## 이것이 바로 거룩한 산 제사

중국에서 식당을 하는 한국인 집사 가정이 있었는데 장소가 좋지 않은 곳에 식당을 열었다. 자본이 부족해서 좋은 장소를 잡을 수 없었기 때문이다. 육교에 가려진 그의 식당은 사람들 눈에 잘 띄지 않는 곳이다. 더군다나 주일이면 반드시 휴업을 한다. 뿐만 아니라 술을 팔지 않는다. 중국의 음식문화는 반드시 술과 곁들여 먹는 문화이기에 술을 팔지 않는다는 것은 중국 사람들로는 이해가 안 되는 부분이다. 일요일에 가족이 모일 수 있는데 일요일에 문을 닫는다는 것은 고객에게 음식을 소개할 기회를 없애는 것이고, 술을 안 파는 것은 수많은 술을 먹는 손님(대부분의 중국사람)을 오지 못하게 하는 것과 같다.

이 식당은 중국에서 될 수 없는 조건은 다 갖추고 있는 것이다. 역시나 장사가 너무 안 되어 가족의 고통은 이루 말할 수 없다. 종업원을 구하지 못하여 어린 아들, 딸이 나와 식당일을 돕는다. 이 집을 갈 때마다 나는 마음이 아팠다. 어떡하면 이들을 심한 고통에서 구해줄 수 있을까, 궁리를 해보지만 뾰족한 방법이 없다. 온 식구가 뼈만 남은 형상이 되었다. 나는 작심하고 그들 부부에게 목사로서는 차마 할 수 없는 권면을 하게 되었다.

"집사님, 성수주일은 당신들만 하고, 종업원들에게 식당을 열게 하시오. 대신에 월요일에 종업원들로 쉬게 하시오 지금처럼 한다면 식당 음식을 소개해 볼 기회도 없을 것이오. 그리고 중국의 음식 문화가 술과 함께한 문화이니 술도 파시오. 이 식당은 술을 파는 것이 목적이 아니라, 음식을 팔기 위해 술을 파는 것이니, 이 일이 크게 잘못되었다고 할 수 없을 것이오."라고 말했다.

그러자 내 권면을 받은 그 집사님이 "저도 여러 가지 생각이 많습니다. 때로는 주일에도 문을 열까, 술도 팔까, 생각도 해보았습니다. 그러나 여지껏 지켜온 원칙을 깨면 사람들이 장사가 되지 않으니 신앙 양심을 파는구나 할 것입니다. 결과적으로 하나님께 바로 살아도 하나님이 돕지 않는구나 생각할 것이고, 따라서 오히려 하나님의 영광을 가리게 될 것입니다. 그러므로 나는 이대로 망한다 하더라도 지금까지 지켜온 이 가치를 변경시키지 않겠습니다."

나는 크게 잘못하였음을 사과했다. 그리고 부끄러웠다. 그렇다. 그는 가난한 가운데 그의 삶 전체를 하나님께 거룩한 산 제사로 드리고 있는 것이며, 하나님은 그 가정의 삶을 통한 거룩한 산 제사를 받으시고 있는 것이다. 어려운 가운데 하나님의 말씀을 따라 살고자 몸부림치는 그의 산 제사는 그 어떤 많은 헌금보다도 더 하나님을 기쁘시게 할 것이고, 그리고 그 어떤 성공보다도 하나님은 더 가치 있게 여기실 것이다.

나는 그 집사님의 가정을 위하여 눈물로 축복했다. 하나님의 말씀은 환경따라, 시대따라 적당히 변경시켜 적용할 수는 없다. 우리는 그러한 권한을 위임받지 않았다. "망한 것이 하나님께 영광이 되지 않는다." 꼭 그렇게만 말할 수 없다. 바르게 살다 망한 것은 그 자체로 칭찬을 받아야 마땅하다.

주님은 우리에게 부탁하셨다. "너희는 세상의 소금이니, 소금이 만일 그 맛을 잃으면 무엇으로 짜게 하리요, 후에는 아무 쓸데없어 다만 밖에 버리워 사람에게 밟힐 뿐이니라. 너희는 세상의 빛이라. 산 위에 있는 동네가 숨기우지 못할 것이요, 사람이 등불을 켜서 말 아래 두지 아니하고, 등경 위에 두나니 이러므로 집안 모든 사람에게 비취느니라. 이같이 너희 빛을 사람 앞에 비춰게 하여 저희로 너희 착한 행실을 보고 하늘에 계신 너희 아버지께 영광을 돌리게 하라"(마 5:13-16).

우리 입으로 전하는 복음은 우리를 칭찬하는 사람들에 의하여 받아들여진다. 그러므로 신자는 세상과 짝하지 말고, 시류따라 변하지 말며, 오히려 정도를 걸어 세상에 표준이 되어야 한다(시 1:1).

| 토의 |
1. 당신은 신앙과 행위가 일치하는 신자입니까?

2. 당신은 하나님의 표준을 무시하고, 하나님이 이해해 주실 것이라 생각하며 하는 사업이 있지는 않습니까?

3. 당신은 진정한 성공이 무엇이라 생각합니까?

## :: 제41계단 ::
# 재물의 선한 청지기

　　기독도와 소망은 사심에게 그런 신앙은 결코 주인이 기뻐하지 않는다고 하자, 사심은 기분 나빠하며 그들과 함께 가지 않고 뒤에 따라오던 세욕, 탐재, 인색과 동행하게 되었다. 그들 역시 믿음이 있다고 해서 신자가 세상에서 손해 보아야 한다는 것은 견딜 수 없는 일이라고 주장하는 교인들이었다. 두 사람이 이익 언덕에 도착했는데, 은광이 하나 있었다. 그곳에 웬 신사가 섰다가 두 사람에게 말을 건넸다.

"두 분은 이 은광에서 큰 돈을 얻어가지 않겠습니까? 적은 노력으로 큰 돈을 벌수 있답니다." 하고 권했다. 기독도는 그가 누구인지 즉시 간파했다. "당신은 혹시 사도 바울을 배반하고 세상을 사랑해서 떠났던 데마가 아니요?" 하고 물었다. 그러자 데마는 얼굴이 빨개지며 부끄러워했다.

"주의 길에 원수여 여기서 무얼 하느냐?" 하고 쏘아주며 소망을 재촉하여 길을 떠났다. 얼마 후 뒤를 따라오던 사심과 그 친구들도 데마의 권함을 받게 되었는데 서로 뒤질세라 우루루 은광이라고 하는 굴 속으로 몰려 들어갔다. 조금 후 "악, 악, 악" 하는 비명 소리가 났고, 그들은 영원히 나오지 못했다.

두 사람이 길을 재촉하는데 소돔 언덕에서 소금기둥 여인상을 보았다. 그 여인상 앞에 팻말이 있는데 "롯의 처를 기억하라."고 쓰여 있었다. 롯의 처는 소돔성에서는 구원 받았지만 세상 욕심 때문에 하나님의 경고를 무시하고 뒤돌아 보다 소금기둥이 되었다. 두 사람은 롯의 처를 생각하며 남은 천국 길에서 근신할 것을 서로 격려하며 길을 재촉했다.


재물은 어떻게 모아야 하고 주신 재물을 어떻게 사용해야 하는가?

우리는 사심의 세 친구 세욕, 탐재, 인색을 통해서 재물에 대한 신자의 자세를 정립하자. 재물, 돈, 재산 역시 신자에게도 꼭 필요한 것이다. 그러나 우리는 그것을 벌고 사용함에 있어서 반드시 성경 교훈을 따라야 한다. 어떤 이들은 돈을 버는 데 신자의 양심을 팔고 직업, 수단, 방법 등을 가리지 않으며 물질을 사용함에 있어서도 규모가 없고, 합당한 곳에 사용하지 못하고, 때로는 지극히 인색하여 하나님이 그에게 재물을 준 뜻을 살리지 못한다. 어떤 교인은 하나님께 바치는 헌금으로 인해 시험 드는 경우도 있다. 또 어떤 이들은 믿음을 빙자해서 자신의 이익을 취하기도 한다.

신자가 자신의 돈을 어디에 쓰느냐에 따라 신앙 인격을 평가할 수 있는 척도가 된다. 사심의 세 친구는 올바른 물질관을 갖고 있지 않는 교인들이다. 그들이 사심과 다른 점은 사심은 환경 때문에 신앙양심이 변하는 자라면 사심의 세 친구들은 재물 때문에 신앙 양심이 변질되는 자들이다.

### 1. 사심의 친구 세욕은 하나님을 믿는 이유가 물질 축복을 얻는 데 있다고 생각하는 사람이다

사실 교회 내에는 하나님과 관계에서 장사하는 신앙을 가진 사람도 적지 않다. 그들은 하나님의 공의와 거룩, 은혜와 진리도 무시하지만, 하나님이 재물의 주관자여서 신자의 봉사 정도를 따라서 재물을 주신다는 사실은 인정하는 사람이다.

---

**돈이 최고야**

엘리사의 종 게하시는 하나님의 기적이나 아람에게 보이고자 하는 하나님의 능력과 이스라엘의 미래도 그의 관심사가 아니었다. 그의 유일한 관심은 나아만 장군이 가지고 온 예물이었다(왕하 5:20). 유다의 관심은 오직 돈궤였고(요 5:12), 총독 벨릭스의 관심도 바울에게 돈을 좀 받을까 하는 것이었다(행 24:25,26). 그들은 그들에게 허락된 거룩한 기회를 돈 때문에 오히려 저주받는 기회로 써 버렸다.

---

교회 안에도 얼마나 많은 사람이 목사의 설교를 사업의 성공이나 돈벌이의 확신으로 바꿔서 받아들이고 있는지 모른다. 성경이 말하는 팔복은 세상에 속한 복과는 아무 관계도 없다(마 5:1-12).

### 2. 탐재(貪財)라는 친구는 자신이 비록 기독교인이기는 하나, 돈을 벌기 위하여 수단과 방법을 가릴 필요가 없다고 생각하는 사람이다

그래서 그는 때로는 저울을 속이고, 때로는 성분을 속인다. 때로는 직업을 가리지 않고 사회의 비난거리요, 범죄를 조장하는 직업, 예를 들면 술 장사, 포주, 고리대금, 불건전한 노래방, 도박장, 불량 잡지, 나쁜 영화 제작, 환각제 장사 등도 거리낌없이 한다. 아모스 시대 유대인들처럼 신앙 양심을 팔고, 불의를 저지르며, 오로지 재물 모으는 데 열중하는 것이다. "월삭이 언제나 지나서 우리로 곡식을 팔게 하며, 안식일이 언제나 지나서 우리로 밀을 내게 할꼬, 에바를 작게 하여 세겔을 크게 하며, 거짓 저울로 속이며, 은으로 가난한 자를 사며, 신 한 켤레로 궁핍한 자를 사며, 잿밀을 팔자 하는도다"(암 8:5-6)라고 당시 하나님의 성민인 이스라엘 사람들의 상업 양심을 묘사했다.

월삭(1일)은 안식하는 날이다. 그 날에 장사를 할 수가 없었다. 그러니 마음이 급했다. 왜냐하면 이 상인들은 이미 저울을 실제 무게보다 작게 나가도록 만들어 두었던 것이다. 이 저울로 장사를 하면 부당이득이 엄청날 것이었는데 안식일이라 장사를 못하니 안달이 날 지경이었다. 그래서 안식일이 어서 지나가기를 기다리고 있는 것이다. 빨리 가서 거짓 저울도 써 보고, 가난한 자를 사서 노예 장사를 하면 큰 이익을 얻을 수 있는데 안식일이라 하지 못하니 조바심이 나는 것이다. 교인들 중 어떤 사람들은 성경에서 금한 사업을 하면서 사업 성공을 위하여 하나님께 기도와 특별예배, 특별헌금을 드린다.

신자라면 사업도 직업도 가려서 해야 하고, 돈을 버는 것도 성실한 과정을 통해서라야 한다. 뇌물, 부당한 편들기, 이권 개입 등은 기독교인 공무원이 해서는 안 된다. 법조계통이나, 정부의 관리로 일하는 기독교인은 빈부를 따라 판결이나 판단을 굽게 하면 이는 하나님의 공의를 무시하는 것이다(출 20:16, 레 19:15). 하나님은 이런 신자를 결코 보호하시지 않으며, 오히려 세상에 드러내서 부끄럽게 만드실 것이다(신 1:17).

또한 신자는 직장에서 지금 내가 받는 급료의 값을 다하고 있는지도 생각해야 한다. 만약 회사에 이익을 남겨주지 못한다면 이는 또, 다른 형태의 도적질이 되는 것이다(출 20:15).

내가 만든 제품은 그리스도인의 성실함이 들어 있어 견고하고 안전해야 하며, 사회에 유익하고, 타인에게 기쁨을 주는 것이라야 한다. 다른 사람의 정서와 건강, 건전한 풍속을 해치고 살상 방종하게 만드는 것이어서는 안 된다.

## 중국에는 하나님이 안 계신 것 같이 생각하나 봐요

나는 중국에서 소위 한국의 신자라는 사람들이 와서 사업을 하며 거래에 정직하지 못하고, 약속을 어기며, 돈을 떼먹고, 도망가는 사람들과 술장사, 여자 장사, 도박장을 경영하며 자신을 집사네, 장로네하는 사람들을 봤다. 바로 이들이 탐재(貪財) 신자들이다. 그들은 그리스도의 이름을 빌어 그리스도의 원수로 행하고, 선교지에서 한국 교회를 불신하게 하며, 선교사의 선교 노력을 헛되게 만든다.

그들이 차라리 신자라는 말을 하지 않으면 좋으련만 꼭 현지 교회 지도자들에게 나는 집사라 장로라 말하면서 목회는 이렇게 저렇게 하라고 가르치려 드는 것이다. 중국의 한 신학생이 나에게 물었다.

"목사님! 한국 신자들은 마치 하나님이 한국에는 있고, 중국에는 없는 것 같이 생각하는 것 같아요."라고 말했다.

"아니, 왜?" 하고 놀라 물었더니, "글쎄, 장로라는 분이 가라오케 영업을 해요. 한국 교회는 그래도 괜찮아요?"라고 물었다. 중국에서 가라오케는 절대 평범한 곳이 아니다. 궁색한 변명을 했지만 마음은 편치 않았다.

한번은 비행기 좌석 옆에 한 사람이 앉았는데 앉자마자 기도를 했다. 반가운 마음에 기독교인이냐고 물었더니 천주교인이라고 대답했다. 오늘 성가 연습이 있어서 급히 돌아가는 길이라고 했다.

중국 어디에 사는가를 물었다. 대련에 사업체가 있었다고 한다.

"대련은 참 아름답지요?" 하고 물었다.

"아이고, 대련 생각만 해도 이가 갈립니다." 그의 대답은 이렇다. 그는 가라오케 집을 했고 한 여 대학생을 현지처로 두었는데, 그곳 관리를 맡긴 여자가 그 재산을 명의 변경하여 가로채갔다는 것이다. 그래서 지금 다 털리고 빈 털털이로 나오는 길이라고 했다. 나는 그에게 말했다.

"이해하고 들으십시오. 하나님은 당신을 정말 사랑하시는가 봅니다. 당신의 그 사업이 성공했다면 당신은 영원한 형벌을 받았을 것이오. 이제 잘못을 회개하고 바른 사업을 하시오." 그러자 그 사람은 대답했다. "다 회개하였습니다. 고해 성사를 했거든요. 저는 이제 필리핀이나 베트남으로 가려고 합니다."

"아, 그러세요. 그곳에서 무슨 사업을 하게요?"

"네, 가라오케 집을 다시 한 번 해 볼랍니다."

"아니, 방금 회개했다고 하지 않았소?"

"그러니까 다시 해 보려고 합니다." 그의 표정은 아주 진지했다.

"내가 주님의 이름으로 경고해 두는데, 그곳에 가도 당신은 망할 것이요. 하나님이 당신을 사랑한다면 말이오."

나는 그처럼 무지하고 뻔뻔한 사람을 본 일이 없다.

## 3. 인색이라는 친구는 우리말로 '구두쇠'라고 한다

이 사람은 물질을 사용함에 있어서 하나님의 뜻에 합당하도록 사용하지 못하는 사람이다. 그는 오직 모으는 데 관심이 있고, 쓸 줄을 모른다. 동시에 물질을 쓰더라도 합당한 곳에 쓰지 않는 것이다. 한 청년이 예수님을 찾아와서 내가 무엇을 해야 영생을 얻을 수 있느냐고 물었다. 예수님은 계명을 지키라고 했다. 그러자 청년은 계명은 어렸을 때부터 다 지켰다고 했다. 예수님은 그렇다면 너에게 부족한 것이 있으니 내 소유를 팔아 가난한 자에게 주고 너는 나를 쫓으라고 하셨다. 청년은 재산이 많았으므로 심히 근심하여 갔다. 그는 영생을 사모하는 신앙의 사람이었다. 그러나 물질을 주신 하나님의 뜻을 알지 못하고, 실행하지도 못하는 것이다(마 19:21-24).

주님은 불의한 재물로 친구를 사귀라고 하셨다(눅 16:9). 왜 불의한 재물인가? 우리가 가진 모든 소유는 원래 불의한 재물이다(?). 그 이유는 그것들이 본래 내 것이 아니기 때문이다. 우리가 쓰는 모든 것은 하나님의 소유이다. 그런데 우리는 우리 것이라고 생각하고 하나님께 물어보지도 않고 사용한다. 그러므로 우리의 모든 재물은 불의한 재물이다.

친구를 사귄다는 것은 나누어 쓴다는 의미이다. 하나님은 우리가 우리 것을 하나님의 것이라고 인정하기를 원하시며, 동시에 그것을 선한 사업에 사용하기를 원하신다.

신자는 자신이 부자인 것을 자랑할 것이 아니라, 그것을 가지고 어디에 어떻게 사용했느냐를 자랑해야 한다. 초대교회 신자들은 자기 것을 자기 것이라고 말하는 사람이 없었다고 했다(행 2:45). 왜냐하면 그들의 물질관이 이전과 달라졌기 때문이다. 그들은 모든 것이 하나님 것이며, 하나님의 영광을 위하여 사용되어야 한다는 믿음을 가지게 되었다.

고아원도, 양로원도, 소외된 이웃도, 선교사들도, 아프리카나 아세아의 굶주린 아이들도 다 하나님의 자녀들이며 마땅히 우리가 담당해야 할 사역의 일부이다. 당신은 당신의 불의한 재물로 무엇을 하는가? 당신의 집 담장 안에서 식구끼리 다 허비하고 마는가?

### 4. 자신의 재물을 사용하여 하나님의 사업에 힘쓴 사람들을 보고 배우자

사람이 넉넉해서 선교나 구제를 하는 것은 아니다. 심령이 그리스도로 부요한 자는 가진 것이 적어도 선교나 구제를 할 수 있고, 심령이 메마른 자는 재물을 태산만큼 쌓아 놓고도 한 푼도 내지 못한다. 사랑은 참으로 주는 것이며 더 가지지 않는 것이다.

마케도냐 교회를 보라! "형제들아 하나님께서 마게도냐 교회들에게 주신 은혜를 우리가 너희에게 알게 하노니, 환난의 많은 시련 가운데서 저희 넘치는 기쁨과 극한 가난이 저희로 풍성한 연보를 넘치도록 하게 하였느니라"(고후 8:1-2). 나는 한국과 중국에서 나의 선교를 위하여 회사나 가정이 정말 곤란한 가운데, 아낌없이 준 형제자매들로 인해 오늘의 사역을 이룰 수 있었다. 때로 그들의 남루한 옷과 신발을 보며, 구멍 난 양말을 보며, 마음이 뭉클함을 느낀다. 나의 동역자들에게 엎드려 감사를 드린다.

### 작은 투자로는 절대로 큰 것을 얻지 못한다

사기를 당하는 사람들의 대부분은 쉽게 돈 벌려는 탐심이 있는 경우가 많다. 유혹하는 자들의 거짓말은 항상 같은 내용이다. 즉 적은 투자로 큰 이익을 남기게 해주겠다는 것이다. 그런데 놀라운 것은 그런 허황된 속임에 넘어가는 사람들이 적지 않으며, 한 번 속은 사람이 다음에 또 속는 경우가 많다는 것이다. 경마, 경륜, 도박장을 습관적으로 출입하는 사람들도 그 대표적 예이다. 이는 마음 내부에 있는 탐욕을 억제하지 못해서 유사한 사기에 다시 반응하기 때문이다.

### 헌금과 신앙과의 관계

1. 신자들 중에는 십일조를 드려야 한다는 설교를 듣고, 시험에 드는 사람이 있다

우리는 헌금과 신앙과의 관계도 정립되어 있지 않으면 안 된다. 하나님은 영이시니 물론 우리 헌금이 있어야 사시는 분은 아니다. 그러나 십일조를 드리는 것은 하나님의 명령이다. 왜 하나님께서 우리에게 십일조를 드리라고 하셨을까? 그 어조는 오싹할 정도로 강하다.

"사람이 어찌 하나님의 것을 도적질하겠느냐, 그러나 너희는 나의 것을 도적질하고도 말하기를 우리가 어떻게 주의 것을 도적질하였나이까 하도다. 이

는 곧 십일조와 헌물이라"(말 3:8).

하나님이 가지실 것도 아닌데 이렇게 강한 어조로 말씀하신 이유는 십일조 헌물이 곧 신자의 신앙고백이 되기 때문이다. 즉 십일조 헌금은 신앙이 물질보다 귀함을 인정하는 척도이며 모든 물질의 주인은 하나님이시며, 우리의 일용할 모든 것은 하나님으로부터 공급된다는 것을 고백하는 신앙고백인 것이다(학 2:8).

하나님이 하라고 하는 것은 하면 복을 받는다. 헌금을 드리는 것이 구원과는 상관없지만 이미 은혜로 구원받은 사람이 기쁨으로 헌금을 드리지 못할 이유가 없는 것이다. 헌금도 예배의 한 행위이다(고전 16:1,2). 그러므로 진지하게 구별하여 정성들여 바쳐야 할 것이다(고후 9:1-15).

어떤 교회나 어떤 목사가 십일조는 율법이니 드리지 말라고 한다. 그들의 주장은 예수님이 바리새인들의 십일조를 비판했다는 것에 근거를 두고 있다(마 23:23). 이런 주장은 물론 잘못된 해석이다. 예수님은 바리새인들의 십일조를 비판한 것이 아니고, 그들이 하나님께 대한 사랑 없이 또 공의를 무시하고, 인간에 대한 애정도 없이, 범죄하면서 드리는 그러한 의식적인 것들(십일조 포함)을 비판한 것이다.

그리고 주님은 그의 가르침 끝에 분명히 이것도 행하고 저것도 버리지 말아야 한다고 강조하셨다(마 23:23). 이것은 십일조 예물이고 저것은 인(仁)과 신(信)과 의(義)를 말한 것이다.

그러나 신약성경에는 십일조에 대한 기록이 거의 없다. 왜냐하면 구약시대부터 해오던 당연한 일을 다시 거론할 필요가 없었기 때문이다. 만약 신약에서 십일조가 불필요했다면 습관적으로 해오던 일을 변경하는 것이므로 반드시 성경에 변경의 이유를 설명했을 것이다. 그러나 신약 성경 어디에도 십일조를 하지 말라는 기록은 찾아볼 수 없다.

## 십일조를 꼭 해야 합니까?

중국 교회 목회자들이 가끔 나에게 질문한다. "십일조를 꼭 해야 합니까?" 나는 그렇게 묻는 이유를 안다. 십일조 헌금은 목회자도 쉽게 할 수 있는 것이 아니기 때문이다. 즉 그들이 나에게 묻는 솔직한 이유는 교리적인 것 때문이 아니고, 사실은 아까워서다. 물론 한때 중국 교회에 유행한 반(反)율법주의 세대주의파들이 십일조는 율법이니 안 해도 된다고 가르치기도 했다.

그들에게 나는 이렇게 대답해 준다.

"십일조가 율법이어서 폐지하고 싶다면 좋습니다. 그러면 저는 여러분에게 권합니다. 지금은 당신들의 말대로 은혜시대이니 십일조를 드리지 말고, 십의 이조, 삼조를 드리면 어떻겠느냐?"라고 하면 그들은 계면쩍은 웃음을 짓고 아무 대답도 못한다.

십일조 역시 약속 있는 축복이다. 내가 하늘 문을 열고 너희에게 복을 쌓을 곳이 없도록 붓지 아니하나 보라고 하셨지 않는가? 사람이 지어 낸 것이 아니라 하나님의 약속이다.

헌금에 대하여 좀 더 말하자면 "신자가 빚을 내어 헌금하는 것이 옳은가?" 하는 문제이다. 물론 사람마다 자유의지가 있고, 하나님에 대하여 믿음의 분량이 다르니 옳다, 그르다로 평가할 일은 아니다. 그러나 성경 어디에도 빚을 내어 헌금하라는 말은 없고, 주목할 만한 믿음을 가진 신앙의 위인 중(아브라함을 포함하여)에도 빚을 내어 헌금한 경우는 없었다(창 14:20).

가끔 어떤 집회에서 헌금을 강요하며 빚을 내서 헌금한 사람이 어떤 기적적 복을 받았다고 사례를 말하며 헌금을 강요하는 것을 보았다. 또 어떤 사람은 헌금과 신유를 연결하여 통장 채 바치면 병이 나을 것이라고 권하기도 한다. 이는 옳은 일이 아니다. 하나님은 인간의 병원처럼 치료비를 받으시는 분이 아니다. 예수님은 병을 고쳐주고 무엇을 받았다는 기록이 한 번도 없다. 사렙다 과부의 헌물은 아름다운 것이지만 가지고 있는 가루와 기름을 바친 것이지 빌려다 한 것은 아니었다(왕상 17:12,13).

우리는 내일 일을 알지 못한다. 내일의 것을 오늘 당겨 써서는 위험하다. 하나님이 각자에게 주신 분량대로 최선을 다하여 드리면 된다. 하나님이 주시지 않은 것을 바치라고 하시는 일은 없다. 억지와 강요에 의해서 또 분위기에 휩쓸려 무리하게 내지 말라는 말이다(고후 9:5-7).

### 2. 물질과 행복과의 관계

주님은 "삼가 모든 탐심을 물리치라. 사람의 생명이 그 소유의 넉넉한데 있지 아니 하니라"(눅 12:15)라고 하셨다. 사도 바울은 "내가 궁핍하므로 말하는 것이 아니라, 어떠한 형편에든지 내가 자족하기를 배웠노니 내가 비천에 처할 줄도 알고 풍부에 처할 줄도 알아 모든 일에 배부르며 배고픔과 풍부와 궁핍에도 일체의 비결을 배웠노라. 내게 능력 주시는 자 안에서 내가 모든 것을 할 수 있느니라"(빌 4:11-13). 기독교인이 행복의 기준을 물질에 두지 말라는 것이다.

나는 많은 사람이 은행 통장의 잔고로 기분이 좌우되는 것을 본다. 잔고가 많으면 걱정이 없고 표정에 여유가 있으며, 잔고가 줄면 불안해하고, 성질이 날카로워지는 것이다. 주님은 우리에게 일용할 양식을 구하라고 하셨다(눅 11:3). 주지 않으시려면서 구하라고 하신 것 아니다(마 7:7). 주님은 주신다. 왜냐하면 그는 우리에게 일용할 것이 있어야 할 줄 아시기 때문이다(마6:23).

사람은 돈을 모으는 것이 인생의 목적이 되면 불행해지기 시작한다. 그러나 선한 일을 계획하면 돈도 따라오고 여러 가지 행복이 더해진다(마 6:33).

우리는 재물을 구하기 전, 먼저 쓸 용도부터 생각하는 것이 순서다. 아무 생각도 없이 혹은 쓸 곳을 생각지 않고 하나님께 달라 하면 그는 받지 못할 뿐만 아니라, 혹 돈이 많아지면 그는 그것으로 타락하고 그 돈을 범죄에 사용할 것이다. 권하노니 사업을 시작하기 전, 먼저 부자가 됐을 때 어떻게 하겠다는 상세하고도 구체적인 계획을 갖기 바라고, 적은 수입이라도 선한 일에 일정 부분을 먼저 쓰기 바란다. 하나님은 당신의 작은 봉사를 원료로 삼으셔서 당신을 부요함에 이르게 하실 것이다.

하나님은 진심으로 정성들여 내는 자를 기뻐하신다(고후 9:7). 바울 사도는 자신들이 가난함에도 불구하고, 재난에 처한 예루살렘 교회를 구제하고자 정성을 다하였던 마케도냐 교회를 칭찬하였다. 그 교회는 구제뿐만 아니라, 선교에도 열심히 동참하였다(빌 4:15-19).

## 진정한 세계 최고 부자

미국의 석유 왕이라 불린 세계 제일의 대부호 록펠러는 엄청난 돈을 벌었다. 그는 기독교인인 어머니의 교훈을 어려서부터 잘 지켰다. 특별히 예배, 십일조와 구제의 규칙을 성실히 수행했다. 그는 그의 회사를 잘 아는 목사님의 조언을 받으며 경영했는데, 그 목사님은 록펠러에게 당신의 돈이 눈 덩이처럼 불어나서 빨리 빨리 쓰지 않으면 돈에 파묻혀 당신과 당신 가족이 망하게 될 것이라고 경고했다. 록펠러는 열심히 자신이 번 돈을 선한 일에 기부했다.

또한 노벨상 학자를 세계에서 가장 많이 배출했던 시카고 대학 외에 25개 대학을 세워 기증했고, 세계 여러 나라에 고아원, 도서관, 구제기관을 세워서 도왔다. 심지어 뉴욕 맨하탄에 사는 시민의 100년 동안 사용할 수도비를 미리 내놓았으므로 맨하탄은 지금도 수도계량기가 없다. 고속도로를 건설하여 기증하는 등 그의 기부는 헤아릴 수 없었다.

그는 부자였지만 그의 돈에 자신의 인생이 잠식되지 않았다. 그는 그의 신앙을 관리하기 위해서 전담 성경공부 목사가 있었고, 세계 어디를 여행하든지 목사를 대동하고 갔기에 매일의 성경공부를 쉬지 않았다. 그는 번 돈으로 인해 변질되지 않았고, 하나님의 선한 청지기로서 재물을 잘 관리할 줄 아는 진정한 의미에서 하나님을 경외하는 부자였다.

### 3. 사람들은 사는 것이 편안해지면 곧 옛날로 돌아가려는 경향이 아주 강하다

위험을 경고하는 노란 신호등이 이 모양 저 모양으로 나타나지만 크게 관심을 갖지 않는다. 어제나 오늘이나 영원토록 변치 않는 것은 죄에는 반드시 심판이 따른다는 것이다. 재물에 눈이 어두워 세상 재미에 빠져서, 재리의 유혹에 약한 자들에게 주는 경고가 바로 롯의 처를 생각하라는 것이다(눅 17:32).

### 4. 돈 때문에 타락하여 영적 근신을 등한히 하는 사람도 많다

사도 바울은 돈을 사랑함이 일만 악의 뿌리가 되나니(중략) 많은 근심으로써 자기를 찔렀다(딤전 6:10)라고 경고하고 있다. 당신은 돈을 관리하는 사람인가? 아니면 돈이 당신의 삶을 관리하고 있는가?

### 5. 우리는 신앙생활을 잘한 사람들의 본을 받고, 잘못한 사람들의 말로를 경계 삼아 천국 길에서 항상 깨어 있어야 한다

구약성경의 여러 인물들의 기사는 천국 가는 길에 우리가 어떻게 승리해야 할 것을 보여주고 있다. "이러므로 우리에게 구름같이 둘러싼 허다한 증인들이 있으니 모든 무거운 것과 얽매이기 쉬운 죄를 벗어 버리고, 인내로써 우리 앞에 당한 경주를 경주하며 믿음의 주요 또 온전케 하시는 이인 예수를 바라보자"(히 12:1).

사도는 우리에게 주님을 바라보며, 하늘나라 가기까지 얽매이기 쉬운 죄를 벗어버리고, 우리 믿음의 경주를 쉬지 말자고 당부하는 것이다.

## 6. 많은 경고의 나팔을 불지만 사람들은 전혀 귀 기울이지 않는다

지금은 소돔과 고모라 때보다 더 악한 시대이다. 신자들도 깊은 잠에 빠지는 때가 된 것이다. 주님의 경고를 농담으로 만들기 위하여 사단과 여러 이단들이 협력하여 발악을 하고 있다. 이단들은 주님 재림의 날짜를 예언하고, 빗나가게 함으로 주님의 재림이 허구인 것처럼 성도들의 관심을 흐리게 만든 것이다. 그러나 신자여 깨어 있으라. 말세에 당신의 영혼이 잠들지 않도록.

### 사업이 잘 되도록 기도해 주세요

어느 교회에 한 집사가 있었다. 하루는 목사님을 찾아와 자기가 사업을 하려고 하는데, 목사님이 기도를 많이 해주셔야겠다고 말하며 기도 부탁을 했다. 워낙 신앙이 좋은 집사님의 기도 부탁이라 목사님은 관심을 갖고 매일 빼지 않고 기도를 했고, 회사가 좋아지고 있다는 소식을 들었다. 그런데 모든 예배에 빠짐없이 나오던 집사가 한 번 두 번 예배에 빠지기 시작했다. 그래서 목사님이 심방하여 연유를 물으니 회사가 주문이 많아 바빠서 그렇다고 하는 것이다. 집사는 기뻐하며 사뭇 들떠 있었다.

목사는 예배에 게으르지 말라고 주의를 주고 돌아왔다. 그러나 다시 주일 예배도 빠지는 것이다. 심방을 하니 집사는 하나님이 복을 얼마나 많이 주시는지 주문이 밀려 주일도 쉴 수 없다는 것이다. 그러니 앞으로 그냥 헌금만 보내면 어떻겠냐고 물었다. 목사님은 대답하지 않고 염려스럽게 집사를 바라보며, 함께 기도하자고 했다. "전능하신 하나님, 우리 집사님을 도와 주셔서 감사합니다. 그러나 회사가 너무 잘되어 주일도 지킬 수 없다고 하니, 하나님!"

그러자 집사는 목사의 손을 흔들며 기도를 중단시켰다. "목사님, 지금 주문을 주지 말라고 기도하려 하지요?" 하고 물었다. 목사님은 대답없이 손을 꼭 쥐었다. "목사님, 절대 그 기도는 안 됩니다. 앞으로 정말이지, 모

든 예배에 빠짐없이 참석하겠습니다."라고 말했다. 목사는 그를 축복해
주었다. 그 후 집사는 다시 옛날의 열심을 회복했다.

세상의 사업이, 돈 버는 재미가, 우리 영혼을 잠재우지 않도록 우리를 게으
르게 만드는 자만의 쓴 뿌리를 그때 그때 뽑아버려야 한다.

---

**|토의|**

1. 당신은 쉽게 돈 번다는 말에 속아서 손해를 본 경험이 없습니까? 그 이
   유가 뭐라고 생각하십니까?

2. 돈 버는 재미로 신앙생활에 등한한 경우는 없었습니까?

3. 당신의 가정 지출 중 어느 부분이 가장 많이 차지합니까? 하나님 나라와
   그 의를 위하여 헌금이나 기부는 얼마 정도 차지하고 있습니까?

# 생명수 강에 도착하다

두 사람이 드디어 생명수 강에 도착했다. 그곳에는 각종 과일이 있어 배불리기에 충분했고, 그 강물은 먹는 이의 마음을 시원하게 했다. 두 사람은 이곳에서 충분히 먹고 쉬다가 새 힘을 얻어 천성 길을 출발했다.

생명수 강을 떠나 얼마 가지 않자 거친 들판이 나왔는데 길은 메마르고, 돌짝밭이어서 걷기에 매우 불편했다. 발끝에 뾰쪽한 돌이 여러 번 부딪혔는데, 두 사람은 한숨과 불평이 절로 나왔다. 그들은 천국을 좀 더 편히 가는 길이 없는가 찾기 시작했다.

## 영성 회복을 위한 활동과 주의사항

생명수 강은 영적 갈구와 깊이를 더하기 위한 특별한 믿음 활동으로 부흥회, 사경회, 기도원에서 기도, 특별한 믿음 증진 활동 등을 통하여 그동안의 신앙 생활을 반성하고, 받은 바 은혜를 새롭게 증진시키는 여러 활동들을 말한다.

1. 습관에 젖은 신앙생활은 점점 나태해지고, 모든 예배가 습관적으로 진행돼 생기가 없고, 하나님을 향한 정신집중이 힘들어져 은혜가 몽롱하여 하나님과 진정한 교제를 이루지 못한다

봉사를 하기는 하는데 기쁨이 없고 때로는 짜증이 난다. 습관적으로 하게 되고, 맡았으니까 마지못해 하고, 내가 안 하면 다른 일에 차질이 생길까봐 부득불 하지만 도무지 기쁨과 감동이 없다.

기도를 하긴 하는데 중언부언 자신도 무엇을 구하고 있는지 잘 모른다. 예배 중에 찬송가를 부르는데 잡념으로 다음 절이 2절인지 3절인지를 잘 몰라 당황하는 경우도 적지 않다. 설교를 들었는데 건성으로 들어 무슨 설교를 들었는지 생각이 나지 않는다.

교회가 부흥하면서 여러 행사들이 바쁘게 기획되고 실행되어 어느 때는 활동의 의미를 살리지 못하고 일을 위한 일을 하게 되어, 성도들의 모든 시간은 프로그램에 장악되는 경우도 많다. 너무 바쁘게 활동을 진행하다 보니 영성은 메말라가고, 사역만 있고, 사랑이 없어 사역자들 간에 다툼도 생기고, 혈기로 인해 감정을 억제 못하고 짜증을 내므로 사역자 간에 시험에 드는 경우도 적지 않다. 그리고 행사를 마친 다음, 동역자 간에 돌이킬 수 없는 벽이 생겨버리는 경우도 있다.

선지자 스가랴와 말라기 시대에도 하나님과 상관없는 종교행위가 많았다

(슥 7:5, 말 1:8-10). 그러나 그 시대 사람들만 그런 것이 아니다. 바리새인들은 십일조를 열심히 드렸지만 주님의 칭찬을 받지 못했고, 습관에 젖은 제사장들은 심지어 자신들의 예배 대상인 하나님의 아들 그리스도가 성전에 왔는데도 예배는커녕, 주님을 성전에서 쫓아내고 결국 살해하므로 하나님을 대적하고 만다. 요한계시록의 에베소 교회는 주님으로부터 처음 사랑을 버렸다고 책망을 들었다(계 2:4). 그러므로 습관에 젖어 깨어 있지 못하는 신앙생활은 참으로 위험하기 그지없는 것이다.

**2. 그러므로 영적으로 침체되어 있는 시기에 하나님은 선지자들을 일으키시고 영적 각성을 시키셔서 신앙을 회복하게 하셨다**

부흥회나 사경회, 기도원 운동 등은 습관에 젖은 신앙생활을 깨우는 영적 각성에 큰 효과가 있다. 부흥회를 통하여 모자란 성경지식을 보충하고, 치우친 신앙의 균형을 잡고, 신앙 감정을 충만케 하며, 연약해진 신앙의지를 북돋게 한다. 이것이 바로 성령 충만 활동이다. 교회는 매년 한두 차례씩 이런 신앙 부흥활동을 통하여 습관에 빠진 신앙심을 회복할 수 있다.

하나님은 이스라엘 백성의 신앙 회복을 위하여 매 면제년 초막절에 장소를 정하여 모이게 하고 율법을 낭독하게 했다(신 31:9-13).

우리는 성경에서 여러 부흥회를 통하여 신앙이 회복되는 것을 보았다. 모세의 신명기 부흥회, 여호수아의 에발산 부흥회, 사무엘의 미스바 부흥회, 요시야의 율법 회복 부흥회, 에스라의 수문 앞 광장 부흥회, 사도들의 오순절 부흥회, 바울의 밀레도 부흥회 등 기독교 초기로부터 현대까지 부흥회를 통하여 많은 영적 대각성이 있었던 것이다.

스펄전, 조지 휫필드, 무디, 웨슬레 등의 부흥회는 타락한 당시 시대에 영적 대각성을 일으켰다. 한국 교회도 1907년 영적 대각성 운동을 통하여 한국교회 부흥 발판이 마련되었다.

## 3. 성도는 예수님을 구주로 영접할 때 성령세례를 받는다. 성령세례란 중생을 말한다

앞에서도 설명했듯이 중생은 신자가 처음 영적 생명을 갖는 것을 말한다. 이제 갓난아이 신앙을 갖게 된 것이다. 그는 이제 어른으로 장성해가야 한다. 지식이 자라고, 지혜가 자라며, 감격이 있고, 유혹을 거부하고, 선을 결단할 능력으로 성장해야 하는 것이다. 그러므로 우리 신자는 성령세례를 받은 후 성령 충만함을 받아야만 신앙의 더 큰 활력을 얻을 수 있다. 우리 속에 내주하신 성령께서 우리에게 더욱 역사하여 하나님의 기뻐하시고, 온전하신 뜻이 무엇인지 분별하게 하고 그것들을 실천하게 하며, 어려움을 참고 견디며, 하나님이 주신 목표들을 마침내 달성하게 하신다(롬 12:1,2).

부흥회를 통하여, 특별기도회를 통하여, 성경사경회를 통하여, 기도원 특별기도를 통하여 우리는 성령 충만함을 얻을 수 있다. 또, 특별한 은사를 받기도 하고, 새로이 은사를 발견하게도 된다. 그래서 받은 은사들을 가지고 그리스도의 몸인 교회의 지체로써 역할을 하게 된다(엡 5:18).

## 4. 그러나 이런 아름다운 기능을 가진 부흥회, 사경회, 기도원 운동이 교회의 잘못된 의도와 일부 잘못된 부흥사들로 인하여 침체 일로에 있다는 것은 슬픈 일이 아닐 수 없다

부흥회의 본래 기능은 하나님의 은혜를 상기시킴으로 영적 힘을 얻고, 고난을 인내하게 하고, 희미해진 소망을 회복하므로 하나님을 더욱 의지하게 하는 것이며, 그 힘으로 신앙과 생활에서 생산적 능력을 발휘하게 하는 것이었다. 그러나 안타깝게도 어떤 부흥회는 기복을 위한 수단으로 변질되었고, 하나님과 감히 거래하는 신앙을 만들어 냈다.

다른 한편 심령부흥회를 교회가 당면한 난제 해결의 기회로 이용함으로 부흥회 본래 취지가 무색하게 되었고, 설교 내용에서 꼭 있어야 할 복음이 사라졌다. 부흥사들이 앵무새처럼 같은 내용을 반복함으로 부흥회의 기대감도 사라졌다. 그리고 어느 듯 부흥회는 성도들에게는 아주 부담감 큰 집회로 인식되어 버린 것이다.

한국 교회는 부흥회로 인해 부흥하고, 부흥회로 인해 쇠퇴하기 시작했다 해도 과언이 아니다. 그러나 부흥회나 사경회, 기도원 기도는 바로 사용하면 성도의 영적 성장에 큰 유익을 주는 귀중한 신앙 증진 운동이다.

신자들이 부흥회 등 특별집회 후에 주의할 점은 무엇인가?

부흥회는 지적 활동이기보다는 이미 아는 지식을 정리시키고, 감정을 고조시켜 행동으로 옮기게 하는 기능이 크다. 그러나 감정은 그다지 오래 가지 않는다. 고조되었던 감정이 사라지고 나면 허전함이 더욱 크게 느껴지는 것이다. 그리고 정상적인 신앙생활이 무미건조하고, 지루하게 느껴지기도 한다. 그래서 어떤 신자들은 기도원이나, 부흥회 등을 통해 은사를 체험한 후 모든 난제가 금방 해결되고, 천국 가는 길이 쉬워지는 줄 알고 있다가 그렇지 못하면 낙심하게 되는 일을 보게 된다.

부흥회가 끝나고 이제 정상적인 예배 분위기로 돌아왔을 때 담임 목사님의 설교도 부흥강사와는 달리 열정적이지 못할 때 부흥강사 목사님은 무엇인가 특별한 것을 보여 주었는데, 담임 목사님은 신비한 뭔가를 보여주지 못한다고 생각하는 것이다. 그리고 성경 해석과 설교도 특별하지도 않아 뭔가 아쉬운 점이 있는 것처럼 느껴져 본 교회 담임 목사님은 부흥강사에 비해 격이 떨어지는 분이 아닌가 회의를 갖게 되어 교회 생활이 다시 지루해지는 것이다.

## 1. 어떤 신자들은 늘 신비한 분위기에 머무르려 한다

부흥회나 기도원 분위기에 중독되어 신비를 좇아다니는 사람도 있다. 예수님 제자들도 예외가 아니었다. 변화산에서 예수님의 모습이 빛에 싸여 변화하고, 모세와 엘리야가 나타나 예수님과 대화하는 광경을 보고 황홀지경에 빠진 베드로가 "주여 우리가 여기 있는 것이 좋사오니, 우리가 초막 셋을 짓되 하나는 주를 위하여, 하나는 모세를 위하여, 하나는 엘리야를 위하여 하사이다 하되 자기의 하는 말을 자기도 알지 못하더라"(눅 9:33)라고 신비를 경험하고 난 후 계속 그 분위기 속에 머무르고 싶어 하는 마음을 엿볼 수 있다.

## 2. 신자들은 기적을 목격하고 싶어한다

환상을 보고, 하나님의 음성을 직접 듣고 싶어 한다. 입에서는 방언이 터져 나오길 기대하고, 방언 통역과 예언이 나타나 지금 처하고 있는 고난과 답답한 개인의 미래를 시원스레 예언해 주고, 누웠던 병자가 나아서 힘차게 걸어가는 광경을 보기 원한다. 기도중에 천국도 보고, 능력이 나타나서 구한 것이 마술처럼 눈앞에 이루어지기를 소원하며, 특별한 은사가 내게도 내려 사용해 보기를 원한다. 그래서 능력 받자고 산에 올라가서 부르짖기도 하고 날을 세우기도 하는 것이다.

그런데 자신이 노력해보다 안 되면 이런 역사를 일으킬 수 있는 좀 더 특별한 능력을 가진 은사자가 없나 찾게 되는 것이다. 지금 기독도와 소망은 바로 이런 상태인 것이다. 많은 사람이 이런 이유로 신비한 능력을 소유한 권능 있는(?) 부흥사나 기도원을 찾는다.

신비한 현상을 쫓는 것은 매우 위험한 일이다. 사단 또한 이것을 이용한다. 예수님 시대에 예수님께서 많은 기적을 보였음에도 불구하고 여전히 표적을 구하는 자들이 있었다. "그때에 서기관과 바리새인 중, 몇 사람이 말하되 선생님이여, 우리에게 표적 보여주시기를 원하나이다"(마 12:38)라고 구했다.

그들은 예수님의 가르침에는 관심이 없고, 나타난 신비 현상만으로 주님이 메시야인 것을 확인하려 했다. 얼마 후 주님은 죽은 나사로를 살리셨다. 그런데 그들은 나사로가 살아나는 표적을 보고 난 후 오히려 예수님을 살해하려 더욱 혈안이 되었고, 심지어 나사로까지 죽이려 했다(요 12:10,11).

신비로운 현상은 신앙심을 오래 유지시키지는 못한다. 그것은 잠시 동안 효과가 있을 뿐이다. 진실한 믿음은 표적을 구하지 않는다. 성경은 "믿음은 바라는 것들의 실상이요, 보지 못하는 것들의 증거니, 선진들이 이로써 증거를 얻었느니라. 믿음으로 모든 세계가 하나님의 말씀으로 지어진 줄을 우리가 아나니, 보이는 것은 나타난 것으로 말미암아 된 것이 아니니라"(히 11:1-3)라고 했다.

또 주님은 부활을 의심하는 도마에게 자신을 보여주시며 "너는 나를 본 고로 믿느냐, 보지 못하고 믿는 자들은 복되도다"(요 20:29)라고 하셨다. 표적을 보고, 들으려 하고, 감각적으로 느껴보려 하는 신앙은 신자 자신을 위험에 빠뜨릴 염려가 있다.

### 3. 세상에 가장 큰 기적은 예수 그리스도의 십자가의 죽으심과 부활이다

이 기적은 우리를 중생시키고, 우리의 삶을 변화시키며, 지옥에서 천국으로 인도한다. "유대인은 표적을 구하고 헬라인은 지혜를 찾으나 우리는 십자가에 못 박힌 그리스도를 전하니 유대인에게는 거리끼는 것이요 이방인에게는 미련한 것이로되 오직 부르심을 입은 자들에게는 유대인이나 헬라인이나 그리스도는 하나님의 능력이요 하나님의 지혜니라"(고전 1:22-24)라고 바울 사도는 은사파들로 인하여 혼란에 빠진 고린도교회 성도들에게 선언하였다. 주님역시 자신의 죽음과 부활이 가장 확실한 표적이라고 하셨다. "악하고 음란한 세대가 표적을 구하나 선지자 요나의 표적 밖에는 보일 표적이 없느니라. 요나가 밤낮 사흘을 큰 물고기 뱃속에 있었던 것같이 인자도 밤낮 사흘을 땅 속에 있으리라"(마 12:39,40).

요즈음은 하나님의 음성을 직접 듣는다는 영성 훈련 등이 한국에서 판을 치고 있다. 많은 목사들이 그것을 배우고자 하고, 또 퍼뜨린다. 한국 교회를 위하여 걱정스러운 현상이 아닐 수 없다. 우리가 하나님의 음성을 직접 들을 수 있다면 성경이 왜 필요하겠는가? 우리는 "내가복음"이 필요하지 않음을 알아야 한다. 얼마나 많은 교인들이 이상한 표적을 보고, 듣고, 행하기 위하여 신비를 쫓다 잘못된 이단의 길로 빠져갔던가?

### 4. 우리는 요술 부리는 것처럼 천국 길 가려는 유혹을 물리쳐야 한다

천국 가는 길은 편안한 길이 없다. 그 어느 누구도 자기 십자가를 지지 않고 주님을 따라갈 수는 없는 것이다(눅 9:23). 요술을 부리는 것처럼 자신의 인생 십자가를 간단하게 벗을 수도 없다. 자기의 고통스러운 십자가를 잘 지는 것이 우리가 드릴 영적 예배요, 거룩한 산 제사이다. 우리는 거쳐야 할 과정을 다 거쳐야 영화에 이를 수 있다.

그러므로 우리는 어떤 목사가 특별히 어떤 문제 해결에 능력이 있을 것이라는 생각을 버려야 한다. 목사는 개인 문제 해결사도 아니며 의사처럼 어떤 병치료에 전문 과목이 있는 것도 아니다.

### 5. 신자들이 교회에 모이는 것은 중요하다. 그러나 우리는 주님의 뜻을 이루기 위해 다시 세상으로 나가야 한다

그러므로 은사나 표적을 구하며 그것들을 얻기를 원하는 사람들은 무슨 특별한 선생들을 찾아 어느 장소에 모여 있을 것이 아니고, 오히려 세상에 나가 전도하고 도움을 필요로 하는 사람들을 주님의 이름으로 섬겨야 할 것이다. 그리하면 그러한 봉사를 통하여 주님의 표적과 하늘의 영광과 주께서 주신 기쁨들을 맛보게 될 것이다. 이렇게 얻어지는 은사가 참 은사인 것이다.

## 여름 수련회 때 예수님이 친히 나타나 축복하셨어요

어떤 집사가 내게 사진 한 장을 보여 주었다. 그 사진은 인천 모 교회의 학생들이 여름 수련회에 캠프파이어가 끝나면서 목사님의 축도를 받는 광경이었다.

"여기 보십시오. 참으로 놀랍지 않습니까? 목사님 머리 위에서 예수님이 함께 축도를 하고 계시지요. 그 목사님은 정말 신령하지요."라고 하는 것이다. 사진을 자세히 보니 그 목사님 머리 위로 성화에서 본 듯한 예수님이 두 팔을 벌리고 축도를 하고 있었다. 나는 어렸을 때 사진을 잘못 찍어서 두 풍경이 겹쳐 찍어진 사진을 현상한 경험이 있었다. 그래서 나는 이 사진이 조작된 것이라는 것을 쉽게 알 수 있었다. 나는 웃으면서 "참 신기하네요. 그런데 목사님 위에서 축도하는 분이 꼭 예수님이라는 것을 어떻게 알지요? 예수님이 그렇게 생겼나요? 달력에 있는 성화 사진과 비슷한데."라고 말해 주었다. 집사는 적잖이 속이 상한 것 같았다. 그러나 후에 그 목사는 한국기독교총연합회에 의하여 이단으로 선포된 바가 있다.

역시 같은 이야기인데 어려서 박태선의 전도관(천부교)을 가 본 일이 있다. 거기에 많은 사진들이 전시되었는데 예배 중에 성령이 임하는 사진이라는 것이었다. 당시 어른들은 그 사진을 보고 성령이 임했다고 감탄하고 있었다. 나는 성령이 무엇인지 알 만한 나이가 아니어서 별 흥미가 없었다. 우리가 정확히 알아야 할 것은 성령은 영이다. 영이란 형체가 없다. 그러니 아무리 고성능 카메라라 할지라도 영상이 잡힐 리 만무하다. 우리는 이런 허무맹랑한 것에 현혹되어서는 안 된다. 전도관(천부교) 박태선은 역시 이단으로 정죄되었다.

어느 기도원에 기도하러 간 적이 있다. 그 집회 장소는 찬양이나 설교 중에 수시로 조명 색깔이 여러 가지로 바뀐다. 시각 최면을 유도하고 있는 것이다. 이런 행위는 중한 심판을 받을 사악한 사술이다.

## 나는 성령 불을 보았에!

어떤 신학교 학생들이 삼각산에 기도하러 올라갔다. 한 학생이 이 밤에야 말로 성령 불을 보리라 하고 열심히 부르짖었다. 그러나 땀이 범벅이 되도록 부르짖었으나 성령 불을 보지 못했다. 완전히 지친 그는 거의 쓰러질 지경이었다. 하산할 시간이 되어 마음이 다급한데 때마침 굉장한 섬광이 바람과 함께 획하고 눈앞을 스쳐 지나갔다. 그는 성령 불이 임했다고 감격하여 더더욱 소리 질러 부르짖었다.

기도를 마치고 내려오는데 친구를 만났다. 그는 자랑스럽게 기도 중에 성령 불을 보게 된 것을 간증하였다. 그러자 친구가 빤히 쳐다보면서 "이 사람아 정신 차려. 성령 불은 무슨? 내가 빨리 내려오라고 손전등으로 신호를 보냈어."라고 대답하는 것이었다. 스스로 속지 말자! 속을 준비가 되어 있으면 지나가는 미풍에도 넘어진다.

### | 토의 |

1. 습관적 신앙생활의 결점은 무엇입니까?

2. 부흥회나 기도원, 영적 성장 활동을 통해서 믿음이 성장한 경험이 있습니까?

3. 조작된 기적을 경험해 본 일이 있습니까?

4. 당신은 신비현상을 경험해 보려고 시도한 적이 있습니까? 위험성은 무엇입니까?

:: **제43계단** ::
# 곁길로 가다

두 사람이 고통을 참으며 걷고 있을 때 길을 따라 쳐진 담 밖으로 잔디가 곱게 나고, 꽃이 피어 있는 다른 길이 천성 길과 나란히 가고 있음을 발견했다. "저 길은 이 길과 나란히 가고 있는데요?" 하고 기독도가 말했다. "그래도 이 길로 갑시다. 만약 저 길이 다른 데로 뻗었다면 우리는 천국에 이르지 못할 것입니다."라고 소망이 만류했다. 그 때 허신(虛信)이란 사람이 그 옆길을 지나고 있었는데, "여보시요, 그 길은 어디로 가

는 길이요?"라고 기독도가 물었다. 그 사내는 "이 길 말이요. 당연히 천국으로 가는 길이지요!"라고 대답했다. 그러자 기독도가 소망을 재촉해 곁길로 갔다. 얼마간 가다 보니 길은 없어져버리고 황량한 광야가 나왔다. 두 사람은 놀라 허신을 찾았는데 허신은 이미 사라져버렸다. 두 사람은 길을 찾다가 지쳐 들판에서 잠을 자게 되었다. 두 사람이 자고 있던 곳은 의혹의 성 영역이었고, 그 성주는 절망거인이었다. 절망거인은 자기 영내에 두 침입자가 있는 것을 보고 잡아다가 두들기고 또 두들겼다. 그리고 두 사람을 죽이려 했으나 그들의 생명을 자기 힘으로 빼앗을 수 없었다. 왜냐하면 그들을 죽이려 하면 경련이 일어나 누군가가 그들을 보호하고 있었기 때문이다. 그래서 절망거인은 그들에게 칼을 주며 자살하라고 권했다. 그러나 두 사람은 절망거인의 말을 듣지 않고, 문득 소망의 열쇠가 가슴에 있었음을 생각해 내고 그 열쇠로 자신들을 가두었던 감옥 문을 열고, 의혹의 성에서 탈출했다. 그들이 그곳에서 죽지 않은 것은 전적으로 하나님 은혜였다.

### 신자가 이단에 빠지게 되는 원인은 무엇인가?

교인들 중에는 부흥회, 기도원에 중독된 사람도 있고, 특정 목사나 은사가 있다고 하는 자를 예수님의 직통사자로 생각하는 교인도 적지 않다. 신자들이 좀 더 특별히, 좀 더 편하게, 좀 더 속성으로, 좀 더 신비하게 천국 가는 법이 없나 하고 신비를 찾아 헤매다가 마침내 이단에 빠지게 된다.

**1. 감정적이고 신비 현상을 추구하려는 사람들은 성경 말씀을 깨달아 기쁨을 얻으려 하기보다는 하나님의 임재를 인간의 감각으로 느껴보려 한다**

그들은 성경에 기초하지 않았기에 소경처럼 어두움을 헤매게 될 것이다. 그리고 신비를 보여주겠다고 하는 자는 십중팔구 이단이기 십상이다. 이런 자를 가까이 하면 나올 수 없는 구렁텅이에 빠지기 쉽다(마 15:14).

## 2. 신앙의 표준은 오직 성경이 되어야 한다

성경 진리는 교리에 요약되어 있다. 교리란 교파마다 약간의 차이는 있으나 중요한 부분에서는 상당히 일치한다. 어떤 성도들은 교리를 중시하지 않고, 자기감정과 취향에 맞는 교회와 목자를 선택함으로 잘못되기 쉽다.

감정의 안경을 쓰고, 믿음을 접근하면 그는 완전히 감정을 중시하는 신앙을 갖게 된다. 사도 바울도 이를 경계했다. "때가 이르리니 사람이 바른 교훈을 받지 아니하며, 귀가 가려워서 자기의 사욕을 좇을 스승을 많이 두고 또 그 귀를 진리에서 돌이켜 허탄한 이야기를 좇으리라"(딤후 4:3,4).

이런 경고가 있음에도 신자들은 왜 교리를 주목하지 않을까?

오늘날 상당수의 교회들이 교리를 중시하지 않는 것은 성도들의 앞날을 위해서 매우 염려스런 부분이다. 교리는 성경의 진리를 쉽게 이해하게 하고, 비진리를 잘 식별할 수 있도록 도와준다. 따라서 바른 교회와 잘못된 교회를 쉽게 식별할 수 있게 해준다. 그러므로 교리는 성도들에게 마땅히 반복 교육되어야만 한다. 그렇지 않으면 이단들의 공격으로 교회와 성도는 혼란에 빠지게 될 것이고, 그럼에도 불구하고 교회와 신자가 영 분별 능력이 없어 이단들에게 무작정 당하게 될 것이다. 그때야 비로소 교리를 가르치지만 많은 신자를 이미 노략질 당하고 난 후일 것이다.

## 1. 잘못된 교사, 즉 이단들을 경계해야 한다

이들은 하나님의 종이 아니라, 사단의 종이다. 설마 교회 안에 어떻게 사단의 종이 있겠느냐고 의문을 가질 수 있겠으나 주님은 저들을 분명 "양의 탈을 쓴 이리"라고 하셨고, 바울 사도도 "저런 사람들은 거짓 사도요, 궤휼의 역군이니 자기를 그리스도의 사도로 가장하는 자들이니라. 이것이 이상한 일이 아니라. 사단도 자기를 광명의 천사로 가장하나니, 그러므로 사단의 일꾼들도 자기를 의의 일꾼으로 가장하는 것이 또한 큰 일이 아니라"(고후 11:13-15)라고 하면서 고린도 교회가 이단에 대한 경계심을 가져야 한다고 당부했다. 성도들은 천하보다 귀한 자기 영혼을 위하여 마땅히 이단에 대한 경계심을 가져야 한다.

한국 교회에 이미 많은 이단이 있다. 한국기독교총연합회와 이단사이비대책위원회에서는 한국 교회 이단과 그들의 잘못된 교리에 대하여 설명하고, 공고해 놓은 내용이 있다. 인터넷에서 "한국 기독교 이단의 종류"를 검색해 보시라. 놀라울 만큼 많은 가짜가 있다는 것을 알게 될 것이다.

당신은 지금 어떤 교회에 속해 있는가? 확인해보는 것이 당신 영혼의 안전을 위하여 매우 중요하다. 말세가 가까워질수록 이단의 숫자는 더 늘어나게 될 것이고, 신자를 미혹하는 활동이 더 강력해질 것이라는 사실은 주님이 이미 예언하셨다(마 24:11). 그들은 사람을 미혹하는 거짓 교리뿐만 아니라, 심지어 우리를 놀라게 하는 눈에 보이는 표적도 나타내게 될 것이다(계 13:13).

그들은 언제나 기성 교회를 공격하고, 비방하며, 이미 믿는 신자들만 찾아다니며 심지어는 남의 교회 안에 들어가서 신자를 노략질하고, 그 교회를 파괴하려 한다. 이단들이 자기들은 기성 교회와 다르다고 말하는 것은 바로 자신들이 스스로 이단의 무리라는 것을 증거하고 있는 것이다. 사도 요한은 "아이들아 이것이 마지막 때라. 적그리스도가 이르겠다 함을 너희가 들은 것과 같이 지금도 많은 적그리스도가 일어났으니 이러므로 우리가 마지막 때인 줄 아노라"(요일 2:18,19)라고 이단의 분립 속성을 분명히 구분하고 있다.

어떤 사람이 말하기를 "대부분의 목사들은 이 부분을 이렇게 해석하지만 나는 그들과 다르게 해석한다"라고 한다면 그는 이단이거나 어리석어서 그 부분을 정확히 이해하지 못했다고 보아야 한다. 왜냐하면 기독교는 이미 2,000년의 세월이 흘렀다. 구원의 도리는 창세로부터 지금까지 일정하며 또 명확해야만 한다. 그렇지 않다면, 신앙 표준이 모호해져 시대따라 구원의 기준이 달라

질 것이기 때문이다.

그리고 기독교 대부분의 진리는 이미 확정되어 있어서 이제 새로운 해석이란 없다고 봐도 무방하다(전 1:9,10). 히브리서는 우리에게 중요한 교리를 확정한 후 그런 교리를 새로이 닦지 말라고 하셨다(히 6:1,2) 누가 이전에 당신이 배워 알고 있던 정통교리와 다르게 해석한다면 그는 매우 위험한 사람이다. 성도들은 이런 자들에게서 속히 떠나는 것이 좋다.

**2. 또한 우리가 성경을 읽을 때, 욕심을 부려 어떤 부분을 억지로 해석하려 해서는 안 된다**

성경은 가장 유능한 목사라도 해석하기 어려운 부분이 더러 있다. 베드로 사도는 바울 사도의 서신에 대하여 "또 그 모든 편지에도 이런 일에 관하여 말하였으되, 그 중에 알기 어려운 것이 더러 있으니, 무식한 자들과 굳세지 못한 자들이 다른 성경과 같이 그것도 억지로 풀다가 스스로 멸망에 이르느니라"(벧후 3:16)라고 말했다. 성경의 모든 해석은 전체 균형을 잡는 것이 중요하고 어느 한 부분을 과도하게 해석하여 한편으로 치우친 결과를 가져와서는 안 된다(사 34:16).

이단 역시 성경을 사용하여 말한다. 그러나 그들은 성경의 어느 한 부분을 과도하게 해석하여 주장하고, 거기에 맞춰 모든 성경을 억지로 짜맞추는 것이다. 즉 성경의 본뜻에 자기 생각을 맞추는 것이 아니라, 자기 생각에 다만 성경을 인용하는 것이다.

성경은 교회 담임 목회자나 교회에서 지정한 목회자들의 지도를 받아가며 공부하는 것이 안전하고 좋다. 성도가 교리적 지식이 없고, 성경 해석의 기초 지식 없이 연구하면 한 쪽으로 치우칠 위험이 많다. 그러므로 목회자나 훈련된 교사의 도움을 받는 것이 매우 중요하다.

## 3. 신자들은 이단이라고 알려진 교파나 소속이 불분명한 교사 그리고 이미 이단이라 알려진 사람들과는 접촉을 피해야 한다

그리고 교회 밖에서 다른 사람들과 성경을 공부하는 것과 교인 간에도 담임 목사 모르게 성경 공부하는 것은 삼가야 한다.

교회에서 지정한 목회자 외에 다른 사람과 성경 공부를 할 때는 자기 목사에게 누구와 무슨 교재(책)를 가지고, 어떤 방식으로 공부하고 있음을 반드시 먼저 보고하고 허락을 받아야 하고, 교회 직분 자들은 성도들의 그런 활동을 알게 되면 바로 담임목사에게 보고하여야 한다. 왜냐하면 교회의 담을 허는 작은 여우가 교회에 들어올 수 있기 때문이다(아 2:15). 그들은 가만히 들어와서 좋은 곡식을 뿌린 밭에 가라지를 덧뿌리고 다니며 농사를 망치려 한다(마 13:25).

이전에 한 번도 들어 본 일이 없는 특이한 내용이면 그것은 반드시 위험을 내포하고 있는 것이다. 바울 사도는 빌립보 교회에 "너희에게 같은 말을 쓰는 것이 내게는 수고로움이 없고, 너희에게는 안전하니라"(빌 3:1)라고 말했다.

성도가 이단의 특징을 찾아내는 것은 쉬운 일이 아니다. 그럼에도 불구하고 자기 판단으로 결정하고, 자기 목회자의 가르침과 다른 것을 따라가는 것은 성도가 그만큼 교만해졌다는 것을 의미한다. 이단에 빠진 사람 대부분은 자기 목사를 신뢰하지 않고 무시하는 교만한 성품을 가지고 있다. 여러분이 겸손한 성도라면 교회에서 지정하지 않은 다른 사람과 신앙 활동을 할 때는 반드시 자기 담임 목사에게 먼저 상의해야 한다.

한편, 성도는 교회에서 이단으로 공식 치리(선포)된 사람과 접촉해서는 안 된다. 왜냐하면 이단의 사상이 전염병처럼 모든 성도에게 퍼지기 때문이다. 이단을 분별하는 것은 일반 성도들로서는 쉬운 일이 아니다. 심지어 신학 공부를 그렇게 오래한 목사들조차도 빠지지 않는가?

신자는 마땅히 한국기독교총연합회나 이단사이비 대책 전문가들 각 교단 이단사이비대책위원회의 결정을 존중해야 한다. 이런 기관은 하나님이 우리가 잘못된 길로 가지 않도록 하기 위하여 준비해 놓으신 은혜로운 기관이다. 그러므로 성도는 그런 정보를 반드시 참고해야 한다. 이런 기관에서는 어떤 사람에게 경솔하게 이단이라고 결정 내리지 않는다. 여러 신학자들에게 상당 기간 그들의 가르침을 수집하여 연구하게 하고, 결과를 보고 받아 공회 회기 중에 많은 대표 목사들이 모여 기도하는 가운데 결정을 내리는 것이다. 그러므로 어떤 신도나 목사가 이단이라고 정죄되었을 때는 자기 영혼을 위하여 그들과 관계를 끊는 것이 안전하다(갈 1:8).

교회는 사랑의 집단인데, 그런 징계가 너무 가혹하지 않느냐라고 말하지 말라. 사도 요한은 이 문제에 대하여 명확히 행동하라고 밝혀놓았다. "누구든지 이 교훈을 가지지 않고, 너희에게 나아가거든 그를 집에 들이지도 말고 인사도 말라. 그에게 인사하는 자는 그 악한 일에 참예하는 자임이니라"(요이 1:10,11).

우리는 전염병을 가진 사람을 가까이 하지 않는다. 이단에 감염된 사람도 마찬가지다. 그러므로 교회는 분명하게 이단성을 가진 사람들에 대하여 공시하고 주님의 이름으로 징계를 시행해야 한다.

### 성령의 장풍

좀 부끄러운 나의 과거를 말해보겠다. 나는 전도사 시절, 교회를 개척하고 담임 목회자가 되었다. 개척 후 몇 년이 지나 교회가 좀 부흥의 기운이 보이는 때였는데 능력이 탁월하다(?)는 어떤 부흥강사를 소개 받아 부흥회를 하게 되었다.

교회가 심히 어려운 때라 부흥강사에게 거는 기대가 컸다. 교회의 모든 어려움을 마치 그 분이 다 해결해 줄 것 같았다. 그는 처음부터 대단한 능력이 있는 것처럼 큰소리를 치며 부흥회를 진행해 나갔다. 특별히 매일 부흥회 말미에 성도들을 불러내어 성령의 바람(?)으로 쓰러뜨리기를 했는데 성도들이 시멘트 바닥에 "꽝" 소리를 내며, 그대로 넘어졌다. 남자 집사, 여자 집사 할 것 없이 넘어지는데 보기에 대단한 능력이었다. 그런데 다른 성도는 다 넘어가는데 내 아내만 요지부동으로 넘어가지 않는 것이다. 아내는 체력이 매우 약했는데 오히려 잘 넘어가지 않았다. 아내가 끝까지 넘어가지 않자 강사 목사는 소리를 지른다.

"사모님, 성령을 대항하지 마시오." 그러자 얼마 있다가 아내도 넘어갔다. 그리고 집회가 끝났다. 나는 이런 경험도 없었고, 성령의 은사에 관해서는 매우 엄격한 교단에서 자랐기에 어리둥절하여 뭐가 뭔지 갈피를 잡기 힘들었다.

나는 고등학교를 졸업하고 우연히 최면술을 배운 일이 있었다. 그래서 최면술에 대해서는 일가견이 있다. 그 강사가 불게 한다는 성령 바람이란 것이 내가 보기에 최면술과 너무 흡사했다. 그러나 성령의 역사를 의심하지 말라는 강사 목사의 말이 두려워 물어보지도 못했다. 부흥회가 끝났는데, 결과가 너무 좋지 않았다. 일부 성도는 이해하지 못할 일 때문에 나를 원망하고 교회를 떠났고 한 여집사는 머리를 부딪쳐 충격으로 3년을 두통약을 먹다가 결국 이 일로 다른 교회로 가버렸다. 일부 성도는 그 부흥 강사를 쫓아가 그가 개척하는 교회로 나갔다. 교회의 영적 분위기가 심히 난잡해져 버린 것이다. 가뜩이나 어려운 교회가 이 일로 큰 시험에 들어 부흥이 멈췄다.

나는 이 부흥회에 대하여 크게 회의를 갖게 되었고, 소위 성령의 바람을 불어 사람을 쓰러뜨리는 문제에 대하여 그것이 정말 성령의 바람인가 의심하지 않을 수 없었다.

첫째, 그것이 정말로 성령의 바람이고 역사이면 반드시 좋은 결과가 있어야 한다. 왜냐하면 성령의 열매는 사랑, 희락, 화평, 오래 참음과 자비와 양선, 충성, 온유, 절제이기 때문이다. 이 부흥회 결과 이 아홉 가지 열매

중 단 한 가지도 맺혀지지 않은 것이다.

둘째, 성령께서 성도들을 바닥에 왜 넘어뜨려야 하는가?

그 모양도 볼썽사납게, 또 사람을 다치게 하면서까지 넘어뜨리는 목적이 무엇인가? 성령은 질서의 하나님이고 온유한 영이시다. 성령님이 하셨다면 보다 아름답게 하시지 않았을까? 치료의 영인 성령이 멀쩡한 사람을 다치게 하다니.

손바닥에서 성령 바람이 나서 사람을 쓰러뜨릴 정도라면 이것은 대단한 힘이다. 어렸을 때 읽었던 중국 무협지에 많이 등장하는 장풍과 같은 것이다. 그렇다면 다른 물건들도 그 바람으로 날려버릴 수 있을 것 아닌가? 그런데 그것이 가능한가? 내가 성령의 역사를 제한할 것은 아니지만 성령의 아홉 가지 열매와는 너무 거리가 멀었다. 그래서 나는 성령의 역사와 최면술이 동일할 수 있는지에 의심을 가졌다. 앞으로의 목회를 위해 성령의 역사와 최면술을 분별할 필요가 있었다. 부흥회가 끝 난지 한 달 쯤 되어서 나는 범죄하는(?) 심정으로 조심스럽게 아내에게 물었다.

"여보, 부흥회 때 끝까지 넘어지지 않다가 끝에 왜 넘어졌어?"

그러자 아내는 놀랍게도 "아니 그럼, 강사 목사님이 사모님! 성령을 대항하지 말라는데, 어떻게 끝까지 안 넘어갈 수 있어요? 나는 아무 느낌도 없었는데 자꾸 성령님을 대항하지 말라고 해서 그냥 넘어진 거예요. 그 상황에서 계속 서 있을 순 없잖아요?" 나는 누워 있다가 벌떡 일어났다. "뭐라고, 일부러 넘어졌다고?" 나는 어처구니가 없었다. 순간, 아! 최면술이었구나라는 생각이 들었다. "그러면 누워서 무얼 보았다거나 무엇을 들은 것이 있어?" 하고 급히 물었다.

"아니, 아무 느낌도 없었어. 빨리 일어나라고 하기만 기다렸지요."

나는 하늘이 노래지는 것 같았다. 분노가 치밀어 견딜 수가 없었다. 그래서 애꿎은 아내에게 소리를 질렀다.

"그렇다면 빨리 일어나지 그랬어!"라고 하자, 아내도 화를 내며 "당신도 그 분위기에서 그냥 일어날 수 있어요? 아무도 안 일어나는데 나만 일어나면 또 무슨 소리를 듣게요. 그러면 성령을 대항하는 게 아니라 성령을 훼방한다고 하겠지, 부흥강사가 사모가 이 모양이니 교회가 부흥하지 않는다고 하면 나는 어떡하게?"

할 말이 없었다. 순전히 내 잘못이었다. 부흥사는 최면술을 성령의 역사라고 기만한 것이다. 이 일로 큰 대가를 치르고 나서 교훈을 얻었다. 다른 목사(부흥강사)의 힘을 빌려 교회를 부흥시키려는 탐욕을 버리라고 하나님은 내게 큰 교훈을 주신 것이다.

분명한 것은 그것은 절대 성령의 역사는 아니었다. 그것은 최면술이다. 사람을 쓰러뜨리는 그런 행위는 성경 근거도 없고 따라서 열매도 없다. 해보지는 않았지만, 나도 할 수 있다.

성도들을 기만하며 이런 일을 행하는 자들에게 화가 있을 것이다. 바울 사도가 목회자인 디모데에게 한 말을 들어보자.

"경기하는 자가 법대로 경기하지 아니하면 면류관을 얻지 못할 것이며"(딤후 2:5). 즉 목회에 사술을 쓰지 말고, 하나님의 법대로 해야 한다는 것이다.

그리고 우리는 사람을 구원하시는 하나님의 능력을 과소평가해서는 안 된다. 불의한 방법을 사용하지 않아도 하나님의 구원의 역사는 일어난다. 하나님의 일에 있어서도 목적이 수단을 정당화하지는 못한다.

아론의 아들 나답과 아비후는 하나님이 명하시지 않은 다른 불을 드리다가 타서 죽었다(레 10:1-2). 교회에서 이런 일을 시도하는 자들은 바로 나답과 아비후의 운명을 상기해야 할 것이다. 하나님의 일은 속도가 더딜지라도 정직과 성실함을 통해 열매를 맺는다.

성령의 은사에 관한 간단한 상식

한국 교회는 지난날 성령의 은사를 추구하며 신비현상을 좇는 것이 유행인 때가 있었다. 목사, 성도 할 것 없이 능력을 받아야 된다고 유명 부흥강사를 좇아 부흥회로, 기도원으로, 산상으로 찾아가 금식하고, 밤이 맞도록 부르짖었다. 그래서 심지어 "기도 중 나무뿌리 하나는 뽑아야 능력을 받는다"는 은사파들의 유행어가 있을 정도였다. 마치 하나님은 성령의 은사를 높이 들고, 간절히 조르는 성도에게 겨우 은사 하나씩을 주시는 것으로 인식하고, 가르치는 때가 있었다. 그러나 그것은 실상 성령의 은사에 대한 무지에서 나온 것이다.

하나님은 우리가 최초 세상에 태어날 때 세상을 살아갈 그리고 세상에 봉사할 재주를 하나 이상씩 주셨다. 갓난아이는 그것을 이미 가지고 있는 것이다. 그러나 아이가 태어난 즉시 그것을 알 수는 없다. 그 아이는 자라면서 자기 소질을 나타내고 교육을 통하여 개발하고, 취미를 통하여 나타낸다. 유능한 부모나 선생이 그 아이의 소질을 발견하여 개발하도록 하면 아이는 그 분야에 특기를 나타내며, 전문가가 되는 것이다. 우리 육신이 세상에 태어 날 때 주시는 첫 번째 재능을 달란트라고 부른다.

마찬가지로 하나님은 우리가 그리스도의 몸인 교회를 이루고, 지체로써 봉사하게 하기 위해서 신자가 거듭날 때(중생) 이미 성령의 은사(카리스마)를 하나 이상 주셨다. 신자는 그것으로 교회를 섬기고 봉사를 한다. 그러나 막 거듭났을 때 우리는 자신이 무슨 은사를 받았는지 모른다. 우리가 신앙생활이 오래되어, 은사와 연결된 직분을 받아 일을 할 때 비로소 자신이 무슨 은사를 받았다는 것을 알게 된다. 즉 주신 은사와 교회에서 주신 직분이 일치하면 그는 은사를 발휘하여 사역에 큰 성과를 낼 수 있는 것이다. 그러므로 우리는 은사를 타인이 줄 수 있거나 개인의 노력으로 받는 것이 아님을 알아야 한다. 우리 모두는 거듭날 때 이미 받았다. 다만 그것을 발견하고 계속 사용하면 성령께서 더 큰 능력을 발휘하게 하시는 것이다. 마치 재능도 안 쓰면 퇴화하는 것처럼 은사도 사용하지 않으면 나타나지 않을 뿐이다. 구약시대에는 성령이 어떤 사람의 몸에 임재하기도 하고, 떠나기도 하니 은사도 있는 시간이 있고, 없는 시간도 있다. 그러나 신약시대에는 교회가 완성되었기에 은사는 성도의 몸에 상존한다. 거룩하게 사용하고, 더 높은 능력을 추구한다면 특별한 부흥사를 찾지 않아도 교회에서 기도하고, 열심히 성도를 섬기고, 겸손과 사랑으로 봉사하면 은사는 더욱 개발될 수 있다(고전 12장 참조).

### 이단에 빠졌을 때 어떻게 빠져 나올까?

어떤 신자가 한 번 이단에 빠지면 그 길이 잘못된 길이라고 깨닫게 되더라도 여러 가지 이유로 쉽게 빠져 나오지 못하고, 그로 인해 회의와 절망에 빠지게 된다. 그가 하나님의 택함을 받은 백성이면, 어찌 잘못된 길을 가도록, 주님이 내버려 두실 수 있겠는가? 하나님은 그 길이 틀렸음을 인지하게 해주신다.

그런데 그곳을 빠져나오기가 쉬운 것은 아니다. 그것은 이단의 조직 특성이 교주를 왕같이 생각하는 경향이 있기 때문에 그곳을 떠난다는 것은 왕을 배반했다고 단정하여 보복할 염려가 있기 때문이다.

어떤 사람은 이미 재산을 다 바치고 방 한 칸 얻어 쓰고 있는 경우도 있을 것이고 조직에 의해 철저히 감시되고 움직임이 보고되고 있는 경우도 있다. 어떤 신도들은 몸도 버리고 교주의 협박성 가르침으로 영혼이 피폐해져서 항상 공포에 싸여 있고 삶의 의욕도 없어져 버린다. 그리고 자신은 하나님께 저주받았다고 생각하고 용서받을 수 없으리라고 체념하거나 자포자기한다. 그는 감히 그곳을 떠날 의지조차 상실하게 되는 것이다. 이러한 때에 마귀는 그 사람을 자살하도록 부추긴다. 우리는 이단 종파에서 집단자살이 많은 것을 보아왔다.

그러나 어떤 나쁜 상황이라도 희망을 버리지 말라. 하나님의 자비는 한이 없어서 회개하고 돌아오면 언제라도 용서하신다. 우리의 그런 연약과 어리석음을 위해서도 주님은 속죄하신 것이다.

## 자살도 살인입니다

1987년 세상을 깜짝 놀라게 한, 오대양이란 이단교 집단자살사건이 있었다. 그때 자살한 수가 많아서 세상이 깜짝 놀랐다. 이단에 빠지면, 사람들이 외골수가 되어서 다른 생각을 하지 못하고 극단적인 선택을 한다. 이는 그들이 그렇게 생각하도록 세뇌 당해 왔기 때문이다.

그러나 자살은 어떤 경우라도 해서는 안 된다. 살인이 큰 죄라면, 자살 역시 자기가 자기에게 행하는 살인이다(출 20:13). 산 자는 언제라도 이전의 잘못들을 회개하고 고칠 기회가 있다. 솔로몬은 전도서에서 "모든 산 자 중에 참예한 자가 소망이 있음은 산 개가 죽은 사자보다 나음이니라. 무릇 산 자는 죽을 줄을 알되 죽은 자는 아무 것도 모르며 다시는 상도 받지 못하는 것은 그 이름이 잊어버린 바 됨이라"(전 9:4-6)라고 하였다.

우리의 실수에도 불구하고 하나님의 사랑은 변함없다. 우리가 설령 이단에 빠져 정말 잘못된 길을 갔더라도 하나님은 우리가 죽음에 이르기를 원치 아니 하신다(롬 8:31-35).

최근 유명인들의 자살 사건이 연이어 일어나고 있다. 그들 중 상당수가 기독교인이라는데, 슬픔을 금치 못하는 한편, 목사로써 아쉬움을 금할 길이 없다. 우리가 얼마나 잘못 가르쳤으면 그들이 막다른 길에서 고민할 때 하나님의 도움을 구하기보다는 자살을 택했을까? 그들에게 무엇을 가르쳤나 반성이 되는 것이다. 신자는 자살로 문제를 해결하려 해서는 절대로 안 된다. 자신은 자살로써 문제를 해결하려 하지만 얼마나 많은 사람이 그 일로 괴로워하며 남은 생애를 살아가야 하는가? 하나님의 영광은 얼마나 가려지는가?

절망에서 탈출하는 법은 하나님의 언약을 기억하는 것이다. 하나님이 그 아들을 세상에 보내신 것은 세상을 심판하려 하심이 아니요 저로 말미암아 세상이 구원을 받게 하려 하심이다(요 3:17). 신자가 살아 있기만 한다면, 하나님은 그 모든 것을 해결하실 방법을 반드시 주시는 것이다.

성도가 비록 이단에 빠져 있어도 하나님께서 그들을 잊어버린 것은 절대 아니다. 왜냐하면 그들 역시 하나님의 자녀이기 때문이다. 하나님은 악인들 중에서 자기 백성을 반드시 찾아내시며 그리고 천국 문에 이르도록 인도하신다. 바울 사도는 "이와 같이 성령도 우리의 연약함을 도우시나니 우리가 마땅히 빌 바를 알지 못하나 오직 성령이 말할 수 없는 탄식으로 우리를 위하여 친히 간구하시느니라"(롬 8:26)라고 하셨다.

우리 하나님은 일생동안 실수투성이며 하나님과 비밀을 배반한 삼손을 용서하셔서 명예회복의 기회를 주셨다(삿 16:30).

하나님은 니느웨로 가라는 명령을 불순종하고 다시스로 배를 타고 도망가던 요나를 용서하시고 다시 쓰셨다(욘 3:1). 세 번씩이나 주님을 부인했던 베드로를 다시 찾으셔서 목양의 큰 사명을 주셨다(요 21:15-19). 그러므로 무엇이 잘못됐다고 생각하면 즉시 회개하고 돌아와야 한다.

이단에서 빠져 나오고자 하는 신자는 먼저 올바른 교회를 찾아가서 목사님께 전후를 말씀드리고 교회의 도움을 받으라. 그리고 자신이 그 교회의 보호를 받고 있다고 소문을 내라. 그러면 함부로 해치지 못하게 될 것이다. 정말 위협을 느낀다면 지체하지 말고 경찰에 보호를 요청하라.

| 토의 |

1. 당신은 하나님의 신비를 눈으로 보려 하는 신자입니까? 위험성은 무엇입니까?

2. 이단에 빠져본 경험이 있습니까? 그곳에서 어떻게 벗어났습니까?

3. 자살의 충동을 느껴본 일이 있습니까? 그것은 왜 큰 죄일까요?

::  **제44계단**  ::

# 희락산에 도착하다

　　두 사람은 전도자로부터 매를 맞은 후에 희락산에 도착했다. 그들은 그곳에서 순례
자를 맞이하는 지식, 경험, 경계, 진리라는 네 목자를 만났다. 그리고 앞으로 갈 길에
대한 주의도 들었다. 아직도 곁길이 남아 있기에 더욱 신중하게 행동하라는 것이었다.
두 사람은 희락 언덕에서 천성을 바라보았다. 그러나 그들은 또 그 산에서 눈먼 자들
이 절벽에서 떨어져 무덤가를 더듬고 다니는것을 보았다. 얼마간 쉬다가 두 사람은 목

자들의 배웅을 받으며 천성 길을 떠났다. 여기에서 천성은 그리 멀지 않다고 했다.

## 희락산 신앙은 고차원의 신앙

두 사람이 전도자에게 매를 맞았다는 것은, 교회에서 징계를 받았다는 것을 의미한다. 교회에서는 이단에 대해 엄격한 치리를 해야 한다. 초신자여서 잘 몰라 그런 경우야 어쩔 수 없지만 지도자적 위치에 있는 자는 반드시 치리하여 성도들의 경계로 삼아야 한다. 치리를 받는 자 역시 남은 천국 길에 주의하게 될 것이므로 교회의 치리에 복종하고, 스스로도 깊은 교훈을 남겨야 한다.

희락산 신앙은 지식, 경험이 많아 신앙이 매우 높은 경지에 도달하여 어떤 환경에 처하든지 어려움을 능히 감당할 뿐만 아니라 모든 문제를 오히려 즐기는 경지에 있는 신앙을 말한다. 고통이 희락으로 십자가가 부활로 감옥이 천국으로, 해산이 기쁨으로 여겨지는 신앙 상태이다(요 16:20-22).

하박국 선지자는 자신의 나라가 멸망할 것을 하나님으로부터 계시 받았다. 그는 그의 심정을 "내가 들었으므로 내 창자가 흔들렸고 그 목소리로 인하여 내 입술이 떨렸도다. 무리가 우리를 치러 올라오는 환난 날을 내가 기다리므로 내 뼈에 썩이는 것이 들어 왔으며, 내 몸은 내 처소에서 떨리는도다"(합 3:16)라고 토로하고 있다.

그러나 그는 하나님의 자비하심을 믿는다. 그래서 그는 즉시 "비록 무화과 나무가 무성치 못하며 포도나무에 열매가 없으며, 감람나무에 소출이 없으며 밭에 식물이 없으며 우리에 양이 없으며 외양간에 소가 없을지라도, 나는 여호와를 인하여 즐거워하며, 나의 구원의 하나님을 인하여 기뻐하리로다. 주 여호와는 나의 힘이시라. 나의 발을 사슴과 같게 하사, 나로 나의 높은 곳에 다니게 하시리로다"(합 3:17-19)라고 오히려 감사하며 찬양했다. 이런 믿음이 바로 희락산 신앙인 것이다. 사도 바울이 고백한 대로, 일체 자족의 비결을 얻은 경지를 말한다(빌 4:12).

희락산 목자들은 지도자적 위치에 있어서 자신의 신앙을 잘 유지할 뿐만 아니라 다른 사람의 연약함을 능히 도와주는 일당백의 신앙용사들이다. 그들은 하늘 도성을 바로 이웃에 두고 사는 사람들이다. 그렇다고 해서 그들이 천성에 도착한 것이 아니므로 희락산 성도 역시 경계심을 늦춰서는 안 된다.

### 희락산 지도자가 갖추어야 할 덕목

### 1. 첫째는 지식이다

교회의 지도자는 자신의 믿음을 향상시키기 위해서, 그리고 다른 성도와 교회를 올바로 인도하기 위하여 높은 수준의 교회 관리 지혜와 성경에 대한 지식을 구비해야 한다.

감독이나 목사나 장로로 부르심을 받았다고 신앙이나 사역이 완성된 것은 아니다. 말씀을 더 깊이 사모하고, 배우고, 연구하여 자신과 성도를 가르쳐야 한다(딤전 4:16). 바울은 당시에 감독이었던 디모데에게 "네 자신과 가르침을 삼가 이 일을 계속하라"(딤전 4:16)라고 당부하셨다. 지식이 부족하면 양 무리를 바로 인도할 수 없다.

우리는 때로 영적 인격적, 지식적 진보를 멈추고, 퇴보하는 목사와 장로들로 인하여, 고통당하는 교회와 성도들을 보게 된다. 참으로 안타까운 일이다. 그들이 지도자이니 누가 그들에게 충고나 조언을 할 수 있겠는가?

### 2. 둘째는 과거의 경험을 잘 활용해야 한다는 것이다

지도자가 어떤 상황에서, 같은 실수를 반복하는 것은 성도를 불안하게 만들고 신뢰를 무너지게 하는 것이다. 그들은 자신들의 경험을 온 교회가 공유할 수 있도록 전수하고 과거 경험들을 사용하여 성과를 생산해야 한다(딤전 3:15).

## 3. 셋째는 경계심이다

그는 목자로써 양 무리를 사자나 이리로부터 지켜야 한다. 세상 재미에 빠져가는 신자를 찾아 권고하고, 이단 사설이 교회에 들어오지 못하게 하며, 이단에 빠진 자를 조기에 발견하여 조치를 취해야 한다. 이런 일은 특히 교회의 장로들이 사명감을 가지고 해야 할 일이다. 바울 사도는 3차 전도여행을 마치고 돌아가는 길에 밀레도에서 에베소 장로들을 불러 "내가 떠난 후에 흉악한 이리가 너희에게 들어와서 그 양떼를 아끼지 아니하며 또한, 너희 중에서도 제자들을 끌어 자기를 좇게 하려고, 어그러진 말을 하는 사람들이 일어날 줄을 내가 아노니 그러므로 너희가 일깨어 내가 삼 년이나 밤낮 쉬지 않고 눈물로 각 사람을 훈계하던 것을 기억하라"(행 20:28-31)고 경계심을 갖고 이단으로부터 교회 보호를 당부하였다. 한국 교회 내에 침투한 신천지 이단의 사건은 장로들로 하여금 깨어 있으라고 경종을 울리는 사건이다.

## 4. 넷째는 경건에 이르기를 힘써야 한다

옛날에는 안 그랬는데 우리 목사님이 혹은 아무개 장로님이 또는 어떤 리더가 변했다고 하는 말을 듣지 않도록 하라. 사람이 나이가 들어가면 교만하고 고집이 세지고 남의 말을 듣기 싫어하며 범죄에 무감각하고 뻔뻔해지고 조급하고 자기중심적이며 억세지는 경향이 있다. 그런 것을 내버려두면 습관이 되고 젊은 사람들의 존경을 잃기 십상이다. 그럼에도 불구하고 신자들이 자기에 대하여 어떻게 생각하고 있는지 감각도 없는 경우가 많다.

그렇기에 지도자는 부단히 경건하기를 연습하고 겸손과 온유와 진실해지기를 경주해야 한다(딤전 4:8). 그래서 희락산의 목자는 하나님으로부터 칭찬과 성도의 존경을 받도록 해야 한다(행 6:3). 왜냐하면 장로들의 영적 건강과 능력은 교회 부흥의 기본이 되기 때문이다(행 6:7).

희락산의 목자들이 조심해야 할 것은 교리적 오류에 빠지는 것이다

### 1. 희락산 낭떠러지에 떨어져서 무덤을 더듬는 자들은 누구인가?

그들은 예수 그리스도의 육신의 부활을 믿지 못하는 자들이다. 참으로 기적 같이 느껴지는 일이 있는데, 그것은 바로, 예수의 육체 부활을 믿지 못하고 예수의 정신이 제자들에게서 부활했다고 주장하거나 지상에서가 아닌 하늘나라에서 부활했다고 말하면서 예수의 시체와 무덤은 지금 어디에 있는가를 찾고 있는 신학자들이 있다는 사실이다.

그들은 교회에 출석할 뿐만 아니라 신학교에서 강의를 하며, 마치 예수의 육체 부활을 믿는 무지몽매한 신학으로부터 교회가 계몽되도록 하는 사명 받은 자로 자처하고 있다. 그러나 그들은 감히 교회에서 그런 주장을 펼치지 못한다. 왜냐하면 교회가 그들을 용납하지 않을 것이기 때문이다.

우리는 예수 그리스도의 육신의 부활을 믿어야 하며, 동시에 우리 육신의 부활도 믿어야 한다. 바울 사도는 그리스도의 부활을 강력하게 선포했다.

"그리스도께서 죽은 자 가운데서 다시 살아나셨다 전파되었거늘 너희 중에서 어떤 이들은 어찌하여 죽은 자 가운데서 부활이 없다 하느냐. 만일 죽은 자의 부활이 없으면 그리스도도 다시 살지 못하셨으리라. 그리스도께서 만일 다시 살지 못하셨으면 우리의 전파하는 것도 헛것이요 또 너희 믿음도 헛것이며 또 우리가 하나님의 거짓 증인으로 발견되리니 우리가 하나님이 그리스도를 다시 살리셨다고 증거하였음이라"(고전 15:12-16).

### 그리스도의 부활이 사실인 증거는 무엇인가?

가장 확실한 증거는 사도들의 증거다. 사람들이 이렇게 말할 수 있다. 예수는 사도들의 스승이니 제자들이 자기 선생을 높이기 위하여 그렇게 조작을 했다고, 그러나 우리는 그렇지 않다는 것을 금방알 수 있다.

조작한 가짜 사실을 진짜라고 주장하다가 목숨을 바친다는 것은 있을 수 없

는 일이다. 한두 사람도 아닌, 모든 제자가 순교를 통하여 예수의 부활을 증거했다. 당신이라면 가짜 사실을 진짜라고 주장하며 죽임을 당할 수 있겠는가 말이다. 초대교회의 그 많은 순교자들이 가짜 사실을 위하여 순교했다는 것은 있을 수 없는 일이다. 주님의 부활을 증거하기 위하여 그들은 자기를 내주었고 심지어 자기 자녀들의 생명도 내주었다(고전 15:1-8).

### 부활의 가장 강력한 증거

예수 그리스도 육신 부활의 가장 강력한 증거는 바로 사도 바울의 회심이다. 사도 바울은 당시에 가장 강력한 교회의 적이었다. 그는 예수가 부활했다는 소리를 가장 싫어했으며 그 까닭에 스데반을 죽였고 또 그런 말을 하는 자들을 잡으러 외국까지 찾아갔다. 도중에 그는 부활하신 예수를 만났고 그의 운명은 180도 바뀌었다.

가말리엘 학당의 수제자로서 촉망받는 바리새인으로서 대제사장의 신임을 얻은 자로서, 귀족으로서, 로마 시민권자로서, 학자로서, 그에게 유익하던 것들이 부활하신 예수를 만난 그날 하루아침에 다 날아갔다(행 22:3-5). 그는 유대공회에 의하여 이단이라는 정죄를 받았고 유대인의 반역자라는 소리를 들었으며 쫓는 자에서 도망자로, 핍박 자에서 핍박을 받는 자가 되었다. 그 이유는 부활하신 예수를 친히 만났기 때문이다(행 9장, 25:19). 그는 그것 때문에 마침내 순교까지 한다.

적의 증거는 가장 강력한 증거가 되는 것이다. 예수의 적인 바울이 예수의 부활이 사실이라고 말하고 그 말을 증거하기 위해서 순교했다면 그보다 더 확실한 증거는 있을 수 없다.

요즈음 사악한 무리들이 헛된 증거를 내놓으며 조작된 영화를 만들어, 그리스도의 신성과 부활을 부인하려고 시도하지만, 수많은 순교자의 피로 증거한 예수 그리스도의 부활 사실은 결코 부정하지 못할 것이다.

## 2. 희락산 목자들은 물질적 유혹으로부터 자유로워야 한다

사람이 나이가 들면 재물이 많이 필요하다. 따라서 돈에 대한 애착을 갖게 된다. 돈을 좋아하면 비진리와 타협하고 불의와 야합하여 양심의 소리를 외면하여 부정을 저지르게 된다. 어떤 사람은 믿음을 빙자하여, 교회에서조차 이익을 얻으려 하는 경우도 있다. 사도 베드로는 이런 사람들을 경계했다. "저희가 바른 길을 떠나 미혹하여, 브올의 아들 발람의 길을 좇는도다. 그는 불의의 삯을 사랑하다가 자기의 불법을 인하여 책망을 받되, 말 못하는 나귀가 사람의 소리로 말하여 이 선지자의 미친 것을 금지하였느니라"(벧후 2:15,16).

어떤 사람들은 돈을 받고 이단들을 변호해주고, 그들의 앞잡이가 되어 활동하며, 어떤 목사는 생활비 문제로 교회와 마찰을 빚기도 한다. 어떤 신자들은 사회적으로 또는, 국가적으로 중요한 직책을 받아 임무 수행 중 이권에 개입됨으로 실수를 하여 교회의 명예를 손상하는 경우도 있다.

## 3. 희락산의 목자들은 아첨을 주의해야 한다

아첨은 사람을 교만하게 만들고 파당을 나누며 교권을 탐하여 교회를 분란에 빠지게 하는 원인이 된다. 교회의 리더들이 파를 나누고 으뜸이 되려고 하면 그리스도의 몸인 교회는 큰 고통을 받게 될 것이고 생산적인 일을 하지 못할 뿐만 아니라, 분쟁을 바라보는 갓 믿기 시작한 어린 성도들은 교회도 이런 집단인가 하고 회의를 가져 실족하는 경우도 많다.

아첨이란, 칭찬받는 사람을 자신이 가진 역량보다 더 가진 것처럼 착각하게 만든다. 그래서 아첨을 좋아하는 사람은 실패로 가는 지름길에 들어서게 된다(고전 10:12). 그러므로 장로들은 아첨하는 말을 들을 때에 과도히 칭찬하는 자들을 오히려 경계해야 하고 일정한 거리를 두어야 한다.

그러나 대부분의 사람은 자신을 칭찬하는 자를 좋아하고 충고나 책망하는 자를 멀리 한다. 그리하여 상황을 정확히 판단할 수 없게 되고 또 자신이 발전

할 수 있는 좋은 의견들을 더 이상 들을 수 없게 되는 것이다. 바른 말은 들을 때 귀에는 거슬리지만 그것은 진실로 나를 위한 것이다(잠 27:6).

### 4. 희락산의 목자는 스스로 이단이 되는 것을 주의해야 한다

성경을 과도히 연구하다 교만해져서 과거 공인된 교리를 부정하고 잘못된 길로 간 사람도 적지 않다. 자신의 특별한 생각, 특별한 해석, 기도 중에 얻은 영감들을 마치 하나님의 계시인 양 혹은 새로운 진리인 양 주장하고 전파해서도 안 된다. 다시 말하지만 좀 특별하다고 생각되는 자신들의 견해는 반드시 역사적 정통교리와 신앙고백에 비추어보고 이를 벗어났으면 과감하게 버리는 겸손함을 가져야 한다. 이는 자신의 부족을 인정하는 태도이다.

종종 어떤 영통하다는 교인 중에 "내가 당신에 대해 기도해보니 하나님이 뭐라고 하시더라."라고 선지자처럼 말하는 경우가 있다. 자신 있는 말투로 보면 하나님의 음성을 직접 들었다는 것인데 염려스럽다. 무엇을 보았거나 들었거나 우리는 그것을 외부로 발설하지 말고 다만 자신의 신앙에 유익으로 삼기 바란다. 주관적인 것은 모두에게 해당하는 진리는 아니기 때문이다.

이단에서 돌아온 어떤 분의 강의를 들으니 초신자와 성경 연구에 관심 없는 신자가 이단에 빠지는 일은 거의 없다고 한다. 이단에 빠지는 사람이 대분분 성경을 깊이 알려는 욕망을 가진 사람들이라고 한다. 또 성경 지식이 어느 정도 있어서 나도 잘못된 것을 분별할 수 있는 능력이 있다고 자신하는 사람들이라는 것이다.

성경을 깊이 있게 공부하려는 것은 환영할 만하다. 그러나 반드시 자기 교회 담임목사의 지도를 받으며, 의문점은 교회 내에서 해결하기 바란다. 그것이 자신의 천국 길에 가장 안전한 길이다.

우리는 구원과 죽은 자의 부활에 관한 지식을 어떤 사람들의 말을 듣고 다시 세우지 말고 이미 얻은 지식으로 충분함을 알아 요동하지 말아야 한다(히

6:1-2). 이단들은 이미 구원받은 사람에게 당신 구원받았느냐고 물으면서 혼돈을 주어 어리둥절한 틈을 타서 자신들에 의해서 구원되었다고 기만하는 것이다. 속지 말자. 구원은 예수님을 믿을 때 이미 이루어진 사실이다. 내가 생명이 무엇인지 모른다고 해서 생명이 없는것이 아니다.

| 토의 |

1. 당신의 삶에 기쁨과 감사가 있습니까? 그 이유는 무엇입니까?

2. 그리스도의 육체 부활과 당신의 부활을 믿습니까?

3. 당신은 교회 밖이나 또는 교회에서 허가하지 않은 다른 선생과 성경 공부를 하고 있지는 않습니까?

::  **제45계단**  ::
# 무지라는 신자를 만나다

　　두 사람이 길을 가고 있는데 뒤쪽에서 무지라는 사람이 따라오고 있었다. 그들은 기다렸다가 무지와 함께 천국 길을 가게 되었는데, 무지는 참으로 신앙생활을 열심히 하는 사람이었다. 그러나 자세히 보니, 그는 주의 은혜로 구원 받는다는 사실을 인정하지 않고, 자신의 종교행위가 자신을 구원한다고 믿고 있었다. 두 사람이 무지를 깨우치려 여러 말을 했으나, 무지는 자기 생각대로 하겠다고 그들에게서 떨어져 나갔다.

두 사람은 무지가 충고를 받아들이지 않음을 슬프게 생각했다. 얼마 더 가지 않아 이 빨 빠진 교황과 이교도가 힘을 잃고, "너희들도 좀 더 수행(지짐)을 받지 않으면 안 될 걸." 하고 중얼거리고 있는 것을 보았다.

교회 생활을 오랫동안 한 사람들 중에도 구원받지 못하는 사람이 있을까?

무지(無知)라는 교인은 교회 생활을 오래한 교인으로서, 종교적 행위와 가르침을 따라서 살지만 슬프게도 복음을 의지하지 않는 사람을 말한다. 이 사람은 매우 도덕적이다. 그는 예수님을 한 분의 훌륭한 도덕 선생으로 알고 그의 모범을 열심히 따르려 한다. 그래서 그는 훌륭한 윤리 생활을 영위하고 타인에게 해도 주지 않는다. 기도, 금식, 소득의 십일조, 구제도 하며, 교회의 모든 행사에도 열심이어서 신자로써 흠잡을 데가 없는 모범교인이다. 따라서 그의 인품은 교회 안팎에서 칭찬을 받는다.

그러나 무지는 예수 공로 때문에 구원받는 것이 아니라, 자신의 이런 종교 생활 때문에 구원받는다고 믿는다. 이런 신앙을 가진 사람들은 교리적 영향으로 천주교회에 많고, 신교 안에서도 행위를 강조하는 교파와 교회 속에 많다. 때로는 목사들의 설교가 인간의 행위를 지나치게 강조하고 성도들의 잘못을 정죄하기만 계속하면, '무지' 같은 교인으로 고착될 위험이 있다.

오직 예수님만이 하늘 왕국의 유일한 문이시다

누가 어떤 선행을 했더라도 그리스도의 십자가 공로를 덧입지 않고는 구원을 얻지 못한다(마 7:22,23).

바울 사도도 행위로 구원받는 것이 아니라, 은혜로 구원 얻는다는 교리를 여러 번 강조했다(엡 2:8-10). 그럼에도 불구하고 "행위종교"의 유혹은 끈질기다. 사단은 늘 우리에게 이런 마음을 넣어준다. "믿음만 가지고는 안 돼! 그것 가지고는 부족해! 너는 좀 더 경건해야 하고, 너는 좀 더 공로를 세워야 하며, 좀 더 수양을 받아, 나은 인격이 되어야 천국에 갈 수 있어!"라고 속삭인다. 그래서 무슨 종교 행위를 해야 구원에 이를 것 같은 마음을 주는 것이다.

무지 같은 사람은 기독교 안에 있는 유교, 불교, 도덕 종교인이다. 그의 잘못은 예수그리스도의 십자가 대속의 공로를 전적으로 의지하지 않는 데 있다(히 10:30,31). 우리는 무지의 운명을 주의 깊게 살펴야 한다. 후에 그가 어떻게 되는지 기억해두길 바란다.

성자 예수 그리스도는 우리 구속을 위하여 피 흘리셨다. 그것이면 충분하다. 거기에 무엇을 조금이라도 더하려는 생각은 마귀가 주는 것이다. 마귀는 어떻게든 예수의 피 공로를 무익한 것으로 만들려 한다. 그러므로 구원 문제에 있어서 행위를 더하려는 생각은 그리스도의 피 흘림을 무시하는 반역이고, 동시에 예수 그리스도 보혈의 공로를 죄인에게 덧입히려고 하는 성령 하나님의 사역에 대한 거부가 된다.

갈라디아 교회도 한때 구원을 받기 위해서 믿음으로만은 부족하지 않다고 주장하는 율법주의자들의 유혹에 흔들린 일이 있었다. 그래서 바울 사도는 "내가 너희에게 다만 이것을 알려 하노니, 너희가 성령을 받은 것은 율법의 행위로냐? 듣고 믿음으로냐?"(갈 3:2)라고 갈라디아 교회를 책망한 적이 있었다. 그리스도의 피 공로가 빠진 종교 행위는 오직 자신에게 만족을 줄 뿐이고 하나님으로부터 인정함을 받지 못한다(갈 6:14).

나는 장로인데, 권사인데, 내가 교회에서 한 일이 얼마인데, 내가 교회를 건축하였는데, 내가 고아들을 길렀는데, 내가 성도들을 열심히 섬겼는데, 설마 천국 못 가겠어 등 자기의 종교적 신분과 선행과 공로를 의지해서는 안 된다.

## 목사님 구원 받으셨습니까?

미국 어느 교회에 부흥회가 있었다. 부흥강사 목사님은 특히 구원을 중시 여겨서 그날 구원에 관한 설교를 하였다. 예배를 마치고 담임목사와 부홍강사는 성도들을 전송하기 위해서 예배당 입구에 섰다. 강사목사님은 예배당을 나오는 성도 한 사람, 한 사람에게 물었다. 성도님 구원 받으셨습니까? 집사님 구원 받으셨습니까? 장로님 구원 받으셨습니까? 모든 교인이 다 돌아가고 담임목사와 둘만 남게 되었다.

강사목사는 담임목사의 손을 잡으며, 목사님 구원 받으셨습니까? 하고 물었다. 담임 목사는 강사목사가 설마 자기에게 그런 질문을 하리라고는 전혀 예상치 못하고 있어서 "예?" 하고 되물었다. 그러자 "목사님은 구원 받으셨습니까?" 강사는 다시 물었다.

담임목사는 갑자기 대답을 할 수가 없었다. 자신이 늘 가르치던 말이고, 당연히 구원받았을 것이라고 생각했다. 그래서 한 번도 구원 문제를 심각하게 생각해 본 적이 없었다. 기독교 부모 사이에 태어나서 어려서부터 교회를 떠나지 않았고, 신학을 공부했으며, 성실히 목회를 해왔고, 교회도 상당히 큰 부흥을 이루었다. 본 교회 성도들에게나 노회에서도 존중을 받아왔다. 당연히 구원받지 않았겠는가? 그렇게 생각해왔다. 그런데 강사목사가 자기에게 구원 받았느냐고 질문하는 것이다. 담임목사는 갑자기 "내가 구원받았나?", "구원은 어떻게 받지?" 담임목사는 머릿속이 갑자기 복잡해져버렸다. 그래서 그는 아무 대답도 하지 못했다. "목사님 꼭 구원 받으셔야 합니다."라고 강사목사가 손을 꼭 쥐며 말했다. 둘은 헤어져서 각각의 처소로 갔다. 그러나 담임목사는 집으로 들어갈 수가 없었다. 그는 서재로 들어가서 곰곰이 생각했다. 그는 열심히 믿음 생활을 하다 보면 언젠가는 경지에 이르러 구원에 이를 것이라 막연히 생각하고 있었다.

"나는 정말 구원받았나?" 그 증거가 무엇인가를 생각하기 시작했다. 그는 성경책을 창세기부터 바삐 읽어 내려갔다.

"구원은 어떻게 받는 것일까?" 시간이 흐르고 마음은 점점 답답해왔다. 자신이 한심스럽기까지 했다. 아니 구원을 어떻게 받는지도 모르고 목회를 해왔다는 말인가? 그래서 거의 눈물을 글썽이며 성경을 읽어 내려갔다. 밤은 깊어갔고 드디어 요한복음을 읽게 되었다. 거기에서 그는 한 구절이 눈에 들어 왔다.

"영접하는 자, 곧 그 이름을 믿는 자들에게는 하나님의 자녀가 되는 권세를 주셨으니, 이는 혈통으로나 육정으로나 사람의 뜻으로 나지 아니하고, 오직 하나님께로서 난 자들이니라"(요 1:12, 13). 예수께서 대답하시되 "진실로 진실로 네게 이르노니 사람이 물과 성령으로 나지 아니하면 하나님 나라에 들어갈 수 없느니라"(요 3:5). "바람이 임의로 불매 네가 그 소리를 들어도 어디서 오며 어디로 가는지 알지 못하나니 성령으로 난 사람은 다 이러하니라"(요 3:8). "하나님이 세상을 이처럼 사랑하사 독생자를 주셨으니 이는 저를 믿는 자마다 멸망치 않고 영생을 얻게 하려 하심이니라"(요 3:15-16).

그는 깜짝 놀랐다. 그는 거기서 깨달았다. 구원을 받는 자는 하나님으로부터 난 자들이라는 사실을, 그는 그때까지 자기의 종교 행위로 하나님의 자녀가 되는 줄로 생각했었던 것이다. 또 그는 물과 성령으로 나지 아니하면 하나님의 나라에 들어갈 수 없다는 사실을 알게 되었다. 즉, 거듭나지 (중생) 아니 하면 천국에 들어가지 못한다는 것과 성령이 자신을 낳아 주는 것이 중생이라는 사실과 그것은 자신이 하는 일이 아니라 성령께서 하시는 것이라는 사실을 알게 되었다. 그는 이전에 중생은 자신의 도덕적 노력과 말씀을 부지런히 실천함으로 되는 줄 알았다.

그는 또 중생의 증거가 바로 요한복음 3장 16절의 내용, 즉 예수를 구주로 믿을 수 있게 된다는 사실을 알게 되었다. 목사는 감격의 눈물을 흘렸다. 그는 이제 구원이 전적으로 하나님의 은혜요, 선물이라는 것을 알게 되었다. 그는 "예, 나는 구원을 받았습니다."라고 소리쳤다.

우리가 "나는 참 나쁜 일을 했구나"라고 생각한다면 하나님은 우리보다 훨씬 더 우리의 행위를 나쁘게 생각하신다. 인간의 기준으로 무슨 선을 했기에 나는 천국 갈 자격이 있다고 생각한다면 그것은 하나님의 거룩하심의 정도를 잘못 알고 하는 생각이다. 사람은 오직 믿음, 오직 은혜로만 구원을 얻게 되는 것이다.

| 토의 |

1. 당신은 구원을 확신합니까? 어떻게 확신합니까?

2. 당신의 구원이 아직 멀었다고 생각하고 있지는 않습니까? 그 이유는 무엇입니까?

# 배신자, 소신앙을 만나다

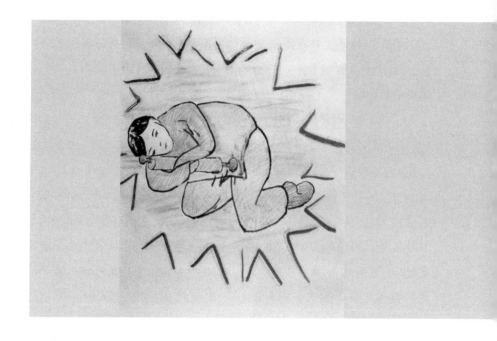

얼마를 더 가자, 어떤 사람이 결박되어 나무에 매여 있었는데 등에는 "배신자 변덕쟁이"라는 팻말이 쓰여 있었다. 이 사람은 말년에 믿음을 떠나 주를 배반하고 미신을 받아들인 사람이었다. 두 사람은 너무 무서워 얼른 그 자리를 지나쳐 갔다. 천국 가까운 곳에도 지옥길이 있다는 사실이 두 사람을 긴장시켰다.

너무나 두려운 두 사람은 좀 더 깨어 있기 위해 소신이의 이야기를 나누며 길을 갔다. 소신이는 매우 작은 믿음을 가져 근근이 그 신앙을 유지하고 있었는데 한 번은 외 딴 곳에서 강도들에게 붙잡혀 가진 것을 다 빼앗기고 죽도록 얻어맞았다. 그런데 대혜 (大惠)라는 주님의 종이 나타나자 강도들이 도망가서 살았는데 약속의 두루마리만은 죽어도 뺏기지 않았으므로 천국 길을 갈 수 있었다고 했다.

### 죽기 전에는 영적 긴장을 풀어서는 안 된다

배신자 변덕쟁이는 말년에 하나님을 배반한 사람이다. 그는 스스로 만족하 고 자만하여 깨어 있지 못하고 영적 열매를 맺으려 노력하지도 않는 사람이 다. 다른 한편으로 미신을 다시 받아들이고 옛날에 가지고 있던 미신 행위가 되살아난 것이다.

### 1. 하나님도 적당히 믿고 미신도 믿는 교인이 있다

사실인지 아닌지 확인 할 수 없지만 유명한 점쟁이가 하는 말이, 우리 고객 의 상당한 수가 기독교인이라고 했다는 말을 들었다. 참으로 걱정스러운 일이 아닐 수 없다. 요즘 젊은이들이 재미로라고 전제하며, 길거리에서 토정비결을 보거나 사주 카페라는 것이 있어서 기웃거린다. 또 신문이나 잡지에 오늘의 운세라는 난이 있어 호기심을 갖고 보기도 한다. 그리고 내용이 좋으면 은근 히 기분 좋아하고, 나쁘면 불쾌해 한다. 이런 행위는 바로 하나님 외에 다른 신에게 곁눈질을 하고 있는 영적 음란행위이다.

> **가릴 건 가려서 나쁠 거 없지**
>
> 어떤 권사님이 자식을 결혼시키는데 궁합을 보고 택일을 했다 한다. 그 래서 어떤 젊은 집사가 "아니, 권사님도 그런 걸 보세요?" 하고 물었더니, "뭐 어때? 세상 사는데 가릴 걸 가려서 나쁠 거야 없지, 하나님도 잘 믿고, 내려오는 풍속도 지키면 안전하잖아."라고 대답하더라는 것이다. 어떤 나

이 먹은 교인은 몰래 제사도 지내고, 명당을 잡겠다고 풍수도 본다. 바로 이런 일을 하는 교인들이 바로 배신시(背信市)의 변절(變節) 씨이다.

기억해야 할 것은 이것 저것 다해서 나쁠 거 없는 것이 아니다. 하나님은 이런 일을 매우 역겨워하시며 진노하신다. 하나님은 무당을 찾은 사울 왕으로 하여금 비참한 최후를 맞게 하셨다(대상 10:23,14). 신명기에서 "너희 중에 선지자나 꿈꾸는 자가 일어나서 이적과 기사를 네게 보이고, 네게 말하기를 네가 본래 알지 못하던 다른 신들을 우리가 좇아 섬기자 하며, 이적과 기사가 그 말대로 이룰지라도, 너는 그 선지자나 꿈꾸는 자의 말을 청종하지 말라. 이는 너희 하나님 여호와께서 너희가 마음을 다하고 성품을 다하여, 너희 하나님 여호와를 사랑하는 여부를 알려 하사 너희를 시험하심이니라. 너희는 너희 하나님 여호와를 순종하며, 그를 경외하며, 그 명령을 지키며, 그 목소리를 청종하며, 그를 섬기며 그에게 부종하고, 그 선지자나 꿈꾸는 자는 죽이라. 이는 그가 너희로 너희를 애굽땅에서 인도하여 내시며, 종 되었던 집에서 속량하여 취하신 너희 하나님 여호와를 배반케 하려하며, 너희 하나님 여호와께서 네게 행하라. 명하신 도에서 너를 꾀어내려고 말하였음이라. 너는 이같이 하여 너희 중에서 악을 제할지니라"(신명기 13:1-5)라고 하나님은 엄히 경계하셨다.

하나님께서 이스라엘과 유다가 멸망하도록 하신 것은 그들이 하나님을 믿지 않아서가 아니다. 전적으로 하나님 한 분을 의지하지 않고, 다른 신을 함께 섬겼기 때문이다(렘 3:8). 우리 하나님 여호와는 "나 외에 다른 신을 내게 있게 말지니라."라고 십계명 제1계명에 분명히 말씀하셨다. 우리 하나님은 다른 신 섬기는 것을 용납하시지 않으신다. "나 여호와 너의 하나님은 질투하는 하나님인즉"(출 20:5)이라고 하셨다. 그러면서 그들의 우상 숭배 죄를 그들의 후손 삼사 대에 이르기까지 벌하시겠다고 하셨다. 우상을 만들고 숭배하는 일은 하나님이 가장 싫어하시며 미워하시는 죄인 것이다.

솔로몬은 말년에 많은 이방신을 받아들였다. 하나님의 경고가 두 차례나 있었음에도 불구하고 그는 끝내 정신을 차리지 못했다(왕상 11:9). 말년에 주님을 떠나 미신을 받아들인 대표적인 예다. 그처럼 믿음이 좋았던 사람도 변질이 되는 것이다.

### 당신의 미래를 알아 뭐하게

어떤 집사가 친구를 따라가서 점을 봤다는 말에 등골이 오싹해졌다. 그의 마음에 유일신 하나님이 있기나 한 것인가? 우리의 운명은 하나님이 주장하신다. 우리의 최종 종착지는 정하여졌어도 우리 인생길에는 하나님께서 복과 화를 두었다고 한다. 복과 화는 숙명적으로 결정된 것이 아니라, 우리가 무엇을 선택하느냐를 따라서 결정된다. 우리가 하나님의 말씀을 청종하면 당연히 복을 받는다. 그러나 무당, 박수, 점쟁이 말에 귀를 기울이는 것은 세상을 주장하시고 섭리하시는 하나님에 대한 중대한 반역이고 간음과 같은 것이다. 만약 신자라고 하면서 박수나 무당, 점쟁이를 찾는다면 그는 성경을 너무도 모른 사람이고, 여호와 하나님의 성품을 모르는 사람으로 기독교인이라고 할 수 없다.

우리는 타인을 통하여 자신의 미래를 알려고 할 필요가 없다. 그것을 꼭 알아야 한다면 하나님께서 자기 자녀에게 가르쳐주시지 않을 리 없다. 하나님은 우리가 감당하지도 못할 미래를 미리 가르쳐 주시는 것이 아니라 우리가 하나님의 인도를 믿고 묵묵히 따라오기를 원하신다. 미래를 우리가 안다고 우리의 문제가 해결되는 것은 아니다. 오히려 더 불안하고 큰 공포에 사로잡혀 생활하게 될 것이다. 교회 내에서도 예언한다고 하는 사람들의 말에 관심 갖지 말아야 한다.

## 2. 변절의 또 한 부류는 방탕에 몸을 맡긴 사람이다

바울 사도는 이런 교인을 경계하였다. "저희 총명이 어두워지고 저희 가운데 있는 무지함과 저희 마음이 굳어짐으로 말미암아, 하나님의 생명에서 떠나 있도다. 저희가 감각 없는 자 되어 자신을 방탕에 방임하여 모든 더러운 것을 욕심으로 행하되"라고 편지하고 있다(엡 4:18,19).

그들은 뻔뻔하여 자신들의 죄를 변명하기를 "세상에 완전한 자가 어디 있냐? 심지어 아브라함이나, 야곱이나, 다윗도 범죄하지 않았느냐? 그럼에도 믿음의 조상들이 아니냐?"라고 자신의 범죄에 대해 스스로 정당화하는 것이다. 변절자는 성경 위인들의 나쁜 점만 본받는 사람이다.

성경에 신앙 위인들의 잘못을 적나라하게 기록해 놓은 것은 그렇게 하면 안 된다는 것을 교훈하는 것이지 해도 된다고 말한 것은 아니다. 성경의 위인들은 그들이 잘못한 만큼 혹독한 징계를 세상에서 받았다(삼 13장). 다윗이 범죄 후 받은 처벌은 사람이 감당하기 어려운 형벌이었다. 성경은 분명하게 "그런 즉 어찌하리요, 우리가 법 아래 있지 아니하고 은혜 아래 있으니 죄를 지으리요. 그럴 수 없느니라. 너희 자신을 종으로 드려 누구에게 순종하든지, 그 순종함을 받는 자의 종이 되는 줄을 너희가 알지 못하느냐. 혹은 죄의 종으로 사망에 이르고 혹은 순종의 종으로 의에 이르느니라."라고 경계하였다.

우리가 죄에 순종하면 죄의 종이 된다. 그러므로 우리는 피 흘리기까지 죄와 싸워야 한다. 그리고 죽기까지 성화의 싸움을 경주해야 하는 것이다(히 12:4).

어떤 사람은 오랫 동안 교회에 출석하면서도 술을 끊지 못한다. 어떤 사람은 마약에 손을 댄다. 그러면서 성경에 술 마시지 말라는 말이 어디 있느냐고 큰소리로 반문한다. 그런 질문을 하는 사람을 위해 성경 한 구절 제시한다.

"재앙이 뉘게 있느뇨, 근심이 뉘게 있느뇨, 분쟁이 뉘게 있느뇨, 원망이 뉘게 있느뇨, 까닭 없는 창상이 뉘게 있느뇨, 붉은 눈이 뉘게 있느뇨, 술에 잠긴

자에게 있고, 혼합한 술(폭탄주)을 구하러 다니는 자에게 있느니라"(잠언 23:29,30)."

신자가 술의 종, 마약의 종, 담배의 종이라면 또 그것들을 끊어 버릴 믿음이 없다면, 부끄럽게 생각해야 하지 않겠는가? 우리는 천국에 도달하기 전까지는 결코 마음 놓아서는 안 된다. 그래서 주님은 깨어 있으라고 하신 것이다. 우리는 모이기를 힘쓰고 자신을 돌아보며 나이가 들수록 신앙의 성숙을 더해가야 한다. 우리는 오히려 환경이 좋은 데서 타락이 일어남을 경계해야 한다.

## 돈을 많이 주고, 시간 여유도 잔뜩 줍시다

어느 날 사단들이 모여 회의를 했다. 회의 주제는 어떻게 하면 세상에서 기독교를 없앨 수 있는가였다. 한 사단이 의견을 냈다.

"아, 간단합니다. 무서운 핍박을 줍시다. 그러면 사람들은 두려워 믿지 않을 것입니다." 그러자 사단 대장이 말했다.

"그건 이미 실험이 끝났어. 안 되는 방법이야. 기독교인들은 핍박하면 오히려 믿음이 좋아지고, 강해진다니까."라고 대답했다. 그러자 다른 사단이 "아 그러면 그냥 다 죽여 버립시다."라고 제안했다.

"그건 안 돼. 하나를 죽이면 삼십 배, 육십 배, 백 배로 늘어난다니까." 그러자 말단에 있던 사단이 "그럼 이렇게 합시다. 기독교인들에게 돈을 많이 벌도록 해줍시다. 그리고 동시에 여가 시간도 많이 줍시다. 그러면 그들은 돈을 쓰고 놀러 다니면서 하나님을 잊어버릴 것입니다."라고 제안했다. 사단의 대장은 아주 훌륭한 생각이라고 말하며 그 사단을 칭찬했다.

유럽 교회는 부자가 되었다. 그 결과 유럽의 교회는 겨우 이름뿐인 교회가 되었다. 지금 미국의 교회도 위태위태하다. 한국의 교회는 유럽과 미국 교회를 타산지석으로 삼아야 한다. 교회들이 깨어 있지 않는다면 같은 결과가 생겨날 것이다.

우리가 변절하지 않으려면 어떻게 할 것인가? 주어진 돈과 시간을 하나님 나라 확장과 그의 의를 실현하는 데 과감하게 사용해야 한다. 그러면 아무리 돈과 시간에 여유가 있어도 더욱 성령 충만하게 될 것이다. 그리하면 마귀의 계교는 곧 실패로 돌아가게 된다.

성도여! 당신의 믿음이 당신 가정의 담장을 넘기 바란다. 교회여! 당신들의 기도와 봉사가 당신들의 교회 담장을 넘기 바란다. 왜 한국 교회가 축소되는 가? 전도가 왜 안 되는가? 원통하지 않은가? 왜 탄식만 하고 있는가?

우리 신자들끼리만 잔치를 하고 있어서 그런 것이다. 하나님의 나라는 우리 교회 담장 안만이 아니다. 주님이 가라고 명한 땅 끝도 우리 교회 담장 안이 아니다.

우리가 알아야 할 것은 국내에도 아니, 우리의 이웃에도 우리의 땅 끝이 있 다는 사실이다. 우리는 그들을 찾아가 우리가 가진 기쁨을 나누어 주어야 한 다. 우리가 우리에게 주어진 돈 때문에 타락하고, 시간 때문에 타락한다면 하 나님께서 무엇 때문에 그 무익한 것들을 자녀들에게 주시겠는가?

담대한 믿음으로 큰일을 계획하라

1. 여기 소신이라는 성도는 복음을 듣고 구원을 받았으나 하나님의 사랑을 확신하지 못하고 버려질까봐 늘 염려하며 사는 신자이다

그래서 그는 재능과 은사를 능력 있게 사용하여 열매를 생산하지 못하고 근 근이 믿음 생활을 지속하고 있는 신자이다. 믿은 지 오래되었으나 특별한 열 심을 보이지도 않고, 특별히 맡은 직무도 없으며, 어떤 활동도 없어 신앙 업적 도 미미하다. 그렇다고 그는 교회에 출석 안 하는 것도 아니다.

그는 하나님을 공의의 하나님으로만 인식하여 무슨 일을 하면서도 늘 벌 받 을까 두려워한다. 우리는 하나님의 자녀로 확증될 때 하나님의 부요함도 동시

에 갖게 된다(롬 8:17). 그러므로 그가 주신 여러 은사들을 활용하여 열매를 맺는 생산적 신앙이 될 수 있다.

그러나 소신이는 주님이 주신 보화들을 적절히 이용하지 못하고 겨우 자신의 신앙을 지키는 데 급급하다. 그는 마치 한 달란트 받은 종처럼 자신이 받은 재능과 은사들을 땅에 묻어두므로 결국, 그 가진 것조차도 **빼앗긴다**(마 25:29). 재능은 사용하지 않으면 **퇴화**하는 것이다. 하나님이 주신 은사도 그렇다.

### 2. 소신이는 승리의 간증보다 패배의 간증이 더 많은 사람이다

그는 하나님의 말씀에 순종하여 무엇 무엇을 했더니 이런 저런 복을 받게 되었다는 간증보다는 무엇을 잘못했더니 벌을 받았다는 간증이 많은 사람이다.

하나님은 물론 공의의 하나님이시다. 그렇다고 하나님은 매를 들고 우리가 무엇을 잘못하나 불꽃같은 눈으로 살피면서 잘못하는 즉시 우리를 벌주려고 대기하고 계시는 분이 아니다.

하나님은 오히려 우리가 무슨 선한 계획을 가지고 있는가에 관심을 가지고 계시며 그것들을 이루도록 도와주시려 하신다. 우리는 하나님을 두려워할 필요가 없다. 왜냐하면 우리는 이제 종이 아니고, 그분의 자녀이기에 더욱 그러하다. 주님은 세상에 계실 때 약속하셨다.

"이제부터는 너희를 종이라 하지 아니하리니, 종은 주인의 하는 것을 알지 못함이라. 너희를 친구라 하였노니 내가 내 아버지께 들은 것을 다 너희에게 알게 하였음이니라. 너희가 나를 택한 것이 아니요, 내가 너희를 택하여 세웠나니, 이는 너희로 가서 과실을 맺게 하고, 또 너희 과실이 항상 있게 하여 내 이름으로 아버지께 무엇을 구하든지 다 받게 하려 함이니라"(요 15:15,16).

그러므로 우리가 무얼 잘못했다고 쫓겨나지 않는다. 우리는 세상에서 하나님의 비밀을 알고 있는 하나님의 친밀한 가족이다(마 13:11).

하나님이 우리를 자신의 가족으로 받아들인 것은 우리가 무엇을 잘해서가 아니고 무조건 자녀로 택하셨기 때문이다. 우리가 자원해서 하나님의 자녀가 되었다면 쫓겨날 수도 있다. 그러나 우리가 택한 것이 아니라 하나님이 우리를 택하셨기에 변경하실 리가 없다. 우리가 조건이 되어서 불림을 받았다면 그 조건이 충족되지 않을 때는 곧 버려질 것이다. 그러나 우리는 무조건적 선택을 받은 것이다. 그러므로 우리는 이제 버려질까 조금도 두려워할 필요가 없다. 그러므로 우리는 담대히 하나님 앞에 나아가야 하며 하나님을 아바 아버지라고 불러야 한다(롬 8:15). 그 관계는 영원히 변치 않는다.

그러나 하나님이 우리를 부르신 이유는, 다만 우리로 천국 가게 하기 위해서만은 아니라 우리를 통하여 많은 과실을 맺게 하기 위해서이다(요 15:6).

그러나 우리 자신은 부족하기에 열매를 잘 맺을 수 없다. 그래서 하나님은 이 열매를 우리 자력으로 맺으라 하지 않으시고 능력도 구하라고 하신다. 그리고 무엇이든지 구하면 주시겠다고 약속하신 것이다(마 6:33).

주님은 아끼지 아니하시고 주실 것이다. 그러므로 주 안에서 원대한 계획을 세우고 그것을 이룰 수 있도록 아버지께 구해야 한다. 그리고 그것을 실행에 옮기라. 이것이 바로 대(大)신앙이다.


3. 소신앙은 하나님의 은혜가 감사하여 사명(직분)을 감당하는 것이 아니라 불순종하면 징계를 당할까봐 두려워서 직무를 맡는다

그는 자원하는 심령으로 일을 하는 것이 아니라 마지 못해 하는 사람이다.

그러나 소(小)신앙도 신앙이어서 그는 구원을 받는다. 왜냐하면 구원의 조건은 행위가 아니라 믿음이기 때문이다(엡 2:8). 그러나 그의 구원은 부끄러운 구원이다(고전 3:15). 당신은 주 안에서 기뻐하라, 감사하라, 주의 큰일을 계획하라. 그리고 그것들을 이루기 위하여, 하나님께 능력을 구하라. 그리하면 당신의 큰 신앙은 많은 열매를 생산하게 되고, 하나님께 칭찬받게 될 것이다.

| 토의 |

1. 당신은 믿은 이후, 자의나 타의로 점쟁이나 박수를 찾은 일은 없습니까?

2. 당신에게 주어진 시간을 어떻게 사용하고 있습니까? 영적인 일에 얼마나 할애합니까?

3. 당신은 평생에 걸쳐 하나님께 이루어드릴 일에 대한 비전이 있습니까? 성도들과 나누고, 협조할 부분들을 공유해 봅시다.

# 아첨의 덫에 걸리다

얼마간 더 가자 두 갈래 길이 나왔는데 어느 길이 바른지 알 수 없었다. 그때, 하얀 옷을 입은 사람이 그들에게 접근해왔다. 보기에 매우 친절해 보였다.

"두 분은 어딜 가십니까?"라고 물었다. "천국 길을 찾는데 어느 길이 바른지 알 수 없습니다."라고 대답했다. "제가 알려 드리지요. 참으로 훌륭한 분들!" 하고 친절히 안내해 주었다. 두 사람은 그 친절한 사람을 따라갔는데 그 길은 한참 가다가 구부러지기 시작해서 천성 길과 반대로 향하게 되었다. 두 사람이 그것을 깨달았을 때, 그만 위로부터 떨어지는 덫에 걸리고 말았다. 두 사람이 안내자를 보자 그가 하얀 옷을 벗어 버리고 껄껄 웃었는데 속이 시커먼 사람이었다.

둘은 후회하며 탄식하고 다시 기도하자, 전도자가 찾아와 구출해 주었다. 전도자는 두 사람의 경계심이 부족한 것을 책망했다.

높은 직분을 맡았을 때, 무엇을 주의해야 하는가?

1. 신자가 나이 들어 교회에서 중요한 직분을 맡아 여러 일을 관리할 때, 또 많은 사람이 자신을 칭찬하고 따를 때, 자기 자신이 누구인지를 망각하고, 다른 사람의 칭찬에 부화뇌동하여 자신을 과대평가하고 교만해지는 사람도 적지 않다

이런 사람은 때로는 규칙을 무시하고 사업을 무리하게 결정하며 동역자들에게 다른 건의를 허용하지 않고 무조건 자신의 주장을 따르라고 강요하며 여의치 않으면 자신의 추종세력을 만들어 자기주장을 관철하려 든다. 그는 언제나 상석에 앉기를 좋아하고 다른 사람들 위에 군림하려 하며 따르는 사람들을 서열화한다. 그리하여 교회를 분란에 빠트리고, 자신의 고집대로 되지 않으면 스스로도 시험에 빠진다.

어떤 성도는 믿음 생활과 봉사 활동, 지도자적 위치로 인해 마음이 우쭐해져 더 큰 직분을 구하고 분수 외의 일을 하려 하므로 교회의 걸림돌이 되는 경우도 있다.

2. 교회에도 여러 직분이 있다. 집사, 장로, 목사, 감독, 노회장, 총회장, 등 이러한 직분은 자연스럽게 성경적 방법으로 선출되어야 한다

지도력이나, 신앙 인품뿐만 아니라, 전문성이 충분히 고려되어 선출해야 하는데, 때로 세속의 기준과 방법을 통해 선출됨으로 직분의 거룩성과 권위를

잃어버리는 경우도 있다.

교회에서 장로와 안수집사, 권사를 선출하면서 가족이라고, 친척이라고, 아는 사람이라고, 교회에 출석한 지 오래되었다고, 선출되지 않으면 시험에 들 것이라 해서 등등의 이유로 추천하는 경우도 많다. 그러다 보니 직분은 받았으나 업무를 제대로 수행하지도 못하고 때로는 인품이 따라가지 못해 업무에 차질을 주고 교회를 어렵게 만들며 직분이 가지고 있는 권위도 무시 받게 만드는 것이다. 직분의 선택은 반드시 성경의 표준을 따라야 한다(딤전 1, 3장).

### 3. 우리는 아첨꾼이 교회 조직에 끼어드는 것을 주의해야 한다

그들은 당신이 아니면 안 된다고 여러 칭찬을 늘어놓는다. 그러나 칭찬을 듣는 사람은 냉정하게 자기를 돌아보고 정말로 자기가 그런 사람인가, 또는 그 일을 정말 잘 감당할 능력이 있는가? 자신이 이 직무에 준비된 사람인가를 기도하고 돌아보아야 한다.

집사에 적합한 사람이 장로가 된 후, 아무 생산적 일도 못하는 경우를 본다. 집사 때는 정말 겸손한 사람이었는데 장로가 되더니 이것저것 간섭해서 교회 일에 오히려 지장을 주는 경우도 있다.

집사에 적합한 사람은 집사직을 잘 수행하면 주님 앞에 장로보다 더 칭찬을 받게 된다. 다섯 달란트 받은 종뿐만 아니라 두 달란트 받아 두 달란트를 남긴 종도 주인이 칭찬하지 않았는가?(마 25:23)

집사가 다 장로가 되면 집사 일은 누가 할 것인가? 장로직이 어떤 성도의 인격과 능력을 평가하기 위해서 선출하는 것이 아니다. 예루살렘 교회의 일곱 명의 집사는 얼마나 대단했는가(행전 6:6-8)? 우리는 하나님 집의 집사가 된 것도 황송한 일이다(시 84:10).

### 4. 안수집사, 장로, 노회장, 총회장들을 선출할 때, 세속의 방법으로 선거운동을 해서는 안 된다

그것은 그리스도의 몸인 교회의 일치를 깨뜨리는 위험천만한 일이다. 준비되지 않은 자, 자격이 없는 자가 단체의 책임을 맡았을 때, 그 단체의 재앙은 이미 시작된 것이다. 동시에 이 재앙은 그런 사람들을 지도자로 선택한 사람들에게 하나님이 내리시는 징벌이기도 하다.

"이웃에게 아첨하는 것은 그의 발 앞에 그물을 치는 것이니라"(잠 29:5)고 성경은 경고한다. 아첨은 교만을 낳고, 교만은 고집을 낳으며, 고집은 연합을 깨뜨린다. 특히 지도자 위치에 있는 사람은 자기를 칭찬하는 사람을 주의해야 하고 반대 의견을 제시한 형제들의 말을 참고할 줄 알아야 한다(잠 27:7, 17).

### 5. 아첨의 다른 형태는 교회 지도자들이 신자들을 효용가치나 학식, 세상지위, 재물 소유 정도를 따라 대하는 것을 말한다

어떤 성도는 귀중히 여기고 어떤 성도는 천히 여기는 마음이 있다면 그런 지도자는 하나님의 교회를 섬기는 자로 적합하지 않다. 야고보 사도는 "내 형제들아 영광의 주, 곧 우리 주 예수 그리스도를 믿는 믿음을 너희가 받았으니 사람을 외모로 취하지 말라. 만일 너희 회당에 금가락지를 끼고, 아름다운 옷을 입은 사람이 들어오고, 또 더러운 옷을 입은 가난한 사람이 들어올 때에 너희가 아름다운 옷을 입은 자를 돌아보아, 가로되 여기 좋은 자리에 앉으소서 하고, 또 가난한 자에게 이르되, 너는 거기 섰든지 내 발등상 아래 앉으라 하면, 너희끼리 서로 구별하며 악한 생각으로 판단하는 자가 되는 것이 아니냐"(약 2:1-4)라고 하셨다.

교회에서는 어린 소자 하나라도 왕자나 공주처럼 대접을 받아야 한다.

6. 모든 성도는 책망도 겸허하게 받을 줄 알아야 하며, 교회는 성도들의 잘못에 대해 마땅히 권고해야 할 책임이 있다

이것이 교회의 선지자적 기능이며 동시에 왕(王)적 기능인 것이다. 교회(당회나 노회)의 책망을 겸손히 받고, 자신의 잘못을 회개할 줄 아는 신자는 하나님의 사랑을 받는다(잠 15:32). 분명한 잘못에도 교만하여, 상회나 다른 사람의 충고를 받아들이지 않고 거부한다면, 그는 영적으로 위험한 상태에 놓인 사람이고, 그의 강퍅한 심령 자체가 벌써 징벌이란 사실을 알아야 한다(잠 25:12, 28:1). 사울 왕이 사무엘의 책망을 겸손히 받고, 눈물을 흘리며 잘못을 빌었으면, 자신과 자녀들, 그리고 그의 나라를 위하여 얼마나 좋았을까?

---

**| 토의 |**

1. 당신은 교회에서 오직 하나님의 칭찬을 기대하며, 이름도 빛도 없이 봉사하고 있습니까?

2. 자신을 돌아볼 때 혹시 친한 사람끼리 소그룹을 만들고, 파당을 형성하고 있지는 않습니까?

3. 교회에서 지도자로부터 책망을 들으면 고치려 합니까, 자신의 행위를 변명하려 합니까?

4. 자신도 모르는 사이에 어떤 성도들을 홀대하고 있지는 않은지 돌아봅시다.

# 매혹의 땅에 들어가다

그들은 앞으로 전진하고 있는데 앞쪽으로부터 유유히 걸어오는 무신이라는 남자가
있었다. 무신은 두 사람에게 "어디로 가는 길이요?" 라고 물었다.

"천국 가는 길입니다."라고 대답하자 사내는 한참을 웃더니 "세상에 그런 곳이 어디
있소? 헛고생이요. 나도 20년 동안 그 도성을 찾았지만 발견할 수 없었소. 더 고생 말
고 지금이라도 돌아가시오."라고 말했다. 소망이 기독도에게 정말일까 하고 물었다.

"아니 주의하시오. 이 사람도 아첨꾼 중의 하나입니다" 두 사람은 무신을 떠나 천성 길을 재촉하였다. 두 사람이 얼마를 더 가자 매혹의 땅에 들어가게 되었다. 공기가 따뜻했고, 기분도 몽롱하여 심한 졸음이 몰려왔다. 두 사람은 서로에게 "자면 안 됩니다. 우리 천국의 즐거운 이야기를 나누며, 이 졸음을 이깁시다."라고 말했다. 두 사람은 천국을 건설하신 분의 이야기와 그곳 생활과, 그분을 위해 일한 선배들의 이야기를 하면서 전진하고 있었으나, 밀려오는 졸음을 참아내기 힘들었다.

두 사람은 잠을 이기기 위해 잠신에 대해 이야기를 나누었다. 잠신은 자주 결심하고 순례 길을 가기 시작했으나, 마음이 곧 변하곤 했다. 그는 자주 눈물을 흘렸고 때로 "주여! 주여!" 하고 울부짖기도 하였다. 그런데 얼마 가지 않아 세상을 애착한 나머지, 천국 길을 포기하고 말았다. 그는 죄의 비참함을 느낄 때는 결심했으나 형벌이 없어지면 곧 변했고, 장차 받을 상급도 세상 재미 때문에 버리고 말았다.

### 오래된 교인 중에 천국이 없다고 부인하는 사람도 있는가?

무신(無信)이란, 오랫동안 신앙 생활을 하다가 천국이 없다고 회의가 들어 믿음을 버린 사람을 말한다. 참으로 놀랄 일이지만 말년에 주님을 부인하는 사람도 실제로 있다. 애굽을 떠나 가나안으로 들어가려던 길목에서 열 정탐꾼은 그곳이 그 거민을 삼키는 땅이라고 악평을 했다(민 13:32,33).

말년에 와서, 천국도, 지옥도, 부활도 없다고 말하는 사람도 있다. 이런 사람은 세상 일의 결과로 하나님과 천국을 보려 하는 사람이다. 천국은 우리 눈으로 볼 수 있는 것이 아니다. 그렇지 않다면 믿음이 필요 없는 것 아닌가? 볼 수 있는 것을 누가 믿지 않겠는가? 히브리서 기자는 "믿음은 바라는 것들의 실상이요, 보지 못하는 것들의 증거니"(히 11:1)라고 하였다. 우리는 믿음을 천국 존재 근거로 삼아야 한다.

신자에게 계속되는 고난이 하나님의 존재나 천국의 존재에 대하여 회의를 가져올 수 있으나, 신자는 그럴수록 천국에 대한 확신을 굳건히 가져야 한다.

이스라엘에 살면서 유대인의 심한 핍박 가운데 있던 유대 기독교인들은 이 소망을 끝까지 버리지 않았다. 그래서 히브리서 기자는 그들의 믿음을 칭찬했다(히 10:34,35).

신자가 나이 들어 영육이 쇠약해지면 어떻게 해야 하는가?

매혹의 땅이란, 나이 들어 육체가 쇠약해졌을 때의 신앙생활을 말한다. 사람이 나이가 들면, 신앙 활동에 있어서 의욕뿐이지, 몸이 따라주지 않아 무기력해진다. 또 사역으로부터도 은퇴하게 된다. 나이가 들면 기억력이 나빠지고, 눈이 흐려 성경을 읽기도 쉽지 않으며, 읽어도 내용에 집중하기 쉽지 않다. 육신의 쇠약은 몸으로 하는 봉사활동도 줄어들게 하고, 심지어 예배 참석도 쉽지 않게 된다. 설교 시간에도 졸음이 와 목사님의 말씀에 집중하기 힘들다. 육체와 정신의 퇴화가 신앙 태만으로 연결되면서 믿음이 약해지거나 아예 잊어버리게 되는 상태가 되기도 한다.

## 1. 우리는 성경에서 사사이자 제사장이었던 엘리의 말년을 보게 된다

그의 자식들은 성막에서 할 수 없는 악을 범했다. 그러나 그는 그것을 제제할 과단성을 발휘하고 있지 못했다. 그 결과 그와 그의 자식들이 망하고 이스라엘은 법궤를 빼앗기게 되었다. 그는 늙었고 깨어 있지 못했던 것이다(삼상 2:12-25). 솔로몬의 말년도 그러했다. 하나님은 그에게 큰 은혜를 베푸셨건만, 은혜 받은 기억은 몽롱하고 믿음은 형식이 되었으며 생명력이 사라져버렸다(왕상 11:4).

우리 신앙은 육신의 늙어짐에 굴복하지 말아야 한다. 비록 육체와 마음은 쇠약해지지만 믿음의 정신은 더욱 강해져야 하고 소망으로 충만해야 한다(시 73:26).

2. 바울 사도는 죽기까지 믿음의 싸움을 쉬지 않았다(몬 1:9, 딤후 4:7)

그는 과거 많은 업적에도 불구하고, 여전히 자신이 해야 할 싸움이 있다는 것을 확실히 하고 있다(히 12:1).

우리는 하나님의 은혜 안에 날마다 새로워져야 한다. 믿음의 선배들을 생각하면서 늙을수록 오히려 신앙의 새 목표를 세우고 도전해야 한다.

> **용사 갈렙의 노년**
>
> 모세는 80세에 이스라엘의 구원자가 되었고, 여호수아는 팔십 오세에 가나안 전쟁을 지휘했으며, 마침내 가나안을 정복했다. 갈렙 또한 믿음의 용사답게 가나안 전쟁에서 한 지역을 감당하여 정복한다. 갈렙의 연로함을 아는 여호수아의 만류에 그는 오히려 강청했다.
>
> 그의 신앙은 사십오 년이 지난 후에도 여전히 청년 때와 같은 신앙을 유지하고 있었다. 결국 그는 그 땅을 정복했다. 우리가 능히 상상할 수 있는 것은, 갈렙이 전장에 나가 직접 싸우지 않았어도 그 기업은 모세 생존 당시에 이미 갈렙 것으로 정해져 있었다. 그러나 그는 나이를 핑계하며, 편안히 그것을 얻으려 하지 않았다. 그는 정복하기 어려운 산지를 달라고 요청하였다.

우리 신앙도 바울 사도의 말처럼 "겉 사람은 후패하나 우리의 속은 날로 새롭도다"(고후 4:14)라고 할 수 있어야 한다.

신자는 직분에서 은퇴할 수는 있지만 믿음에서 은퇴할 수는 없다. 늙은 다음에도 기도와 전도 그리고 봉사 등을 막을 법은 아무것도 없다.

우리는 오히려 젊을 때에 늙어서 할 봉사를 설계하고 위해서 경비도 준비하는 것이 현명하다. 어떤 사람들은 자녀의 미래에 대한 지나친 집착으로 자녀들에게 유산을 남기려 한다. 그러나 실상은 자녀들에게 유산을 남김으로 사후에 자녀들을 불화하게 만드는 경우가 더 많다. 늙어서도 재물이 남아 있다면 그것으로 선한 일에 사용하라. 그리하면, 하나님이 여러분의 자녀를 책임져 주실 것이다(출 20:6).

**3. 세상 사람들은 늙으면 노인정에서 화투나 치며 아무 의미 없이 죽을 날을 기다린다**

얼마나 불쌍한가, 사람이 언제 죽을지 모르는데 죽을 날만 기다리며 산다는 것이, 그러나 하나님은 우리 신자가 죽을 때까지 할 수 있는 충분한 일거리를 주셨다. 우리는 죽을 날을 기다리지 않고, 얼마든지 새로운 나날을 살 수 있는 것이다. 이 얼마나 감사한 일인가?

그러므로 늙음을 핑계하여 게을러지려는 마음을 다잡아 노년에 새 계획을 세우고, 더욱 기도하고, 찬송하며, 전도하고, 봉사의 길로 나아감으로 인생의 마지막을 하나님이 기뻐하시는 거룩한 산 제사로 바쳐드려야 한다(빌 3:13). 그리하면 죽기까지 영육간에 건강하다 주님 앞에 설 수 있을 것이다.

**감정적 신앙의 위험성은 무엇인가?**

잠신은 잠깐 동안씩만 믿는 신앙을 말한다. 늘 충동적 감정이어서 결심이 자주 변하여 어떤 때는 매우 열심이다가 어떤 때는 마치 불신자와 같아지는 것이다. 그가 믿기를 결정하는 것은 지옥의 공포가 느껴지기 때문이다. 그는 인생의 미래를 깨닫고 죄의 값은 사망이며 인간은 모두 죽게 되고 그 후에는 심판이 있다는 것이 생각나면 하나님을 찾는다. 그런데 얼마 후, 그런 공포가 사라지고 세상 재미가 되살아나면 곧 변심하여 믿음 생활을 포기하는 것이다. 그러다가 다시 생활에 불편함과 부족함이 생기는 어떤 사건이 있으면 그는 다시 하나님을 찾고 매달린다. 그러나 그런 문제가 해결되면 곧바로 양심의 부담을 털고 다시 세상의 쾌락을 찾아 나서는 것이다.

## 우연이었나?

어떤 의사가 술을 매우 좋아해서 무질서한 생활을 하고 있었다. 몸이 너무 피곤해서 정밀검사를 했는데, 간암이란 판정이 나왔다. 암의 무서움을 너무나 잘 아는 의사는 이 결과를 받아들이기가 무서웠다. 그는 생활이 난잡했음을 시인하고, 어렸을 때 믿었던 하나님을 찾기로 했다. 그는 회개하고 기도원을 찾아 하나님께 매달렸다.

"하나님, 살려만 주신다면 이후의 인생을 하나님을 위해 살겠습니다. 한 번만 기회를 주십시오." 그렇게 몇 달이 지났는데, 그의 병세는 놀랍게 호전되었다. 그리고 완치되었다. 그는 하나님의 능력은 정말 놀랍다고 생각했다. 그래서 그는 감사하여 교회에 출석하여 활동하기 시작했고 종종 간증도 하게 됐다. 그런데 교회에 출석하니 점점 많은 일이 부과되고 교회 일로 바빠지게 되었다. 그러자 교회를 나가는 일이 부담되고 성가시기 시작했다. 왠지 교회가 자기의 삶을 옥조이고 있다고 부자유함이 느껴지기 시작한 것이다. 그의 이전 감격은 사라졌고 회의가 들었다.

'과연 내 병을 하나님이 고쳤을까? 아니면 좋은 환경에서 정신적 육체적으로 휴식이 되어서 육체의 기능이 회복되어 치료된 것은 아닐까? 혹은, 사용했던 어떤 약의 효과가 그때 나타나서 치료되었던 것은 아닐까? 그렇지, 하나님이 치료했다는 것은 내가 그때 너무 약해서 스스로 그렇게 생각한 걸거야.'

생각이 여기에 이르자, 괜히 시간을 낭비했다는 생각이 들었다. 그는 과감하게 교회 생활을 청산하고 이전에 좋아하던 모든 것을 다시 시작했다. 한동안 몸은 이상이 없었다. 그러면 그렇지, 내가 괜한 부담을 갖고 살았지, 그는 그가 겁먹었던 것이 우습게 느껴졌다. 앞으로 몸 관리를 잘해서 병이 재발하지 않도록 해야겠다고 결심했다. 처음에는 신경을 쓰면서 조심했다. 그런데 달이 지나고, 해가 지나자 다시 무질서했던 옛날 생활로 돌아가버렸다. 그러나 그는 자신의 무절제를 깨닫지 못했다.

가책도 없어서 술좌석에서 친구들에게 전에 자기가 바보같이 예수쟁이가 될 뻔했다고 스스로의 어리석음을 탓하기도 했다. 어떤 친구가 "그래도 그런 말은 안 하는 게 좋아." 하고 말하면, 손을 내저으며 아무 문제없다고 큰소리로 대답했다. 수년이 지난 후, 그의 암은 재발했다. 그는 다시 하나님을 찾았다. 울고 불고 정말 자기가 잘못했다고 회개를 했지만 결국 그는 죽었다.

베드로 사도는 이스라엘 속담을 인용하여 "참 속담에 이르기를 개가 그 토하였던 것에 돌아가고, 돼지가 씻었다가 더러운 구덩이에 도로 누웠다 하는 말이 저희에게 응하였도다"(벧후 2:22)라고 잠신에 대하여 말한다.

어떤 사람이 죄를 짓고 재판장 앞에 섰을 때, 두려워하는 이유가 자신의 범죄 때문이 아니라 앞으로 당할 형벌이 무서워서 떠는 것과 같다. 그런 사람은 출옥을 하면 다시 죄를 짓게 된다. 잠신은 지옥이 싫어서 예수를 찾지만 예수와 천국 자체에 대한 관심과 기쁨이 결여된 사람이다.

| 토의 |

1. 당신은 나이별로 어떤 신앙 활동을 할지 생각해 본 일이 있습니까?

2. 당신은 당신 자녀에게 어떤 유산을 남기겠습니까?

## :: 제49계단 :: 
# 천국을 대망하라

두 사람이 뿔라 땅에 들어갔는데 공기는 매우 상쾌했고 길은 곧았다. 그곳은 평화가
있었고 사망의 음침한 골짜기 건너편에 있어서 의혹의 성, 절망 거인의 힘도 미치지
못하는 곳이었다. 거기에는 천국 백성도 몇몇 있었는데, 마치 신부가 신랑을 기뻐하는
잔치 집과 같았다. 그곳에서는 천국 도성이 확실히 보였고 천국도성에서 나오는 빛이
이곳까지 비췄다. 기독도와 소망은 그곳에 가고 싶어 병에 걸릴 지경이었다. 그들이

그곳에서 대기하고 있을 때, 강 건너편 도성에서 천사가 대기하고 있는 순례자를 한 사람씩 불러갔다. 두 사람은 차례를 기다리며 이름이 불려지기를 고대하고 있었다.

## 믿음의 최고 경지는 무엇인가?

뿔라 땅 신자는 천국에 아주 가까이 와 있는 신앙인을 말한다. 즉, 천국행 대합실에서 대기하고 있는 성도이다. 마치 가나안 땅에 들어가기 전, 요단강 동편에서 대기하고 있는 이스라엘과 같다.

'뿔라' 라는 말은 이사야서 62:4에 나오는 히브리어로 "정혼한 신부"를 의미한다. "다시는 너를 버리운 자라 칭하지 아니하며 다시는 네 땅을 황무지라 칭하지 아니하고 오직 너를 헵시바라 하며 네 땅을 뿔라라 하리니, 이는 여호와께서 너를 기뻐하실 것이며 네 땅이 결혼한 바가 될 것임이라." 이는 하나님과 완전히 동거하는 생활을 말하며 세상의 모든 일을 마치고 신자가 신랑 되신 주님의 부름을 기다리고 있는 것을 말한다.

뿔라 땅 신자는 지상에서 미리 천국생활을 누리고 사는 신자이다. 주님과 연애하는 신앙, 이것이 바로 신앙의 최고 경지이다. 그 관계는 설레임이 있고, 기다림이 있으며, 주고 받는 기쁨이 있다. 보고 또 봐도 또 보고 싶은 그런 관계가 바로 뿔라 땅 신자이다. 솔로몬은 그 심정을 이렇게 노래했다.

"예루살렘 여자들아 너희에게 내가 부탁한다. 너희가 나의 사랑하는 자를 만나거든 내가 사랑하므로 병이 났다고 하려무나"(아 5:8)

신앙의 최고 경지인 "임마누엘," 즉 하나님이 우리와 함께 동행하시는 경지가 이뤄진 것이다. 그 인생의 모든 훈련은 끝났다. 그의 성화는 거의 완성의 경지에 와 있다. 그래서 세상 풍파가 그를 해치지 못하고 사단이 시험조차 못한다. 그는 마치 연단을 다 받은 욥처럼 정금같이 나아가려 하는 것이다. 이제 그의 신앙은 귀로 듣기만 하는 신앙이 아니고 눈으로 주님을 보는 신앙이 되었다(욥 42:5, 고전 13:12).

나는 목회 초기에 하나님께 무엇을 구하면 구하는 것이 대부분 반대로 응답이 되었다. 내 인생에 항상 200만 원의 부채가 내 삶을 짓누르고 있었는데 그것을 갚을 날이 가까워지면 나는 가슴이 콩당거리기 시작했다.

"하나님, 도와주세요, 200만 원을 주세요. 안 주시면 실수합니다. 목사 체면 좀 살려 주세요." 집에서, 예배당에서, 차를 운전하면서, 기도를 멈추지 않았다. 그런데 마침 비보호 좌회전을 하고 있는데 진행하던 차가 내 차를 받았다. 경찰이 와서 판정하기를 내 잘못이란다. 피해 상대 차 견적을 내니 200만 원이었다. 부채는 갑자기 400만 원이 되었다. 나는 절망하지 않을 수 없었다.

"오, 하나님!"

200만 원을 갚기 위하여 여러 궁리를 하던 나는, 이제 아무 생각도 할 수 없게 되었다. 하나님에 대한 원망이 목구멍까지 올라오는 것이다.

"하나님, 나는 어쩌라고요?"

그러나 그 사건이 있고 얼마지 않아 곧 체념을 했다. "하나님! 뜻대로 되기를 원합니다." 그리고 하나님의 손에 맡겼다. 어찌 됐건 엄청난 고통을 치른 후지만, 그 문제는 해결되고 넘어갔다. 나로서는 도저히 방법이 없었는데도 말이다.

그러나 하나님은 이 부채를 계속 유지시키셨고, 이런 사고는 여러 번 반복하여 났다. 나는 여러 번의 사고를 겪은 후, 하나님은 200만 원 해결 능력만 가진 분이 아니라 400만 원도 해결하실 수 있다는 것과, 그리고 몇 번이고 나를 구하실 수 있는 분이란 것을 체험으로 깨달았다.

그런 경험들은 바로 나의 믿음이 되었다. 그때부터 나는 하나님께 모든 것을 맡길 수 있었다. 인생의 어느 때가 되니 기도의 절반은 응답이 되었고, 절반은 답이 없었다. 물론 이것은 나의 관점이다. 하나님은 모든 것을 해결하고 넘어가셨지만 나는 그렇게 생각하지 않았다.

선교사가 된 후, 구하는 것은 이전과 다르게 매우 쉽게 들어주셨다. 나는 하나님이 나의 선교를 기뻐하신다고 믿는다. 즉, 나는 하나님의 마음에 드는 일을 하고 하나님은 나를 기뻐하시는 것이 느껴지는 것이다. 나는 구하는 것이 즐겁고 매번 "살아계신 하나님"을 느꼈다.

그런데 언제부터인가, 생각만 해도 주시는 경우가 많다. 무엇이 이렇게, 저렇게 되어야 하는데라고 생각하면, 다음 장소에서 이루어주시는 것이다. 분명 성취되지 못할 많은 조건이 있음에도 불구하고 순조로운 결과를 얻었다. 이런 경험은 선교지에서 수없이 많다. 나는 이제 나 혼자가 아니라 "전능하신 하나님"과 동행하며 살고 있다.

나는 지금 뿔라 땅에 살고 있으며, 주님과 연애하며 살고 있다. 내 마음은 주님을 대망하며 주께서 부르시기를 기다린다. 마치 사도 바울이 말한 것처럼, "차라리 몸을 떠나 주와 함께 거하는 그것을 바라고 있다"(고후 2:8.) 이것은 나에 대한 자랑이 아니다. 나를 인도하신 하나님에 관한 간증이다. 하나님은 우리를 훈련시키신다. 그리고 경지에 도달하면, 우리를 뿔라 땅에 거하게 하신다.

우리가 접하는 천국은 네 가지이다. 그러나 이 네 가지 천국은 하나로 연결되어 있어서 분리해서 생각할 수 없다.

### 첫째, 심중(心中) 천국이다

사람이 중생함으로 이뤄지는 천국이다(요 3:5). 주님은 "심령이 가난한 자는 복이 있나니, 천국이 저희 것임이요"(마 5:3)라고 하셨다. 이 천국은 우리에게 그리스도를 찾게 해준다. 그러니 신자에게 주시는 첫째 복이 된다. 이 천국이 없이는 누구도 진정한 복을 가질 수 없고 영원한 천국을 기대할 수도 없다.

**둘째, 천국은 주님을 구주로 모시는 거듭난 가족들이 있는 가정이 천국이다**

그리스도를 구주로 모신 가정이 진정한 천국이다. 이것은 부부와 자녀들이 사랑을 나누며 세상에서 이루는 천국이다(시 128).

**셋째, 예수의 보혈로 죄 씻음 받고 성령의 하나되게 하심을 따라 그리스도의 몸을 이룬 믿음의 형제자매들이 모인 교회가 천국이다.**

교회는 천상 천국의 모습을 미리 보는 것이고, 누리는 것이며, 천국의 소식을 듣는 곳이며, 성령의 교통으로 하나님과 영적 교제가 이루어지는 거룩한 성전이다. 그러나 교회 천국도 세상에 있기 때문에 부족한 점도 보이는 것이 사실이다(눅 17:21).

**넷째, 우리에게는 신자의 최종 정착지인 천상 천국이 준비되어 있다.**

뿔라 땅의 신자는 바로 심중 천국을 이루고, 가정 천국을 이루었으며, 교회 천국도 이루고, 이제 우리 영혼이 영원히 가게 되는 천상천국을 대망하고 있는 신자를 말한다.

뿔라 땅 신앙의 특징은 모든 시험을 지배하고 즐기는 것이다. 고난의 가치도, 눈물의 가치도, 다 이해하고 능히 감당한다. 심지어 감옥조차 천국으로 변하는 것이다. 그러므로 그 땅에는 풍랑이 일지 않고, 재난도 없다(사 11:6-9).

하나님은 뿔라 땅 자기 자녀에게는 더 이상 시험을 허락하시지 않는다. 왜냐하면, 완성된 사람에게 더 이상 훈련이 필요 없기 때문이다(애 3:33). 그는 모든 방면에서 일체 자족의 비결을 터득한 신자이다(빌 4:11-13). 거기 사는 성도는 죽음을 두려워하지 않고 주님을 그리워하며 오직 하나님의 부르심을 기다리는 신자이다. 바울 사도는 그의 마지막 서신에서 그의 순교를 예감하고 담담히 죽음을 기다리고 있었다.

"관제와 같이 벌써 내가 부음이 되고 나의 떠날 기약이 가까웠도다. 내가 선한 싸움을 싸우고, 나의 달려갈 길을 마치고, 믿음을 지켰으니, 이제 후로는 나를 위하여 의의 면류관이 예비되었음으로 곧, 의로우신 재판장이 그 날에 내게 주실 것이니"(딤후 4:6-8)

그의 유언은 슬픔이 조금도 나타나 있지 않다. 오히려 전쟁을 승리하고 개선하는 장군이 부하들을 이끌고 개선문을 들어가는 것같이 느껴진다. 그는 이미 사망 권세를 초월한 것이다.

| 토의 |

1. 당신의 인생 마지막 모습은 어떨 것 같습니까?

2. 당신이 주와 동행하고 있는 증거는 무엇입니까?

3. 당신의 마음에 어떤 천국이 이루어져 있습니까?

# 요단강을 건너다

　얼마 후 천성으로부터 천사가 와서 두 사람을 호명했다. 둘은 뿔라 땅에 있는 대문
을 통해 천성 길로 나갔다. 그들 앞에는 요단강이 있었는데, 매우 푸르고 깊어 보였다.
놀란 기독도가 뒤로 물러가려 하자, 안내자가 말했다. "천성을 가려면 꼭 이 강을 건너
야 합니다. 에녹과 엘리야를 제외하고는 이 강을 건너지 않고 천성에 들어간 사람은
없었습니다."

소망은 요단강을 건너는 데 고통이 적었지만 기독도는 물이 키만큼 높아져 무진 애를 먹었다. 그러나 기독도가 천국에 대한 소망을 갖자 요단강 물은 급격히 줄어들어서 쉽게 건널 수 있었다.

신자는 어떤 과정을 통하여 천국에 들어가는가?

이스라엘은 하나님이 약속하신 젖과 꿀이 흐르는 가나안 복지에 들어가기에 앞서 요단강을 건넜다. 신자에게 요단강은 죽음의 과정을 의미한다. 주님이 재림하시기 전까지 모든 신자는 죽음을 통과하여 천국으로 들어간다. 그러나 요단강을 건너는 것은 신자가 자신의 죄값 치루는 것을 의미하지 않는다. 우리 죄의 값은 이미 주님이 대속했다. 그러므로 신자에게 있어서 죽음은 저주가 아니고 성화의 완성 과정인 것이다.

신자는 죽음을 통하여 세상의 욕망을 완전히 끊어버리고 부족한 인격을 완성한다. 그러므로 죽음은 바로 성화의 완성이다. 신자는 죽음으로써 세상에 온 자기 사명을 다한 것이다(히 9:27, 전 3:19, 20).

죽음은 엄청난 육신의 아픔, 정신적 고통, 영적 두려움을 수반한다. 영혼과 몸이 갈라지니 얼마나 아프겠는가? 또 천국과 지옥이 기다리고 있으니 한편으로 두렵지 않겠는가? 그러기에 사람마다 또 믿음의 분량에 따라 죽음을 맞는 태도도 다르다.

살기등등한 유대인들 앞에 스테반의 최후는 "성령이 충만하여 하늘을 우러러 주목하여 하나님의 영광과 및 예수께서 하나님 우편에 서신 것을 보고 말하되 보라, 하늘이 열리고 인자가 하나님 우편에 서신 것을 보노라"(행전 7:55-56)라고 주님을 찬양하며 가혹한 형벌을 받으면서도 소망 가운데 요단강을 건넜다. 그러나 소망이 부족한 사람은 죽음을 두려워한다. 기독도가 요단 강물이 불어 고통을 당하는 것은 천국에 대한 소망이 부족하기 때문이다.

우리는 사람의 죽는 모양, 죽는 방식, 사후의 모습으로 구원 여부를 판단해서는 안 된다. 어떤 사람은 악인인데도 고통 없이 죽는 경우도 있고(시 73:4), 어떤 사람은 의인이라도 고통스럽게 죽는다. 순교도 그렇다.

요단강 너머로 주님이 계시는 화려하고 평화로운 천국이 있다. 이런 소망으로 충만한 믿음의 선진들은 죽음 앞에 모두 담대했다.

"어떤 이들은 더 좋은 부활을 얻고자 하여 악형을 받되 구차히 면하지 아니하였으며 또, 어떤 이들은 희롱과 채찍질뿐 아니라 결박과 옥에 갇히는 시험도 받았으며, 돌로 치는 것과 톱으로 켜는 것과 시험과 칼에 죽는 것을 당하고"(히 11:35-38).

죽음은 우리 인생의 마지막 전도이고, 마지막 피울 꽃이다. 우리는 아름다운 죽음을 맞기 위하여 기도하고 준비해야 한다. 죽음을 예감하면 두려워하지 말고 가까운 친지와 형제와 자녀들에게 소망을 나타내고 천국에서 꼭 만나자는 유언을 해야 한다. 더 살겠다고 중환자실에서 유언 하나 남기지 못하고 삶을 마칠 것도 아니다. 죽음에 담대한 용사, 그는 천국이 있음을 세상에 남은 자들에게 확실하게 증거하는 증인이 될 것이다.

---

**|토의|**

1. 당신이 세상 떠나는 모습을 상상해 보시오. 그리고 어떤 죽음을 맞이해야겠다고 생각하십니까?

2. 당신은 천국이 있음을 확고히 믿습니까?

3. 주님 만날 때 주님이 당신에게 주실 상이 무엇이라고 생각합니까?

4. 당신의 유언은 무엇입니까? 깊이 생각하고 남겨 보세요.

# 천국에서 환영을 받다

두 사람은 맞은편 황금성에 다달아 황금계단을 밟고 성문으로 갔다. 천사들이 나와
서 두 사람에게 허가증을 보여 달라고 했다. 두 사람이 약속의 두루마리를 보여주자,
천사가 기뻐하며 천성 문을 열어 주었다. 황금빛 찬란한 빛이 안으로부터 쏟아져 나오
고, 청아한 음악소리와 함께 먼저 간 성도들이 반갑게 맞아 주었다. 주님도 마중 나와
반갑게 맞아주셨고 그들의 눈물을 씻겨 주셨다. 그곳은 기화요초가 만발하고 모든 것

이 평화 가운데 소성하고 있었다. 그들은 그곳에서 주님과 함께 영원히 동거하며 영생을 누렸다.

## 천국은 어떤 곳인가?

시온성은 우리가 꿈에도 그리던 천국을 말한다. 모든 것을 쉬고 영혼이 안식세계로 들어간 것이다. 천국은 우리 신앙의 종국적 목적지이며, 믿음의 결국이다(딤후 4:18). 성경은 천국을 묘사하여 "너희가 이른 곳은 시온산과, 살아계신 하나님의 도성인 하늘의 예루살렘과 천만 천사와, 하늘에 기록한 장자들의 총회와 교회와, 만민의 심판자이신 하나님과 및 온전케 된 의인의 영들이"(히 12:22,23) 모인 곳이라고 한다.

계시록 22:1-2은 "또 저가 수정같이 맑은 생명수의 강을 내게 보이니, 하나님과 및 어린 양의 보좌로부터 나서 길 가운데로 흐르더라. 강 좌우에 생명나무가 있어 열두 가지 실과를 맺히되, 달마다 그 실과를 맺히고, 그 나무 잎사귀들은 만국을 소성하기 위하여 있더라"라고 천국의 광경을 묘사하고 있다.

또, "그 성곽은 벽옥으로 쌓였고, 그 성은 정금인데 맑은 유리 같더라. 그 성의 성곽의 기초 석은 각색 보석으로 꾸몄는데 첫째, 기초석은 벽옥이요, 둘째는 남보석이요, 셋째는 옥수요, 넷째는 녹보석이요, 다섯째는 홍마노요, 여섯째는 홍보석이요, 일곱째는 황옥이요, 여덟째는 녹옥이요, 아홉째는 담황옥이요, 열째는 비취옥이요, 열한째는 청옥이요, 열두째는 자정이라. 그 열두 문은 열두 진주니, 문마다 한 진주요, 성의 길은 맑은 유리 같은 정금이더라. 성 안에 성전을 내가 보지 못하였으니, 이는 주 하나님 곧 전능하신 이와 및 어린 양이 그 성전이심이라. 그 성은 해나 달의 비췸이 쓸데없으니, 이는 하나님의 영광이 비취고, 어린 양이 그 등이 되심이라. 만국이 그 빛 가운데로 다니고, 땅의 왕들이 자기 영광을 가지고 그리로 들어오리라. 성문들을 낮에 도무지 닫지 아니하리니, 거기는 밤이 없음이라. 사람들이 만국의 영광과 존귀를 가지고 그리로 들어오겠고 무엇이든지 속된 것이나 가증한 일 또는 거짓말하는 자는 결코 그리로 들어오지 못하되, 오직 어린 양의 생명책에 기록된 자들뿐이라"(계 21:18-27) 라고 기록하고 있다.

얼마나 행복하고, 얼마나 황홀한 광경인가? 이는 믿음으로 천로역정을 다 통과하고 선한 싸움을 마친 신자들에게 주시는 영원한 기업인 것이다.

우리는 그곳에서 성경의 약속대로 하나님의 낙원에 있는 생명나무의 과실을 먹게 된다. 이는 우리가 영생 얻은 것을 말하는데, 이 과실은 에덴에서 아담의 범죄로 먹는 것이 취소되었던 것이다. 생명나무의 과실을 우리가 다시 먹을 수 있는 것은 아담에게 내리셨던 저주가 다 풀렸음을 나타내고 있다(계2:7).

그곳에서 신자들은 흰 옷을 입고 주님과 동행하게 되는데, 이는 그들의 지위가 죄인이 아니라 의인이 되었음을 의미하며 역시 에덴에서 쫓겨났던 죄인이 의인으로 회복되었음을 보여준다(계 3:4).

또, 천국에서 신자들은 보좌에 앉으신 하나님 앞에 엎드려 세세토록 사시는 이에게 경배하게 되는데, 이는 에덴에서 불순종하여 하나님과 원수 되었던 관계가 해소되었음을 의미한다. 그래서 이전 아담처럼 하나님의 낯을 피하여 나무 아래 숨는 것이 아니라 이제는 오히려 하나님 보좌로 나아가 자기의 면류관을 바치며 하나님을 찬양하게 되는 것이다(계 4:10,11).

우리는 그곳에 도착하여 하나님과 천사들, 그리고 먼저 간 성도들의 영접을 받게 되는데, "그때에 의인들은 자기 아버지 나라에서 해와 같이 빛나리라"(마 13:43)라고 약속해 주셨다. 주님은 그곳에서 우리에게 상을 주실 것이다. "잘 하였도다 착하고 충성된 종아 네가 작은 일에 충성하였으매 내가 많은 것으로 네게 맡기리니 네 주인의 즐거움에 참예할지어다"(마태 25:21).

우리는 그곳에서 생명의 면류관을 받게 될 것이고(계 2:10), 만국을 다스리는 권세를 얻게 될 것이며(계 2:26), 그리고 주와 함께 보좌에 앉게 될 것이다(계 3:21).

우리가 세상에서 당한 그 모든 수고를 보상받게 될 것이며, 흘린 눈물을 씻겨주실 것이다(계 21:4). 거기에는 다시 범죄가 없고, 전쟁과 분쟁이 없으며, 악한 것이 없고, 이별이나, 병든 것이 없다. 사망은 다시 성도들에게서 왕 노릇하지 못한다(사 11장, 35장). 여기가 바로 우리가 가서 살게 될 영원한 천국이다.

| 토의 |

1. 천국에서 우리가 얻게 되는 유익들은 무엇입니까?

2. 세상 것과 무슨 차이가 있습니까? 창세기 3장의 저주가 어떻게 해결되었으며 그 결과를 말해 봅시다.

3. 이제 당신의 이름이 생명책에 기록되어 있다는 확신이 있습니까? 그 이유는 무엇입니까?

# 무지는 지옥으로

얼마 후, 무지도 요단강을 건너왔다. 그는 별 고통도 받지 않고 황금계단을 올라 천
국 문에 도착했는데 문지기 천사가 허가증을 요구했다. 무지는 참으로 황당하다는 듯
두리번거리며 "네? 허가증이라고요? 그런 것 없는데요. 그러나 세상에 있을 때, 나는
주의 이름으로 선지자 노릇도 하고, 귀신도 쫓고, 병도 고치고, 모임에도 열심히 나갔
습니다."라고 대답했다. 그러자 천사는 무서운 얼굴로 무지를 향하여 "불법을 행한 자

야. 나는 네가 누군지 모른다. 여기서 떠나 마귀와 그의 사자들을 위하여 준비한 무저갱으로 가라." 하고 결박하더니, 문을 열고 무지갱에 집어 넣어버렸다. "악" 하는 소리에 그 남자는 잠에서 깼다. "천국 문 곁에 지옥문이 있을 줄이야!"라고 탄식하고 두려워하며 일어나서 가던 길을 재촉했다.

### 거듭나지 못한 인생의 최후는 어떨까?

우리는 천국 간 사람과 지옥 간 사람의 확실한 대조를 통해 교훈을 얻고, 깨어 근신해야 한다. 무지는 앞에서 말한 대로 교회 안에 있는 사람이었다. 그는 바로 종교 행위가 구원을 가져다주는 줄로 믿고 열심히 살아온 사람이다. 그러나 그 열성을 자기의 의로 삼았던 것이 저세상에서 큰 불행을 가져오는 원인이 되었다. 그는 불행히도 세상에 있을 때 그리스도의 의를 덧입지 않았기에 약속의 두루마리를 가질 수 없었다. 그 결과 그는 지옥으로 가게 되었다.

세상 끝에는, 분명히 신자와 불신자, 진짜와 가짜, 양과 염소의 갈림길이 있다. 어린 양의 인을 맞지 아니한 자는 지옥으로 가는 것이다(계 9:4).

성도들이여, 우리가 세상에 살아 있을 때에는 회개할 기회가 있다. 그러나 주님의 심판대 앞에서는 다만 무서운 심판이 있을 뿐이다. 주님은 우리가 회개하고 믿음으로 구원 얻을 것을 요청하고 계신다. 반드시 거듭나야만 한다. 그리고 죄악을 떠나 거룩한 삶을 살아야 한다. 주님은 말씀하셨다. "만일 네 손이 너를 범죄케 하거든 찍어버리라 불구자로 영생에 들어가는 것이 두 손을 가지고 지옥 꺼지지 않는 불에 들어가는 것보다 나으니라. 만일 네 발이 너를 범죄케 하거든 찍어 버리라. 절뚝발이로 영생에 들어가는 것이 두 발을 가지고 지옥에 던지우는 것보다 나으니라. 만일 네 눈이 너를 범죄케 하거든 빼어 버리라. 한 눈으로 하나님의 나라에 들어가는 것이 두 눈을 가지고 지옥에 던지우는 것보다 나으니라. 거기는 구더기도 죽지 않고 불도 꺼지지 아니하니라. 사람마다 불로서 소금 치듯 함을 받으리라"(막 9:43-49).

우리는 교만했던 한 부자가 지옥에서 하는 청원과 탄식 소리를 들어보자. "아버지 아브라함이여 나를 긍휼히 여기사 나사로를 보내어 그 손가락 끝에 물을 찍어 내 혀를 서늘하게 하소서. 내가 이 불꽃 가운데서 고민하나이다."

이것이 바로 지옥의 정황이다. 이 정황은 영원히 바꿀 수 없는데, "아브라함이 가로되, 얘 너는 살았을 때에 네 좋은 것을 받았고, 나사로는 고난을 받았으니 이것을 기억하라. 이제 저는 여기서 위로를 받고, 너는 고민을 받느니라. 이뿐 아니라 너희와 우리 사이에 큰 구렁이 끼어 있어 여기서 너희에게 건너가고자 하되 할 수 없고, 거기서 우리에게 건너 올 수도 없게 하였느니라."라고 대답하신다(눅 16:19-31).

깨어 있는 자, 영안이 열려 있는 자, 들을 귀가 있는 자는, 천국과 지옥의 대화를 깨달을 수 있을 것이다. 주님은 우리에게 기회를 주셨다.

"누구든지 나의 이 말을 듣고 행하는 자는, 그 집을 반석 위에 지은 지혜로운 사람 같으리니, 비가 내리고 창수가 나고 바람이 불어 그 집에 부딪히되 무너지지 아니하나니, 이는 주초를 반석 위에 놓은 연고요"(마 7:23-25).

우리는 예수 그리스도를 믿는 믿음 위에, 성경의 진리 위에 우리 인생 미래의 집을 지어야 한다. 우리가 이 세상에 살아 있을 동안은 기회가 있다. 그러나 이 세상이 끝나면 다시는 기회가 없다. 우리는 오래오래 기억하고 우리 영혼이 어둠에 붙잡히지 않도록 해야 한다. 제자 중에 한 사람이 주님께 물었다.

"주여 구원을 얻는 자가 적으니이까?" 주님께서 대답하셨다.

"좁은 문으로 들어가기를 힘쓰라. 내가 너희에게 이르노니 들어가기를 구하여도 못하는 자가 많으리라. 집 주인이 일어나 문을 한 번 닫은 후에 너희가 밖에 서서 문을 두드리며, 주여 열어 주소서 하면, 저가 대답하여 가로되 나는 너희가 어디로서 온자인지 알지 못하노라"(눅 13:23-30)라고 하셨다.

늦기 전에, 더 늦기 전에, 주 예수를 믿으라. 그리하면 당신과 당신의 집이 구원을 얻으리라(행전 16:31). 우리가 세상에 있을 때 주님은 우리의 변호사이지만, 죽고 난 후에 주님은 우리를 재판장으로 만나신다. 악하고 게으른 종으로 판결 받지 않도록 지금 믿고 깨어 살자. 하나님 나라를 위하여 힘써 일하자. 천국 문 옆에 지옥 문이 있는 이유는, 우리로 천국 문에 들어가기까지 깨어있을 것을 경계하는 것이며, 믿음의 싸움은 천국에 들어가서야 끝난다는 것을 보여준다.

사랑하는 독자 여러분! 인생은 잠시 잠깐의 꿈과 같다. 이 세상은 우리가 영원히 머물 곳이 아니고, 다만 나그네 길이다(벧전 2:11). 우리가 나그네 길을 다 간 후에, 인생의 종점에서 갈래 길을 만나게 된다. 한 길은 영원한 천국길이요(계 21:2), 한 길은 영원한 지옥길이다(마 25:46).

우리의 운명은 이 나그네 세상에서 내가 선택한 것으로 결정된다(마16:27). 그러나 마지막 갈래 길에서는 내가 선택할 수 없고 우리 갈 길을 심판장 되시는 그리스도께서 지정해 주실 것이다. 그때에는 아무것도 변경시킬 수 없다. 그날에 당신을 천국에서 꼭 만나 보기 원한다.

하나님은 당신을 사랑하신다. 그리고 믿음의 싸움에서 끝가지 분투하며 최후 승리를 얻기 바라신다. 그러나 이 싸움은 당신 혼자 하는 싸움이 아니라, 주님이 함께 하시는 싸움이다. 그러므로 주 예수 그리스도를 믿고 의지하라. 당신은 최후 승리를 얻게 될 것이다.

| 토의 |

1. 천로역정에 대한 소감과 얻어진 유익을 서로 나누어 봅시다.

2. 천성 길을 가는 당신의 각오를 나누어 봅시다.

3. 당신 생애에 주 안에서 꼭 이루어야 할 최대목표 한 가지를 정하시기 바랍니다. 그리고 구체적 과정도 설계하십시오.